JOHN L. STEPHENS

INCIDENTES DE VIAJE EN CENTROAMÉRICA, CHIAPAS Y YUCATÁN (1839)

ERANDIQUE
COLECCIÓN

INCIDENTES DE VIAJE EN CENTROAMERICA, CHIAPAS Y YUCATÁN
JOHN L. STEPHENS

©Colección Erandique
Supervisión Editorial: Óscar Flores López
Diseño de portada: Andrea Rodríguez
Administración: Tesla Rodas
Director Ejecutivo: José Azcona Bocock

Primera Edición
Tegucigalpa, Honduras—Agosto de 2024

ÍNDICE

UN VIAJE ENTRE RUINAS DEL PASADO Y LOS PELIGROS DE UNA REGIÓN EN GUERRA

"El único sonido que interrumpía el silencio de esta sepultada ciudad era la gritería de los monos que se movían entre las copas de los árboles, y el crujido de las ramas secas quebradas por su peso".

Así, con esas palabras, describe el arqueólogo, investigador y diplomático estadounidense, John Lloyd Stephens su llegada a las enigmáticas —y en ese entonces desconocidas— ruinas de Copán.

Su relato continúa así: "¿Quiénes fueron los que edificaron esta ciudad? En las ciudades arruinadas de Egipto, aun en la durante tanto tiempo perdida Petra, el extranjero conoce la historia del pueblo cuyos vestigios se encuentran a su alrededor. La América, dicen los historiadores, estaba habitada por salvajes; pero los salvajes nunca erigieron estas estructuras, los salvajes jamás cincelaron estas piedras. Les preguntamos a los indios quiénes las hicieron, y su estúpida respuesta fue ´¿Quién sabe?´".

Hombre de gran pasión por las aventuras y las civilizaciones del pasado, Stephens llega, en un momento, a señalar, que hay que comprar Copán.

"Con un interés quizá mayor que el que habíamos experimentado paseando entre las ruinas de Egipto, seguimos a nuestro guía, quien, algunas veces perdiendo su camino, con el uso constante y vigoroso de su machete, nos conducía por la espesa selva, entre fragmentos medio enterrados hacia catorce monumentos de la misma clase y apariencia, algunos de ellos con más elegantes diseños, y otros cuya manufactura era igual a los más bellos monumentos de los egipcios", señala.

Todo el día había yo estado pensando en los títulos de don José María —escribe Stephens más adelante— y, envolviéndome en mi manta, sugerí a Mr. Catherwood (una operación)…¡Comprar Copán! ¡Remover los monumentos de un pasado pueblo de la desolada región en que se encontraban sepultados, exhibirlos en el "gran emporio comercial" y fundar una institución que fuese el núcleo de un gran museo nacional de antigüedades americanas!

La visita de Stephens a las ruinas de Copán es apenas una parte de este gran libro, pues el arqueólogo y diplomático estadounidense realiza su recorrido en medio de los peligros de la guerra que libra el general Francisco Morazán contra las fuerzas conservadoras que se oponen a la construcción de la Federación Centroamericana.

Incluso, Stephens conoce personalmente a Rafael Carrera, el criador de cerdos que se convertiría en enemigo acérrimo de Morazán.

"Mi primera palabra fue una expresión de sorpresa por su extremada juventud, y ciertamente no parecía tener más de veinticinco. En seguida, como un hombre que sabía que era extraordinario y que yo le conocía, sin esperar ninguna insinuación continuó diciendo, que él había empezado (no dijo qué) con trece hombres armados de viejos mosquetes que se encendían con cigarros; señaló ocho partes en las que había recibido heridas y me dijo que tenía tres balas todavía metidas en el cuerpo. En esos momentos nadie hubiera reconocido en él al mismo hombre que menos de dos años antes, había entrado a Guatemala a la cabeza de sus hordas de indios salvajes proclamando la muerte de los extranjeros".

Este libro es un viaje por la Centroamérica de hace 185 años. Se puede leer como una novela de aventuras o como un ensayo histórico.

La primera publicación de Incidente de viajes por Centro América, Chiapas y Yucatán en español fue en 1940; la segunda en 1971, es decir, hace cincuenta y tres años.

En esa segunda edición, la Editorial Universitaria Centroamericana, EDUCA, señalaba: "Stephens, se ha señalado con justicia, es el padre de la arqueología maya. Sus conceptos cronológicos y culturales sobre los mayas, fueron razonables y lógicos, destruyendo las viejas ideas sobre si los autores de las impresionantes ciudades arqueológicas de Palenque, Quiriguá, Copán y otras, eran fenicios, hebreos o, inclusive, seres míticos'".

ÓSCAR FLORES LÓPEZ
Editor Colección Erandique

PREFACIO DEL AUTOR

El autor hace presente su agradecimiento a Mr. Van Buren, ex—Presidente de los Estados Unidos, por haberle dado la oportunidad de presentar al público las siguientes páginas. Él cree conveniente manifestar: que fue investido de un cargo diplomático con propósito determinado, sin la precisa obligación de residir en la capital y con entera libertad de viajar por el país, ya fuera que su misión tuviese o no algún éxito.

A su llegada a Centro América, aquel país se encontraba trastornado por una sangrienta guerra civil que culminó durante su estancia allí, en el completo abatimiento del gobierno federal. Debido a la protección y facilidades que le proporcionaba su carácter oficial, pudo llevar a cabo lo que de ninguna otra manera habría sido posible. Su obra abarca un viaje de cerca de tres mil millas por el interior de la América Central, Chiapas y Yucatán, incluyendo visitas a ocho ciudades en ruinas, con ilustraciones completas de los dibujos levantados en los mismos lugares por Mr. Catherwood.

La publicación de esta obra se ha demorado algo mientras se hacían los grabados; pero el autor no se lamenta por tal cosa, porque las últimas noticias procedentes de Centro América le dan la oportunidad de decir: que el estado de anarquía en que hubo de presentar a aquel hermoso país no existe ya más; que los oscuros nubarrones que se cernían en su cielo se han desvanecido; que la guerra civil ha cesado y que Centro América puede otra vez ser bienvenida al seno de las repúblicas.

Nueva York, mayo de 1841.

CAPÍTULO I: ALMANAQUE DE HONDURAS

LA PARTIDA. — LA TRAVESIA. — ARRIBO A BELIZE. — MEZCLA DE COLORES. — LA CASA DEL GOBIERNO. —EL CORONEL MACDONALD — EL ORIGEN DE BELIZE. — ESCUELA DE NEGROS. — ESCENA EN UN JUZGADO.—LEY SIN ABOGADOS.— LOS CUARTELES.— EXCURSION EN UN PITPAN. — PRINCIPIAN LOS HONORES. — ACUMULACION DE HONORES. — PARTIDA DE BELIZE. — LAS DULZURAS DEL CARGO.

Habiéndoseme confiado por el Presidente una Misión Especial y Confidencial a Centro América, el miércoles tres de Octubre de 1839, me embarqué a bordo del bergantín británico Mary Ann, Capitán Hampton, para la Bahía de Honduras. El bergantín estaba anclado en el North River, largadas las velas, y a los pocos minutos, en compañía de un amplio navío pescador de ballenas con, destino al Pacífico, estábamos en ruta. Esto era antes de las siete de la mañana: las calles y los muelles se encontraban silenciosos; la Battery[1] estaba desolada; y, al instante de abandonarla en un viaje de incierta duración, parecía más hermosa que como nunca antes yo la había conocido.

Frente al Campo de Cuarentena, unos pocos amigos que me habían acompañado a bordo se despidieron de mí; al cabo de una hora siguió el piloto; al anochecer la obscura silueta de las tierras montañosas de Neversink era apenas visible, y a la mañana siguiente nos hallábamos en pleno mar.

Mi único compañero de pasaje era Mr. Catherwood, un experimentado viajero y amigo personal, que había pasado más de diez años de su vida en diligentes estudios de las antigüedades del Viejo Mundo; y a quien, estando familiarizado con las ruinas de las antiguas grandezas arquitectónicas, yo contraté tan luego como recibí mi nombramiento, para que me acompañase en la exploración de las ruinas de Centro América.

Impulsados por un fuerte ventarrón del nordeste, el día nueve nos encontramos en la región de los vientos alisios, el diez en los trópicos,

---

[1] Fuerte en el puerto de Nueva York. N. del T.

y el once, con el termómetro a 80° pero con una brisa refrescante, nos movíamos suavemente entre Cuba y Santo Domingo, con ambas a plena vista. Por lo demás, después de diez y ocho días de tiempo borrascoso, empapados con lluvias tropicales, el veintinueve fuimos impelidos adentro del arrecife del faro, y esquivamos del todo el campo regular del piloto. A medianoche llegamos a la Bahía de San Jorge, como a veinte millas de Belize. Un espacioso bergantín, cargado de caoba, estaba anclado con un piloto a bordo, esperando tiempo favorable para hacerse a la vela. El piloto llevaba consigo a su hijo, un mozalbete como de diez y seis años, criado sobre el agua, a quien él Capitán Hampton conocía y determinó llevarlo a bordo.

La luz de la luna estaba en su plenitud cuando el muchacho subió a la cubierta y nos dio la bienvenida del piloto. Yo no podía distinguir sus facciones, pero pude observar que no era blanco; y que su voz era tan dulce como la de una mujer. Tomó su lugar en la rueda, e izando el velamen, nos habló de los severos ventarrones de la costa, de los temores mantenidos por nuestra seguridad, de desastres y naufragios, y de un piloto que, una noche que nosotros bien recordábamos, había conducido su embarcación sobre un escollo.

A las siete de la mañana siguiente divisamos Belize, apareciendo, si no fuera pecado compararla con ciudades consagradas por el tiempo y por asociaciones venerables, como Venecia y Alejandría, elevándose desde el agua. Una hilera de casas blancas extendíase una milla a lo largo de la playa, terminando en un extremo por la Casa del Gobierno, y en el otro por los cuarteles, e interceptados por el Río Belize, cuyo puente que lo atraviesa constituía un objeto pintoresco; en tanto que el fuerte sobre un islote en la desembocadura del río, la torre de la iglesia gótica detrás de la Casa del Gobierno, y los bosquecillos de cocoteros, que a esa distancia nos traen a la memoria las palmeras de Egipto, le daban una apariencia de efectiva belleza. Cuatro naves, tres bergantines, varias goletas, bongos, canoas y un barco de vapor, estaban fondeados en el puerto; al costado de los buques había balsas de caoba; mucho más afuera, un negro estaba empujando con un remo una troza de la misma valiosa madera; y el bote del gobierno que nos abordó también estaba hecho del tronco de un árbol de caoba.

Desembarcamos frente al almacén de Mr. Coffin, el consignatario del buque. No había hotel en el lugar, pero Mr. Coffin tomó a su cargo el conducirnos a la casa de una señora quien, pensó él, podría proporcionarnos habitaciones.

La fuerte lluvia que nos hizo sufrir en el mar había llegado a Belize. Las calles se encontraban inundadas, y en algunos lugares había grandes charcos que era difícil atravesar. Al extremo de la calle principal encontramos a la "Lady Miss", una mulata, que podía solamente darnos la alimentación. Mr. Coffin bondadosamente nos ofreció una casa desocupada al otro lado del río para dormir allí, y regresamos.

Por entonces yo ya había pasado por dos veces todo el largo de la calle principal, y la ciudad parecía en completa posesión de los negros. El puente, la plaza del mercado, las calles y las tiendas estaban atestadas de ellos, y yo podía imaginarme que me encontraba en la capital de una república de negros. Eran de una raza bien parecida, altos, derechos, y atléticos, con la piel negra, lisa y lustrosa como terciopelo, y bien vestidos, los hombres con camisas y pantalones blancos, de tela algodón, con sombreros de paja, y las mujeres con batas blancas de manga corta y anchos ribetes rojos y adornadas con grandes aretes rojos y collares; y no puedo menos de señalar que la bata era su única prenda de vestir y que era la moda entre estas negras señoras dejarlas caer considerablemente desde el hombro derecho y llevar la falda en la mano izquierda, levantándola a la altura necesaria para cruzar los charcos.

Al regresar de mi camino me detuve en casa de un comerciante, a quien encontré en lo que se llama el segundo desayuno. El caballero estaba sentado a un lado de la mesa y la señora en el otro. En la cabecera se encontraba un oficial británico, y frente a él un mulato; a su izquierda había otro oficial, y del lado opuesto también un mulato. Por casualidad se me dio lugar entre los dos caballeros de color. Algunos de mis paisanos quizá habrían vacilado en ocuparlo, pero yo no; ambos estaban bien vestidos, y eran educados y corteses. Hablaban de sus explotaciones de caoba, de Inglaterra, de cacerías, de caballos, de damas y de vino; y antes de una hora de estar en Belize ya había aprendido que la gran obra de práctica amalgamación, el motivo de tan airadas controversias en mi patria, había progresado

7

tranquilamente por generaciones; que el color se consideraba una simple cuestión de gustos; y que algunos de los más respetables habitantes tenían esposas negras e hijos mestizos, a quienes educaban con tanto' esmero, y para quienes aprovechaban el dinero con tanto celo como si sus pieles fuesen perfectamente blancas. Yo difícilmente sabía si ofenderme o divertirme con esta forma de sociedad. Poco después, me junté con Mr. Catherwood, para visitar la casa ofrecida por Mr. Coffin. Se hallaba situada al otro lado del río, y el camino hacia allí estaba lleno de lodo que llegaba hasta los tobillos. En la entrada había un gran charco, que nosotros salvamos de un brinco; la casa está construida sobre pilotes como de dos pies de altura, y por debajo había agua más o menos de un pie de profundidad. Subimos sobre un tablón hasta el umbral de la puerta, y penetramos en una espaciosa habitación que ocupaba todo el primer piso, enteramente vacía. El piso de arriba estaba arrendado por una familia de negros; en el patio había una casa hormigueante de negros; y por todas partes, en el patio y en frente, había pintorescos grupos de negritos de ambos sexos y desnudos como cuando nacieron. Ordenamos que barriesen la habitación y que trasladasen allí nuestro equipaje; y, al salir de la casa, nos acordamos de la descripción del Capitán Hampton antes de nuestro arribo, y palpamos el punto de su concluyente observación, que Belize era el último lugar de la creación.

Regresamos; y, mientras anhelábamos la comodidad de un buen hotel, recibimos por intermedio de Mr. Goff, Cónsul de los Estados Unidos, una invitación de su excelencia, el Coronel MacDonald, para la casa del gobierno, y el aviso de que él enviaría el bote oficial al bergantín por nuestro equipaje. Como éste era el primer nombramiento que yo había tenido del gobierno y no estaba seguro de obtener nunca otro, determiné sacar todas las ventajas posibles, y acepté al instante la invitación de su excelencia.

Había un barco de vapor para Yzabal, el puerto de Guatemala fondeado en Belize; y, al dirigirme a la Casa del Gobierno, pasé a ver al Señor Comyano, el agente, quien me dijo que estaba dispuesto para salir al día siguiente; pero añadiendo, con mucha cortesía que, si yo lo deseaba, lo detendría unos pocos días para mi conveniencia. Acostumbrado a someterme a las despóticas regulaciones de los agentes de vapores en mi país, esto me parecía un honor más alto que la invitación de su excelencia; pero no queriendo poner a prueba mi fortuna tan de prisa, supliqué la demora de un día solamente.

La Casa del Gobierno está edificada en un hermoso sitio en el extremo final de la ciudad, con un prado que se extiende hasta el agua, y ornamentada con cocoteros. El coronel MacDonald, un veterano de seis pies de estatura y uno de los hombres de mejor pericia militar que jamás he visto, me recibió en la puerta. Al cabo de una hora arribó el bote con nuestro equipaje, y a las cinco en punto nos sentamos al banquete. Teníamos en la mesa a Mr. Newport, capellán y durante quince años clérigo de la parroquia de Belize; a Mr. Walker, secretario del gobierno, y poseedor, además, de tal nómina de empleos que haría sentirse insignificante a quien tuviese mayor pluralidad de beneficios entre nosotros; y varios otros caballeros de Belize, empleados de oficinas, civiles y militares, en cuya agradable compañía nos sentamos hasta las once de la noche.

Al siguiente día teníamos que hacer los preparativos para nuestro viaje al interior, además de lo cual tendríamos la oportunidad de ver algo de Belize. E Almanaque de Honduras, que presume ser el cronista de esta colonia, lanza una fábula en derredor de su historia primitiva atribuyendo su origen a un pirata escocés llamado Wallace. La fama de la opulencia del Nuevo Mundo, y el retorno de los galeones españoles cargados con las riquezas de México y el Perú, trajeron a las costas de América hordas de aventureros —para no aplicarles otro nombre más severo— de Inglaterra y Francia, de quienes Wallace, uno de los más célebres y osados, encontró refugio y seguridad, detrás de los cayos y arrecifes que protegen el puerto de Belize. El lugar donde él construyó sus chozas de troncos y su fortín todavía es señalado; pero el sitio está ahora ocupado con almacenes. Fortalecido por su estrecha alianza con los indios de la costa de los Mosquitos, y por la adhesión de numerosos aventureros británicos quienes descendieron sobre la costa de Honduras con el propósito de hacer cortes de caoba, él hizo mofa de los españoles. Desde entonces, el territorio de Belize ha sido objeto de negociaciones y contiendas, y hasta el día el pueblo de Centro América lo reclama como de su propiedad. Ha progresado por la exportación de caoba; pero como los árboles de las cercanías casi todos han sido derribados, y Centro América se encuentra tan empobrecida por las guerras que no ofrece más que un pobre mercado para las mercaderías británicas, el lugar va languideciendo, y probablemente seguirá decayendo hasta que la energía e inventiva de sus comerciantes descubra otros canales para el tráfico.

A la fecha cuenta con una población de seis mil habitantes, de los cuales cuatro mil son negros, que son empleados por los comerciantes en cuadrillas como cortadores de caoba. Su condición ha sido siempre mejor que la de los esclavos de plantación; aun antes del movimiento para la abolición general de la esclavitud en todos los dominios británicos, ellos ya eran de hecho libres; y, el treinta y uno de Agosto de 1839, un año antes del tiempo señalado para el efecto, por medio de una reunión general y conformidad de los propietarios, aun el yugo nominal del cautiverio fue removido.

El evento se celebró, dice el Almanaque de Honduras, con ceremonias religiosas, procesiones, bandas de música, y banderas con divisas: "Los hijos de Ham respetan la memoria de Wilberforce"; "La Reina, Dios la bendiga"; "MacDonald para siempre"; "Libertad civil y religiosa para todo el mundo". Nelson Schaw, "una campanilla blanca de primer agua", continúa El Almanaque, "avanzó hasta Su Excelencia, el coronel MacDonald, y habló como sigue: "De parte de mis emancipados hermanos y hermanas, me atrevo a presentarme ante Vuestra Excelencia para rogarle dar las gracias a nuestra muy bondadosa Reina por todo lo que ella ha hecho por nosotros. Nosotros oraremos por ella; nosotros pelearemos por ella; y si fuera necesario, nosotros moriremos por ella. Damos las gracias a vuestra Excelencia por todo lo que ha hecho por nosotros. ¡Que Dios bendiga a Vuestra Excelencia! ¡Que Dios bendiga a Su Excelencia la Señora de MacDonald, y a toda la familia real! ¡Venid, mis compatriotas, viva! ¡Bailad vosotros pícaros negros; ¡la bandera de Inglaterra ondea sobre vuestras cabezas, y cada susurro de sus pliegues hace saltar los grillos de los miembros del pobre esclavo! ¡Hublabloo Cochalorum Gee!"

Las escuelas para negros están situadas atrás de la Casa del Gobierno, y el departamento de niños tenía alrededor de doscientos, desde tres hasta quince años de edad, y de todos los matices, desde casi blancos hasta dos africanos nativos que llevaban en las mejillas las cicatrices de los cortes que les hicieron sus padres en el hogar. Estos últimos fueron sustraídos a bordo de un barco negrero capturado por un crucero inglés, traídos a Belize, y, según lo estipulado por las leyes, en un sorteo de distribución, cayó a favor de un ciudadano quien, previos ciertos convenios de buen tratamiento, tiene derecho a sus servicios hasta que ellos cumplan veintiún años de edad. Desgraciadamente, el maestro no se encontraba presente, y no tuve oportunidad de saber el resultado de su experiencia en la enseñanza; pero en esta escuela, se me dijo, que los muchachos más brillantes, y los que más habían adelantado, eran aquellos que llevaban en sí la mayor cantidad de sangre blanca.

La maestra del departamento de niñas había tenido gran experiencia en la enseñanza; y ella nos dijo que, aunque había tenido muchas niñas negras muy inteligentes a su cargo, sus discípulas blancas eran siempre las más vivas y capaces.

De la escuela de negros nos dirigimos al Tribunal Mayor. Hacía media hora que estaba abierto cuando yo entré. En la pared de atrás, en una maciza tableta de caoba, estaban las armas de Inglaterra; sobre una elevada plataforma abajo estaba una gran mesa circular, alrededor de la cual había pesadas sillas de caoba con altos respaldos y cojines. La corte se componía de siete jueces, de quienes cinco ya estaban en sus puestos. Uno de ellos, Mr. Walker, me invitó para ocupar un sitio vacante. Yo rehusé, basándome en que no tenía vestido a propósito para ocupar tan elevada posición; más como él insistiera tomé asiento, de chaqueta, y en una silla excesivamente confortable para la administración de justicia.

Como ya he dicho antes, cinco de los jueces estaban en sus puestos; uno de ellos era un mulato. Se tomó el juramento al jurado, de cuyos miembros dos eran mulatos; uno de ellos, según dijo el juez que estaba sentado junto a mí, era un zambo o de línea descendente siendo hijo de una mulata con un negro. Yo no acertaba a determinar la casta de un tercero, e inquirí al juez, quien me respondió que era su hermano, y que su madre era mulata. El juez ya sabía de los sentimientos existentes en los Estados Unidos con respecto al color, y dijo que en Belize no había ninguna distinción en la vida política, excepto en el terreno de las cualidades y del carácter; y apenas alguna en la vida social, aun para contraer matrimonio.

Yo me había fijado en los jueces y miembros del jurado, pero echaba de menos una parte importante de todo tribunal inglés. ¿Dónde

11

estaban los señores abogados? Algunos de mis lectores quizá estarán de acuerdo con el Capitán Hampton, que Belize era el último lugar de la creación, cuando yo les diga que no había un sólo abogado en el lugar, y que nunca lo hubo; pero, temiendo que algunos de mis entusiastas hermanos profesionales pudiesen sin tardanza verse tentados a empacar sus baúles para invadir la privilegiada ciudad, considero mi deber el agregar que yo no creo que allí haya la más mínima esperanza para ninguno de ellos.

Como allí no hay foro para preparar hombres para el tribunal, los jueces, por supuesto, no son abogados. De los cinco que estaban sentados, dos eran comerciantes, uno cortador de caoba, y el mulato, no inferior a ninguno de los otros en carácter o cualidades era médico. Esta corte es el supremo tribunal para la prueba de las causas civiles y tiene jurisdicción sobre toda cantidad arriba de £15. Belize es un lugar de grandes transacciones comerciales; diariamente se hacen y se rompen contratos, o hay desavenencia, que requieren la intervención de algún tribunal adecuado para interpretarlos y compeler a su ejecución. Y allí no había escasez de litigios; la lista de las causas era grande y la sala estaba llena de gente. La primera causa traída a la vista se refería a una cuenta, y como el demandado no compareció, el veredicto lo declaró en rebeldía. En la siguiente el demandante expone su caso y lo ratifica con juramento; el demandado contesta, llama testigos, y la causa es sometida al jurado. No hubo casos de particular interés. En uno las partes se excitaron, y el demandado interrumpió al demandante repetidas veces, a lo cual éste, poniendo la mano sobre el hombro de su antagonista, le dijo, a manera de halago, "Ahora no, Jorge; espere un poco, ya le llegará su turno. No me interrumpa, y yo no lo interrumpiré a Ud.". Todo se hacía de una manera familiar y en confianza; las partes se conocían más o menos una a otra, y los jueces y jurados estaban grandemente influenciados por el conocimiento de carácter general. Yo observé que regularmente los méritos del caso estaban tan claramente determinados, que, cuando se encomendaban al jurado, no había duda alguna respecto al veredicto; y tan satisfactorio ha resultado este sistema que, aunque una apelación está pendiente ante la Reina en Consejo, como Mr. Evans, el presidente del jurado, me dijo, solamente una causa ha sido elevada en veintidós años. Aún permanece como una anomalía en la historia de la jurisprudencia inglesa; porque, yo creo, que en cualquier otro lugar donde gobierne el derecho civil no escrito, con fuerza de ley, la sabiduría del tribunal y la habilidad de la barra se consideran necesarias para sonsacar la verdad.

Al clarear el día de la mañana siguiente fui despertado por Mr. Walker para dar un paseo a caballo hasta los cuarteles. Inmediatamente más allá de los suburbios penetramos en un campo sin cultivo, bajo y plano, pero muy fértil. Pasamos por un hipódromo ahora en desuso y todo cubierto de maleza. Este es el único camino abierto y no hay vehículos de ruedas en Belize. Entre ésta y la parte habitada de Centro América hay un desierto no interrumpido ni aun por una vereda de indios. No hay comunicación con el interior excepto por el Golfo Dulce o el Río Belize; y dada la falta de caminos, una residencia allí está más confinadla que si se viviese en una isla.

En media hora llegamos a los cuarteles, situados sobre el lado opuesto de una pequeña bahía. Los soldados son todos negros, y son parte de un antiguo regimiento de Jamaica, y los más de ellos han sido alistados en las estaciones inglesas de reclutamiento en Africa. Altos y atléticos, con levita roja y, en línea, con los aceros levantados, sus caras de ébano les daban una peculiar y aguerrida apariencia. Ellos se portan soberbiamente, se llaman a sí mismos «Caballeros de la Reina» y miran con desprecio a los «negros».

Regresamos para el desayuno, e inmediatamente después hicimos una excursión en el "pit—pan" del gobierno. Este es al estilo de los botes en que los indios navegaban los ríos de América antes que los españoles la descubriesen. El ingenio europeo no ha ideado uno mejor, aunque tal vez haya embellecido el modelo indígena. El nuestro era como de cuarenta pies de largo, y seis de ancho en el centro, convergiendo hacia un punto en ambos extremos, y formado del tronco de un árbol de caoba. A diez pies de la popa, y corriendo hacia adelante, había una liviana cubierta de madera, sostenida con caprichosos puntales con cortinas para protección contra el sol y la lluvia; estaba provisto de espaciosos y mullidos asientos y acomodado casi con tanto primor como las góndolas de Venecia. Iba tripulado por ocho soldados negros, sentados de a dos en cada asiento, con canaletes de seis pies de largo, y dos parados arriba en la parte de atrás con canaletes como pilotos. Unos pocos golpes de canalete dieron vigoroso impulso al "pit—pan" y atravesamos rápidamente todo el largo de la población. Era una cosa inusitada para el "pit—pan" de su excelencia el encontrarse sobre el agua; los habitantes se detenían para mirarnos atentamente, y todos los ociosos negros se precipitaban hacia el puente para vitorearnos. Esto excitaba a nuestros africanos barqueros, quienes, con un canto extravagante que nos traía a la memoria las canciones de los barqueros nubios sobre el Nilo, nos arrastraron bajo el puente, y nos precipitaron en la tranquila expansión de un majestuoso río. Antes que los aplausos de los negros hubiesen terminado, ya nos encontrábamos en una tan completa soledad como si hubiésemos sido transportados a millares de millas de toda humana habitación. El Río Belize, procediendo de manantiales aún ahora muy poco conocidos del hombre civilizado, estaba entonces en su plenitud. A cada lado había una densa e ininterrumpida selva; las riberas estaban inundadas; parecía que los árboles nacían dentro del agua, con sus frondosas ramas entrelazadas de tal modo que casi impedían la luz del sol, y se reflejaban en el agua como en un espejo. Los afluentes del río estaban ocupados por los poseedores aborígenes, salvajes y libres como los encontró Cortés. Nosotros teníamos un ardiente deseo de penetrar por él hasta el famoso Lago del Petén, donde el esqueleto del caballo del conquistador español fue exaltado como un dios por los asombrados indios; pero la fatiga de nuestros barqueros nos recordó que estaban remando contra una rápida corriente. Volvimos el "pit—pan", y con el pleno poder de la corriente, una remadura más fuerte y un canto más ruidoso que antes, en medio del creciente vitoreo de los negros, nos deslizamos bajo el puente y a los pocos minutos desembarcamos junto a la Casa del Gobierno.

A fin de que pudiéramos embarcarnos a la hora señalada, el Coronel MacDonald había dispuesto el almuerzo para las dos de la tarde, y, como en los dos días anteriores, había invitado a una pequeña tertulia para juntarnos. Tal vez yo esté equivocado, pero violentaría mis sentimientos si dejara de expresar aquí mi reconocimiento por las atenciones del Coronel. Mi invitación para la Casa del Gobierno era el fruto de mi carácter oficial; pero no puedo dejar de lisonjearme que una parte de la benevolencia que se me mostró fue el resultado del conocimiento personal. El Coronel MacDonald es un soldado de "la guerra de los veinte años", hermano de Sir John MacDonald, ayudante—general de Inglaterra, y primo del Mariscal Macdonald de Francia. Todos sus parientes y asociados son militares. A los diez y ocho años entró él a España como abanderado, único entre un ejército de diez mil hombres, de quienes, en menos de seis meses, no quedaban más que cuatro mil. Después de estar activamente empeñado en todos los penosos servicios de la Guerra Peninsular, en Waterloo comandaba un regimiento y sobre el campo de batalla recibió la orden de Compañero de la Orden Militar del Baño del Rey de Inglaterra y la de Caballero de la Orden de Santa Ana del Emperador de Rusia. Abundante en recuerdos de una larga vida militar, personalmente conocedor del carácter público y privado de los más distinguidos militares de la época, su conversación era como leer una página de historia. Pertenece a una raza que está desapareciendo velozmente, y con quien rara vez se encuentra un americano.

Pero retornemos. La espaciosa ventana del comedor se abría en dirección al puerto; el vapor estaba fondeado frente a la Casa del Gobierno, y el humo negro, elevándose en columnas de su chimenea, nos daba aviso que ya era tiempo del embarque. Antes de levantarse, el Coronel MacDonald, como fiel súbdito, propuso un brindis a la salud de la Reina; ordenando en seguida llenar los vasos hasta el borde; y poniéndose en pie, dijo: "A la salud de Mr. Van Buren, Presidente de los Estados Unidos", acompañado de calurosos y nobles sentimientos y de la confianza verdadera en una fuerte y perpetua amistad entre Inglaterra y América. Yo pensé al momento: "Maldita sea la mano que intente romperla"; y con todo y la falta de costumbre de tener al Presidente y al pueblo sobre mis hombros, respondí lo mejor que pude. Hubo otros brindis en seguida por la salud y próspero viaje de Mr. Catherwood y de mí mismo, y nos levantamos de la mesa. El bote del gobierno estaba a la orilla del prado. El Coronel MacDonald me tomó del brazo, y marchando, me dijo que yo me dirigía a un país perturbado; que Mr. Savage, cónsul americano en Guatemala, había, en una previa ocasión, protegido la propiedad y la vida de los súbditos británicos; y que, si algún peligro me amenazara, yo debía reunir a todos los europeos, enarbolar mi bandera, y darle aviso a él. Yo sabía que estas no eran meras palabras de cortesía, y,

15

dada la condición del país a donde iba, apreciaba el valor de tal amigo tan a la mano. Con los más calurosos sentimientos de gratitud me despedí de él. y entré en el bote. Al momento las banderas fueron enarboladas en el asta del gobierno, del fuerte, en el edificio de la corte, y en la goleta oficial, y un cañonazo disparado desde el fuerte. A medida que yo cruzaba la bahía hicieron un saludo de trece cañonazos; al pasar por el fuerte, los soldados presentaron las armas, la goleta oficial bajó y levantó su bandera, y cuando subí a la cubierta del vapor, el capitán, con sombrero en mano, díjome que él tenía instrucciones de ponerlo bajo mis órdenes, y de parar donde yo quisiera.

El lector preguntará cómo toleré yo todos estos honores. He visitado muchas ciudades, pero esta era la primera vez que las banderas y los cañones anunciaban al mundo que me iba. Yo era novicio, pero estaba empeñado en conducirme como si estuviese educado para ello; y, a decir verdad, mi corazón palpitaba y me sentía orgulloso; porque estos eran honores tributados a mi patria, y no a mí.

Para coronar la gloria de esta escena de despedida, mi buen amigo el Capitán Hampton había cargado sus dos cañones de a cuatro, y cuando el vapor comenzó a navegar él disparó uno, pero el otro no dio fuego. El capitán del vapor tenía a bordo un pequeño fusil, con el cual hubiera correspondido a todas sus cortesías; pero, según me dijo, con grande aflicción no tenía pólvora.

El bote de vapor donde nos embarcamos era el último resto de un capital invertido en negocios de una gran Sociedad Centro Americana de Agricultura, formada para edificar ciudades, aumentar el precio de la tierra, acomodar emigrantes y mejoras en general. En las ricas planicies de la provincia de Vera Paz habían fijado el sitio de la Nueva Liverpool, a la que solamente le faltaban las casas y los habitantes para llegar a ser una ciudad. Sobre la rueda del bote había una placa circular de bronce, en la que, en extraña yuxtaposición, estaban las palabras "Vera Paz", "London". El Capitán era un viejo español, pequeño, curtido y seco, con suficiente cortesía para un antiguo Don. El maquinista era un inglés y la tripulación estaba compuesta de españoles, mestizos y mulatos, no especialmente diestros en el manejo de un bote de vapor.

Nuestro único compañero de pasaje era un sacerdote católico romano, joven irlandés, que había permanecido ocho meses en Belize, y ahora se encontraba en viaje para Guatemala con invitación del previsor, por el destierro del arzobispo, cabeza de la iglesia. El camarote era muy confortable, pero la tarde estaba tan apacible que tomamos el té sobre cubierta. A las diez de la noche el capitán se me presentó a pedir órdenes. Yo había tenido mis aspiraciones, pero jamás esperaba ser capaz de dictar órdenes al capitán de un bote de vapor. Sin embargo, otra vez tan serenamente como si hubiese estado bien enseñado para el caso, le designé los lugares que deseaba visitar, y se retiró. Verdaderamente, pensé yo, si estos son los frutos de los nombramientos oficiales, no es extraño que se puedan encontrar hombres inclinados a aceptarlos.

CAPÍTULO 2: MORAZÁN, HERIDO EN COMBATE

CADA UNO POR SI MISMO. — ASTUCIA DE LOS VIAJEROS. — PUNTA GORDA. UNA VISITA A LOS INDIOS CARIBES. — UNA VIEJA CARIBE. — UN BAUTIZO. —EL RÍO DULCE. — HERMOSO PAISAJE. —YZABAL. — RECEPCION DEL PADRE.— UN BARBERO EN ACCION.— UNA BANDA DE "INVENCIBLES". — LOS PARTIDOS EN CENTRO AMERICA. — UN COMPATRIOTA. — UNA TUMBA EN TIERRA EXTRA—NA. — PREPARATIVOS PARA EL PASO DE "LA MONTAÑA". — UNA CARRETERA SIN MACADAM. — PELIGROS POR EL CAMINO. — UNA MERIENDA BIEN SAZONADA. — PASADA LA MONTAÑA.

Habíamos conseguido un sirviente, un francés—español, nacido en Santo Domingo y criado en Omoa, que se llamaba Agustín; joven y, según pensamos al principio, no muy astuto. Temprano por la mañana nos preguntó qué desearíamos para el desayuno, citando huevos, pollos, etc. Le dimos las instrucciones y a su debido tiempo nos sentamos para desayunarnos. Durante la comida, algo ocurrió que nos hizo entrar en averiguaciones, y supimos que todo lo que estaba sobre la mesa, salvo el té y el café, pertenecía al padre. Sin hacer ninguna pregunta, u olvidando por completo el asunto, presuponíamos que el barco habría hecho las provisiones necesarias para los pasajeros; pero con gran sorpresa nuestra, supimos que el bote no proporcionaba nada, y que esperaba que los pasajeros cuidasen de sí mismos.

El padre había estado tan ignorante y descuidado como nosotros; pero algunos buenos amigos católicos, a quienes él había casado o cuyos hijos había bautizado, le habían enviado a bordo dádivas de varias clases, y, entre otras cosas —raro equipaje para un viajero— una jaula llena de pollos. Nosotros felicitamos al padre por su buena suerte de tenernos con él, y a nosotros mismos por tal tesoro como Agustín. Yo debo mencionar, entre paréntesis, que, en medio de la hospitalidad del Coronel MacDonald, Mr. Catherwood y yo exhibimos quizá demasiado del antiguo viajero. Cuando estábamos comiendo el último día, Mr. C. fue llamado de la mesa para vigilar la remoción de un poco de equipaje, poco después fui llamado yo; y, afortunadamente para el Coronel MacDonald y para el crédito de mi país, encontré a Mr. C. enrollando tranquilamente, para regresarla a Nueva York, una amplia capa azul perteneciente al coronel, pensando que era mía. Regresé a la mesa y hablé a nuestro anfitrión del peligro en que había estado, añadiendo que yo tenía alguna duda con respecto a un saco grande de lona para acostarse que había encontrado en mi cuarto, y, presumiendo que fuese uno que me había prometido el Capitán Hampton, lo había puesto a bordo del bote, pero éste también resultó ser propiedad del Coronel MacDonald, y el que por muchos años le había llevado su cama de campo. El resultado fue, que el coronel insistió en que lo tomásemos, y estoy temiendo que estará bien gastado por el uso antes que lo haya recibido otra vez. El lector inferirá de todo esto que Mr. C. y yo, con la ayuda de Agustín, estábamos a propósito para viajar en cualquier país.

Pero volvamos a nuestro relato. Era un hermoso día. Nuestro rumbo se dirigía casi al sur, directamente a lo largo de la costa de Honduras. En su último viaje Colón descubrió esta porción del Continente de América, pero sus frescas bellezas no pudieron atraerle hacia la playa. Sin desembarcar continuó hasta el Istmo de Darién, en busca de aquel pasaje para la India que era el blanco de todas sus esperanzas, pero que estaba determinado que él nunca lo vería.

Los botes de vapor han destruido algunas de las más placenteras ilusiones de mi vida. Fui precipitado al Helesponto, pasé Sestos y Abidos, y el Campo de Troya, bajo el estrépito de una máquina de vapor; y él hirió la raíz de todo el romance enlazado con las aventuras de Colón para seguir su huella, acompañado del estrépito del mismo palpitante monstruo. Sin embargo, esto era muy agradable. Nos sentamos bajo un toldo; el sol estaba intensamente ardoroso, pero nosotros nos encontrábamos protegidos, y teníamos una brisa refrescante. La costa asumía una apariencia de grandeza y hermosura que realizaba mis ideas de las regiones tropicales. Más adelante se veían elevadas montañas, cubiertas hasta la cima de perpetuo verdor, algunas aisladas, y otras formando cordilleras, más y más elevadas, hasta perderse entre las nubes.

A las once del día avistamos Punta Gorda, una colonia de indios caribes, como a ciento cincuenta millas hacia abajo de la costa, y el

20

primer lugar en el cual yo había ordenado al capitán que se detuviese. A medida que nos aproximábamos vimos un claro abierto a la orilla del agua, con una hilera de casas bajas, que me recordaron un claro de nuestros bosques en la patria. No era más que un punto en la extensa línea de costa; de ambos lados árboles primitivos. Atrás se elevaba una extraordinaria montaña, aparentemente partida en dos, semejando el lomo de un camello de dos gibas. Como el bote viró hacia el lugar, donde jamás un bote de vapor había antes estado, todo el pueblo se puso en conmoción: las mujeres y los niños corrían por la ribera, y cuatro hombres bajaron al agua y salieron a encontrarnos en una canoa.

Nuestro compañero de travesía, el padre, durante su estancia en Belize, había tenido relaciones con muchos de los caribes, y, en cierta ocasión, invitado por su jefe, había visitado una colonia con el propósito de casar y bautizar a los habitantes. Él nos preguntó si no tendríamos inconveniente en que aprovechase la oportunidad para hacer aquí lo mismo; y como nosotros no teníamos ninguno, en el momento del desembarque apareció sobre cubierta, con una palangana grande en una mano, y un bien repleto pañuelo de bolsillo en la otra, que contenía sus vestimentas sacerdotales. Anclamos a corta distancia de la playa y nos dirigimos a tierra en el pequeño bote. Desembarcamos al pie de una ribera como de veinte pies de altura, y, al subir a la cumbre, nos encontramos a la vez, bajo un ardiente sol, entre la magnificencia de la vegetación tropical.

Además del algodón y el arroz, el CAHOON, el banano, el coco, la piña, la naranja, el limón, el plátano y muchas otras frutas que nosotros no conocíamos ni aun de nombre crecían con tal exuberancia que su sólo perfume era opresivo. Bajo la sombra de estos árboles la mayor parte de los habitantes se encontraban reunidos, y el padre inmediatamente dio la noticia, a modo de al por mayor que él había llegado para casarlos y bautizarlos. Después de una breve consulta fue seleccionada una casa para la ejecución de las ceremonias y Mr. Catherwood y yo, bajo la dirección de un caribe que había pescado un poco de inglés en sus expediciones en canoa hasta Belize, dimos un paseo por la colonia.

Esta se compone como de quinientos habitantes. Su lugar de nacimiento era en la costa del mar, abajo de Truxillo, bajo el gobierno de Centro América; y habiendo tomado parte activa contra Morazán, cuando su partido llegó a dominar, ellos huyeron a esta región, quedando dentro de las fronteras de la autoridad británica. Aunque vivían apartados, como una tribu de caribes, no mezclando su sangre con la de sus conquistadores, estaban completamente civilizados; reteniendo, sin embargo, la pasión indígena por las cuentas y ornamentos. Las casas o chozas estaban construidas de palos de casi una pulgada de grueso, sembrados a plomo en el suelo, amarrados uno a otro con cuerdas de corteza, y techadas con hojas de COHOON. Algunas tenían divisiones y tarimas hechas de los mismos materiales; en cada casa había una hamaca de pita y una imagen de la Virgen o de algún santo tutelar; y nosotros quedamos sumamente impresionados con el gran progreso alcanzado en la civilización por estos descendientes de caníbales, los más feroces de las tribus indígenas que los españoles encontraron.

Las casas se extendían a lo largo de la ribera, alguna distancia aparte; y el calor era tan opresivo que, antes de llegar a la última, estuvimos a punto de regresar; pero nuestro guía nos animó para ir a ver a "una vieja", su abuela. Nosotros le acompañamos y la vimos. Era muy anciana; nadie sabía su edad. pero era considerablemente de más de cien años; y, lo que le daba mayor interés a nuestros ojos que la circunstancia de ser la abuela de nuestro guía, era que ella procedía de la isla de San Vicente, la residencia de la más indomable porción de su raza; y ella jamás había sido bautizada. Nos recibió con una sonrisa idiota; su figura era encogida; su cara arrugada, marchita y perversa; y parecía como si, en su juventud, se hubiese gloriado danzando en un festín de carne humana.

Regresamos y encontramos a nuestro amigo el padre, ataviado con el contenido de su pañuelo de bolsillo, enteramente como un respetable sacerdote. A su lado se encontraba nuestra palangana del bote, llena de agua bendita, y en su mano un devocionario. Agustín estaba de pie, sosteniendo el cabo de una candela de sebo.

Los caribes, como la mayor parte de los indios de Centro América, han recibido las doctrinas del cristianismo como les fueron presentadas por los sacerdotes y monjes de España, y son, en todas las cosas, estrictos observadores de las formas prescritas. En esta colonia la visita de un padre era un raro pero grato acontecimiento. Al principio ellos parecían recelosos de que nuestro amigo no fuese ortodoxo, porque no hablaba el español; pero cuando lo vieron con su vestido talar y sobrepelliz, y con el quemado incienso, toda desconfianza desapareció.

Poco había que hacer en la vía de los casamientos estando escasos de hombres para tal propósito, pues los más de ellos se encontraban fuera pescando o en el trabajo; pero las mujeres, en una larga fila, presentáronse ellas mismas cada una con un infante en los brazos, para el bautismo. Fueron arregladas en semicírculo frente a la pared, y el padre principió. A la primera le hizo una pregunta que yo creo no se encuentra en el libro, y la cual, en algunas partes se consideraría impertinente hacer a una madre que ofrece a su hijo para la iniciación en la iglesia, es decir, que si era casada. Ella titubeó, sonrió se rio, y contestó, no. El padre le dijo que esto era muy malo e indecoroso para una mujer que fuera buena cristiana, y le aconsejó aprovechar la presente oportunidad para casarse con el padre del niño. Contestó ella que le gustaría hacerlo así, pero que él estaba ausente cortando caoba; y aquí, como las preguntas de él y las respuestas de ella habían pasado por medio de un intérprete, el asunto empezaba a complicarse. Realmente, tantas de las mujeres, se interpusieron, todas hablando al mismo tiempo, que el padre se dio cuenta que había tocado un terreno delicado, y así fue que pasó a la siguiente.

En efecto, aun con los asuntos ordinarios nuestro amigo tenía bastante que hacer. El entendía muy poco español; su libro estaba en latín: y no siendo capaz de traducirlo tan fácilmente como la ocasión lo requería, había empleado el intervalo de nuestra ausencia para copiar en una tira de papel, de un ritual protestante la parte ceremonial del sacramento del bautismo. En la confusión ésta se perdió, y el padre tuvo que volver a su latín, para ser traducido al español según fue menester. Después de algún esfuerzo él se volvió a Agustín y le dijo en inglés las preguntas que debían hacerse a las mujeres.

Agustín era un buen católico, y le escuchó con tanto respeto como si hubiese sido el papa, pero no entendió ni una palabra de lo que le dijo. Yo le interpreté a Agustín en francés, quien lo interpretó a uno de los hombres en español, para que éste lo interpretase a las mujeres. Esto, por supuesto, dio lugar a mucha confusión; pero todos eran tan devotos y respetuosos, que, a pesar de sus tribulaciones, la ceremonia fue solemne. Cuando llegó a las partes en latín, nuestro amigo las parloteó tan aprisa como si estuviesen recién llegadas de la Propaganda en Roma, y los caribes no se encontrasen muy atrasados.

El padre nos había informado de la pasión de los caribes por la multiplicidad de nombres; y una de las mujeres, después de dar a su hijo tres o cuatro, me señaló a mí, diciéndole que se agregase el mío. Yo no soy muy estricto, pero tampoco me importaba asumir sólo por juguete las obligaciones de un padrino; así que, parando la ceremonia, supliqué al padre eximirme del mejor modo que pudiese. El prometió hacerlo así; pero el día estaba excesivamente caluroso; el cuarto se encontraba atestado, las puertas obstruidas, y por ese entonces el padre, con su latín, francés y español, estaba sudando copiosamente, y algo confuso. Pensé que yo ya estaría desenredado, hasta que, pocos momentos después, me llevaron un niño para que lo tomase en mis brazos; mas yo tenía un punto para librarme: supuse que sería la señora que había sido madre sin ser esposa, la que deseaba que su hijo llevase mi nombre, pero resultó que era otra; todavía yo con la mayor descortesía me escapé de recibir a la criatura. Al salir, sin embargo, la mujer me interceptó el paso, y echando al niño hacia adelante, me llamó compadre; así que, sin saberlo, llegué a ser el padrino de un niño caribe; afortunadamente. su madre era una mujer honrada, y el padre estuvo presente en la ceremonia.

Con toda probabilidad yo nunca tendré mucho que hacer con su educación; y solamente puedo tener la esperanza que a su debido tiempo él multiplicará el nombre y lo hará respetable entre los caribes.

Regresamos al bote, y a los pocos minutos estábamos otra vez en camino, navegando hacia el Río Dulce. Un anfiteatro de elevadas montañas se extiende por muchas millas a lo largo de la costa, y hacia el interior hasta perderse de vista. En un pequeño lugar esta altiva cordillera se abre para dar paso a un manso río. Sobre la ribera derecha de la costa quedaba uno de los lugares que yo intentaba visitar. Era llamado con el nombre familiar de Livingston, en honor al distinguido ciudadano de Luisiana cuyo código penal fue en ese tiempo establecido en Guatemala; y se suponía, tan ventajosa era su posición, que llegaría a ser el puerto de entrada a Centro América; pero estas esperanzas no fueron realizadas.

Eran las cuatro de la tarde, y, al gobernar hacia allí, el capitán me dijo que, si echábamos el ancla, sería, necesario permanecer en el lugar hasta la mañana siguiente. Yo me encontraba poco dispuesto a perder la única oportunidad que probablemente tendría de parar un bote de vapor; pero tenía una ansiosa, casi ardiente curiosidad de ver el Golfo Dulce, y todos convenimos en que sería imperdonable perder tal oportunidad de verlo con ventaja. Por consiguiente, ordené al capitán avanzar junto a la orilla y seguir adelante.

La ribera se elevaba como treinta pies arriba del agua, y era rica y exuberante como en Punta Gorda. El sitio de la proyectada ciudad estaba ocupado por otra tribu de caribes, quienes, como los primeros, arrojados de su hogar por la guerra, habían subido por la costa, y, con aquella visión por lo pintoresco y lo hermoso en los paisajes naturales, que distingue a los indios en todas partes, fijaron su residencia en este lugar. Sus chozas techadas con hojas estaban en fila a lo largo de la ribera, sombreadas por arboledas de platanares y cocoteros; canoas con velas fijas estaban echadas sobre el agua, y los hombres y las mujeres estaban sentados bajo los árboles contemplándonos. Era esta una apacible y resplandeciente escena, que hablaba de paz y libertad lejos de los tumultos de un mundo bullicioso.

Pero, hermosa como era, nosotros pronto la olvidamos; pues una estrecha abertura en una muralla de montañas nos llama hacia adelante, y a los pocos momentos entramos al Río Dulce. A cada lado, elevándose perpendicularmente de tres a cuatrocientos pies, había una muralla de perpetua verdura. Los árboles crecían a la orilla del agua, con densa y no interrumpida frondosidad hasta la cima; no se divisaba ningún lugar estéril; y en ambos lados, desde la copa de los más altos árboles, largos zarcillos descendían hasta el agua, para beber y llevar vida a los troncos que los sostenían. Este era, como su nombre lo indica, un Río Dulce, un encantado paisaje de la tierra de los titanes, que combinaba la exquisita belleza con la colosal magnificencia. A medida que avanzamos el curso dio un rodeo, y a los pocos minutos perdimos de vista el mar, y quedamos rodeados completamente por una muralla de selva, pero el río, aunque no nos mostraba por dónde, aún nos invitaba a seguir adelante. ¿Podría ser esta la portada para una tierra de volcanes y terremotos revuelta y trastornada por la guerra civil?

25

Durante algún tiempo buscamos en vano un solo punto estéril; al fin encontramos una muralla desnuda, de roca perpendicular, pero desde las grietas, y aparentemente dentro de la misma roca, crecían árboles y arbustos. Algunas veces nos encontrábamos tan circundados que parecía como si el bote debiera atravesar entre los árboles. Ocasionalmente, en un ángulo de las vueltas, la muralla desapareció, y el sol pegó con abrasadora fuerza, pero al instante nos encontramos de nuevo en la más profunda sombra. Por los antojadizos relatos que había oído, esperaba ver monos saltando entre los árboles, y loros volando sobre nuestras cabezas; pero todo estaba tan apacible como si el hombre jamás hubiera estado antes allí. El pelícano, la más silenciosa de las aves, fue el único ser viviente que miramos, y el único sonido era el ruido artificial de nuestra máquina de vapor. El solitario desfiladero que conduce a la excavada ciudad de Petra no es más silencioso ni más extraordinario, pero en extraño contraste por su estéril desolación, mientras que aquí todo es exuberante, romántico y bello.

Por una extensión de nueve millas el pasaje continuó en medio de una escena de invariable hermosura, hasta que súbitamente el angosto río se ensanchó entre un gran lago circundado de montañas y tachonado de islas, que el sol en su ocaso iluminaba con magnífico esplendor. Permanecimos sobre cubierta hasta la última hora, y despertamos a la mañana siguiente en el puerto de Yzabal. Una simple goleta de más o menos cuarenta toneladas indicaba el pobre estado de su comercio. Desembarcamos antes de las siete de la mañana, y aun entonces ya hacía calor. Allí no había ociosos en la ribera, y el empleado de la aduana fue la única persona que nos recibió.

El pueblo está edificado sobre una suave elevación a orillas del Golfo Dulce, con montañas apiladas sobre montañas detrás. Subimos la calle hasta la plaza, en uno de cuyos lados quedaba la casa de los señores Ampudia y Purroy, la más grande y, exceptuando una que ellos estaban entonces ocupados en construir, la única casa de madera aserrada en el lugar. Las restantes todas eran chozas, construidas con palos y cañas, y techadas con hojas de palmera. Frente a su puerta estaba un amplio cobertizo, bajo el cual había bultos de mercaderías, y mulas, arrieros e indios, para transportarlas a través de la Montaña del Mico.

El arribo del padre produjo una gran sensación. Fue anunciado por un alegre repique de campanas en la iglesia, y una hora más tarde estaba vestido con su sobrepelliz y diciendo misa. La iglesia quedaba al fondo de la plaza, y, así como las casas, estaba construida con palos y techada con hojas. Enfrente, a una distancia de diez o quince pies, había una gran cruz de madera. El piso era de pura tierra, pero bien barrido y regado con hojas de pino; los costados tenían adornos de ramas y festones de flores, y el altar estaba ornamentado con imágenes de la Virgen y de los santos y guirnaldas de flores. Ya hacía mucho tiempo que el pueblo había tenido el privilegio de oír misa, y todos los habitantes, españoles, mestizos e indios, correspondieron al inesperado pero agradable toque de la campana matutina. El piso estaba cubierto de mujeres arrodilladas con blancos chales sobre la cabeza, y detrás, reclinados contra los rudos pilares, estaban los hombres; y su fervor y humildad. el terroso piso y el techo de hojas, eran más imponentes que la pompa de adoración en las ricas catedrales de Europa o bajo la cúpula de la de San Pedro.

Después del desayuno preguntamos por un barbero y nos enviaron con el recaudador del pueblo, quien se nos dijo, era el mejor cortador de pelo en el lugar. Su casa no era más grande que la de sus vecinos, pero adentro colgaba una silla militar, con pistoleras y pistolas, y una enorme espada, los aprestos de colector cuando salía a la cabeza de su comisario a infundir terror en el corazón de un contrabandista. Desgraciadamente el honrado demócrata no estaba en casa; pero el comisario ofreció sus propios servicios. Mr. C. y yo nos conformamos; pero el padre, que necesitaba su tonsura, de acuerdo con las reglas de su orden, dispuso esperar el regreso del colector.

Yo en seguida visité al comandante con mi pasaporte. Su casa quedaba al lado opuesto de la plaza. Un soldado como de catorce años de edad, con un sombrero de petate con la copa en forma de campana cayéndole sobre los ojos como un apagador sobre una candela, estaba parado en la puerta como centinela. Las tropas, que se componían como de treinta hombres y muchachos, estaban enfrente ordenadas en formación, y un sargento, fumándose un cigarro, les daba la instrucción de reclutas. El uniforme pretendía ser un sombrero blanco de petate, pantalones de tela de algodón y camisa exterior, mosquete y cartuchera. En un particular la uniformidad se observaba estrictamente, es decir, en que todos eran descalzos. El primer procedimiento de llamarlos a las filas y alinearlos se omitió; y, sucedió que un muchacho de piernas largas, de seis pies de estatura, estaba parado junto a un muchacho de doce o trece años de edad. El empleado de la aduana estaba con el sargento, aconsejándole; y, después de una maniobra y una consulta, el sargento se acercó a la fila, y con la palma de la mano pegó a un soldado en aquella parte del cuerpo que, en los días de mi juventud, se consideraba por el maestro de escuela como el canal por donde la instrucción penetraba en el cerebro del muchacho.

El comandante de esta prometedora banda era Don Juan Peñol, un caballero por nacimiento y educación, quien, con otros de su familia, había sido desterrado por el General Morazán, y buscado refugio en los Estados Unidos. Su predecesor, que era un oficial de Morazán, había sido expulsado por el partido de Carrera, y hacía sólo veinte días que él se encontraba en su lugar.

Tres grandes partidos perturbaban a Centro América en esa época: el de Morazán, el anterior presidente de la República, en San Salvador; el de Ferrera en Honduras, y el de Carrera en Guatemala. Ferrera era un mulato, y Carrera un indio; y, aunque no luchaban por la misma causa, simpatizaban en su oposición a Morazán. Cuando Mr. Montgomery visitó Guatemala, ésta se encontraba en efervescencia por el levantamiento de Carrera, quien era entonces reputado como el cabecilla de una tropa de bandidos, un ladrón y un asesino; sus seguidores eran llamados cachurecos (que significa moneda falsa), y Mr. Montgomery me informó que ante él un pasaporte oficial no sería protección de ningún modo. Ahora él era la cabeza del partido que gobernaba a Guatemala. El señor Peñol nos hizo una triste descripción del estado del país. Una batalla se acababa de librar a inmediaciones de San Salvador, entre el General Morazán y Ferrera, en la cual el primero fue herido, pero Ferrera salió derrotado y sus tropas destrozadas, y él temía que Morazán estuviese a punto de marchar sobre Guatemala. Solamente podía darnos pasaporte hasta dicha ciudad, el cual dijo no sería respetado por el General Morazán.

Nosotros nos sentíamos interesados por la situación del señor Peñol; joven, pero llevando en el rostro las señales de la zozobra y la ansiedad, conocedor de la miserable condición del presente, y con

28

espantosos presentimientos para el futuro. Para nuestro gran pesar, los informes que recibimos indujeron a nuestro amigo el padre a abandonar, por el presente, su intento de ir a Guatemala. Él había oído todas las terribles historias de la persecución y proscripción de los sacerdotes por Morazán, y pensó que sería peligroso caer en sus manos; y yo tengo mis razones para creer que fue este recelo el que por último le hizo abandonar el país.

Por la tarde di un paseo por el pueblo. Está habitado poco más c menos por mil quinientos indios, negros, mulatos, mestizos y de sangre mezclada en todos los grados, con unos pocos españoles. Muy pronto fui saludado por un hombre que dijo que era mi paisano, un mulato de Baltimore, cuyo nombre era Felipe. Él había estado ocho años en el país, y dijo que ya había pensado una vez regresar a la patria como criado por la vía de Nueva Orleans, pero que había dejado el hogar con tal premura, que no se acordó de traer sus "papeles cristianos"; de donde yo colegí que era lo que se llamaría en Marilandia un esclavo fugitivo. Era él un hombre de considerable posición, que la pasaba de fogonero a bordo de un bote de vapor con $ 23 al mes; además de lo cual hacía trabajos de poca monta en carpintería, y era, en efecto, el principal arquitecto de Yzabal, pues tenía entonces en sus manos un contrato por $3.500 para edificar la nueva casa de los Señores Ampudia y Purroy. En otros respectos, tengo la pena de manifestarlo: Felipe no era del todo tan respetable; y solamente puedo esperar que no sea su educación americana la que le haya conducido a tales irregularidades en las cuales parecía pensar él que no había agravio. Me suplicó que fuera a su casa a ver a su esposa, pero en el camino supe por él mismo que no era casado; y dijo. lo que espero sea una calumnia contra la buena gente de Yzabal, que solamente hacía lo que hacían todos los demás. Era dueño de la casa donde vivía, y por ella, con todo y terreno, había pagado doce dólares; y siendo un amo de casa y un americano, traté de inducirlo a que aprovechase la oportunidad de la visita del padre, para poner un buen ejemplo casándose; pero él era testarudo, y me dijo que no le agradaba tener impedimentos, y que así él podría ir a cualquier parte y ver otra muchacha que le pareciese mejor.

Mientras estábamos parados en su puerta, pasó Mr. Catherwood que iba a visitar a Mr. Rush, el maquinista del vapor, quien había estado enfermo a bordo. Lo encontramos en una de las chozas del pueblo, en una hamaca, con su vestido puesto. Era un hombre de hercúleas formas de seis pies y tres o cuatro pulgadas de estatura, y fornido en proporción, pero yacía imposibilitado como un niño. Una sola candela puesta sobre el sucio piso daba una mezquina luz, y varios hombres de diferentes razas y colores, desde el sajón de rostro blanco hasta el indio y el africano estaban de pie a su alrededor: rudos enfermeros para un hombre habituado a las comodidades de un hogar inglés.

Yo traje a la memoria que Yzabal era señalado como un lugar malsano; Mr. Montgomery, que publicó un interesante relato de su visita a Guatemala en 1838, me había referido que era poner en peligro la vida aun el pasar por allí, y temblé por el pobre inglés. Recuerdo, además lo que es extraño que haya olvidado antes, que aquí murió Mr. Shannon, nuestro encargado de negocios en Centro América. Felipe estaba conmigo, y conocía dónde se encontraba sepultado Mr. Shannon, pero en la obscuridad no pudo señalar el sitio.

Yo tenía el propósito de ponerme en marcha en la madrugada; y temiendo que, en el apresuramiento de la salida pudiese olvidar enteramente el sagrado deber de visitar, en este apartado lugar, la tumba de un americano, regresé a la casa y rogué al Señor Ampudia que me acompañase. Atravesamos la plaza, pasamos por los suburbios, ya los pocos minutos nos encontramos fuera del pueblo. Era tanta la obscuridad que yo apenas podía ver mi camino. Cruzando una honda zanja sobre un tablón, llegamos a un terreno elevado, abierto hacia la derecha, que se extendía hasta el Golfo Dulce, y por el frente limitado por un bosque sombrío. Sobre la cumbre había una ruda empalizada de toscos palos sembrados verticalmente, que cercaban la tumba de algún deudo del señor Ampudia; y a un lado de ésta se encontraba el sepulcro de Mr. Shannon. Allí no había piedra ni valla, ni siquiera alguna elevación, para distinguirlo del suelo en derredor.

Era una triste tumba para un compatriota, e involuntariamente sentí una depresión de espíritu. Una fatalidad se había cernido sobre nuestros diplomáticos nombrados para Centro América: Mr. Williams, Mr. Shannon, Mr. Dewitt, Mr. Leggett, todos los que habían sido designados siempre, habían fallecido. Acudió a mi memoria la expresión en la carta de un pariente cercano de Mr. Dewitt: "Ojalá que Ud. sea más afortunado que cualquiera de sus predecesores". Daba tristeza que uno que había muerto en el exterior sirviendo a su país, fuese abandonado así en una solitaria montaña, sin una piedra para señalar su sepultura. Regresé a la casa, ordené que se construyese una valla en derredor de la tumba de Mr. Shannon, y mi amigo el padre prometió plantar a la cabeza un cocotero.

Al romper el día los arrieros comenzaron a cargar para el paso de "la montaña". A las siete de la mañana toda la recua, compuesta de alrededor de cien mulas y de veinte a treinta arrieros estaba ya en camino. Nuestro grupo inmediato constaba de cinco mulas: dos para Mr. Catherwood y para mí, una para Agustín. y dos para el equipaje: además de lo cual, teníamos cuatro indios cargadores. Si se nos hubiese consultado, quizás en aquella época habríamos tenido escrúpulos de usar a los hombres como bestias de carga; pero el Señor Ampudia había hecho todos los arreglos para nosotros. Los indios estaban desnudos, salvo una pequeña pieza de tela de algodón alrededor de los ijares, que les cruzaba por delante entre las piernas. Las cargas se compusieron de modo que les quedase de un lado una superficie plana.

Los indios sentáronse en el suelo con la espalda contra esta superficie; se pasaron una correa de través sobre la frente, la que sostenía la carga; y, acomodándola sobre sus hombros con la ayuda de un palo o la mano de algún mirón se pusieron en pie. Esto parecía cruel; pero, antes que se hubiese gastado mucha simpatía por ellos, habían desaparecido.

A las ocho en punto Mr. C. y yo montamos, cada uno armado con un par de pistolas y un largo cuchillo de monte, que llevábamos en un cinturón alrededor del cuerpo; además de lo cual, temiendo confiarlo en otras manos, yo llevaba un barómetro de montaña colgado en el hombro. Agustín llevaba pistolas y espada; nuestro arriero principal, que iba montado, llevaba un machete y un par de sanguinarias espuelas, con rodajuelas de dos pulgadas de largo, sobre sus desnudos talones; y otros dos arrieros, cada uno con una escopeta, nos acompañaba a pie.

Un grupo de amistosos mirones nos dijeron adiós deseándonos buen viaje; y pasando unas casas dispersas que constituían los arrabales, entramos en un cenagoso llano salpicado de arbustos y pequeños árboles y a los pocos minutos estuvimos en una no interrumpida selva. A cada paso las mulas se hundían hasta las cernejas entre el fango, y muy pronto llegamos a grandes lodazales y hoyos de cieno, que me recordaron la terminación del invierno y la solitaria senda para bestias en una de nuestras primitivas selvas de la patria. A medida que avanzábamos, la sombra de los árboles se hacía más densa, y los hoyos más grandes y profundos, y las raíces, que sobresalían dos o tres pies arriba del suelo, cruzaban el sendero en todas direcciones. Le di el barómetro al arriero, haciendo todo lo posible para mantenerme sobre la silla. Toda conversación terminó, y procurábamos seguir tan de cerca como nos era posible la huella del arriero; cuando él descendía a un hoyo de cieno y salía arrastrándose, con las patas de su mula pavonadas de lodo, nosotros le seguíamos, saliendo tan pavonados como él.

La recua de mulas, que había salido antes que nosotros, no iba sino a poca distancia por delante, y al ratito oímos repercutiendo por los montes la fuerte gritería de los arrieros y el agudo chasquido del látigo. Nosotros los alcanzamos a la orilla de un arroyo que prorrumpía rápidamente sobre un lecho de piedras. Toda la caravana se movía hacia arriba del lecho de la corriente; el agua estaba obscurecida por la sombra de los árboles que pendían sobre ella; los arrieros, sin camisa, y con sus largos pantalones arremangados hasta el muslo y abajo de la cintura, estaban dispersos entre las mulas: uno andaba persiguiendo a una bestia extraviada; otro precipitándose hacia una cuya carga se estaba resbalando; un tercero levantando una que se había caído; otro con el pie apoyado contra el costado de la mula estirando la atadura; todos gritando, maldiciendo y azotando; el todo era una masa de inextricable confusión, que presentaba una escena casi aterradora.

Nosotros nos detuvimos para dejarlos pasar; y cruzando la corriente, caminamos una corta distancia sobre un camino plano, pero con el fango arriba de las cernejas; más cortando una vuelta volvimos a la corriente nosotros mismos en medio de la caravana. Las ramas de los árboles se unían sobre nuestras cabezas, y el lecho del arroyo era tan quebrado y pedregoso que las mulas constantemente tropezaban y caían. Dejando esto y siguiendo para adelante el camino como antes, al cabo de una hora llegamos al pie de la montaña. El ascenso empezó muy pendiente y por un camino extraordinario. Era éste un estrecho barranco, gastado por el paso de las mulas y por el agua de los torrentes de la montaña, tan hondo que sus lados eran más altos que nuestras cabezas, y tan angosto que apenas podíamos caminar sin tocarlos. Toda nuestra caravana andaba de uno en uno a través de estos cenagosos desfiladeros, los arrieros dispersos entre ellos y arriba sobre la orilla, desenredando a las mulas cuando se trababan, levantándolas cuando caían, arreglándoles las cargas, maldiciendo, gritando y azotándolas. Si uno se paraba, todos los de atrás quedaban bloqueados, e imposibilitados para regresar.

Cualquier repentino sobresalto nos oprimía contra las paredes del barranco, y no era pequeño el peligro de resultar con una pierna molida. Al salir de este desfiladero nos encontramos otra vez en medio de profundos atolladeros y salientes raíces de árboles con la dificultad adicional de un escarpado ascenso. Los árboles, además, eran más grandes, y sus raíces más altas y de mayor extensión; y, sobre todo, el árbol de caoba echaba hacia fuera sus gigantescas raíces, arriba del tronco y piramidales, no redondas como las raíces de otros árboles, sino rectas, con puntas agudas, atravesando las rocas y las raíces en derredor. Era el final de la estación lluviosa; los fuertes aguaceros que habíamos sufrido en el mar, habían inundado la montaña, y ésta se encontraba en las peores condiciones para pasarla; algunas veces no se puede pasar de ningún modo. Durante los últimos pocos días no había llovido; pero apenas nos felicitábamos por nuestra buena suerte de tener un día claro, cuando la selva se obscureció y comenzó a llover.

El bosque era de impenetrable espesura; y allí no había vistas salvo la de la detestable senda ante nosotros. Durante cinco interminables horas fuimos avanzando penosamente en medio de atascaderos, estrujados en las zanjas, golpeados contra los árboles, y cayendo sobre las raíces; cada paso requería cuidado y gran esfuerzo físico; y, a más de esto, yo presentía que nuestro vergonzoso epitafio podría ser: "arrojados de cabeza por una mula, saltada la tapa de los sesos sobre el tronco de un árbol de caoba, y sepultados entre el fango de la Montaña del Mico". Intentamos andar a pie, pero las rocas y raíces eran tan resbaladizas, los atascaderos tan hondos, y las subidas y bajadas tan difíciles que nos fue imposible continuar.

Las mulas iban solamente con media carga, y aun así varias se inutilizaron; el látigo no pudo hacerlas mover; y apenas pasaba una sin caerse. De las de nuestra partida, la mía cayó primero. Juzgando que no podría salvarla con la rienda, por un esfuerzo que puso en tensión todos mis nervios me levanté retirándome de sus lomos, y salté libre de las raíces y los árboles, pero no de fango; y me había escapado de un riesgo mayor: mi daga salida de la vaina estaba perpendicular, con la cacha entre el fango y con un pie desnudo de la hoja. Mr. Catherwood fue lanzado con tal violencia, que, por unos momentos, sintiendo el desamparo de nuestra condición, me quedé horrorizado. Mucho antes de esto él había interrumpido el silencio para proferir una exclamación que parecía salir del fondo de su alma, que, si él hubiera sabido de esta "montaña", yo podía haber venido a Centro América solo; en caso que yo hubiera tenido alguna tendencia a sentirme algo orgulloso por los honores que recibí en Belize, aquí fui humillado por este camino real para mi capital.

A poco rato la mula de Agustín cayó patas arriba; él sacó los pies de los estribos e intentó resbalarse para atrás; pero la mula rodó, y le dejó debajo de la pierna izquierda, y, a no ser por sus patadas yo habría pensado que todos los huesos de su cuerpo estaban rotos. La mula pateaba peor que él; pero se levantaron juntos, y sin ningún daño excepto el del fango, el cual, si antes sólo eran manchas, ahora parecía un repello en toda forma.

Avanzábamos penosamente hacia la cumbre de la montaña, cuando, en una vuelta inesperada, nos encontramos con un solitario viajero. Era un hombre alto, de tez morena, con un sombrero de Panamá de ala ancha. enrollada en los lados hacia arriba; una chaqueta guatemalteca de lana listada ribeteada de abajo; pantalones cuadriculados, polainas de cuero, espuelas y espada; venía montado en una magnífica mula con una silla de pico alto y las cachas de un par de pistolas de caballería asomando en las pistoleras. Su rostro estaba cubierto de sudor y de fango; su pecho y piernas estaban salpicadas y su costado derecho era una completa encostradura; en un todo, su apariencia era terrible. Pareció sorprendido de encontrarse con alguno en tal camino; y para nuestra sorpresa, nos saludó en inglés.

Él había emprendido la marcha en compañía de unos arrieros y unos indios, pero los había perdido en una de las vueltas de la selva, y estaba buscando su camino solo. Había atravesado la montaña por dos veces antes, pero jamás la había encontrado en peor estado; ya había sido derribado dos veces; una vez su mula rodó sobre él, y por poco lo despachurra; y ahora ella iba tan asustada que apenas podía lograr que caminara. Se apeó, y la temblorosa bestia y su propio estado de agotamiento confirmaban todo cuanto él había dicho. Nos pidió aguardiente, vino, o agua, algo para reanimarse; pero, desgraciadamente. nuestras provisiones iban adelante, y para él regresar un paso, ni pensarlo. Imagínese nuestra sorpresa cuando, con los pies sepultados entre el lodo, nos refirió que había permanecido dos años en Guatemala "negociando" el establecimiento de un banco.

Recién venido como estaba yo de la tierra de los bancos, casi pensé que intentaba burlarse de mí; pero él no parecía estar de humor para chanzas y, para beneficio de aquellos a quienes atañe como una evidencia de incipiente progreso, puedo decir que él ya tenía asegurado el establecimiento cuando rodó por el fango, y que a la sazón se encontraba en viaje rumbo a Inglaterra para vender las acciones. Nos dijo, además, lo que mejor se avenía con la escena, que Carrera había marchado sobre San Salvador, y que diariamente se esperaba una batalla entre él y Morazán.

Pero ninguno de nosotros tenía tiempo que perder; y separándonos, aunque algo de mala gana, casi tan precipitadamente como nos habíamos encontrado, continuamos nuestro ascenso. A la una de la tarde, para nuestra indecible satisfacción, llegamos a la cima de la montaña. Aquí encontramos un claro como de doscientos pies de diámetro, hecho en beneficio de los arrieros a quienes cogía la noche; en diferentes lugares había montones de cenizas y pedazos de troncos quemados, los restos de sus fuegos. Este era el único lugar de la montaña al cual el sol podía llegar y aquí el suelo estaba seco; pero la vista quedaba limitada por el claro.

Nos apeamos y habríamos merendado, pero no teníamos agua para beber: y, después de unos pocos minutos de descanso, reanudamos nuestro viaje. El descenso era tan malo como la subida;

y, en vez de detenernos para dejar a las mulas respirar, como habían ellos hecho en el ascenso, los arrieros, por lo visto, parecían ansiosos de ver en cuán corto tiempo podían hacerles rodar para abajo de la montaña. En uno de los más fangosos desfiladeros quedamos encerrados por la caída de una mula adelante, y por el tropel sobre nosotros de todas las de atrás; y en el primer lugar adecuado, nos detuvimos hasta que pasó toda la caravana. La cautela de las mulas era extraordinaria. Durante una hora observé los movimientos de una que iba adelante de mí. A veces apoyaba la pata de adelante sobre una raíz o una piedra, y la tanteaba como lo haría un hombre; de cuando en cuando sacaba las patas delanteras de un lecho de cieno hasta los brazuelos, y otras veces era una constante alternativa de hundidas y sacadas.

Este es el gran camino real para la ciudad de Guatemala, la que siempre ha sido un lugar de distinción en Hispano América. Casi todo el tráfico de mercaderías de Europa pasa por allí; y nuestro guía dijo que la razón para que estuviese en tan malas condiciones era porque lo atravesaban tantas mulas. En algunos países esta habría sido una razón para mejorarlo; pero era placentero encontrar que el pueblo ante quien yo estaba acreditado estuviese relevado de uno de los regímenes de contiendas en casa, y que no se molestase con las complicadas cuestiones de atender a las mejoras interiores.

Al cabo de dos horas llegamos a un turbulento río o torrente de la montaña, espumoso y rompiéndose sobre su lecho de piedras, sombreado por grandes árboles. Se llamaba El Arroyo del Muerto. Los arrieros ya estaban distribuidos sobre las rocas o bajo la sombra de los árboles, comiendo su frugal alimento de tortillas; las mulas estaban en el río, o dispersas a lo largo de la ribera; y nosotros escogimos un árbol grande, que extendía sus ramas sobre nuestras cabezas como un techo, y tan cerca del arroyo que podíamos sumergir nuestros vasos entre el agua.

Toda la solicitud que fui capaz de economizar durante el día para mí mismo la había empleado en el barómetro que iba sobre las espaldas del guía. El llevaba, además, un pequeño jarro blanco, con un borde rojo, en el cinturón de su machete, del cual iba él muy ufano y muy cuidadoso; y varias veces, después de un resbalón y de una escapada difícil, se volvía y levantaba el jarro con una sonrisa, lo cual me daba esperanzas con respecto al barómetro; y, en efecto, lo había sostenido sin que se quebrara; pero, por desgracia, el azogue no estaba bien seguro, y todo se había escapado. Era imposible repararlo en Guatemala, y la pérdida de este barómetro fue un motivo de pesadumbre durante todo nuestro viaje; porque nosotros ascendimos a muchas montañas cuyas alturas jamás han sido averiguadas.

Pero tuvimos otra desventura que, por de pronto, nos tocaba más de cerca. Nos sentamos en el suelo, a la moda turca, con un espacio vacío entre nosotros. Agustín colocó a nuestro frente una bien llena servilleta; y, mientras tomábamos el agua del cristalino arroyo a nuestro lado, un espíritu de otros tiempos llegó sobre nosotros, y hablamos con desdén de los ferrocarriles, de las ciudades y de los hoteles; pero ¡oh mesoneros! vosotros fuisteis vengados.

Desenrollamos la servilleta, y la vista que ella presentó fue demasiado espantosa, aun para los nervios más vigorosos. Habíamos preparado pan para tres días, huevos duros, y dos gallinas asadas para todo el tiempo que pudieran durar. Agustín había olvidado la sal, pero había pá esto en la servilleta un gran papel de pólvora como una ancheta de su pertenencia. El papel se rompió, y el pan, las gallinas y los huevos quedaron enteramente sazonados con este nuevo condimento. Toda la belleza de la escena, toda nuestra ecuanimidad, todo excepto nuestro tremendo apetito, nos abandonó en un instante. Las tabernas campesinas surgieron ante nuestra vista; y nosotros, que habíamos sido tan amables, denostamos a Agustín y le deseamos el más homicida condimento sobre su propio cuerpo. No pudimos escoger lo suficiente para satisfacer el hambre. Esta era, sin duda, la manera más inocente de probar la pólvora, pero todavía era una amarga píldora. Escogimos e hicimos excavaciones para uso inmediato, pero el resto de nuestras provisiones se perdió.

Terminado esto, montamos, y, vadeando la corriente, continuamos nuestro descenso. Siguiendo por una estribación de la montaña, salimos a un cerro, dominando la vista de una extensa pradera. Muy pronto llegamos a una espléndida meseta, donde una gran partida de arrieros en viaje para Yzabal había acampado por la noche. Fardos de añil, que formaban sus cargas se encontraban apilados como una muralla; sus mulas pastaban tranquilamente cerca de ellos, y sus fuegos estaban ardiendo para cocinar la cena. Era una gran satisfacción el estar una vez más en campo abierto, y ver la montaña, con su espesa selva, iluminada por el sol que declinaba grande y tenebroso, y nosotros felizmente fuera de ella. Con diez horas de la más penosa cabalgata que yo jamás había sufrido, solamente habíamos andado doce millas.

Al bajar de esta meseta, entramos en una llanura densamente arbolada, y a los pocos minutos llegamos a un bosquecillo de palmeras silvestres de singular belleza. Desde la copa de un elevado y desnudo tallo se extendían las ramas de veinte o treinta pies de largo, desplegándose desde el tronco, y cayendo hacia fuera con una graciosa comba como enormes plumajes; los árboles estaban tan unidos que las encorvadas ramas se juntaban, formando arcos, en algunos lugares con tanta simetría como si hubiesen sido artificialmente formados; y mientras caminábamos por en medio de ellos, había una tan solemne quietud y un tal aire de desolación que nos trajo a la memoria las columnas de un templo egipcio.

Hacia el anochecer llegamos al Rancho del Mico. Era una pequeña casa, construida con palos y repellada con lodo. Inmediata a ella y unida por un cobertizo techado con ramas, había una casa más grande, construida del mismo material, expresamente para el uso de los viajeros. Esta ya se encontraba ocupada por dos partidas procedentes de Guatemala. una de las cuales formaban el Canónigo Castillo, su compañero eclesiástico o secretario, y dos jóvenes Pavón. La otra la constituía un comerciante francés en su viaje a París. Mr. C. y yo éramos unos objetos de aspecto pintoresco, no salpicados, sino repellados con lodo desde la cabeza hasta los pies; pero pronto fuimos conocidos, y recibimos de toda la compañía una cordial bienvenida a Centro América.

Su apariencia era tal como para darme una sumamente favorable opinión de la clase de personas que yo hallaría en Guatemala. El Canónigo era uno de los principales hombres del país en posición y carácter, y entonces se encontraba en viaje para La Habana en una delicada misión política. siendo enviado por la Asamblea Constituyente para invitar al arzobispo a que volviese, quien había sido desterrado por el General Morazán diez años antes. El tomó por su cuenta el hacer los honores, y puso ante nosotros chocolate y lo que él llamó "el plato nacional", frijoles o judías fritas, con los cuales, por fortuna para nuestros subsiguientes viajes, nos "encariñamos" de una vez. Nosotros estábamos muy cansados, pero una agradable compañía era mejor que dormir. El canónigo se había educado en Roma, y pasado la primera parte de su vida en Europa; el francés era de París; los jóvenes Pavón se habían educado en Nueva York; y nos sentamos hasta una hora avanzada, con nuestros vestidos tiesos de lodo, hablando de Francia, de Italia y de la patria. Por fin colgamos nuestras hamacas. Habíamos estado tan ocupados que no pusimos mucha atención en nuestro equipaje; y cuando quisimos conseguir un vestido para mudarnos, no pudimos hallar a nuestros sirvientes, y nos vimos obligados a arrojarnos a la cama como estábamos; pero con el satisfactorio sentimiento de haber pasado «la montaña», pronto nos dormimos.

CAPÍTULO 3: EL MAJESTUOSO RÍO MOTAGUA

UN CANÓNIGO. — CÓMO SE ASA UNA GALLINA. — ZAPATERIA IMPROVISADA. — EL RÍO MOTAGUA. — BELLO PANORAMA. —CRUZANDO EL RÍO. — LAS DELICIAS DEL AGUA. — COSTUMBRES PRIMITIVAS. — CÓMO HACER TORTILLAS. — MADERA VALIOSA. —GUALÁN. — CALOR OPRESIVO. — UN TEMBLOR DE TIERRA. — UN PASEO POR EL PUEBLO. — UN ARRIERO IMPERTINENTE. —UN PROCESO. — IMPORTANTES NEGOCIACIONES. — UNA MODERNA BONA DEA. — CÓMO CONSEGUIR MARIDO. — UN REINO DE FLORA. — ZACAPA TRATANDO SIN CEREMONIAS AL HOSPEDADOR.

Antes del amanecer ya estaba yo fuera de la casa. Veinte o treinta hombres, arrieros y sirvientes, estaban dormidos en el suelo cada uno boca arriba envuelto en su negra chamarra, que les cubría desde la cabeza hasta los pies. Al clarear se levantaron. Muy pronto se levantó el francés, tomó chocolate, y, después de una hora de preparativos, se puso en marcha. En seguida partió el canónigo. Él había cruzado la montaña veinte años antes en su primer arribo al país, y todavía conservaba un pleno recuerdo de sus horrores. Partió sobre las espaldas de un indio, en una silla con un alto respaldo y cubierta para protegerlo del sol. Otros tres indios lo seguían como conductores de relevo, y una magnífica mula para su alivio por si se cansaba de la silla. El indio iba encorvado, casi doblado, pero el canónigo estaba de buen humor, fumando su cigarro, y moviendo la mano hasta perderse de vista. Los Pavones partieron, por último, y nosotros nos quedamos solos.

Aún no había llegado ninguno de nuestros criados. Como a las ocho aparecieron dos; habían dormido en un rancho inmediato, y los otros habían seguido adelante con el equipaje. Nosotros estábamos excesivamente enojados, pero, soportando como pudimos la incomodidad de nuestros vestidos tiesos de lodo, ensillamos y emprendimos la marcha.

No vimos más de nuestra recua de mulas, y nuestro arriero del barómetro había desaparecido sin aviso, dejándonos en manos de dos substitutos.

Nuestro camino se extendía sobre una región montañosa, pero generalmente libre de bosque; y como a las dos horas llegamos a un conjunto de ranchos denominado El Pozo. Uno de nuestros criados se dirigió a una choza y se apeó como si estuviera en su casa. La mujer de la casa lo regañó por no haber llegado la noche anterior, lo que él ásperamente nos achacó a nosotros; y era evidente que estábamos en peligro de perderlo a él también. Pero teníamos un asunto de interés más inmediato en la falta de un desayuno. Nuestro té y café, todo lo que nos había quedado después de la destrucción de nuestras provisiones por la pólvora, había pasado adelante y por algún tiempo no pudimos conseguir nada. Y aquí al principiar nuestro viaje, encontramos una escasez de víveres mayor que la que habíamos hallado en ninguna región habitada.

La gente vivía exclusivamente de tortillas —tortas planas hechas de maíz molido, y cocidas sobre una tartera de barro— y frijoles negros. Agustín compró un poco de éstos, pero requerían varias horas de estar en remojo antes de que se pudieran comer. Al fin él logró comprar una gallina, la atravesó con una vara, y la ahumó sobre el fuego, sin aderezos de ninguna clase, la que, con tortillas, haría una buena comida para un sistema de dieta penitenciaria. Según lo que nosotros esperábamos, nuestro arriero principal no pudo arrancarse del lugar; pero, como marido sumiso, envió, con el único que había quedado, un amoroso mensaje para su mujer en Gualán.

En el momento de la partida, el sirviente que nos quedaba dijo que no podría seguir hasta que hubiera hecho un par de zapatos, y nos vimos obligados a esperar; pero no le tomaron mucho tiempo. Parándose sobre un cuero sin curtir, marcó la medida de sus pies con un pedazo de carbón, los cortó con su machete, les hizo los agujeros convenientes, y, pasando una correa de cuero por debajo del empeine, alrededor del talón, y entre el dedo gordo. del pie y el que le sigue, ya estuvo calzado.

De nuevo nuestro camino se extiende sobre una cadena de elevadas montañas, con un valle a cada lado. A lo lejos se veían hermosas laderas verdes y ornamentadas con pinos y ganado pastando en ellas, lo que nos hacía recordar el paisaje de un parque inglés. A menudo presentábanse parajes, los cuales en nuestro país se habrían escogido como lugares para viviendas, y embellecido por el arte y por el gusto. Y esta era una tierra de perpetuo verano; las ráfagas de invierno nunca llegan hasta ella; pero, a pesar de toda su dulzura y su belleza, estaba triste y desolada.

A las dos de la tarde comenzó a llover; al cabo de una hora aclaró, y desde la elevada cordillera divisamos el Río Motagua, uno de los más espléndidos en Centro América, moviéndose majestuosamente a través del valle a nuestra izquierda. Descendiendo por un áspero y precipitado sendero, a las cuatro de la tarde llegamos a la ribera directamente al lado opuesto de Encuentros. Era este uno de los más hermosos panoramas que yo jamás había contemplado: en todo el derredor había gigantescas montañas, y el río, ancho y profundo, moviéndose por entre ellas con la fuerza de un poderoso torrente.

En la ribera opuesta estaban unas cuantas casas y dos o tres canoas echadas en el agua, pero ni un solo individuo a la vista. Por medio de fuertes gritos hicimos llegar a un hombre a la orilla, quien entrando en una canoa la puso a flote; inmediatamente fue arrastrado lejos por la corriente; pero, aprovechándose de un reflujo del agua, logró llevarla hasta el lugar donde nos encontrábamos. Nuestro equipaje, las sillas, bridas, y otros arreos de las mulas, fueron puestos a bordo, y nos embarcamos. Agustín sentóse en la popa, agarrando el cabestro de una de las mulas, y conduciéndola como a un pato de reclamo; pero las restantes no estaban dispuestas a seguirla. El arriero las hizo entrar con el agua hasta el pescuezo, pero retrocedieron a la playa. Varias veces, arrojándoles palos y piedras logró que entraran como antes. Por último, se desnudó, y, vadeando hasta la altura de su pecho, con una vara de diez o doce pies de largo, logró llevarlas todas a flote y en una fila al alcance de su vara.

Cualquiera de ellas que retrocedía hacia la playa recibía un golpe en la nariz, y al fin todas fijaron la cara con dirección a la opuesta orilla; sus pequeñas cabezas eran todo lo que nosotros podíamos mirar, apuntando directamente de través, pero arrastradas por la corriente. Una fue impelida más abajo que las demás; y, cuando vio a sus compañeras saltar en tierra, lanzó un grito de espanto y por poco se ahoga en su lucha por alcanzarlas.

Durante todo este tiempo nosotros estuvimos sentados en la canoa, con el sol batiendo sobre nuestras cabezas. En las últimas dos horas habíamos sufrido excesivamente por el calor; nuestras ropas estaban saturadas de sudor y endurecidas por el barro, y esperábamos en adelante casi con arrobamiento un baño en el Motagua y el cambio de ropa interior. Saltamos en tierra y nos encaminamos a la casa en donde pasaríamos la noche. Estaba repellada y encalada, y adornada con listas coloradas en forma de festones; y al frente había un cerco formado con largas cañas, de seis pulgadas de grueso, rajadas en dos; la apariencia era del todo favorable. Para nuestro mayor enfado, nuestro equipaje había seguido adelante hasta un rancho tres leguas más allá. Nuestros arrieros rehusaron caminar más lejos. Nos encontrábamos desagradablemente colocados, pero no queríamos dejar tan pronto el río Motagua. Nuestro posadero nos dijo que su casa y todo lo que allí había estaba a nuestra disposición; pero que no podía darnos nada para comer; y diciéndole a Agustín que buscara por el pueblo, regresamos al río. Por todas partes la corriente era demasiado rápida para un tranquilo baño. Llamando a nuestro barquero, volvimos al otro lado, y a los pocos minutos estábamos gozando de una ablución, cuya delicia puede ser apreciada solamente por quienes, como nosotros, hayan cruzado la Montaña del Mico sin tirar los vestidos.

En este baño había un goce aún mayor que el de refrescar nuestros acalorados cuerpos. Era el momento de una dorada puesta de sol. Nos encontrábamos metidos hasta el cuello dentro del agua clara como el cristal, y tranquila como la de una diminuta laguna, al margen de un canal a cuyo largo la corriente se precipitaba con la rapidez de una flecha. A cada lado había montañas de millares de pies de elevación, con sus cimas alumbradas por el sol al declinar; en un punto arriba de nosotros había una choza de hojas de palmera, y frente a ella, sentado un indio desnudo que nos contemplaba; entre tantas bandadas de loros, de brillante plumaje, casi a millares, volaban sobre nuestras cabezas, alcanzando nuestras palabras, y llenando el aire con su clamorosa burla. Era esta una de aquellas hermosas escenas que tan rara vez ocurren en la vida humana, convirtiendo los sueños casi en una realidad. Viejos como éramos, nos podíamos haber vuelto poetas, si no hubiera sido porque Agustín bajó a la orilla opuesta, y con un grito que sobrepasó al chillido de los loros y al turbulento murmullo del río, nos llamó para la cena.

Tuvimos un momento de agonía cuando volvimos a nuestras ropas. Yacían extendidas sobre la orilla, cual emblemas de unos hombres que habían visto mejores días. La puesta del sol que derramaba sobre todo una suave y tierna brillantez, exhibía desnudas las arrugas de fango y suciedad haciendo las repugnantes. No teníamos más que una alternativa, y esta era el irnos sin ellas. Mas como esto parecía ser un ataque a la decencia de la vida, las levantamos y nos las pusimos con repugnancia. Yo no estoy seguro, como quiera que sea, sino de que nosotros hicimos un sacrificio innecesario de nuestra personal comodidad. La decencia de la vida es materia de costumbres convencionales. Nuestro posadero era un don, y cuando le presentamos nuestra carta nos recibió con gran dignidad en una sencilla prenda de vestir, suelta, blanca, y muy corta, que apenas le llegaba a las rodillas.

El vestido de su esposa no era menos desahogado; algo así por el estilo de las batas cortas y enaguas del tiempo de Maricastaña, solamente la bata y cualquiera otra cosa que se usara debajo regularmente hacían falta, y su lugar estaba substituido por un cordón de cuentas, con una gran cruz al extremo. Una docena de hombres y chicuelos, desnudos, salvo la pequeña cubierta formada por los pantalones enrollados de arriba y abajo del modo ya indicado, estaban de holgazanes cerca de la casa; y las mujeres y muchachos en tal extremo de trapillo que un cordón de cuentas parecía un vestido completo para el pudor.

Mr. C. y yo nos encontrábamos, para la noche, en una situación algo embarazosa. La pieza de recepción general contenía tres camas hechas de fajas de cuero entrelazadas. El don ocupaba una; él no tenía mucho que hacer para desnudarse, pues lo poco que tenía, lo hizo quitándose la camisa. Otra cama estaba al pie de mi hamaca. Estaba yo dormitando, cuando abrí los ojos y vi a una muchacha como de diez y siete años sentada de lado sobre ella, fumándose un cigarro. Tenía atado alrededor del talle un pedazo de tela de algodón listada que le caía hasta abajo de las rodillas; el resto de su traje era el mismo que la naturaleza otorga por igual a la señorita de rango y a la más pobre muchacha; en otras palabras, éste era el mismo que aquel de la mujer del don con excepción del collar de cuentas. Al principio creí que sería algo que yo habría evocado en mis sueños; y al despertar, quizá levanté la cabeza, porque ella dando unas cuantas ligeras fumadas a su cigarro, se echó una sábana de algodón sobre la cabeza y los hombros y se acostó a dormir. Yo procuré hacer lo mismo. Traje a la memoria el proverbio, que "los viajes hacen compañeros de cama a los extraños". Yo ya había dormido en confusión con griegos, con turcos y con árabes. Estaba principiando a viajar por un nuevo país; era mi deber el conformarme a las costumbres de sus habitantes; estar preparado para lo peor, y someterme con resignación a lo que pudiera sobrevenirme.

Como huéspedes, nos fue agradable el sentir que la familia no nos trataba como a extraños. La esposa del don se retiró con las mismas ceremonias. Varias veces durante la noche me despertó el retiñir del pedernal y del acero y vi uno de nuestros vecinos encendiendo un cigarro. A la luz del día la mujer del don estaba gozando de su sueño matinal. Mientras yo me vestía ella me dio los buenos días, se quitó la ropa de algodón de sobre los hombros y se levantó ya vestida para el día.

Partimos temprano, y por alguna distancia nuestro camino siguió a lo largo de las orillas del Motagua, casi tan hermoso por la mañana como a la luz de la tarde. Al cabo de una hora principiamos a subir la estribación de una montaña; y, llegando a la cumbre, seguimos por la serranía. Esta era elevada y angosta y por ambos lados dominaba una vista casi ilimitada que parecía escogida para un efecto pintoresco. El paisaje era grandioso, pero la tierra desierta y sin cultivo, sin vallados, ni huertos, ni viviendas. Unas cuantas cabezas de ganado vagaban libremente por la gran expansión, pero sin impartir ese aspecto doméstico que en otros países acompaña a la presencia del ganado. Encontramos unos pocos indios, con sus machetes, que iban a su trabajo matutino, y a un hombre cabalgando en una mula, con una mujer por delante, rodeándole con su brazo la cintura.

Yo iba cabalgando a la cabeza de mis compañeros, y sobre la cima de la serranía, un poco hacia un lado del camino, miré a una muchachita blanca, enteramente desnuda, jugando frente a un rancho. Como la mayor parte de las gentes que encontrábamos eran indios o ladinos, su apariencia llamóme la atención y me encaminé hacia el rancho. El propietario, en el cómodo traje de nuestro posadero de Encuentros se estaba meciendo en una hamaca bajo el pórtico y fumándose un cigarro. A corta distancia había un cobertizo techado con tallos y hojas de maíz llamado la cucinera o cocina. Como siempre, mientras el don estaba recostado en su hamaca, las mujeres trabajaban.

Me dirigí a la cucinera (cocina) y desmonté. El grupo se componía de la madre y de una linda nuera como de diez y nueve años, y de dos hijas como de quince y diez y siete. El lector tal vez tendrá curiosidad con respecto a los vestidos; pero habiéndole dado ya una idea de los de esta región, no requerirá más descripciones. En honor a mi visita, la madre arrebató a la niña que me había atraído hacia el rancho, la llevó para adentro y echó sobre su cabeza una prenda de vestir, la cual, yo creo usan generalmente las niñas; pero a los pocos minutos mi pequeña amiguita se desembarazó de su atavío y se bamboleaba por ahí con la prenda bajo el brazo.

Toda la familia estaba ocupada haciendo tortillas. Este es el pan de toda la América Central y de toda la América Española, y la única especie que se encuentra, salvo en las ciudades principales. En un extremo de la cucinera había una elevación, sobre la cual estaba un comal o tartera, descansando sobre tres piedras, con un fuego flameante por debajo. La nuera tenía ante sí una vasija de barro conteniendo maíz remojado en agua de cal para removerle la cáscara; y, poniendo un puñado sobre una piedra oblonga encorvada para adentro, lo molió con un rodillo de piedra hasta convertirlo en pasta espesa. Las muchachas lo tomaban al estar amasado, y golpeándolo ligeramente con sus manos lo convertían en tortitas planas, poniéndolas sobre el comal para cocerlo. Esto se repite en cada comida, y una gran parte de la ocupación de las mujeres consiste en hacer tortillas.

Cuando llegó Mr. Catherwood las tortillas ya estaban humeando, y nos detuvimos para tomar el desayuno. Nos dieron el único manjar delicioso que tenían: café hecho de maíz tostado, el cual, en obsequio a su bondad, tomamos. Lo mismo que yo, Mr. Catherwood quedó impresionado con la belleza personal de este grupo familiar. Con las ventajas del traje y de la educación, ellas podrían ser ornamentos en una culta sociedad; pero estaba decretado de otro modo, y estas jóvenes muchachas seguirán haciendo tortillas todo el resto de su vida.

Durante una hora larga seguimos caminando sobre la cima de la montaña, entrando en seguida en un campo más arbolado, y a la media hora llegamos a una puerta grande que estaba exactamente a través del camino como una barrera de peaje. Esta era la primera señal que veíamos de un lindero individual o territorial, y en otros países habría formado una entrada digna de una regia propiedad; pues el macizo cerco, con todos sus postes y soportes, era de sólida caoba. El calor era ahora intenso. Penetramos en un espeso bosque y vadeamos una impetuosa corriente en medio de la cual se encontraban unos cerdos nadando. Inmediatamente después llegamos a una plantación de cochinilla, y pasamos por una larga senda espesamente bordeada y sombreada con árboles y arbustos, unidos hasta sofocar. Salimos a un llano abierto, sobre el cual batía el sol con poder casi intolerable; y atravesando el llano, como a las tres de la tarde entramos en Gualán. Allí no había ni un soplo de aire; las casas y la tierra parecían despedir calor. Yo estaba confundido, se me andaba la cabeza, y me sentí en peligro de una insolación. En aquel momento hubo un ligero temblor de tierra. No me di cuenta de él, pero me encontré casi subyugado por el excesivo calor y por la condensación de la atmósfera que lo acompañaba.

Nos encaminamos a casa de Doña Bartola, para quien teníamos una carta de recomendación, y me es imposible describir la satisfacción con que me arrojé sobre una hamaca. La sombra y la quietud me restablecieron. Por primera vez desde que salimos de Yzabal nos mudamos los vestidos; y también, por la primera vez, comimos.

Por la tarde dimos un paseo por el pueblo. Está situado sobre una meseta de piedras conglutinadas o compuestas, en la confluencia de dos majestuosos ríos, y se encuentra circundado por una cadena de montañas. Una calle principal, las casas de un piso, con portales al frente, terminando en una plaza pública, en cuya parte principal se levanta una iglesia grande con portada gótica; y frente a ella, a una distancia de diez o doce yardas estaba una cruz como de veinte pies de altura. Los habitantes son como diez mil, principalmente mestizos. Saliendo de la plaza, bajamos al Motagua. En la orilla estaban construyendo un bote, como de cincuenta pies de largo por diez de ancho, todo de caoba. Cerca de allí, un grupo de hombres y mujeres vadeaban la corriente, llevando sus vestidos sobre la cabeza; y alrededor de un promontorio tres mujeres se estaban bañando. No hay referencias antiguas relacionadas con este lugar; pero la rusticidad de la escena, las nubes, los tintes del cielo y el sol en su ocaso reflejándose sobre las montañas, eran hermosas. Al anochecer volvimos a la casa. Exceptuando la compañía de algunos millares de hormigas que ennegrecían las candelas y cubrían todo lo perecedero, tuvimos una habitación para nosotros.

Por la mañana temprano se nos sirvió chocolate y un pequeño bollo de pan dulce. Mientras nos desayunábamos llegó nuestro arriero, reiterando su demanda de ajuste y pidiendo tres dólares más de lo debido. Nosotros rehusamos pagarle y se retiró furioso. A la media hora llegó un alguacil citándome de orden del alcalde. Mr. Catherwood, que en ese momento estaba limpiando sus pistolas, me consoló con la amenaza de bombardear la población si me ponían en la cárcel. El cabildo, o casa municipal, quedaba a un lado de la plaza. Entramos en una gran sala, uno de cuyos extremos estaba dividido por medio de una barandilla de madera. Adentro estaba sentado el alcalde con su secretario, y afuera el arriero, con un grupo de individuos medio desnudos como sus sostenedores. Ya había reducido su demanda a un dólar, sin duda suponiendo que yo lo pagaría antes de tener ninguna molestia. No era muy honroso el ser ejecutado por un dólar; pero le miré la cara al entrar, y resolví no pagarle ni un centavo. No obstante, que yo no me atuve a mis privilegios como diplomático, sino que defendí la acción por sus propios méritos, el alcalde falló a mi favor; después de lo cual le mostré mi pasaporte, y él me rogó entrar a la barra y me ofreció un cigarro.

Concluido este asunto yo tenía otros de mayor importancia. El primero era alquilar las mulas, que no pudieron conseguirse sino dos días después. En seguida tenía que arreglar el lavado de la ropa, lo que era un asunto muy complicado, porque había necesidad de especificar qué piezas debían ser lavadas, cuáles planchadas, y cuáles almidonadas, y pagar separadamente por lavado, planchado, jabón y almidón; y, por último, traté con un sastre un par de pantalones, comprando por separado el género, el forro, los botones y el hilo, poniendo el sastre por su parte las agujas y el dedal.

Por la tarde bajamos otra vez al río, regresamos, y enseñamos a Doña Bartola cómo preparar el té. Por entonces todo el pueblo se encontraba en conmoción preparatoria para la gran ceremonia del rezado a Santa Lucía. En la mañana temprano, los disparos de mosquetes, petardos y cohetes, habían anunciado la llegada de esta inesperada pero bienvenida visitante, una de las más santas entre las santas del calendario, y, después de San Antonio, la más celebrada por el poder de hacer milagros. La subida de Morazán al poder, fue señalada por una persecución al clero: sus amigos decían que era la purificación de un cuerpo corrompido; sus enemigos, que era una guerra contra la moral y la religión. El país se encontraba en ese tiempo plagado de sacerdotes, frailes y monjes de diferentes órdenes. Por todas partes los edificios más suntuosos, las tierras mejor cultivadas, y la mayor parte de la riqueza del país estaban en sus manos. Muchos, sin duda, eran buenos hombres; pero algunos usaban sus sagradas vestiduras como una capa de la bellaquería y del vicio, y la mayor parte eran zánganos, que cosechaban donde no habían sembrado, y vivían fastuosamente con el sudor de la frente de otros hombres. De todas maneras, y sea cual fuere la causa, la primera parte de la administración de Morazán se distinguió por su hostilidad hacia ellos como clase; y desde el Arzobispo de Guatemala para abajo hasta el más pobre fraile, todos corrían peligro; algunos huyeron, otros fueron deportados, y muchos arrancados por la ruda soldadesca de sus conventos e iglesias, llevados por la fuerza a los puertos y embarcados para Cuba y la vieja España, con sentencia de muerte si volvían. El país quedó comparativamente abandonado; muchas de las iglesias cayeron en ruinas; otras permanecieron, pero sus puertas rara vez se abrían; y la práctica y el recuerdo de sus ritos religiosos desaparecía poco a poco. Carrera y sus indios, con los místicos ritos del catolicismo injertados sobre las supersticiones de sus antepasados, habían adquirido una poderosa influencia sobre los sentimientos del pueblo por el esfuerzo que hacían para el regreso de los desterrados clérigos y para el restablecimiento del poder de la iglesia. La peregrinación de Santa Lucía se consideraba como un indicio del cambio de sentimientos y de gobierno, como un preludio de la restauración de la influencia de la iglesia y del avivamiento de las ceremonias predilectas para el corazón de los indios. De ahí que ella había sido aclamada por todos los pueblos por donde pasaba; y aquella noche recibiría las plegarias de los cristianos de Gualán.

Santa Lucía gozaba de una peculiar popularidad por su milagroso poder sobre los afectos de los jóvenes; porque cualquier mozalbete que oraba pidiéndole una esposa, o cualquier muchacha que le pedía un marido, estaban seguros de obtener lo que deseaban; y si el peticionario indicaba a la santa la persona que quería, la petición era atendida, siempre que tal persona no fuera ya casada. Nada sorprendente era pues que una santa con esos extraordinarios poderes, que tocaban tan directamente las más tiernas fibras de los corazones, creara tal sensación en un lugar en donde los sentimientos, o mejor dicho, las pasiones, están particularmente inclinadas hacia el amor.

Doña Bartola nos invitó para que la acompañásemos, y, saliendo, pasamos a visitar a una su amiga; durante toda la visita, una criada se sentó con la falda llena de tabaco, haciendo cigarros de doblador para uso inmediato. Era la primera vez que fumábamos con señoras, y, al principio, se nos hacía algo difícil el pedirles lumbre; pero quedamos tan acostumbrados esa noche que después ya nunca tuvimos ningún escrúpulo en hacerlo. La conversación giró sobre la santa y sus milagrosos poderes; y cuando nosotros nos declarábamos algo escépticos, la criada, con aquella familiaridad, aunque no exenta de respeto, que existe por todo Centro América, nos dijo que era malo el dudar, que ella misma había orado a la santa, y dos meses después ya era casada, y con el hombre por quien oraba, aunque en la actualidad él ya no se acordaba de ella, y, en efecto, él quería a otra muchacha.

Con este incentivo, cerrando la casa, y acompañados de los niños y los criados, salimos para rendir nuestro homenaje a la santa. El sonido del violín y el disparo de cohetes indicaban la dirección de su temporario domicilio. Había establecido su residencia en la choza de un pobre indio de los arrabales; y durante algún tiempo antes de llegar a ella, encontramos gentes de ambos sexos, y de todas las edades y colores, con diversidad de vestidos y desnudeces, fumando y platicando, y sentados o echados en el suelo en toda clase de actitudes. Se abrió paso a nuestra comitiva y entramos en la choza.

Esta era como de veinte pies en cuadro, forrada por encima y a los lados con hojas de milpa, y llena de una densa masa de mujeres y de hombres arrodillados. A un lado estaba un altar, como de cuatro pies de altura, cubierto con una limpia tela blanca de algodón. Sobre el altar había una armazón, con tres elevaciones, parecidas a un florero, y encima de ellas una caja, que contenía una muñeca grande de cera, vestida de seda azul y ornamentada con láminas de oro, lentejuelas y flores artificiales. Esta era Santa Lucía. Arriba de la cabeza tenía un dosel de tela roja de algodón, sobre el cual estaba blasonada una cruz bordada en oro. A la derecha estaba una silla de manos adornada con tela roja y láminas de oro, que constituía el equipo de viaje de la santa; e inmediatos a ella estaban unos indios en traje semisacerdotal, sobre cuyos hombros viajaba; festones de naranja pendían del techo, y los rudos pilares estaban envueltos en hojas de caña de azúcar. Al pie del altar había un petate, sobre el cual jugaban muchachas y muchachos; y un pequeñuelo como de seis años de edad, ataviado con el pintoresco traje de un sombrero de paja, y con esto nada más, estaba frescamente inspeccionando a la multitud.

La ceremonia del rezo ya había principiado, y la música de un tambor, un violín y un pito. bajo la dirección de un indio maestro de ceremonias, ahogaba el sonido de las voces. Doña Bartola, que era viuda. y las otras señoras de nuestra compañía, se arrodillaron; y, encomendándome a sus oraciones, yo miraba sin hacer nada por mí mismo, pero estudiaba atentamente las caras de los que me rodeaban. Allí había algunos de ambos sexos a quienes estrictamente no se les podía llamar jóvenes; pero que no por eso rezaban con menos fervor. En algunos lugares la gente rechazaría la imputación de estar deseosa de conseguir marido o mujer; no así en Gualán: ellos oraban públicamente por lo que consideraban ser una bendición. Algunos de los hombres lo hacían con tanta vehemencia que el sudor caía a grandes gotas sobre sus rostros; y nadie pensaba que al orar por un marido tuvieran que teñirse de rubor las mejillas de una modesta doncella. Yo observaba el semblante de una joven india, radiante de entusiasmo y esperanza; y mientras sus miradas descansaban sobre la imagen de la santa sus labios se movían en oración, no pude menos que imaginarme que su corazón se encontraría lleno con el amor de algún holgazán y quizá indigno pretendiente.

Fuera de la choza la escena era del todo diferente. Por ahí cerca había filas de hombres y mujeres arrodillados, pero más allá se encontraban desordenados grupos de hombres y muchachos semidesnudos, soltando cohetes y quemando fuegos artificiales. Cuando pasé entre ellos, un relámpago se elevó desde abajo de mis pies, y un petardo estalló tan cerca que la pólvora me chamuscó; y, mirando alrededor, vi salir precisamente a mi bribón arriero. Más adelante había parejas de jóvenes, hombres y mujeres, bailando a la luz de flameantes rajas de pino. En una choza, a corta distancia, estaban dos macilentas viejas, con grandes calderas sobre ardientes fogatas, meneándolas y sirviendo el contenido con largos cucharones de madera, con apariencia de brujas que reparten veneno en vez de pociones amorosas.

A las diez de la noche cesaron las plegarias a la santa y la muchedumbre se apartó en grupos y parejas, cayendo muchas en lo que en inglés se llamaría flirtation. Para nuestra comitiva se extendió un petate a un lado de la choza, y todos encendimos nuestros cigarros y nos sentamos sobre él. Vasos hechos de pequeñas calabazas, y llenos con el contenido de las calderas con una preparación de maíz hervido endulzada con varios dulces, fueron paseando de boca en boca, tomando un sorbo cada uno y pasándolo a su vecino; siguiendo esto así, sin interrupción, por más de una hora. Permanecimos en el suelo hasta después de medianoche, y en seguida fuimos de los primeros en retirarnos. En resumen, nosotros juzgamos que las plegarias a Santa Lucía debían conducir al matrimonio; y yo no pude sino observar que, tratándose de conseguir marido o mujer, la mayor parte de ellos parecían dispuestos a hacer algo por sí mismos, y no dejarlo todo a merced de la santa.

El día siguiente fue excesivamente caluroso, y nosotros permanecimos en casa. Por la tarde visitamos al padre, quien acababa de regresar de un pueblo inmediato. Era él un hombre gordo y de baja estatura, y tenía puesto un gorro blanco de dormir, una chaqueta listada de azul, y pantalones blancos, y lo encontramos meciéndose en una hamaca y fumándose un cigarro. Tenía una gran familia de mujeres y niños; pero con respecto a las relaciones en que ellas estaban hacia él, la gente se contradecía. Él nos dio más informes de los que hasta aquí habíamos podido obtener con respecto al país y particularmente relativos a Copán, ciudad en ruinas que deseábamos visitar. Estaba familiarizado con la historia de los indios y comprendía perfectamente el carácter de la raza actual; y, respondiendo a nuestra pregunta de si todos ellos eran cristianos, dijo que eran devotos y religiosos, y que tenían sumo respeto hacia los sacerdotes y los santos. Dicho esto se sujetó los desceñidos pantalones y encendió otro cigarro. Nosotros podríamos habernos sonreído de su idea al confundir su confortable figura con los santos; pero tenía él tan buen sentido y buenos sentimientos que no nos sentimos inclinados a contradecirle.

A la mañana siguiente llegó nuestro arriero, pero, por causa de alguna equivocación, no tenía suficientes mulas para conducir todo nuestro equipaje. En vez de aguardarlo, partimos sin él, dejándole parte de nuestro bagaje para que nos lo condujese a Zacapa al día siguiente.

Saliendo de Gualán teníamos a nuestra derecha el Río Motagua, el cual ahora ya era nuestro amigo, y más allá la gran cordillera de montañas de Vera Paz, de seis a ocho mil pies de elevación. Al cabo de una hora comenzamos el ascenso. Pronto nos encontramos en un campo de flores; los arbustos y matorrales estaban vestidos de púrpura y de rojo; y sobre las faldas de la montaña, y en los barrancos que bajaban hasta el río, en las más extrañas posiciones, había grandes árboles tan cubiertos de rojo que parecían una sola flor. En tres horas descendimos de nuestra elevada montaña y llegamos una vez más a la orilla del río, donde éste corría velozmente, y en algunos lugares rompiéndose en raudales. Seguimos caminando como una hora, elevándonos otra vez varios millares de pies. A las dos de la tarde llegamos al pueblo de San Pablo, situado sobre una elevada meseta, mirando hacia el río. con su perspectiva limitada por las montañas de Vera Paz. La iglesia estaba situada en la entrada del pueblo. Soltamos nuestras mulas para que pastaran y tomamos nuestra comida en el portal. Era esta una bella posición, y dos cascadas, brillantes como regueros de plata sobre la falda de la montaña en lontananza, nos trajeron a la memoria las cascadas de Suiza.

Por medio del alcalde conseguimos un guía para conducirnos a Zacapa; y, reanudando nuestra jornada, durante dos horas más tuvimos a nuestra derecha la misma vasta extensión. El sol estaba nublado, pero ocasionalmente aparecía y alumbraba las faldas de las montañas, mientras las cimas se encontraban cubiertas de nubes... A las cuatro de la tarde tuvimos una vista lejana del gran llano de Zacapa, limitado hacia el lado opuesto por un cinturón triangular de montañas, a cuyo pie estaba la ciudad. Descendimos y cruzamos la planicie que estaba verde y bien cultivada; y vadeando una corriente, subimos por una áspera ribera y entramos en la población.

Esta era con mucho la mejor que habíamos visto. Las calles estaban bien ordenadas y las casas repelladas y blanqueadas, con grandes ventanas con balcones y corredores. La iglesia era de doscientos cincuenta pies de largo, con muros de diez pies de espesor, y una fachada con ricos adornos moriscos. Estaba construida en forma de cruz latina. En uno de los extremos de la cruz había una sastrería, y el otro estaba destechado. En una esquina había un campanario, formado por cuatro rudos troncos de árboles que soportaban un puntiagudo techo cubierto con tejas. Dos campanas estaban suspendidas de una tosca viga; y, cuando pasábamos, un indio medio desnudo se encontraba parado sobre una plataforma en la parte inferior, llamando a vísperas.

Nos encaminamos a casa de don Mariano Duarte, una de las más grandes y mejores del lugar, como de cien pies de frente, y con un corredor que se extendía a todo el largo, pavimentado con piedras cuadradas. La puerta fue abierta por un negro de Santo Domingo, de respetable apariencia, quien nos dijo, en francés, que el Sr. Duarte se encontraba ausente, pero que la casa estaba a nuestra disposición; y dando la vuelta a un porte cobere al costado nos dio entrada a un amplio patio ornamentado con árboles y flores en uno de cuyos lados había una caballería o establo. Dejamos nuestras mulas en manos de los criados, y entramos a la sala o salón de recepción que ocupaba casi todo el frente, con grandes ventanas que llegaban hasta el piso y balcones de hierro, amueblada con mesas, un armario europeo y sillas. Del centro de la sala y de las ventanas pendían jaulas, primorosamente hechas y doradas, conteniendo bellos pájaros cantores del país, y dos preciosos canarios de La Habana. Era esta la residencia de dos hermanos solteros, quienes, condolidos de las necesidades de los viajeros en un país enteramente carente de hoteles, mantenían siempre una puerta abierta para su comodidad. Teníamos candelas encendidas, y estábamos como en nuestra casa. Me hallaba yo sentado frente a una mesa escribiendo, cuando oímos afuera el tropel de unas mulas, y entró un caballero, se quitó la espada y las espuelas, y puso sus pistolas sobre la mesa. Suponiendo que sería un viajero como nosotros, le rogué que se sentara; y cuando se sirvió la cena, le invité para acompañarnos. No fue sino hasta la hora de dormir cuando supimos que estábamos haciendo los honores a uno de los dueños de la casa. Él debe haber pensado que nosotros éramos muy fríos, pero yo me lisonjeo que no tenía razón para quejarse de ninguna falta de atención.

CAPÍTULO 4: ¿QUIÉN ME LLEVA A COPÁN?

COMPRANDO UNA BRIDA. — UNA ESCUELA Y SUS REGLAMENTOS. — CONVERSACIÓN CON UN INDIO. — TRADUCCIÓN ESPAÑOLA DE "EL ESPÍA". — CHIQUIMULA. — UNA IGLESIA EN RUINAS. — UN VETERANO DEL IMPERIO FRANCÉS. — SAN ESTEBAN. — UNA TIERRA DE MONTANAS. — LANCE CON UN ARRIERO. — UN PUEBLO DESIERTO. — RUDO ASALTO. — ARRESTO. — PRISIÓN. — LIBERTAD.

Al día siguiente nos vimos obligados a esperar a nuestro arriero. Nuestro guía de la noche anterior se había robado una de nuestras bridas; y aquí encontramos el principio de una molestia que nos acompañó por todo Centro América, por la dificultad de comprar alguna cosa ya hecha. Había un herrero que tenía un freno a medio hacer, pero no tenía el carbón suficiente para terminarlo. Afortunadamente, durante el día llegó un indio con una carga, y el freno quedó concluido. La cabezada se la compramos a un talabartero, y las riendas, que eran de cuero trenzado como la punta de un chicote, fuimos bastante afortunados de obtenerlas ya hechas. La llegada del carbón facilitó al herrero el proveernos de un par de espuelas.

En Zacapa, por primera vez, vimos una casa para escuela. Era ésta un edificio de aspecto respetable, con columnas al frente, y pegado a la pared un gran cartel, encabezado así:

"1er. Decurión (un estudiante que estaba al cuidado de diez de sus compañeros). 2° Decurión".

MONITOR, &c.

"Reglamento interior para el buen gobierno de la escuela de primeras letras de esta población, que debe ser observado estrictamente por todos los niños que la componen", &c.,

John L. Stephens

Con una larga lista de complicados artículos, declarando los premios y castigos. La escuela para cuyo gobierno se habían dado estos reglamentos, se componía de cinco muchachos, dos además de

57

los decuriones y el monitor. Era casi medio día, y el maestro, que era secretario del 《ALCALDE》 aún no había aparecido. Los únicos libros que yo vi fueron un devocionario católico y una traducción del Espíritu de las Leyes de Montesquieu. Los muchachos eran chicuelos bien parecidos, medio blancos; y con uno de ellos hicimos un ensayo de sumar, y después de escritura, en el que se mostró muy adelantado, escribiendo en español, con una letra que no podía ser confundida, "Deme un real".

Nos encontrábamos algo indecisos sobre lo que deberíamos hacer, pero en la tarde nuestro hospedador llamó a un indio con el propósito de facilitarnos la hechura de un vocabulario de palabras indígenas. La primera pregunta que le hice fue el nombre de Dios, a la cual respondió, "SANTÍSIMA TRINIDAD". Por medio de nuestro hospedador le expliqué que yo no deseaba el nombre en español, sino en lengua indígena, y contestó como antes, "Santísima Trinidad" o "Dios". Formulé mi pregunta de diferentes modos, pero no pude obtener otra respuesta. El pertenecía a una tribu llamada "Chinaute", y la inferencia fue, que, o ellos nunca habían tenido conocimiento de algún Gran Espíritu que gobierna y dirige el universo, 0que habían sufrido tan completo cambio en materia de religión que habían olvidado su propio nombre para la Divinidad.

Por la tarde la población se puso en movimiento con la llegada de un destacamento de soldados de Carrera, que se dirigía a Yzabal para recibir y escoltar una compra de mosquetes. La casa de nuestro amigo era un punto de reunión para los residentes, y, como de costumbre, la conversación giró sobre el estado revolucionario del país. Algunos de ellos, tan pronto como supieron mi carácter oficial, se mostraban inquietos por mi ida directa a San Salvador, el cuartel general de Morazán o del partido federal, y me aseguraban que el camino para Guatemala se encontraba ocupado por las tropas de Carrera, siendo peligroso el pasar por él. Yo conocía demasiado el efecto del espíritu partidarista para prestar implícita fe a lo que los partidarios me decían y procuraba dar otro giro a la conversación. Nuestro hospedero me preguntó si habíamos tenido algunas guerras en mi país, diciendo que él sabía que habíamos tenido una revolución porque había leído La Historia de la Revolución de los Estados Unidos del Norte en cuatro tomos, en la que el General Washington aparecía bajo el nombre de

Harper, y Jack Lawton y el Dr. Sitgreaves eran dos de los principales personajes; de donde yo deduje, lo que tal vez será nuevo para algunos de mis lectores, que en la traducción española el cuento de "El Espía" se llama "Historia de la Revolución Americana".

Nuestro arriero no apareció sino hasta el día siguiente fuera de tiempo. Mientras tanto, yo había tenido oportunidad de adquirir mucha información acerca de los caminos y del estado del país; y, estando satisfecho que, en lo relativo a mi misión, no era necesario proseguir inmediatamente para Guatemala y, en efecto, que era mejor esperar un poco y ver el resultado de las convulsiones que por entonces perturbaban al país, determinamos visitar Copán. Esta se encontraba enteramente fuera de la ruta, y, aunque a una distancia de pocos días de camino en una región del país poco conocida, aun en Zacapa; pero nuestro arriero dijo que él conocía el camino, e hizo un contrato para conducirnos allá en tres días, arreglando de antemano las diferentes jornadas, y desde allí directamente a Guatemala.

A las siete de la mañana siguiente partimos. Aunque nuestro equipaje estaba mal empacado para viajar a lomo de mula sobre un país montañoso —difícil para cargarlo y fácil de caer—; y, para cuidar de esto, no teníamos sino un par de espuelas entre los dos. En una hora vadeamos el Motagua todavía un ancho río, profundo y con una rápida corriente; y el salir de allí con los pies y las piernas mojadas disminuyó en algo la pesadumbre con que nos despedimos por algún tiempo del hermoso río. Durante una hora larga continuamos sobre el llano de Zacapa, cultivado para maíz y cochinilla, y dividido por setos de arbustos y cactus. Más adelante, el terreno se tornó quebrado, árido y estéril, y muy pronto comenzamos el ascenso de una escarpada montaña. A las dos horas llegamos a la cumbre, a tres o cuatro mil pies de elevación, y, mirando hacia atrás, tuvimos una hermosa perspectiva del llano y del pueblo de Zacapa.

Atravesamos la serranía, llegamos a una alta y precipitada estribación y muy pronto divisamos ante nosotros otro extenso llano, y, allá a lo lejos, la población de Chiquimula, con su gigantesca iglesia. A cada lado había inmensos barrancos, y las alturas opuestas se encontraban cubiertas con mimosas de color rosa y pálido. Descendíamos por una larga y serpenteante vereda, y llegamos a la planicie, sobre la cual crecían el maíz, la cochinilla y el plátano. Una vez más vadeando una corriente, subimos a la orilla y a las dos de la tarde entramos a Chiquimula, la cabecera del departamento del mismo nombre. En el centro de la plaza había una hermosa fuente, sombreada por palmeras, en la que las mujeres llenaban sus cántaros, y a los lados estaban la iglesia y el "Cabildo". En una esquina había una casa, hacia la cual fuimos atraídos por la apariencia de una mujer en la puerta. Yo puedo llamarle dama, porque vestía una bata no abierta por detrás, zapatos y medias, y tenía una cara interesante, morena, y de cejas primorosamente dibujadas. Para realzar el efecto de su apariencia, ella nos dio una cordial bienvenida a su casa, y a los pocos minutos se amontonaba bajo el cobertizo nuestro variado equipaje.

Después de una ligera merienda tomamos nuestras armas de fuego, y encaminándonos hacia abajo hasta la orilla de la meseta, vimos, lo que nos había llamado la atención desde una gran distancia: una gigantesca iglesia en ruinas. Tenía setenticinco pies de frente y doscientos cincuenta de fondo, siendo los muros de diez pies de espesor. La fachada estaba adornada con ornamentos e imágenes de santos, más grandes que lo natural. El techo se había caído, y en el interior había grandes masas de piedra y argamasa, y una espesa vegetación de árboles. Fue edificada por los españoles en el sitio del antiguo pueblo indígena; pero habiendo sido dos veces destrozada por los terremotos sus habitantes la abandonaron, edificando el pueblo donde ahora existe. El pueblo arruinado se utilizaba actualmente como "Campo Santo", o cementerio; adentro de la iglesia se encontraban las tumbas de los principales habitantes y, en los nichos del muro estaban los restos de los sacerdotes y monjes, con sus nombres escritos abajo Del lado de afuera estaban las tumbas de la gente común, desatendidas y descuidadas, con las angarillas de palos amarrados que habían llevado el cuerpo a la sepultura colocadas encima, y ligeramente cubiertos con tierra. Los cuerpos se habían podrido, la tierra estaba hundida y los sepulcros abiertos. En derredor de esta escena de desolación y muerte, la naturaleza se encontraba excesivamente bella; el campo estaba cubierto de flores, y los loros en cada árbol o arbusto, volando en bandadas sobre nuestras cabezas, jugueteando en alegría de colores, con insensato parloteo perturbaban el silencio de las tumbas.

Regresamos a la población y encontramos como a mil doscientos soldados formando en la plaza para la revista de la tarde. Su aspecto era feroz como de bandidos, y sentíase alivio al ver a los reos atisbando por las rejas de la cárcel, y andando encadenados por la plaza, pues esto daba una idea de que algunas veces los crímenes se castigaban. Con toda su ferocidad de apariencia, los oficiales, montados sobre mulas cerreras o caballos muy pequeños, casi ocultos por el mantillón y la armadura, gastaban un aire rayano en heroísmo falso. Mientras nosotros los mirábamos, el General Cáscara, comandante del departamento, llegó a las filas a caballo, acompañado de un asistente. Él era un italiano, de más de sesenta años, que había servido bajo las órdenes de Napoleón en Italia, y que a la caída del emperador había huido a Centro América. Desterrado por Morazán, después de ocho años de ostracismo, hacía poco tiempo que había regresado al país habiendo sido designado seis meses antes para esta comandancia. Era pálido como un muerto, y evidentemente delicado de salud; y no pude sino pensar en que, si los recuerdos de la pompa de la guerra a las órdenes del emperador cruzaban siempre por su imaginación él debería abochornarse de su descalzo destacamento.

Regresó a su domicilio, adonde nosotros le seguimos y le presentamos nuestro pasaporte. Lo mismo que el comandante de Yzabal, parecía descontento, y habló mucho de la perturbada condición del país. No estaba satisfecho, además, con la ruta que yo pensaba tomar; y aunque le dije que era únicamente para visitar las ruinas de Copán se encontraba evidentemente receloso de que yo intentara ir a San Salvador a presentar mis credenciales al gobierno federal. Sin embargo, visó el pasaporte como yo lo quería; aunque después que salimos, llamó a Agustín y le interrogó minuciosamente con respecto a nuestros propósitos. Yo estaba indignado pero disimulé mis sentimientos en consideración a la trastornada situación del país, y a la partida de vida o muerte que por entonces se jugaba en todo el territorio.

Volvimos a la casa con la interesante señora que nos dio la bienvenida en ella. Aún no sabíamos si era Señora o Señorita; pero, desafortunadamente encontramos que un hombre que suponíamos ser su padre, era su esposo. Cuando la interrogamos acerca de un simpático muchacho de diez años de edad, que supusimos que era su hermano, nos respondió "es mío"; y, como si estuviese decretado que el encanto de su apariencia se interrumpiera, cuando, de acuerdo con las reglas de cortesía, le ofrecí para que escogiera un cigarro y un puo, aceptó el segundo. Pero hacía tanto tiempo que yo no había visto una mujer que fuera del todo atractiva, y su rostro era tan interesante, sus modales tan bondadosos, su voz tan dulce, las palabras españolas fluían tan perfectamente de sus labios, y su bata la tenía tan bien tallada por detrás, que a pesar del muchacho de diez años y del puro me adherí a mis primeras impresiones.

A la mañana siguiente nos levantamos temprano. Nuestra interesante hospedadora y su paternal marido se habían levantado con tiempo para atendernos. Hubiera sido una ofensa a las leyes de la hospitalidad el ofrecerles dinero; pero Mr. C. le dio al muchacho un cortaplumas, y yo puse en el dedo de la Señora un anillo de oro, con la inscripción "Souvenir d' amitiè". Estaba en francés, y su esposo no pudo entenderla, y desgraciadamente, ella tampoco.

A las siete de la mañana emprendimos la marcha. Pasando por la iglesia en ruinas y la antigua población, caminamos sobre un fértil valle tan bien cultivado con maíz que él nos dio la clave de la pregunta del muchacho: que si habíamos llegado a Chiquimula a comprar maíz. A una legua de distancia llegamos al pueblo de San Esteban, donde en medio de una miserable colección de chozas techadas con paja, se hallaba una gigantesca iglesia, como la de Chiquimula, sin techo, y convertida en ruinas. Nos encontrábamos ahora en una región que había sido azotada por la guerra civil. Un año antes el pueblo había sido desolado por las tropas de Morazán.

Pasando la población, llegamos a la orilla de un arroyo, dividido en algunos lugares en ramales para irrigar la tierra; y hacia el otro lado del arroyo se encontraba una cadena de elevadas montañas. Siguiendo a lo largo de él, encontramos a un indio, quien informó a nuestro arriero que el Camino Real para Copán quedaba del otro lado del río y a través de montañas. Regresamos y vadeamos la corriente; una gran parte del lecho estaba seco, y caminamos a lo largo de él por algún tiempo, pero no pudimos encontrar un paso que nos guiase a la montaña. Por fin descubrimos uno, pero resultó ser una senda de ganado, y andorreamos por más de una hora antes de dar con el Camino Real: y este real camino era, apenas un rastro por el que una sola mula podía trepar. Era evidente que nuestro arriero no conocía el camino, y la región en que íbamos entrando era tan desierta que tuvimos algunas dudas sobre si deberíamos seguirle. A las once alcanzamos la cumbre de la montaña, y, mirando hacia atrás vimos a gran distancia, y a lo lejos abajo de nosotros, la población de Chiquimula; a la derecha, arriba del valle, el pueblo de Santa Elena; y, elevándose sobre unas cuantas chozas de paja otra gigantesca y destechada iglesia.

A cada lado había montañas todavía más elevadas que la nuestra, algunas sublimes y tétricas, con sus cimas sepultadas en las nubes; otras en forma de conos y pirámides, o salvajes y fantásticas que parecían retozando con los cielos, y yo casi deseaba tener alas para volar y descansar sobre sus cimas. Aquí, sobre alturas en apariencia inaccesibles, vimos la solitaria choza de un junco, con su milpa o pedazo de terreno sembrado de maíz. Las nubes se condensaron alrededor de las montañas, y durante una hora caminamos bajo la lluvia; cuando reapareció el sol divisamos las cumbres de los cerros todavía elevándose sobre nosotros, y a nuestra derecha, allá abajo a lo lejos, un profundo valle. Descendimos y lo hallamos más angosto y más bello que ninguno de los que habíamos visto, circundado por filas de montañas de varios miles de pies de elevación, y teniendo a su izquierda una extensión de extraordinaria hermosura, con un rojo terreno de piedra arenisca, sin ningún arbusto ni maleza, y cubierto de pinos gigantescos.

Al frente, elevándose por encima de las miserables chozas de la aldea, y en apariencia montada sobre el valle, estaba la enorme iglesia de San Juan de la Ermita, recordándome la iglesia de San Juan en el desierto de Judea, pero en situación aún más hermosa. A las dos de la tarde atravesamos la corriente y entramos en la aldea. Enfrente de la iglesia el arriero nos dijo que el día de trabajo había terminado, pero, con todas nuestras fatigas, habríamos hecho solamente quince millas, y no estábamos dispuestos a parar tan pronto. La excesiva belleza del lugar pudo habernos tentado, pero la única choza bien repellada se encontraba ocupada por una banda de rufianes y soldados, y seguimos adelante. El arriero nos siguió echando pestes y desahogaba su rencor azotando a las mulas. De nuevo cruzamos la corriente, y, siguiendo valle arriba a lo largo del seco lecho, que presentaba señales de la inundación que lo anegaba en la estación lluviosa, en una hora lo atravesamos media docena de veces. Pesadas nubes descansaban sobre los cerros, y nos llovió otra vez. A las cuatro de la tarde divisamos sobre una elevada meseta el pueblo de Hacotán, con otra enorme iglesia.

De acuerdo con la ruta convenida con el arriero, este debía ser el final de nuestra primera jornada. Se nos había advertido que el Cura podía darnos mucha información acerca de las ruinas de Copán, y le dijimos que atravesara el pueblo y se detuviera allí; pero él no quiso, y arreando las mulas, añadió que, así como nosotros no habíamos querido parar cuando él lo deseaba, ahora no se detendría por nosotros. Yo no pude hacer andar a mi mula más de lo natural, e, incapaz de alcanzarlo, salté a tierra y corrí tras él a pie. Accidentalmente llevé la mano a mis pistolas para asegurarlas en el cinto, y él retrocedió desenvainando su "machete". Tuvimos una discusión. Dijo él que, si nos íbamos allí, no podríamos llegar a Copán al siguiente día así que deseando evitar un conflicto, y no queriendo dejarle excusa para faltar, seguimos adelante.

A las seis de la tarde nos elevábamos sobre una hermosa meseta, en la que se encontraba otra gigantesca iglesia. Era la séptima que habíamos visto en aquel día, y, llegando a ella en una región desolada y por senderos de montaña que manos humanas nunca intentaron mejorar su colosal grandeza y suntuosidad era alarmante y daba la evidencia de un pueblo que retrocedía y expiraba. Este se erguía en un paraje más desolado que ninguno de los que ya habíamos visto. La yerba estaba verde, el césped sin señales ni siquiera del paso de una mula, no se divisaba un ser humano, y ni en las rejas de la cárcel había alguien mirándonos tras ella. Era esta, en efecto, la imagen de un pueblo desierto.

Nos dirigimos al "cabildo". cuya puerta se encontraba cerrada y el soportal empalizado, probablemente para evitar la entrada del ganado disperso. Arrancamos la cerradura, rompimos la puerta para abrirla, y descargando las mulas mandamos a Agustín en busca de víveres y forraje. Al cabo de media hora regresó con un huevo, que fue todo lo que pudo conseguir; pero él había excitado al pueblo, y el "Alcalde", un indio con bastón de pomo de plata y varios alguaciles con largas y delgadas varas o insignias de autoridad, llegaron a examinarnos. Nosotros les mostramos nuestro pasaporte, y les dijimos a dónde íbamos, a lo cual, con su característica y habitual indiferencia, no manifestaron sorpresa. No pudieron leer el pasaporte, pero examinaron el sello y nos lo devolvieron. Les pedimos que nos proporcionaran huevos, gallinas, leche, etc., a todo lo cual contestaban, lo que después nos fue muy familiar "no hay" y a los pocos minutos se retiraron dejándonos al cuidado de nosotros mismos.

El cabildo tenía como cuarenta pies de largo por veinte de ancho, con paredes enyesadas; su mobiliario se componía de una mesa larga y dos bancos de alto respaldo, y el alcalde nos envió un jarro de agua. Denostamos al arriero por detenerse en un lugar donde no podíamos conseguir nada para comer, y compusimos nuestra comida y cena con pan y chocolate, teniendo cuidado de no darle a él nada. Había clavos en las paredes para colgar las hamacas, y al anochecer nos preparamos para dormir. Mr. C. estaba en su hamaca, y yo me encontraba medio desvestido, cuando la puerta fue repentinamente abierta con violencia, y veinticinco o treinta hombres se precipitaron al interior, el alcalde, los alguaciles, soldados, indios y mestizos, individuos trapientos y de aspecto feroz, armados con varas de servicio, espadas; garrotes, mosquetes y "machetes" y con rajas de pino encendidas.

A la cabeza de ellos estaba un oficial como de veintiocho a treinta años de edad, con sombrero glaseado y espada y de expresión inteligente y malvada, quien más tarde supimos que era capitán de una de las compañías de Carrera. El alcalde evidentemente estaba ebrio, y dijo que quería ver mi pasaporte otra vez. Se lo di y él lo puso en manos del joven oficial, quien lo examinó y dijo que no era válido. Mientras tanto Mr. Catherwood y yo nos habíamos vestido. Yo no era muy versado en la lengua española, y, por medio de Agustín, manifesté mi carácter oficial, señalando especialmente la autorización del Comandante Peñol y del General Cáscara. El no prestó atención a mis explicaciones; el alcalde dijo que ya antes había visto un pasaporte, y que estaba impreso, y en un pequeño pedazo de papel no más grande que su mano; mientras que el mío era el que me había dado el gobierno en una hoja en cuarto. A más de esto, ellos dijeron que el sello del General Cáscara era sólo del departamento de Chiquimula, y que éste debía ser del Estado de Guatemala.

Yo hice todo lo posible para demostrar la insuficiencia de estas objeciones; más, después de una acalorada discusión, el joven nos manifestó que no proseguiríamos nuestro viaje, sino que deberíamos quedarnos en Comotán hasta que se pudieran enviar informes a Chiquimula, y se recibiesen órdenes de aquella plaza. Nosotros no estábamos dispuestos a permanecer en tales manos; los amenazamos con las consecuencias de poner obstáculos en nuestro camino; y por último dije yo que, antes que ser detenido allí con pérdida de tiempo, abandonaría por completo mi viaje a Copán, y regresaría por el camino por donde había llegado; pero ambos, el oficial y el alcalde, dijeron perentoriamente que no saldríamos de Comotán.

En seguida el joven me dijo que le entregara mi pasaporte. Le respondí que el pasaporte me había sido dado por mi propio gobierno; que él evidenciaba mi carácter oficial, necesario para mi seguridad personal y que yo no lo entregaría. Mr. Catherwood hizo una docta exposición de las leyes internacionales, de los privilegios de un embajador, y del peligro que podría acarrearles la venganza del gobierno "del norte" lo cual yo sostuve con algún calor, pero todo fue inútil. Por fin yo le dije una vez más que no le entregaría mi pasaporte, pero le ofrecí llevarlo yo mismo, bajo la custodia de soldados, a Chiquimula, o a cualquier otra parte que quisieran enviarlo; él respondió con insolencia que nosotros no iríamos a Chiquimula ni a ningún otro lugar; ni para adelante ni para atrás; qué deberíamos permanecer donde estábamos y entregar el pasaporte. Reconociendo que los argumentos y las objeciones eran ineficaces, coloqué el papel debajo de mi chaleco, me abotoné bien la chaqueta en medio del pecho, y le dije que debería tomarlo por la fuerza; y el oficial con un destello de satisfacción que cruzó por su villano rostro, respondió que así lo haría. Yo añadí que, cualquiera que fuera el resultado inmediato, a la postre sería fatal para ellos; a lo que contestó, con desprecio que ellos correrían el riesgo.

Durante todo ese tiempo, la banda de cobardes rufianes estuvo con las manos en la empuñadura de sus espadas y machetes, y dos bribones con aspecto de asesinos sentados sobre un banco con sus mosquetes contra el hombro, y la boca de sus cañones apuntándome a tres pies de distancia del pecho. Si hubiéramos tenido más tiempo de estar en el país habríamos estado más alarmados; pero como todavía no conocíamos el carácter sanguinario del pueblo, y todos los procedimientos eran tan ofensivos e insultantes, sublevaron nuestra indignación más que nuestros temores. Agustín, quien, desde que había sufrido una herida de machete en la cabeza, que no lo mató, era siempre belicoso, me suplicó en francés que ordenase el hacer fuego, diciéndome que una descarga los dispersaría a todos. Teníamos once cargas, todas seguras; estábamos excitados, y, si el mismo joven hubiera puesto las manos sobre mí, pienso que lo habría derribado en tierra por lo menos; pero, muy afortunadamente, antes que él hubiese tenido tiempo de dar sus órdenes para caer sobre nosotros, un hombre, que entró después de los demás, de mejor clase, con sombrero glaseado y chaqueta paróse adelante y pidió ver el pasaporte. Yo estaba determinado a no soltarlo de mis manos y lo tuve en alto frente a la luz de una raja de pino mientras él lo leía. Y, a petición de Mr. Catherwood, en voz alta.

Desde entonces he dudado si aun el oficial lo habría leído, o, de ser así, si él habría comunicado su contenido, porque produjo efecto sobre el alcalde y sus alguaciles; y, después de algunos momentos de ansiosa expectación para nosotros, se abstuvieron de ejecutar sus amenazas, pero dijeron que debíamos permanecer bajo custodia. Pedí un expreso, para llevar inmediatamente una carta al General Cáscara, lo cual rehusaron; pero a mi ofrecimiento de pagar el costo de dicho expreso, el alcalde me prometió enviarlo. Sabiendo que el General Cáscara era italiano, y temeroso de confiar en mi español escribí una nota que Mr. C. tradujo al italiano, informándole de nuestro arresto y de nuestra prisión; que había exhibido mi pasaporte especial de mi propio gobierno al alcalde y a los soldados que nos arrestaron, con las firmas del Comandante Peñol y la de él, que daban fe de mi carácter oficial, las que no se juzgaron suficientes; pedía ser puesto en libertad inmediatamente, y que se nos permitiera seguir nuestro viaje sin ulteriores molestias; y agregando, por supuesto, que manifestaríamos al gobierno de Guatemala, y también al mío, la manera en que habíamos sido tratados. Para darle mayor importancia, Mr. Catherwood firmó la nota como secretario; y, no llevando yo conmigo el sello oficial, la sellamos, sin que nadie lo viera, con un medio dólar americano nuevo, y se la dimos al alcalde. El águila extendía sus alas y las estrellas resplandecían a la luz de la antorcha.

Todos se juntaron alrededor para examinarla, y retirándose, nos dejaron encerrados en el cabildo, apostaron doce hombres en la puerta con espadas, mosquetes y machetes y al partir, el oficial dijo al alcalde que, si escapábamos durante la noche, su cabeza respondería por nosotros.

Pasada la excitación, Mr. C. y yo, quedamos exhaustos. Habíamos tenido un bello principio de nuestros viajes; no más que un mes fuera de la patria, y en manos de hombres que habrían sido arrojados de cualquier decente prisión de estado por temor de que contaminaran a los pensionistas. Una espiada a nuestros simpáticos guardianes no nos alentó. Estaban sentados bajo el cobertizo, directamente al frente de la puerta, alrededor de una fogata, con sus armas al alcance y fumando cigarros. Todos sus vestidos en conjunto no valían un par de botas viejas; y con sus harapos, sus armas y sus morenas caras enrojecidas por la luz del fuego, su aspecto era feroz; y, no hay duda, si hubiésemos intentado escapar, habrían sido felices de tener la excusa para asesinarnos. Abrimos una cesta de vino con que el Coronel MacDonald nos había proveído y. bebimos a su salud. Estábamos relevados de inmediatos temores, pero nuestras perspectivas no eran agradables; y asegurando la puerta por dentro lo mejor que pudimos, de nuevo acudimos a nuestras hamacas.

Durante la noche, la puerta fue violentamente abierta otra vez, y toda la banda de rufianes penetró como antes, con espadas, mosquetes y machetes, y rajas de pino encendidas. Al instante nos pusimos en pie, y una rápida impresión fue que llegaban para apoderarse del pasaporte; más, para nuestra sorpresa, el alcalde, devolviéndome la carta con el gran sello, dijo que era inútil enviarla, y que quedábamos en libertad para proseguir nuestro viaje cuando quisiéramos,

Nos encontrábamos demasiado contentos para hacer ninguna pregunta, y hasta este día ignoramos por qué fuimos arrestados. Mi creencia es que, si nosotros hubiéramos perdido el valor por completo, y no hubiéramos mantenido un tono arrogante y amenazador hasta el fin, no habríamos sido puestos en libertad, y yo no dudo que el sello grande hizo mucho en nuestro favor. No obstante, nuestra indignación no era menos fuerte para que nos considerásemos relevados de manifestarla. Insistimos en que el asunto no debería terminar aquí y que la carta debía ser enviada al General Cáscara. El alcalde objetó;

pero le dijimos que, si no la remitía, sería peor para él; y; después de alguna demora, la metió en las manos de un indio, y lo lanzó hacia fuera con su vara; a los pocos minutos retiraron la guardia y todos ellos nos dejaron.

Ya estaba casi amaneciendo, y no sabíamos qué hacer; continuar era exponernos a una repetición del mismo tratamiento, y quizá a medida que avanzáramos hacia el interior, con peores resultados. Indecisos, por la tercera vez volvimos a nuestras hamacas. En pleno día fuimos otra vez levantados por el alcalde y sus alguaciles, pero ahora venían ellos a hacernos una visita de ceremonia. Los soldados que accidentalmente habían pasado por el pueblo, y que ocasionaron todo el alboroto, se habían ido. Después de alguna deliberación determinamos seguir; y, encargando de nuevo al alcalde lo relativo a la carta para el General Cáscara, le volvimos la espalda a él y a sus alguaciles. A los pocos minutos todos ellos se retiraron. Tomamos una taza de chocolate, cargamos nuestras mulas, y, cuando salimos, el lugar estaba tan desolado como cuando llegamos. Ni una sola persona había estado allí para darnos la bienvenida, y nadie había tampoco para decirnos adiós.

CAPÍTULO 5: COMPRAR COPÁN

UN ENTIERRO INDÍGENA. — EL RÍO COPÁN. — MUJER BONDADOSA. — LA HACIENDA DE SAN ANTONIO. — EXTRAÑAS COSTUMBRES. — UNA MONTAÑA DE ALOES. — EL ESTADO DE HONDURAS. —LA ALDEA DE COPÁN. — UN HOSPEDADERO DESCORTÉS. — LA MURALLA DE COPÁN. — HISTORIA DE COPÁN. — PRIMERA VISTA DE LAS RUINAS. — VANAS ESPECULACIONES. — PETICIÓN DE MEDICINAS. — EN BUSCA DE UNA HABITACIÓN. — UNA MUJER ENFERMA. — MAJADERÍAS DE UN ARRIERO. — UNA SITUACIÓN DESAGRADABLE. — TEMPESTAD DE TRUENOS. — PROYECTANDO LA COMPRA DE COPÁN.

Apartándonos de la iglesia, pasamos la cumbre de una colina detrás de la cual había una colección de chozas casi escondidas a la vista, y ocupadas por nuestros amigos de la noche anterior. Muy pronto empezamos a subir una montaña. A corta distancia nos encontramos con un cadáver conducido sobre un tosco féretro de palos, en hombros de unos indios desnudos, salvo una tira de tela de algodón sobre los ijares y sacudiéndose solemnemente con los movimientos de sus portadores. Luego después encontramos otro, llevado de la misma manera, pero envuelto en petate y acompañado por tres o cuatro hombres y una muchacha. Ambos iban en camino para el cementerio de la iglesia del lugar. Ascendiendo, llegamos a la cumbre de la montaña, y miramos atrás de nosotros un hermoso valle extendiéndose hacia Hocotán, pero todo baldío, inspirando un sentimiento de pesar el que tan bello país estuviera en manos tan infelices.

A las doce y media del día descendimos a las márgenes del Río Copán. Era ancho y rápido, y en medio tenía una gran barra de arena. Tuvimos dificultad en vadearlo; y parte del equipaje, especialmente las camas y ropa de dormir, se mojaron. Del lado opuesto de nuevo comenzamos a subir otra elevación, y desde la cumbre divisamos el río serpenteando por el valle. Cuando cruzábamos, por una vuelta repentina, corría a lo largo de la base, y lo miramos directamente abajo de nosotros. Descendiendo de esta montaña, llegamos a un hermoso arroyo, donde una india canada y una linda muchachita, emblemas de la juventud y de la vejez, estaban lavando ropa. Nos apeamos y nos sentamos a la orilla del río para esperar al arriero. Me olvidaba mencionar que él tenía consigo un muchacho como de trece a catorce años, bien parecido mozalbete, a quien había impuesto lo más pesado del trabajo, el de perseguir a las mulas, y que realmente parecía, como el perro del Barón Munchausen, en peligro de quedarse sin piernas de tanto correr.

Nuestro desagrado con el arriero no había terminado, y al principio le atribuimos a él alguna parte de nuestras molestias en Comotán. De todas maneras, si no hubiera sido por él no nos habríamos detenido allí. Todo el día había estado especialmente furioso con las mulas, y ellas particularmente perversas, y ahora se habían descarriado; y hacía una hora que estábamos oyendo su rencorosa voz, llenándolas de maldiciones. Montamos de nuevo y a las cuatro de la tarde divisamos a alguna distancia una "hacienda", al lado opuesto de un valle. Estaba solitaria y prometía un tranquilo sitio de descanso para la noche. Nos desviamos del "camino real" hacia una rústica vereda, pedregosa y cubierta de breñas, y tan escarpada que nos vimos obligados a desmontar, echando a las mulas por delante, y agarrándonos de las matas para bajar. Al pie de la loma montamos y atravesamos un arroyo, donde un pequeño muchacho, que jugaba en el agua, me saludó cruzando los brazos sobre el pecho, y en seguida pasó con Mr. Catherwood.

Este era un buen agüero; y, mientras trepábamos por una escarpada colina, sentí que aquí en este solitario paraje, lejos de los lugares frecuentados por el hombre, deberíamos hallar benevolencia. En la cumbre de la colina una mujer, con un niño desnudo en los brazos y con la cara sonriente, estaba observando nuestro penoso ascenso; y cuando le preguntamos si podríamos tener posada allí, ella respondió, con la más afectuosa frase del país y con una cara que demostraba aún mejor acogida que sus palabras, "¿cómo no?" ("¿por qué no?") y al ver que nuestro criado llevaba piñas en sus alforjas, preguntó por qué las había traído y si no sabía que ella tenía muchas.

La situación de la hacienda de San Antonio era, agrestemente hermosa. Tenía un claro para el corral del ganado, una plantación de maíz, tabaco y plátanos, y la abertura proporcionaba una vista de las elevadas montañas que la rodeaban. La casa estaba construida de palos repellados con lodo, y junto a la pared enfrente de la puerta había una imagen del Salvador en la cruz, sobre una tela blanca de algodón suspendida y rodeada de ofrendas votivas. La criatura desnuda que la madre llevaba en los brazos se llamaba María de los Ángeles. Mientras preparaban la cena llegó el dueño de la casa, un moreno de torvo ceño, con un sombrero de ala ancha y grandes patillas, y montado en un poderoso potro que ahora estaba domando en los caminos de la montaña; cuando él supo que nosotros éramos extranjeros que pedíamos hospitalidad, sus ásperas facciones se ablandaron y repitió la bienvenida que la mujer nos había dado.

Desgraciadamente, el muchacho del arriero se puso muy enfermo; su patrón no le prestaba atención, y, mientras el pobre chico se quejaba con una violenta fiebre, él comía con perfecta indiferencia. Nosotros le arreglamos una confortable cama en el corredor, y Mr. Catherwood le dio una dosis de medicamento. Nuestra noche pasó muy diferentemente de la anterior. Nuestro hospedador y hospedadora eran una benévola y sencilla pareja. Era esta la primera vez que se encontraban con hombres de otro país, y hacían muchas preguntas, y examinaban nuestros pequeños aparatos de viajes, particularmente nuestras copas plateadas, cuchillos, tenedores y cucharas; les mostramos nuestros relojes, brújulas, sextante, cronómetro, termómetro, telescopio, etc., y la mujer con gran discernimiento dijo que nosotros debíamos ser muy ricos, y que teníamos (muchas ideas) (muchas ideas).

Nos preguntaron acerca de nuestras esposas, y supimos que nuestro cándido hospedador tenía dos, que una de ellas vivía en Hocotán y que él pasaba alternativamente una semana con cada una. Le dijimos que en Inglaterra él sería deportado, y en el Norte prisionero toda la vida por tales indulgencias, a lo cual respondió que esos eran países bárbaros; y la mujer, aunque pensaba que un hombre debía contentarse con una, dijo que no era pecado o crimen el tener dos; pero los oí decir sotto voce, que nosotros éramos (más cristiano), o mejores cristianos que ellos. Él nos ayudó a colgar nuestras hamacas, y como a las nueve de la noche echamos fuera a los perros y marranos, encendimos nuestros cigarros, y nos fuimos a dormir. Incluyendo a los criados; las mujeres y los niños, éramos once en la habitación. Por todo el derredor sé veían pequeñas bolsas de fuego, brillando y desapareciendo con el fumar de los cigarros. Uno a uno se fue apagando, y nosotros nos dormimos.

Por la mañana todos nos levantamos al mismo tiempo. El muchacho seguía mucho mejor, pero nosotros no le creíamos en condiciones de viajar. Su brutal amo, sin embargo, insistió en su marcha. Por todo lo que nuestros bondadosos amigos habían hecho por nosotros, no quisieron cobrarnos nada; pero además de recompensarles en dinero, distribuimos entre ellos varias bagatelas, y, cuando les dijimos adiós, miré con pesadumbre un anillo que yo le había dado a ella chispeando en el dedo de él. Después que habíamos montado, el chicuelo que encontramos en el arroyo llegó tambaleándose bajo el peso de una carga de seis recién cortadas piñas; y aun cuando ya habíamos partido la mujer corrió tras de mí con un pedazo de fresca caña de azúcar.

Todos partimos de la hacienda de San Antonio con benévolos sentimientos, salvo nuestro áspero arriero, que estaba indignado, como él decía, de que nosotros les hubiéramos hecho regalos a todos menos a él. El pobre muchacho era el más agradecido, y, desgraciadamente para él, le habíamos dado un cuchillo, que puso envidioso al arriero.

Casi inmediatamente que salimos de la hacienda penetramos en una espesa selva, densa como la Montaña del Mico, y casi tan cenagosa. El ascenso fue penoso, pero la cumbre era abierta, y tan copada de aquella hermosa planta que la llamamos la Montaña de Aloes. Algunos apenas se asomaban sobre la superficie del terreno, otros tenían como veinte o treinta pies de altura, y varios gigantescos tallos estaban muertos; flores que hubieran extasiado en el pecho de una beldad, habían florecido y muerto sobre esta desolada montaña, sin ser vistas de nadie a excepción de algún indio pasajero.

En el descenso perdimos la senda y erramos por algún tiempo antes de recobrarla. Casi al momento comenzamos a subir otra montaña, y desde su cima miramos completamente sobre una tercera, y, a gran distancia divisamos una extensa hacienda. Nuestro camino continuaba directamente a lo largo de la orilla de un precipicio, desde donde mirábamos a una inmensa distancia abajo de nosotros las copas de pinos gigantescos. Muy pronto el sendero se hizo tan quebrado, y corría tan cerca del borde del precipicio que llamé a Mr. Catherwood para que se apeara. El despeñadero quedaba al lado izquierdo, y yo avancé tanto que, sobre el lomo de una perversa mula, no me aventuraba a hacer ningún movimiento irregular, y. caminé por algunos momentos con gran ansiedad. En alguna parte de este camino, pero sin ninguna señal que la demarcase, cruzamos la línea divisoria del Estado de Guatemala y penetramos a Honduras.

A las dos de la tarde llegamos a la aldea de Copán, que se componía de media docena de miserables chozas techadas con hojas de maíz. Nuestra llegada causó gran sensación. Todos los hombres y mujeres se juntaron a nuestro alrededor para mirarnos. Inmediatamente nosotros preguntamos por las ruinas, pero ninguno de los aldeanos pudo dirigirnos hacia ellas, y todos nos aconsejaron que fuéramos a la hacienda de don Gregorio. No teníamos deseos de parar en una aldea, y le ordenamos al arriero que siguiera adelante, pero él rehusó, diciendo que su compromiso era conducirnos a Copán. Después de un gran altercado nosotros prevalecimos, y, caminando a través de un trecho de bosque vadeamos una vez más el Río Copán, y salimos sobre un claro, en uno de cuyos lados estaba una hacienda, con un techo de tejas de barro, con (cucinera) (cocina) y otras dependencias, evidentemente la residencia de un rico propietario.

Fuimos saludados por un conjunto de perros ladradores y todas las entradas estaban llenas de mujeres y niños, que parecían, en muy alto grado, sorprendidos de nuestra aparición. No se veía a ningún hombre; pero las mujeres nos recibieron benignamente, y nos dijeron que don Gregorio regresaría pronto y que nos conduciría a las ruinas. En el acto se encendió de nuevo el fuego en la cocina, el sonido de las palmaditas de las manos anunciaba que se hacían tortillas, y a la media hora la comida estaba preparada. Fue servida en una fuente de plata maciza, y el agua en un cántaro de plata, pero sin cuchillo, tenedor ni cuchara; la sopa o caldo se sirvió en tazas para beberlo. No obstante, nos congratulamos a nosotros mismos de haber caído en tan buen alojamiento.

A poco rato llegó un joven a caballo, alegremente vestido, con una camisa bordada, y acompañado de varios hombres conduciendo un hato de ganado. Escogiéndose un buey, se le arrojó el lazo a los cuernos, y el animal fue arrastrado hacia arriba a un lado de la casa, y, por medio de otro lazo alrededor de las patas, echado en tierra. Se le ataron las patas una con otra, la cabeza se le hizo para atrás por medio de una cuerda desde los cuernos a la cola, y con una estocada de machete se le cortó la arteria de la vida. La jauría de hambrientos perros estaba lista, y, con un horrible sonido acompasado, breve y seco, lamieron la sangre con sus lenguas. Todas las mujeres 'estuvieron observando y una muchacha cogió un perrillo y le estregó el hocico en la corriente carmesí, para acostumbrarlo desde tierno al sabor de la sangre. El buey fue desollado, separóse la carne de los huesos, y, para la completa distribución de las tajadas, lomos y piezas para asar, en una hora todo el animal estaba colgado en largas cuerdas alineadas frente a la puerta.

Durante esta operación llegó don Gregorio. Era como de cincuenta años, tenía grandes patillas negras y barba de varios días; y por los modales de todos alrededor era fácil comprender que era un doméstico tirano. La ojeada que nos echó antes de apearse parecía decir, "¿Quiénes son ustedes?", pero sin chistar una palabra entró en la casa. Nosotros esperamos hasta que terminó su comida, y cuando supuse que sería el momento oportuno, entré yo también. En mi trato con el mundo más de una vez he hallado mis insinuaciones a un conocido recibidas con tibieza, pero jamás experimenté nada tan completamente frío como la recepción que el (don) tuvo para mí. Le informé que habíamos llegado a aquellas cercanías para visitar las ruinas de Copán, y en su ademán me dijo, "¿Qué me importa a mí?", pero respondió que éstas quedaban al otro lado del río. Le pregunté que dónde podríamos conseguir un guía, y de nuevo contestó que el único hombre que conocía algo de ellas vivía al otro lado del río.

Aún no habíamos tomado suficientemente en cuenta la perturbada condición del país ni el peligro que podría acarreársele a un hombre por dar albergue a individuos sospechosos; pero, confiando en la reputación del país como hospitalario, y las pruebas de ello que ya habíamos encontrado, me resistía de llegar a la desagradable conclusión de que no éramos bienvenidos. Sin embargo, está conclusión era irresistible. Al don no le agradaba nuestra apariencia. Mandé al arriero que ensillase las mulas; pero el bellaco gozaba con nuestra confusión y abiertamente rehusó ensillar sus bestias otra vez en ese día. Acudimos al mismo don

Gregorio, ofreciéndole paga; y según dijo Agustín, con la esperanza de desembarazarse de nosotros, nos prestó dos, para que regresáramos a la aldea. Por desgracia, el guía que buscamos se hallaba ausente; una alegre riña de gallos estaba entonces por verificarse, y no fuimos estimulados, ni por la apariencia de las gentes ni por invitación, para regresar nuestro equipaje a aquel lugar. Y comprendimos, lo que era muy enojoso, que don Gregorio era el gran hombre de Copán; el más rico y el tiranuelo del lugar; y que sería de lo más infortunado tener un rompimiento con él, o aun el dejar traslucir en la aldea que no habíamos sido bien recibidos en su casa. De mala gana, pero con la esperanza de hacer una más favorable impresión, volvimos a la hacienda. Mr. C. se apeó en las gradas y se sentó en el corredor.

Yo, por casualidad desmonté del lado de afuera; y, antes de moverme, inspeccioné al grupo. El don sentado en una silla, con nuestro detestable arriero a su lado, y con una media oculta sonrisa de mofa en el rostro, hablando de los (ídolos) y mirándome a mí. En estos momentos ocho o diez hombres, hijos, criados y trabajadores, habían llegado de sus labores del día, pero ninguno se ofreció a tomar mi mula ni hizo alguna de aquellas demostraciones de atención que siempre se manifiestan a un huésped bienvenido. Las mujeres voltearon la cara como si hubieran sido reprendidas por recibirnos; y todos los hombres, ciñendo su conducta a la del don, nos miraron con tanto desprecio, que yo le dije a Mr. Catherwood que botáramos nuestro equipaje en el camino y lo maldijéramos a él como inhospitalario patán; pero Mr. Catherwood me amonestó en contra de ello, sosteniendo que, si nosotros teníamos una abierta disputa con él, después de tanta molestia se nos impediría ver las ruinas. El don probablemente sospechaba algo de lo que pasaba; y, temeroso de haber llevado las cosas demasiado lejos y de echar un borrón sobre su nombre, me señaló una silla y me rogó que me sentara. Haciendo un gran esfuerzo resolví sofocar mi indignación hasta que pudiera darle rienda suelta sin peligro. Agustín estaba muy indignado por el trato que recibimos; por el camino algunas veces aumentó su propia importancia contando de las banderas enarboladas y de los disparos de cañón cuando salimos de Belize; y aquí él izaba más banderas y disparaba más cañones que los de costumbre. principiando con cuarenta cañonazos y después con un nutrido cañoneo; pero no sucedió así.

El don no nos quería y probablemente estaría deseoso de enarbolar banderas, y también de disparar cañonazos, como en Belize, cuando nos hubiésemos marchado.

Por la tarde el cuero del buey fue extendido en el corredor, se echaron sobre él mazorcas de maíz, y todos los hombres, con el don a la cabeza, sentáronse para desgranarlo. Los olotes se llevaron a la cocina para el fuego, el maíz se recogió en canastos, y tres cerdos favoritos, que habían estado afuera gruñendo en espera del festín, entraron para coger los granos esparcidos. Durante la tarde no se preocuparon de nosotros, salvo que la esposa del don nos mandó a decir con Agustín que se estaba preparando la cena; y nuestro amor propio herido fue aliviado, y nuestro descontento mitigado, con un mensaje adicional; que ellos tenían un horno y harina, y que nos harían algo de pan si queríamos comprarlo.

Después de la cena todos se prepararon para dormir. La casa del don constaba de dos partes, una interior y otra exterior. El don y su familia ocupaban la primera y nosotros la segunda; pero ni aun ésta era para nosotros. En todo el largo de la pared había armazones hechas de palos como de una pulgada de grueso, atadas una a otra con cuerdas de corteza, sobre las cuales tendían los trabajadores cueros sin curtir para sus camas. Había tres hamacas además de las nuestras, y yo tenía tan poco espacio para la mía que mi cuerpo, con los talones tan altos como la cabeza, describía una parábola invertida. Esto era enfadoso y ridículo; o, con las palabras del turista inglés en Dra Diávolo, "Era… "¡Chocante! ¡Positivamente chocante!".

En la mañana don Gregorio se encontraba del mismo humor. No hicimos caso de él, pero nos vestimos y arreglamos bajo el cobertizo con tanto respeto como nos fue posible para los femeninos miembros de la familia que constantemente pasaban y repasaban. Se nos había metido en la cabeza el proseguir y ver las ruinas; y1afortunadamente, temprano en la mañana, uno de los hijos del áspero don, un afable joven, trajo de la aldea a José, el guía que necesitábamos.

Por causa de muchas enojosas dilaciones, aumentadas con dificultades entre José y el arriero, no salimos sino hasta las nueve de la mañana. Muy pronto dejamos la vereda o camino, y entramos en un extenso campo, parcialmente cultivado con maíz, perteneciente a don Gregorio. Caminando alguna distancia a través de éste, llegamos a una choza, techada con hojas de maíz, a la orilla del bosque, en donde algunos trabajadores estaban preparando su desayuno. Allí nos apeamos, y, atando nuestras mulas a los árboles cercanos, nos internamos en la selva con José por delante abriendo paso con un machete; pronto llegamos a la orilla de un río; y directamente al lado opuesto vimos una muralla de piedra, quizás de cien pies de altura, con tojo creciéndole hasta arriba y que se extendía de norte a sur a lo largo del río, caída en algunos lugares, pero en otros entera. Tenía más el carácter de una estructura que ninguna de las que habíamos visto antes, atribuida a los aborígenes de América, y formaba parte de la muralla de Copán, una antigua ciudad, sobre cuya historia los libros no arrojan sino poca luz.

Estoy entrando precipitadamente en un nuevo campo. Innumerables volúmenes han sido escritos con relación a los primeros pobladores de la América. Para algunos, los habitantes de este continente han sido considerados como una raza separada, que no desciende del mismo padre común con el resto del género humano; otros han atribuido su origen a algún resto de los habitantes antediluvianos de la tierra, que sobrevivieron al diluvio que arrebató a la mayor parte de la especie humana en los días de Noé, y de ahí que los consideren como la más antigua raza de gentes sobre la tierra.

Dentro del ancho espacio que abarcan los descendientes de Noé: los judíos, los cananitas, los fenicios, los cartagineses, los griegos, los escitas en los antiguos tiempos; los chinos, los suecos, los noruegos, los galos y los españoles en los modernos, ha sido atribuido a ellos el honor de ser los pobladores de América. Los dos continentes han sido unidos y han sido separados por un gran cataclismo; la fabulosa isla Atlántida ha surgido del océano; y, para no quedarse atrás, un atrevido americano le devuelve la pelota al Viejo Mundo, y planta el arca misma dentro del Estado de Nueva York.

La muralla de Copán.

Los monumentos y restos arquitectónicos de los aborígenes no han formado hasta el día sino una pequeña parte del fundamento de estas especulaciones. El Dr. Robertson, en su Historia de América, sostiene como "un principio incontestable, que la América no fue poblada por ninguna nación del Antiguo Continente que hubiese hecho considerables progresos en la civilización". "Los habitantes del Nuevo Mundo", dice él, "se encontraban en un estado social tan extremadamente rudo que ignoraban aun aquellas artes que son los primeros ensayos del ingenio humano en su avance hacia el progreso".

Desacreditando los ardientes relatos de Cortés y de sus compañeros de soldados, sacerdotes y civiles, todos conformes en representar el esplendor exhibido en los edificios de México, él dice que "las casas del pueblo eran meras chozas, hechas de turba, o lodo, o de ramas de árboles, como las de los más rústicos indios". Que el templo de Cholula no era más que "un montón de tierra, sin ningunas gradas ni paramento de piedra, cubierto de arbustos y de hierbas", y basado en la autoridad de personas residentes por mucho tiempo en Nueva España, y que declaran haberla visitado por todas partes, dice que "no existe, en toda la extensión de ese vasto imperio, un solo monumento o vestigio de algún edificio más antiguo que la conquista". En aquella época, la desconfianza era quizás la salvaguardia del historiador; pero desde que el Dr. Robertson escribió, una nueva inundación de luz se ha derramado sobre el mundo, y se ha abierto el campo de las antigüedades americanas.

La ignorancia, el descuido y la indiferencia de los habitantes de Hispano, América sobre este asunto es, cosa que admira. En nuestro propio país, el despeje de las selvas y el descubrimiento de túmulos o montes y fortificaciones, que se extienden en filas desde los lagos atravesando los valles del Ohio y Mississippi, de momias en una cueva de Kentucky, la inscripción sobre la roca de Dighton, que se supone estar en caracteres fenicios, y las ruinas de murallas y de una gran ciudad en Arkansas y en el territorio de Wisconsin, han sugerido extrañas y vagas ideas con respecto a los primeros pobladores de este país, y la firme creencia que naciones poderosas y populosas lo han ocupado y desaparecido, cuyas historias son enteramente desconocidas. Las mismas evidencias continúan en Tejas, y en México ellas asumen una forma aún más definida.

La primera nueva luz lanzada sobre esta materia en lo que respecta a México es debida al gran Humboldt, quien visitó aquel país en un tiempo en que, por la celosa política del gobierno, estaba tan cerrado a los extranjeros como la China en la actualidad. Ningún hombre pudo haber merecido mejor esa fortuna. En aquella época los monumentos del país no eran el principal objeto de investigación; pero Humboldt recogió de varias fuentes informaciones y dibujos, particularmente de Mitla o el Valle de los Muertos; de Xoxichalco, un monte cortado y terraplenado, cuyo nombre era el Monte de Flores; y la gran pirámide o templo de Cholula que visitó él mismo, de todo lo cual su propia elocuente narración está al alcance del lector. Desgraciadamente, de las grandes ciudades allende el Valle de México, ocultas entre las selvas, arruinadas, desiertas y sin nombre Humboldt jamás tuvo noticia, o, a lo menos, nunca las visitó. No fue sino más tarde cuando relatos de su existencia llegaron a Europa y a nuestro país. Estas narraciones, no obstante ser vagas y poco satisfactorias, habían excitado nuestra curiosidad; aunque quizá yo debo confesar que ambos, Mr. C. y yo, estábamos escépticos, y cuando llegamos a Copán, era con la esperanza más bien que con la expectativa de encontrar maravillas.

Desde el descubrimiento de estas ciudades arruinadas la teoría predominante ha sido, que ellas pertenecieron a una raza mucho más antigua que la que habitaba el país durante la época de la conquista española. Con respecto a Copán, se hace mención por los primeros historiadores españoles de un lugar de ese nombre, situado en la misma región del país en donde estas ruinas se encuentran, que entonces existía como una ciudad habitada, y que opuso una formidable resistencia a las armas españolas, aunque hay circunstancias que parecen indicar que la referida ciudad era inferior en fortaleza y solidez de construcción, y de origen más moderno.

Estaba situada en la antigua provincia de Chiquimula de Sierras, que fue conquistada por los oficiales de Pedro de Alvarado, pero ninguno de los historiadores españoles ha dado algún detalle de esta conquista. En 1530 los indios de esta provincia se rebelaron, e intentaron sacudirse del yugo de España. Hernando de Chávez fue enviado para sojuzgarlos, y, después de muchas sanguinarias batallas, acampó frente a Esquipulas, plaza fuerte perteneciente a un poderoso cacique, la cual, al cuarto día, para usar las propias palabras del cacique "más por respeto a la tranquilidad pública que por miedo a las armas españolas, determinó rendirse", y, con la capital, toda la provincia sometióse de nuevo al dominio de España.

El cacique de Copán, cuyo nombre era Copán Calel, había estado activo incitando a la sublevación y ayudando a los insurgentes. Hernando de Chávez resolvió castigarlo, y marchó sobre Copán, que entonces era una de las más grandes, más opulentas y más populosas plazas del reino. El campamento del cacique, con sus auxiliares, se componía de treinta mil hombres, bien disciplinados y veteranos en la guerra, armados con sables de palo que tenían filos de piedra, con flechas y con hondas. Hacia un lado, dice el historiador, estaba defendida por la cordillera de montañas de Chiquimula y Gracias a Dios, y del lado opuesto por un profundo foso, y por un atrincheramiento formado por pesadas vigas de madera, con los intersticios llenos de tierra, con troneras y agujeros para disparar las flechas. Chávez, acompañado por algunos jinetes, bien armados, se encaminó hacia el foso, le hizo señales que deseaba tener una conferencia. El cacique le respondió con una flecha. Luego siguió una lluvia de flechas, de piedras y de dardos, que obligó a los españoles a retirarse.

Al siguiente día Chávez hizo un ataque a las trincheras. La infantería usaba cotas sueltas rellenas de algodón, sables y escudos; los jinetes llevaban petos y yelmos, y sus caballos iban protegidos. Los copanes tenían cada uno en el brazo un escudo forrado con cuero de danta, y la cabeza resguardada con penachos de plumas. El ataque duró todo el día. Los indios, con sus flechas, sus jabalinas y sus picas, cuyas puntas estaban endurecidas a fuego, sostuvieron el campo. Los españoles se vieron precisados a retirarse. Chávez, que había peleado en lo más reñido del combate, estaba alarmado por las dificultades de la empresa y por el peligro para el prestigio de las armas españolas, pero tuvo informes que en cierto lugar la profundidad de la zanja que defendía a Copán era muy poca cosa, y al siguiente día se dirigió a ese punto para efectuar un ataque por allí.

Los copanes habían espiado sus movimientos, y guarnecieron la trinchera con sus más bravos soldados. La infantería no fue capaz de derribarla. Acudió en su auxilio la caballería. Los indios hicieron avanzar toda su fuerza, pero los españoles se mantuvieron como rocas, impasables a las picas, las flechas y las piedras. Varias veces intentaron escalar las trincheras, y fueron rechazados hasta el foso. Hubo muchos muertos de ambos lados, pero la batalla continuaba sin ventaja para ninguno hasta que un valiente jinete saltó la zanja y, habiendo dado su caballo violentamente con el pecho contra la barrera, se abrió una brecha en la tierra y empalizadas, y el espantado caballo se precipitó dando coces y manotadas entre los indios. Le siguieron otros jinetes e infundieron tal terror entre los copanes, que se rompieron sus filas y se desbandaron. Copán Calel se replegó a un lugar donde tenía apostado un cuerpo de reserva; pero, siendo incapaz de larga resistencia, se retiró y abandonó a Copán.

Este es el relato que los historiadores españoles han dado de Copán; y, con respecto a la ciudad, cuya muralla vimos desde el otro lado del río, nos parece de lo más pobre y poco satisfactorio; porque la maciza estructura de piedra que estaba frente a nosotros tenía muy poca apariencia de pertenecer a una ciudad, cuyas trincheras pudiesen ser derribadas por la carga de un solo jinete. En este lugar el río no era vadeable; regresamos a donde se encontraban nuestras mulas, montamos y nos dirigimos a otro punto de la orilla, a corta distancia más arriba. La corriente era ancha, y en ciertos lugares profunda, rápida y con un fondo quebrado y pedregoso. Vadeándola, caminamos a lo largo de la ribera por un sendero estorbado por malezas, que José abrió cortando las ramas, hasta que llegamos al pie de la muralla donde de nuevo nos apeamos y amarramos nuestras mulas.

La muralla era de piedra cortada, bien puesta, y en buen estado de conservación. Subimos por grandes escalones de piedra, en algunos lugares perfectos, y en otros derribados por los árboles que habían crecido entre las hendeduras, y llegamos a una terraza cuya forma era imposible comprender, por la densidad de la selva en que se encontraba envuelta. Nuestro guía abrió camino con su machete y pasamos, encontrando medio sepultado entre la tierra, un gran fragmento de piedra laboriosamente esculpido, y llegamos a la esquina de una estructura con gradas a los lados, en forma y apariencia, hasta donde los árboles nos dejaron comprender, parecida a los lados de una pirámide. Apartándonos de la base, y abriéndonos camino a través del espeso bosque, llegamos a una columna de piedra cuadrada, como de catorce pies de altura y tres pies por lado, esculpida en muy vigoroso relieve, y por los cuatro costados, desde la base hasta la punta. El frente ricamente vestido, y la cara, sin duda alguna un retrato, solemne, austera, y bien conformada para infundir terror. La parte de atrás era de un diseño diferente, no parecido a nada que hubiésemos visto antes jamás, y los lados estaban cubiertos de jeroglíficos.

A esto nuestro guía llamó un "ídolo"; y frente a él, a una distancia de tres pies se encontraba un gran bloque de piedra, también esculpido con figuras y divisas emblemáticas, a lo que él llamó un altar. La vista de este inesperado monumento hizo descansar nuestra mente de una vez y para siempre, de toda incertidumbre con respecto a las antigüedades americanas, y nos dio la seguridad que los objetos que estábamos buscando eran interesantes, no solamente como restos de un pueblo desconocido, sino como obras de arte, probando, como recuerdos históricos nuevamente descubiertos, que los pueblos que antiguamente ocuparon el Continente Americano no eran salvajes.

Con un interés quizá mayor que el que habíamos experimentado paseando entre las ruinas de Egipto, seguimos a nuestro guía, quien, algunas veces perdiendo su camino, con el uso constante y vigoroso de su machete, nos conducía por la espesa selva, entre fragmentos medio enterrados hacia catorce monumentos de la misma clase y apariencia, algunos de ellos con más elegantes diseños, y otros cuya manufactura era igual a los más bellos monumentos de los egipcios; uno había sido dislocado de su pedestal por enormes raíces; otro encerrado en el estrecho abrazo de las ramas de los árboles, y casi levantado de la tierra; otro arrojado al suelo, y ceñido por enormes vides y enredaderas; y uno de pie, con su altar frente a él, en un bosquecillo de árboles que crecieron a su alrededor, y que parecían abrigarlo y guarecerlo como un objeto sagrado; en la solemne quietud de los bosques, parecía una divinidad lamentándose sobre un pueblo arruinado.

El único sonido que interrumpía el silencio de esta sepultada ciudad era la gritería de los monos que se movían entre las copas de los árboles, y el crujido de las ramas secas quebradas por su peso. Movianse sobre nuestras cabezas en grandes y veloces procesiones, cuarenta o cincuenta al mismo tiempo. Algunos con sus crías arrollándolas con sus largos brazos, saliendo para la punta de las ramas y agarrándoles con la pata de atrás o con la rosca de la cola, saltando a una rama del árbol cercano, y, con un ruido semejante a una corriente de aire, pasaban por entre la espesura de la selva. Era la primera vez que veíamos a estos remedos de la humanidad, y, con los raros monumentos a nuestro alrededor, parecían espíritus errantes de la raza desaparecida que guardaban las ruinas de sus moradas primitivas.

Regresamos a la base de la estructura piramidal, y ascendimos por simétricas gradas de piedra, en algunos lugares separadas violentamente por arbustos y renuevos, y en otras derribadas al suelo por el desarrollo de grandes árboles, en tanto que algunas permanecían enteras. En varias partes se encontraban ornamentadas con figuras esculpidas y con ringleras de calaveras. Encaramándonos sobre la superficie arruinada, llegamos a una terraza llena de árboles, y, atravesándola, bajamos por gradas de piedra a un área tan poblada de árboles que al principio no pudimos comprender su forma, pero la que, al limpiar el camino con el machete, descubrimos que era cuadrangular, y con gradas por todos lados casi tan perfectas como las del anfiteatro romano.

Las gradas estaban ornamentadas con esculturas, y sobre el lado sur, como a la mitad de la vía, desquiciada de su lugar por las raíces, se encontraba una cabeza colosal, evidentemente un retrato. Ascendimos por estas gradas y llegamos a una espaciosa terraza de cien pies de altura, mirando hacia el río, y sostenida por la muralla que habíamos visto desde la orilla opuesta. Toda la terraza estaba cubierta de árboles, y aun a esta altura del suelo había dos gigantescas ceibas, o algodoneros silvestres de la India, de más de veinte pies de circunferencia, extendiendo sus semidesnudas raíces a cincuenta o cien pies en derredor, envolviendo las ruinas y sombreándolas con sus anchas y extensas ramas. Nos sentamos sobre el borde de la muralla y procuramos en vano penetrar el misterio del cual estábamos rodeados. ¿Quiénes fueron los que edificaron esta ciudad? En las ciudades arruinadas de Egipto, aun en la durante tanto tiempo perdida Petra, el extranjero conoce la historia del pueblo cuyos vestigios se encuentran a su alrededor. La América, dicen los historiadores, estaba habitada por salvajes; pero los salvajes nunca erigieron estas estructuras, los salvajes jamás cincelaron estas piedras. Les preguntamos a los indios quiénes las hicieron, y su estúpida respuesta fue "¿Quién sabe?"

No hay asociaciones relacionadas con el lugar; ninguna de aquellas alentadoras memorias que consagran a Roma, Atenas y "A la gran señora del mundo sobre el llano de Egipto"; pero la arquitectura, la escultura y la pintura, todas las artes que embellecen la vida, han florecido en esta espesa selva; oradores, guerreros y estadistas; la belleza, la ambición y la gloria, han vivido y desaparecido, y nadie supo cómo habían sido, ni pudo informar de su pasada existencia. Los libros, historia de los conocimientos, guardan silencio sobre este tema. La ciudad estaba desolada. Ningún residuo de esta raza subsiste en derredor de las ruinas con tradiciones transmitidas de padres a hijos, y de generación en generación. Yacen frente a nosotros como destrozada embarcación en medio del océano, perdidos los mástiles, su nombre borrado, muerta su tripulación, nadie para informar de dónde vino, a quién perteneció, la duración de su viaje, o la causa de su destrucción; su perdido pueblo escudriñado solamente por alguna imaginaria semejanza en la construcción de la nave, y, tal vez nunca sea conocido por completo.

¿El lugar en donde nos sentamos, ¿sería una ciudadela desde la cual un pueblo desconocido habría sonado la trompeta de guerra? ¿o un templo para la adoración del Dios de paz? ¿o los habitantes adoraban a los ídolos hechos con sus propias manos, y les ofrecían sacrificios sobre las piedras que tenían frente a ellos? Todo era un misterio, un obscuro e impenetrable misterio, y todas las circunstancias lo acrecentaban. En Egipto, las colosales armaduras de gigantescos templos se yerguen sobre las resecas arenas en toda la desnudez de la desolación; aquí una inmensa selva cubre las ruinas, ocultándolas a la vista, realzando la impresión y el efecto moral, y dando una intensidad y casi un desvarío al interés.

Ya avanzada la tarde nos abrimos paso de regreso a donde estaban las mulas, nos bañamos en el claro río al pie de la muralla, y volvimos a la hacienda. Nuestro agradecido muchacho del arriero había referido su terrible enfermedad, y la curación extraordinaria efectuada por Mr. Catherwood; y nos encontramos en la hacienda a un hombre semejante a un espectro, consumido por la fiebre intermitente, que nos pidió "remedios". Una señora anciana que había llegado a visitar a la familia, y que intentaba regresar a su hogar en ese día, nos estaba esperando para ser curada de una enfermedad que había padecido durante veinte años. Sacamos nuestro botiquín, y con esto la mujer del don también se convirtió en paciente. La fama de Mr. C. aumentó con las medicinas que distribuyó; y durante el curso de la tarde tuvo bajo sus manos a cuatro o cinco mujeres e igual número de hombres.

Deseábamos muchísimo practicar sobre el don, pero él fue precavido. Los pistones fulminantes de nuestras pistolas llamaron la atención de los hombres; y les mostramos la brújula y otras cosas, que hicieron a nuestro amigo de San Antonio suponer que nosotros éramos "muy ricos" y que (teníamos muchas ideas). Poco a poco nos fuimos relacionando con todos los de la casa excepto con el amo quien encontró en el arriero un congenial espíritu. Él había tomado su puesto, y estaba demasiado envanecido y obstinado para ceder. Nuestros nuevos amigos nos dejaron más espacio para nuestras hamacas, y tuvimos un columpio mejor para la noche.

En la mañana seguimos asombrando a las gentes con nuestras raras costumbres, particularmente por cepillarnos los dientes. operación que, probablemente, veían entonces por primera vez. Mientras nos ocupábamos en esto, abrióse la puerta de la casa, y apareció don Gregorio, volviendo la cara al otro lado para evitar darnos los (buenos días). Nosotros resolvimos no dormir otra noche bajo su techo, sino llevar nuestras hamacas a las ruinas, y, si allá no había edificio para guarecernos, colgarlas bajo, un árbol. Mi convenio con el arriero era permanecer tres días en Copán; pero no había trato por el uso de las mulas durante ese tiempo, y él esperaba que las molestias que encontrásemos nos harían marcharnos inmediatamente. Cuando nos vio inclinados a quedarnos, juró que no llevaría las hamacas, y que no se detendría un día más, pero al fin consintió en alquilarnos las mulas para ese día.

Antes de partir, un nuevo individuo, que había estado conversando algún tiempo con don Gregorio, se adelantó resueltamente, y dijo que él era el propietario de "los ídolos"; que nadie podía andar por el terreno sin su permiso; y me presentó sus títulos. Esta era una nueva dificultad. Yo no me encontraba dispuesto a disputarle sus títulos, pero leí sus papeles tan atentamente como si meditase una acción para expulsarlo; y pareció aliviado cuando le dije que su título era válido, y que, si no nos molestaba, yo le haría un obsequio al partir. Por fortuna, él tenía que pedirnos un favor. Nuestra fama como médicos había llegado a la aldea, y deseaba remedios para su mujer enferma. Era importante hacerlo nuestro amigo; y, después de un rato de conversación, se convino en que Mr. C. con varios trabajadores que habíamos contratado, seguiría para las ruinas, como lo intentábamos, para preparar alojamiento allá, mientras yo iba a la aldea a visitar a su esposa.

Nuestro nuevo conocido, don José María Acebedo, era como de cincuenta años, alto y bien vestido; esto es, su camisa de algodón y sus pantalones eran limpios; inofensivo, aunque ignorante; y uno de los más respetables habitantes de Copán. Vivía en una de las mejores chozas de la aldea, construida de palos, techada con hojas de maíz, con una armazón de madera en un lado para una cama, y provisto de algunos trastos de barro para cocinar. Un fuerte aguacero había caído durante la noche. y el piso en el interior de la choza estaba mojado.

Su esposa parecía de la misma edad que él y, afortunadamente, hacía varios años que estaba sufriendo de reumatismo. Y digo afortunadamente, pero hablo sólo con respecto a nosotros como médicos y por el honor de la profesión accidentalmente confiada en nuestras manos. Le dije a ella que, si su enfermedad hubiera sido reciente, estaría más al alcance del arte; pero que como se trataba de un caso muy antiguo, requería tiempo, habilidad y observación de los síntomas y del efecto de la medicina día tras día; y que, por de pronto, le aconsejaba mantener los pies fuera del charco de agua en donde estaba parada, prometiéndome consultar con Mr. Catherwood que era aún mejor médico que yo, y enviarle un linimento para que se lo untara en el cuello.

Concluido esto, don José María me acompañó a las ruinas, donde encontré a Mr. Catherwood con los indios trabajadores. Otra vez anduvimos por todo el campo en busca de algún edificio arruinado en donde pudiéramos levantar nuestra vivienda, pero no había ninguno. Colgar nuestras hamacas bajo los árboles sería una locura; las ramas estaban todavía mojadas, el suelo lodoso y de nuevo amenazaba un próximo aguacero; pero estábamos decididos a no regresar a la casa de don Gregorio. Don Mariano me dijo que allí cerca había una choza, y me condujo a ella. Al aproximarnos oímos los gritos de una mujer en el interior, y, al entrar, la vimos rodando y sacudiéndose sobre una cama de cuero loca de fiebre y de dolor; y poniéndose de rodillas al verme, oprimiéndose las sienes con las manos, y con lágrimas en los ojos me suplicó, por el amor de Dios, que le diera algunos remedios. Su piel estaba ardiente, y el pulso muy agitado, tenía una violenta fiebre intermitente. Mientras le preguntaba por los síntomas, entró su marido a la choza, un hombre blanco, como de cuarenta años, vestido con un par de sucios calzoncillos de algodón, con las faldas de la camisa de fuera, un pañuelo atado alrededor de la cabeza y descalzo; se llamaba Don Miguel.

Le dije que deseábamos pasar algunos días entre las ruinas, y le pedí permiso para alojarnos en su choza. La mujer, felicísima de tener a un hábil médico cerca de ella, respondió por él, y yo regresé a relevar a Mr. Catherwood. y agregar otra a su lista de pacientes. Toda la compañía nos escoltó hasta la choza, trayendo con ellos solamente la mula que condujo las hamacas; y con la adición de Mr. C. al cuerpo médico y un misterioso despliegue de materiales para dibujo y varas de medir, pareció que se ahuyentaba la fiebre de la pobre mujer.

La choza estaba situada en la orilla de un claro, sobre el terreno que en un tiempo ocupó la ciudad, con un fragmento de piedra, ahuecado y que servía de abrevadero para el ganado, casi en la misma puerta. El claro estaba sembrado con maíz y tabaco, y rodeado de todos los lados por la selva. La choza era como de diez y seis pies el cuadro, con un techo puntiagudo, techada con dobladores y que se construye fijando en el suelo dos palos verticales con horquillas, donde se coloca otro palo para sostener la punta del techo, y con soportes similares a cada lado, pero solamente como de cuatro pies de altura. El alero era el frente, y la mitad de él estaba techado con hojas de maíz, y la otra mitad permanecía descubierta. La parte de atrás estaba techada, y apilado contra ella había maíz en filas de tres mazorcas de hondo. En un lado el montón estaba intacto, pero del otro ya se había utilizado una parte hasta como a tres o cuatro pies del suelo.

En la esquina del frente estaba la cama de don Miguel y su esposa, protegida por un cuero de toro asegurado en la cabecera y hacia un lado. El ajuar se componía de un rodillo de piedra para moler maíz, y un "comal", o tartera para cocer (tortillas), y sobre un tosco estante sobre la cama había dos cajas, que contenían el guardarropa y todos los haberes de don Miguel y de su esposa, excepto Bartolo, su hijo y heredero, un mocetón de veinte años, cuyo desnudo cuerpo parecía reventar entre un par de pantalones de muchacho, desdeñando una camisa, su estómago hinchado por un angustioso mal de hígado y con su lívido rostro obscurecido por la suciedad. Allí había lugar sólo para una hamaca, y, en efecto, los palos atravesados no eran suficientemente fuertes para soportar dos hombres. El montón de maíz que había sido utilizado tenía buena altura y suficiente ancho para una cama; con el debido consentimiento lo tomé para mi lugar de dormir, y Mr. Catherwood colgó su hamaca; estábamos tan felices de habernos librado de la grosera hospitalidad de don Gregorio, y de estar tan cerca de las ruinas, que todo nos parecía cómodo y confortable.

Después del almuerzo monté en la mula del equipaje, con sólo el cabestro para sostenerla y, acompañado de Agustín a pie, marchamos a casa de don Gregorio, con el propósito de transportar el equipaje. Los aguaceros habían hecho crecer el río, y Agustín tuvo necesidad de desnudarse para vadearlo. Don Gregorio no estaba en casa; y el arriero, como siempre, feliz con las dificultades, dijo que era imposible atravesar el río con carga ese día. Regularmente, en vez de ayudarnos en nuestras pequeñas dificultades, él hacía todo lo que podía para acrecentarlas. Sabía él que, si nosotros lo despedíamos, no nos sería posible conseguir mulas en Copán, salvo que enviásemos por ellas a dos días de camino; que no teníamos a quien confiar esa comisión; y que la demora sería por lo menos de una semana. Dudando cuál podría ser el momento aconsejable para despedirlo, y no deseando quedar desamparado, me vi precisado a contratarlo para quedarse a un precio que se consideraba tan exorbitante que me dio la reputación de tener (mucha plata), la que, aunque podía ser útil en casa, no era apetecible en Copán; y, temeroso de confiar en mí, el belitre estipuló que la paga fuese diaria. En aquel entonces yo no tenía conocimiento del sistema de pago al contado en los negocios que prevalecía en el país. Los bárbaros no quedan satisfechos con que Ud. sea su cliente a menos que les pague una extra; y el total, o una gran parte, debe ser adelantado. Accidentalmente me encontraba yo atrasado con el arriero; y, en tanto que me congratulaba de esta única garantía de su buen comportamiento, él se torturaba a sí mismo con la idea que yo no tenía la intención de pagarle del todo.

Entre tanto comenzó a llover; y arreglando mi cuenta con la señora, agradeciéndole sus bondades, dejé ordenado que nos horneasen algo de pan para el día siguiente, y llevando conmigo un paraguas y un saco azul, cuyo contenido ignoraba. perteneciente a Mr. Catherwood, y que me había suplicado especialmente que llevase, emprendí mi regreso. Agustín me siguió con una tetera de hojalata, y algunos otros artículos de uso inmediato. Al entrar en la selva, el paraguas pegó contra las ramas de los árboles, y asustó a la mula; y, mientras yo trataba de cerrarlo, ella se desbocó conmigo. No teniendo más que el cabestro, me fue imposible detenerla; y golpeándome contra las ramas, corrió a través del bosque, chapoteó entre el río, perdió el vado, y no paró sino hasta que se hundió hasta el pecho.

El río estaba crecido e irritado, y llovía copiosamente. Los raudales espumeaban a corta distancia más abajo. En los esfuerzos por refrenarla solté el saco azul de Mr. Catherwood lo cogí con el mango del paraguas, y lo habría salvado si la bestia se hubiera estado quieta; pero cuando flotó bajo su nariz, bufó y saltó para atrás. Rompí el paraguas en hacerla cruzar; y, al instante de tocar la orilla, vi el saco flotando hacia los raudales. y Agustín, con sus ropas en una mano y la tetera en la otra, ambas arriba de su cabeza, caminando río abajo detrás de él. Pensando que contuviese algunos materiales de dibujo indispensables, me arrojé entre los matorrales de la orilla, con la esperanza de interceptarlo, pero me enredé entre las ramas y bejucos. Desmonté y amarré mi mula, y pasé dos o tres minutos abriéndome camino para el río, donde miré las ropas de Agustín y la tetera, pero a él no, y con el rugido de los raudales más abajo, tuve horribles temores. Era imposible continuar a lo largo de la orilla; así. que, haciendo un esfuerzo violento, salté a través de un rápido canal a un escabroso islote de arena cubierto de arbustos achaparrados; y, corriendo hasta su extremo más abajo, miré toda la superficie del río y los raudales, pero no vi a Agustín. Grité con todas mis fuerzas, y, para mi indecible satisfacción, oí una respuesta, pero con el estruendo de los raudales, demasiado débil; de ahí a poco él apareció en el agua, moviéndose con dirección a un punto y arrastrándose sobre los matorrales. Consolado respecto a él, me encontraba ahora yo en una incertidumbre. El salto de regreso era sobre un terreno más elevado, el río era un torrente, y, pasada la excitación yo estaba temeroso de intentarlo.

Habría sido un grandísimo inconveniente para mí que Agustín se hubiera ahogado. Abriéndose paso por entre las malezas y bajando a la orilla opuesta con su goteante cuerpo. tendió un palo a través de la corriente saltando sobre el cual toqué el borde de la ribera, resbalé, pero me encaramé por las malezas con la ayuda de una mano de Agustín. Durante todo este tiempo llovía a cántaros; y ahora yo había olvidado dónde amarré mi mula. Nos entretuvimos varios minutos en buscarla; y deseándole buena suerte al saco viejo, monté. Agustín no se puso sus ropas, principalmente porque le resultaba más cómodo llevarlas en la espalda.

Al llegar a la aldea, yo me alojé en la choza de don José María mientras Agustín, hallándose en aquel feliz estado que no podía ser peor, continuó bajo la lluvia. No había nadie en la choza sino una muchachita, y en un momento que la lluvia disminuyó seguí mi camino. Tenía yo que atravesar otra corriente, que también estaba muy crecida y el camino se encontraba anegado. El camino se extendía por entre una espesa selva; muy pronto las nubes se pusieron más negras que nunca; a la izquierda quedaba una cordillera de peladas montañas, las antiguas canteras de piedra de Copán, a cuyo largo el trueno retumbaba espantosamente, y el relámpago escribía airadas inscripciones a sus lados. Un turista inglés en los Estados Unidos admite la superioridad de nuestros truenos y relámpagos. Yo soy pertinaz en todo cuanto atañe al honor nacional, pero hago esta concesión en favor de los trópicos. La lluvia caía como si las compuertas del cielo hubieran sido abiertas; y mientras mi mula se resbalaba y deslizaba entre el fango perdí mi camino. Regresé alguna distancia, y de nuevo repasaba mis pasos, cuando encontré a una mujer, descalza, deteniéndose el vestido por encima de las rodillas, quien resultó ser mi reumática paciente, la esposa de don José María.

Mientras le preguntaba el camino, le dije que ella estaba anulando por completo la pericia del médico, y añadí, lo que yo creo que era la pura verdad, que no esperara mejorar con1 nuestro tratamiento. Caminé alguna distancia y de nuevo perdí el camino. Era necesario penetrar en el bosque a la derecha. Yo había salido por una vereda en la que no me fijé especialmente. Allí había senderos de ganado en todas direcciones, y por espacio de una milla anduve de aquí para allá, sin acertar con el verdadero camino. Varias veces vi las huellas de los pies de Agustín, pero pronto las perdí entre los lodazales, y ellas solamente me confundían más; por fin me detuve por completo. Ya casi anochecía; no sabía yo qué camino tomar; y como hizo Mr. Henry Pelham cuando estuvo en peligro de ahogarse en una de las cloacas de París, me quedé inmóvil y grité. Para mi gran gozo, fui respondido por un ronquido de Agustín, que había estado extraviado más tiempo que yo, y se encontraba en mayor tribulación. Él tenía la tetera en la mano, un cabo de cigarro apagado en la boca; todo enlodado desde la cabeza hasta los pies y en un estado completamente infeliz.

Comparamos nuestras observaciones, y, escogiendo un sendero, gritando a medida que avanzábamos, nuestras voces unidas tuvieron respuesta por ladridos de perros y por Mr. Catherwood, que, alarmado por nuestra ausencia, y temeroso de lo que hubiese acontecido, había salido con don Miguel para buscarnos. Yo no tenía ropa para cambiarme, y en consecuencia me desnudé y me envolví en una manta al estilo de los indios de Norte América. Toda la tarde el estruendo de la tempestad estallaba sobre nuestras cabezas. iluminando los relámpagos la obscura selva y brillando en el interior de la abierta choza; el aguacero caía a torrentes, y don Miguel nos dijo que probablemente estaríamos incomunicados durante varios días en el otro lado del río y con nuestro equipaje. Sin embargo, pasamos la tarde con gran satisfacción, fumando cigarros de tabaco de Copán, el más afamado en Centro América, de las plantaciones del propio don Miguel y fabricados por su esposa.

Don Miguel, lo mismo que yo aquella tarde, usaba muy pocos vestidos; pero era un hombre inteligente y educado, sabía leer y escribir, sangrar, y sacar muelas o hacer un escrito; era adicto a la literatura, pues le preguntó a Agustín si teníamos algunos libros: dijo que, aunque estuviesen en inglés no había diferencia —los libros eran cosa buena—; y era delicioso oírle expresar su desdén por la inteligencia de don Gregorio. Éra subarrendante en la finca, pagando una renta de cuatro dólares anuales, y generalmente se encontraba retrasado en sus pagos; nos dijo que no tenía mucho que ofrecernos; pero sentimos, lo que era mejor que una cama con dosel, que éramos unos huéspedes bienvenidos. En efecto, todo era agradable. Su esposa esperaba que nosotros le curaríamos sus fiebres intermitentes; Bartolo estaba seguro que le reduciríamos la protuberancia del estómago; y don Miguel gustaba de nuestra compañía. En estas felices circunstancias, la furia de los elementos en el exterior no nos. perturbaba.

Todo el día había yo estado pensando en los títulos de don José María, y, envolviéndome en mi manta, sugerí a Mr. Catherwood (una operación) (¡Ocultad vuestros rostros, vosotros especuladores en solares de la parte alta de la ciudad!) ¡Comprar Copán! ¡Remover los monumentos de un pasado pueblo de la desolada región en que se encontraban sepultados, exhibirlos en el "gran emporio comercial" y fundar una institución que fuese el núcleo de un gran museo nacional de antigüedades americanas!

Pero, ¿podrían los "ídolos" ser removidos? Ellos se encontraban en las márgenes de un río que desembocaba en el mismo océano que baña los muelles de Nueva York, pero había raudales más abajo; y, respondiendo a mi interrogación, dijo don Miguel que éstos eran impasables. No obstante, eso, yo habría sido indigno de haber atravesado las edades "que purifican el espíritu del hombre" si no hubiera tenido una alternativa; y esta era exhibirlos por partes: dividir uno y removerlo por piezas, y hacer moldes de los otros. Los moldes del Partenón son estimados como preciosos monumentos en el Museo Británico, y los moldes de Copán serían lo mismo en Nueva York. Otras ruinas más interesantes y más accesibles podrían descubrirse. Muy pronto su existencia sería conocida y apreciado su valor, y los amigos de la ciencia y de las artes en Europa querrían tomar posesión de ellas.

Estas nos pertenecían por derecho, y aunque no sabíamos cuán pronto nos arrojarían a puntapiés, resolví que deberían ser nuestras; con visiones de gloria e indefinidas fantasías de recibir los agradecimientos de la corporación revoloteando ante mis ojos, me envolví en la manta y me dormí.

CAPÍTULO 6: LOS ÍDOLOS DE COPÁN

CÓMO EMPEZAR. — PRINCIPIO DE LAS EXPLORACIONES. — INTERÉS CREADO POR ESTAS RUINAS. — VISITA DEL ALCALDE. — ENFADOSAS SOSPECHAS. — UN VISITANTE BIENVENIDO. — CARTA DEL GENERAL CÁSCARA. — COMPRANDO UNA CIUDAD. — VISITA DE LA FAMILIA DE DON GREGORIO. — DISTRIBUCIÓN DE MEDICINAS.

Al clarear el día las nubes aún pendían sobre la selva; cuando salió el sol se esfumaron; aparecieron nuestros trabajadores, y a las nueve de la mañana salimos de la choza. Las ramas de los árboles destilaban agua y el suelo estaba sumamente lodoso. Andando a pie una vez más sobre la región que contenía los principales monumentos, nos espantamos por la inmensidad del trabajo que teníamos al frente, y pronto llegamos a la conclusión de que explorar todo el terreno sería imposible. Nuestros guías sólo sabían de esta región; pero habiendo visto columnas más allá de la aldea, a una legua de distancia, teníamos razón para creer que estarían otras esparcidas en diferentes direcciones, enteramente ocultadas en el bosque, y desconocidas por completo. El monte era tan tupido que casi desesperábamos de pensar en penetrarlo. La única manera de hacer una completa exploración sería talando toda la selva y quemando los árboles. Esto era incompatible con nuestros inmediatos propósitos, podría creerse que nos tomábamos libertades y solamente podría realizarse en la estación seca. Después de una deliberación resolvimos obtener primero dibujos de las columnas esculpidas. Los diseños eran muy complicados, y tan diferentes de cuantos Mr. Catherwood había jamás visto anteriormente que eran por completo ininteligibles. Los cortes estaban en muy alto relieve y requerían una gran cantidad de luz para realzar las figuras; y el follaje era tan denso, y la obscuridad tan profunda, que el dibujo era imposible.

Después de muchas consultas, seleccionamos unos de los (ídolos) y resolvimos derribar los árboles a su alrededor, y así dejarlos al descubierto de los rayos del sol. Aquí estaba otra dificultad. No había hacha; y el único instrumento que poseían los indios era el machete, o tajadera, que varía de forma en las distintas secciones del país; manejado con una mano, era útil para despejar el bosque de arbustos y de ramas, pero casi inofensivo para los grandes árboles; y los indios, como en los días que los españoles los descubrieron, se aplicaban al trabajo sin ardor, ejecutándolo con poca actividad, y, como los niños, se apartaban de él muy fácilmente. Uno macheteaba un árbol, y, cuando se cansaba, lo que acontecía muy pronto, sentábase a descansar, y lo relevaba otro. Mientras uno trabajaba, siempre estaban varios mirándolo. Yo traía a la memoria el sonido del hacha del leñador en los bosques de la patria y ansiaba algunos muchachos de las grandes laderas de la Sierra Verde. Pero nos habíamos revestido de paciencia, y observábamos a los indios mientras cortaban con sus machetes, y aún nos asombrábamos de que acertasen tan bien. Por fin cayeron los palos y fueron arrastrados hacia un lado, se limpió un espacio alrededor de la base, arreglóse el bastidor de Mr. C. y él se puso a trabajar.

Yo tomé a dos mestizos, Bruno y Francisco, y, ofreciéndoles un premio por cada nuevo descubrimiento, con una brújula en la mano partí en jira de exploración. Ninguno había visto "los ídolos" hasta la mañana de nuestra primera visita, cuando ellos siguieron en nuestra comitiva para reírse de los ingleses; pero muy pronto mostraron tal interés que los puse a mi servicio. Bruno atrajo mi atención porque admiraba, según supuse. a mi persona; pero averigüé que era por mi casaca, una larga blusa de cacería, con muchas bolsas; y él dijo que podría hacer una igual exceptuando los pliegues. Era sastre de profesión, y en los intervalos de una gran tarea en una chaqueta, trabajaba con su machete. Pero tenía un gusto innato por las artes. Cuando atravesábamos la selva, nada se escapaba a su mirada, y era profesionalmente curioso en cuanto a los vestidos de las figuras esculpidas. Quedé impresionado con la primera revelación de su gusto por las antigüedades. Francisco halló los pies y piernas de una estatua, y Bruno una parte del correspondiente cuerpo, y el efecto para ambos fue eléctrico. Registraron y rebuscaron sobre el campo con sus machetes hasta encontrar los hombros, y la levantaron entera, menos la cabeza; y ambos se mostraban impacientes por la posesión de instrumentos con que cavar y encontrar este fragmento que faltaba.

Es imposible describir el interés con que yo exploré estas ruinas. El campo era enteramente nuevo; no había guías escritas ni conductores; todo era terreno virgen. No podíamos distinguir a diez yardas frente a nosotros, y nunca sabíamos con lo que tropezaríamos después. Una vez nos detuvimos para cortar las ramas y bejucos que ocultaban el frente de un monumento, y en seguida cavar alrededor para sacar a la luz un fragmento cuya esquina esculpida sobresalía de la tierra. Yo me adelantaba muerto de ansiedad mientras que los indios trabajaban, y un ojo, una oreja, un pie, o una mano se desenterraba; y cuando el machete sonaba contra una piedra esculpida, yo apartaba a los indios, y separaba la tierra suelta con las manos. La belleza de la escultura, la solemne quietud que se perturbaba únicamente por la trepa de los monos y el parloteo de los loros, la desolación de la ciudad, y el misterio sobre ella suspendido, todo producía un interés mayor, si fuera posible, que el que yo jamás sentí en medio de las ruinas del Antiguo Mundo. Después de varias horas de ausencia regresé a donde se encontraba Mr. Catherwood y conté arriba de cincuenta objetos para ser copiados.

No lo encontré tan satisfecho de mis noticias como yo esperaba. Estaba él parado con los pies entre el lodo. y dibujando con los guantes puestos, para protegerse las manos contra los zancudos. Como lo temíamos, los diseños eran tan intrincados y complicados, los sujetos tan completamente nuevos e incomprensibles, que tenía gran dificultad para dibujarlos. Hizo varias tentativas, con cámara lúcida y sin ella, pero no quedó satisfecho ni aun yo, que era menos severo en la crítica. El "ídolo" parecía desafiar su arte; dos monos sobre un árbol hacia un lado como que se mofaban de él y yo me sentía desanimado y desconfiado. En efecto reflexioné, con angustioso pesar, que debíamos abandonar la idea de llevarnos ningún material para especular en antigüedades, y que deberíamos quedar satisfechos con haberlas visto nosotros mismos. De tal satisfacción nadie nos podría privar. Retornamos a la choza con el interés no disminuido, pero tristemente descorazonados por el resultado de nuestra labor.

Nuestro equipaje no había podido atravesar el río, pero se recobró el saco azul que me había ocasionado tantas molestias. Yo había ofrecido un dólar de recompensa, y Bartolo, el heredero forzoso del arrendatario de nuestra choza, había pasado el día en el río, y lo encontró enredado en un arbusto de la orilla. Su desnudo cuerpo parecía agradecido de su lavado accidental, y el saco, que nosotros suponíamos que contendría algunos materiales para dibujo de Mr. C., al sacudirlo, dio a luz un par de botas viejas, que, no obstante, en ese tiempo valían su peso en oro, pues eran impermeables, y alegraron el decaído espíritu de Mr. C. quien se hallaba enfermo con un presunto ataque de fiebres intermitentes o reumatismo, por permanecer entre el fango todo el día. Nuestros mozos se fueron a sus casas, y Federico tenía la orden de que antes de venir al trabajo en la mañana, fuera a la casa de don Gregorio a comprar pan, leche, candelas, manteca y unas cuantas yardas de carne de res. La puerta de la choza miraba hacia el Poniente y el sol se puso sobre la obscura selva al frente con una magnificencia que jamás había visto superada. De nuevo, por la noche, tuvimos aguacero, con truenos y relámpagos, pero no tan violentos como la noche anterior, y por la mañana ya otra vez estaba claro.

Ese día Mr. Catherwood fue mucho más afortunado en sus dibujos; verdaderamente, al principiar, la luz caía exactamente como él lo deseaba, y venció la dificultad. Sus preparativos, además, eran mucho más cómodos, pues tenía sus botas impermeables, y se paró sobre una pieza de lona engrasada, que usábamos para cubrir el equipaje en el camino. Yo pasé la mañana seleccionando otro monumento, derribando los árboles y preparándolo para que él lo copiara. A la una de la tarde llegó Agustín a llamarnos para almorzar. Don Miguel tenía una siembra de frijoles, de la que Agustín recogió cuantos quiso, y, con el producto de un pedido permanente de todos los huevos de la aldea, que eran tres o cuatro al día, cordones de carne de res, pan y leche de la hacienda, estuvimos muy bien. Por la tarde llegó otra vez Agustín, con la noticia que el alcalde había llegado para hacernos una visita. Como se iba haciendo tarde, dimos por terminado el día, y regresamos a la choza. Estrechamos la mano del alcalde, y le regalamos cigarros a él y a sus acompañantes, y nos hallábamos dispuestos a ser sociables; pero el dignatario estaba tan borracho que apenas pudo hablar. Sus acompañantes sentáronse en cuclillas, tambaleándose sobre las corvas, y, aunque las posturas eran diferentes, nos recordaban a los árabes. A los pocos minutos el alcalde se levantó precipitadamente, hizo un saludo vacilante, y nos dejó, siguiéndole todos los demás, y don Miguel en cuenta. Cuando nos encontrábamos cenando regresó, y era fácil observar que él, su mujer y Bartolo estaban afligidos, y, como lo temíamos, se trataba de nosotros.

Mientras nos hallábamos ocupados en nuestros propios asuntos, teníamos muy poca idea de la sensación que estábamos creando en la aldea. Don Gregorio no quedó satisfecho con tenernos fuera de su casa; quería sacarnos de la vecindad. Por desgracia, a más de su instintiva aversión. lo habíamos ofendido distrayéndole algunos de sus trabajadores con los altos precios que, como extranjeros, nos vimos obligados a pagar, y comenzó a mirarnos como a rivales, y decía por todas partes que éramos individuos sospechosos; que nosotros seríamos la causa de que se turbase la paz de Copán para que se introdujesen los soldados y la guerra en las cercanías. En confirmación de esto, dos indios pasaron por la aldea quienes informaron que nosotros nos habíamos fugado de la prisión, que habíamos sido perseguidos hasta la frontera de Honduras por un destacamento de veinticinco soldados bajo las órdenes de Landaveri, el oficial que nos arrestó, y que si nos hubiera capturado habríamos sido fusilados.

El alcalde, que había estado borracho desde nuestra llegada, dispuso visitarnos, para resolver las dudas de la aldea, y tomar las medidas que la presencia de esas peligrosas personas y la seguridad del país pudiesen requerir. Pero este noble propósito se vio frustrado por una ridícula circunstancia. Teníamos como regla el llevar nuestras armas con nosotros a las ruinas, y cuando regresamos a la choza para recibir su visita, como de costumbre, cada uno teníamos un par de pistolas en el cinto y una escopeta en la mano; y nuestra apariencia era tan formidable que el alcalde se asustó de su propia audacia al pensar en interrogarnos y bonitamente se fue retirando a la sordina. Tan pronto como llegó a la selva, sus acompañantes le reprocharon por la no ejecución de sus propósitos, y él respondió, con dureza, que no iba a tener algo que decir a unos hombres armados como estábamos nosotros. Animados con la idea de nuestra terrible apariencia, le dijimos a don Miguel que aconsejase al alcalde y a la gente de la aldea que harían mejor en apartarse de nuestro camino y dejarnos solos. Don Miguel lanzó una lúgubre sonrisa, mas no todo había terminado. Dijo él que no dudaba de nuestra hombría de bien, pero que éramos sospechosos; que el país se encontraba en estado de efervescencia; que se le había prevenido que no' debía darnos albergue, y que se vería en dificultades por ello. La pobre mujer no podía ocultar su disgusto. Su cabeza estaba llena de asesinatos y exterminios y aunque alarmada por su seguridad, no se descuidaba de la nuestra y decía que, si algunos soldados llegaban a la aldea, seríamos asesinados, y nos rogaba que nos fuésemos.

Nosotros estábamos muy molestos y perturbados con estas comunicaciones, pero teníamos demasiado que arriesgar para consentir en ser ahuyentados por recelos. Aseguramos a don Miguel que ningún daño podría sobrevenir; que todo era falso y una equivocación, y que nosotros estábamos por encima de toda suspicacia. Al mismo tiempo y para convencerlo, abrí mi baúl, y le enseñé un gran lío de papeles, credenciales selladas para el gobierno y cartas privadas de introducción en español para personas prominentes en Guatemala, presentándome como "Encargado de los Negocios de los Estados Unidos del Norte", y una muy especial de don Antonio Aycinena, actualmente en esta ciudad, antes coronel en el ejército centralista y desterrado por Morazán, para su hermano el Marqués de Aycinena, corifeo de dicho partido, que estaba dominando en aquella región en la violenta guerra civil de ese tiempo, recomendándome con mucho aprecio, y exponiendo mi propósito de viajar por el país.

Esta última carta fue más importante que ninguna otra cosa y si hubiera sido dirigida a alguno del partido opuesto en la política, habría sido en contra nuestra, y confirmado la sospecha de que éramos "enemigos". Jamás hubo tanta grandeza bajo un toldo. Aunque enojados, era casi divertido el vernos obligados a explicar nuestra calidad a tan miserable grupo como don Miguel, su mujer y Bartolo; pero era indispensable el relevarlos de sus dudas y ansiedades, facilitándonos el permanecer tranquilos en su pobre choza; y el consuelo que experimentaron, y el gozo de la mujer al saber que nosotros éramos gente de alguna estimación, no enemigos ni con riesgo de ser fusilados fue de lo más satisfactorio para nosotros.

A pesar de eso, don Miguel nos aconsejó que fuéramos a Guatemala o con el General Cáscara, a conseguir una orden para visitar las ruinas, y que en seguida volviésemos. En ese particular nosotros habíamos dado un paso en falso. Deberíamos haber ido a Guatemala y regresado con un pasaporte y con cartas del gobierno; pero como no teníamos tiempo que perder, e ignorábamos lo que había en Copán, probablemente si no hubiera estado en nuestro camino. lo habríamos omitido por completo. Y nosotros no sabíamos que la región estuviese tan enteramente aislada; la gente está menos acostumbrada a la visita de los extranjeros que los árabes alrededor del Monte Sinaí, y son mucho más suspicaces.

El Coronel Galindo era el único extranjero que había estado allí antes que nosotros, y él apenas podía ser calificado de extranjero, porque era Coronel en servicio en Centro América, y visitó las ruinas comisionado por el gobierno. Nuestra visita había quizás tenido alguna influencia sobre los sentimientos del pueblo; en todo caso, enseñó a don Gregorio que no es fácil desembarazarse de los extranjeros; pero yo le aconsejo a cualquiera que desee visitar estas ruinas en paz, que vaya primero a Guatemala, y solicite del gobierno toda la protección que pueda darle. En cuanto a nosotros, ya era demasiado tarde para pensar en ello, y todo lo que teníamos que hacer era mantener nuestro terreno tan pacíficamente como pudiéramos. No teníamos temor de soldados que vinieran de otra parte solamente para molestarnos. Don Miguel nos dijo, lo que ya antes habíamos observado, que no había ni un mosquete en la aldea; la calidad y excelencia de nuestras armas era bien conocida; el arriero había contado que nosotros éramos sujetos desenfrenados, y que lo habíamos amenazado con matarlo; y el alcalde era excesivamente cobarde.

Formamos una alianza, ofensiva y defensiva, con don Miguel, su mujer y Bartolo, y nos fuimos a dormir. Don Miguel y su mujer, entre paréntesis, eran gente singular: dormían con sus cabezas en diferentes extremos de la cama, para que, con el inevitable acompañamiento de fumar, no se perturbasen uno al otro.

En la mañana fuimos aliviados de nuestra dificultad, y colocados en posición de lanzar un reto a los detractores de nuestra reputación. Mientras que los trabajadores se juntaban afuera de la choza llegó trotando por entre la milpa hasta la puerta un indio mensajero que preguntó por el Señor Ministro; y quitándose el sombrero de petate, sacó de la copa una carta, diciendo que le había ordenado el General Cáscara que la entregase en manos propias. Estaba dirigida al "Señor Catberwood, a Comotán o donde se balle", y expresaba el sentimiento del General Cáscara por el arresto en Comotán, atribuyéndolo a ignorancia o equivocación del alcalde y los soldados, e incluyendo, además, un pasaporte separado para Mr. Catherwood. Es para mí muy satisfactorio el acusar recibo de esta carta; y de la prontitud con que el General Cáscara la despachó para "Comotán, o donde él pudiera hallarse".

Era nada menos de lo que yo esperaba de su carácter y posición oficial. Le supliqué a don Miguel que la leyese en alta voz, le dije al indio que diera nuestros agradecimientos al General Cáscara, y lo envié a la aldea para que se desayunara, con una dádiva que yo sabía que le haría publicar la historia con verdadero énfasis y discreción. Don Miguel se sonrió, su mujer se rió, y algunas pocas manchas de blanco relampaguearon por entre la sucia piel de Bartolo. Elevóse el precio de nuestras acciones, y resolví encaminarme hacia la aldea, fortalecer los lazos de amistad con don José María, visitar a nuestros pacientes, desafiar a don Gregorio y juntar un grupo de ayudantes en Copán.

Mr. Catherwood se fue a las ruinas para continuar sus dibujos, y yo a la aldea, llevando conmigo a Agustín para disparar los cañones de Belize y comprar comestibles por algo más de lo que valían. Mi primera visita fue para don José María. Después de aclarar nuestra reputación yo mencioné el asunto de la compra de las ruinas; le dije que, con motivo de mis negocios públicos, no podría quedarme todo el tiempo que deseaba, pero que quería regresar con azadones, picos, escaleras, palancas de hierro y hombres, construir una choza para vivir allí, y verificar una completa exploración; que no podía incurrir en gastos con riesgo de que se me negase el permiso para llevarla a cabo; y, para abreviar, en buen castellano, le pregunté: ¿cuánto quiere Ud. por las ruinas? Pienso que no quedaría más sorprendido que si yo le hubiese propuesto comprarle a su pobre vieja mujer, nuestra reumática paciente, para practicar en ella medicina. Parecía dudar quién de nosotros estaría fuera de sí. La propiedad era tan de ningún valor que mi deseo de comprarla parecía muy sospechoso.

Al examinar el documento me enteré que él no era el dueño de los bienes, sino que los tenía en arriendo de Don Bernardo de Águila faltándole tres años para terminar. La extensión era más o menos de seis mil acres por la que pagaba ochenta dólares al año; él no sabía qué hacer, pero me dijo que lo pensaría, que consultaría con su esposa y me daría la respuesta en la choza al día siguiente. Después visité al alcalde, pero se encontraba demasiado borracho para ser susceptible de ninguna impresión; prescribí para varios pacientes; y en vez de ir a donde don Gregorio le mandé con don José María una súplica cortés que se ocupara de sus propios asuntos y que nos dejara en paz; regresé, y pasé el resto del día en medio de las ruinas. Llovió durante la noche, pero aclaró otra vez por la mañana, y temprano estuvimos en el campo. Mi ocupación era ir con los mozos para derribar árboles y malezas, buscar, excavar y preparar los monumentos para que los copiase Mr. Catherwood. Mientras me ocupaba en esto fui distraído por una visita de don José María, quien aún no sabía qué hacer, y no queriendo aparecer demasiado ansioso, le dije que tomara más tiempo, y que volviera a la mañana siguiente.

Llegó a la mañana siguiente, y su condición era verdaderamente lastimosa. Él estaba impaciente por convertir en dinero una propiedad improductible, pero tenía miedo; y me dijo que yo era extranjero, y que esto le podría acarrear dificultades en el gobierno. Otra vez le hice ver la formalidad de mi carácter, y me comprometí a salvarlo de responsabilidades con el gobierno o dejarlo en libertad. Don Miguel leyó mis cartas de recomendación, y releyó la carta del General Cáscara. Quedó convencido, pero estos papeles no le daban el derecho de venderme su tierra. Pendía aún la sombra de la duda; para terminar, abrí mi baúl, y me puse una levita de diplomático, con profusión de grandes botones con águilas. Tenía puesto un sombrero de jipijapa, empapado por la lluvia y manchado de lodo, una camisa listada, pantalones blancos, amarillos de fango hasta las rodillas, y estaba casi tan autré como el rey negro que recibe a una compañía de oficiales británicos en las costas del África con sombrero de tres picos y casaca militar, y sin pantalones; pero don José María no pudo resistir los botones de mi levita; el paño era de lo mejor que él había visto; y don

Miguel, su mujer y Bartolo comprendieron enteramente que tenían dentro de su choza a un ilustre incógnito. La única cuestión era que quién podría hallar papel para la hechura del contrato. Y yo no reparé en pelillos, y le di papel a don Miguel, quien recibió nuestras mutuas instrucciones, y señaló el día siguiente para la ejecución del documento.

El lector tal vez tenga curiosidad de saber cómo se venden las ciudades antiguas en Centro América. Lo mismo que otros artículos de comercio, se regulan por la existencia en el mercado, y la demanda; pero no siendo artículos principales, como el algodón y el índigo, se mantienen a precios caprichosos, y en ese tiempo estaba floja la venta. Yo pagué cincuenta dólares por Copán. Nunca hubo ninguna dificultad acerca del precio. Ofrecí dicha suma, para que don José María sólo me creyera un tonto; si yo hubiera ofrecido más, probablemente habría pensado de mí algo peor.

Teníamos constantes comunicaciones con la hacienda por medio de Francisco, que traía de allí todas las mañanas un guacal grande de leche, llevándolo a una distancia de tres millas, y vadeando el río dos veces. Las señoras de la hacienda nos habían mandado a decir que pensaban hacernos una visita, y esta mañana apareció la esposa de don Gregorio, encabezando una procesión de todas las mujeres de la casa, criadas y niños, y dos de sus hijos. Nosotros las recibimos en medio de las ruinas, sentándolas lo mejor que pudimos, y, como primer acto de urbanidad, les ofrecimos cigarros a todas ellas. Difícilmente se me puede creer, pero ninguna de ellas, ni aun los hijos de don Gregorio, habían visto jamás antes los "ídolos", y ahora tenían mucha más curiosidad por ver los dibujos de Mr. C. En verdad, yo creo que fue la fama de estos dibujos la que nos proporcionó el honor de su visita. En el fondo Mr. C. no era más feliz de verlas que el viejo don de vernos a nosotros, pues interrumpió su trabajo, y cada día era de gran valor. Como yo me consideraba hasta cierto punto el propietario de la ciudad, estaba obligado a hacerles los honores; y, estando limpio el paso, las llevé a dar una vuelta, haciéndoles notar todos los objetos de interés como hace el cicerone en el Vaticano o en el Palacio Pitti; pero no pude mantenerlas alejadas, y, para disgusto de Mr. C., el traje de regreso a donde él estaba.

Obligados a dejar el trabajo, las invitamos para ir a la choza a ver nuestras comodidades. Algunas de ellas eran nuestras pacientes, y nos recordaron que no les habíamos enviado las medicinas que les prometimos. El hecho es, que evitábamos el darles medicinas cuando podíamos, entre otras razones, por temor de que, si alguna por casualidad moría en nuestras manos, cargásemos con la responsabilidad; pero nuestra fama estaba establecida; los honores estaban afianzados a nuestras espaldas y estábamos obligados a llevarlos. Las señoras a pesar de la brusquedad de don Gregorio, siempre nos habían tratado cariñosamente, y nosotros con todo agrado les habríamos manifestado nuestro reconocimiento de cualquier otro modo que dándoles remedios; pero para gratificarlas como querían, distribuimos entre ellas polvos y píldoras con direcciones escritas para su uso; y cuando se despidieron las acompañamos por algún trecho, y tuvimos la satisfacción de oír que ellas nos vengaban de don Gregorio haciendo elogios de nuestra galantería y atenciones.

CAPÍTULO 7: CABEZAS GIGANTES, MUERTOS Y JEROGLÍFICOS EN LAS RUINAS

DESLINDE DE LAS RUINAS. — INFORMES DE JUARROS Y DEL CORO — SU EXTENSION. — PROYECTO DE DESLINDE. — ESTRUCTURAS PIRAMIDALES. — FILAS DE CALAVERAS. — RETRATO INTERESANTE. – "LOS ÍDOLOS". — CARACTER DE LOS GRABADOS. — CADENAS DE TERRAPLENES. — UN RETRATO. — PATIOS. — CURIOSO ALTAR. — TABLETAS DE JEROGLÍFICOS. — CABEZA GIGANTESCA. — CANTERAS DE PIEDRA. —MAS SOLICITUDES DE MEDICAMENTOS. — "ÍDOLOS Y ALTARES". — IMAGEN SEPULTADA. — MATERIAL DE LAS ESTATUAS. — IDOLOS ORIGINALMENTE PINTADOS. — ALTAR CIRCULAR. —ANTIGUEDADESDE COPAN.

Aquella noche no llovió, y al día siguiente, como el suelo se encontraba algo seco, comenzamos un ordenado deslinde de las ruinas. Fue mi primer ensayo en ingeniería, Nuestros aparatos de agrimensura no eran muy extensos. Teníamos una buena brújula de agrimensor, y el resto se componía de una cinta para medir que Mr. C. había usado asunto era muy científica. Yo tenía que dirigir a los indios para colocasen sus sombreros sobre palos para marcar las distancias, y vamos en la mejor disposición para ejecutarlo.

Ese día don José María rehusó la ejecución del contrato. Don Gregorio era la causa. Habían cesado de entremeterse con nosotros, pero a la idea de nuestro arraigo en la vecindad no pudo contenerse, y persuadió a don José María que se vería envuelto en dificultades por tener algo que arreglar con nosotros, hasta le dijo que el pasaporte del General Cáscara no valía nada, y que el General Cáscara se había pasado al partido de Morazán. Por el momento logró su objeto, pero al fin le ganamos y el contrato se llevó a efecto.

Después de tres días de muy difícil pero muy interesante trabajo. terminamos el deslinde, con cuyos detalles yo intento molestar al lector; pero antes de hacerlo haré mención de lo poco que se sabía antes de estas ruinas.

Juarros, el historiador de Guatemala, dice: "Francisco de Fuentes, quien escribió las Crónicas del Reino de Guatemala, nos asegura que en su época, esto es, en el año 1700, el gran circo de Copán aún permanecía entero. Este era un espacio circular rodeado de pirámides de piedra como de seis yardas de alto, y muy bien construidas. En las bases de estas pirámides había figuras, de hombres y mujeres, de muy excelente escultura, que a la sazón conservaban los colores con que habían sido esmaltadas, y, lo que no era menos notable, todas ellas se encontraban ataviadas a la usanza de Castilla. En el centro de esta área, elevado sobre una gradería, quedaba el lugar del sacrificio. El mismo autor afirma que a corta distancia del circo se encontraba un portal construido de piedra, sobre cuyas columnas había figuras de hombres, así mismo representados con trajes españoles, con medias y lechuguillas alrededor del cuello, espada, gorro y capa corta. A la entrada se encuentran dos bellas pirámides de piedra, moderadamente grandes y elevadas, de las cuales está suspendida una hamaca que contiene dos figuras humanas, una de cada sexo, ataviadas al estilo indígena. El asombro se excita poderosamente a la vista de esta estructura, porque, grande como es, no hay señales de que sus partes componentes hayan sido soldadas; aunque de una sola piedra y de un enorme peso, puede ser puesta en movimiento con el más leve impulso de la mano".

Desde este tiempo, esto es, desde el año 1700, no existe relación de estas ruinas hasta la visita del Coronel Galindo en 1836, a la que ya me he referido, quien las examinó comisionado por el gobierno de Centro América, y cuyas comunicaciones sobre el asunto fueron publicadas en las actas de la Real Sociedad Geográfica de Paris, y en la Gaceta Literaria de Londres. Él es el único hombre en ese país que ha prestado alguna atención, en modo alguno, al asunto de las antigüedades, o quien ha presentado a Copán a la consideración de Europa y de nuestro propio país. No siendo él un artista, su narración es necesariamente poco satisfactoria e imperfecta, pero no es exagerada. En verdad él se queda atrás del maravilloso relato dado por Fuentes ciento treinta y cinco años antes, y no hace mención de la movible hamaca de piedra, con las figuras sentadas, que fue nuestro gran aliciente para visitar las ruinas. Ningunos planos ni dibujos se han publicado jamás, ni nada que pueda dar siquiera una idea de aquel valle de romance y maravillas, donde, como se ha expresado, los genios que asistieron al Rey Salomón parecen haber sido los artistas.

Está situado en la región del país ahora conocido como el Estado de Honduras, uno de los más fértiles valles de Centro América, y hasta el día famoso por la superioridad de su tabaco. Mr. Catherwood hizo varias tentativas para determinar la longitud, pero el horizonte artificial que tomamos expresamente para tal propósito resultó inclinado, y, lo mismo que el barómetro fue inútil. Las ruinas se encuentran en la margen izquierda del río Copán, que desemboca en el Motagua, y así llega a la Bahía de Honduras cerca de Omoa, a una distancia de trescientas millas del mar. El río Copán no es navegable, ni aun por canoas, salvo por un corto tiempo en la estación de lluvia. Saltos de agua interrumpen su curso antes de desembocar en el Motagua. Cortés, en su terrible viaje desde México hasta Honduras, de cuyas penalidades, aún hoy, cuando el país se encuentra comparativamente abierto y libre de masas de enemigos, es difícil formarse un concepto, debe haber pasado a dos días de camino de esta ciudad.

La extensión a lo largo del río, como lo confirman los monumentos que aún existen, es de más de dos millas. Hay un monumento hacia el lado opuesto del río, a una milla de distancia, sobre la cima de una montaña, de dos mil pies de elevación. Si en algún tiempo la ciudad cruzaba el río y se extendía hasta ese monumento, es imposible decirlo. Yo creo que no. En el fondo se encuentra una selva inexplorada, en donde pueden haber ruinas. No existen restos de palacios o de edificios privados, y la parte principal es la que se extiende sobre la orilla del tío, y la que puede quizás, con propiedad ser llamada el templo.

Este templo es un cercado oblongo. El frente o muro del río se extiende en línea recta de norte a sur seiscientos veinticuatro pies, y es de sesenta a noventa pies de altura. Es hecho de piedras talladas, desde tres a seis pies de largo, y de pie y medio de ancho. En muchas partes las piedras han sido derribadas por los arbustos que crecen entre las grietas, y en un lugar hay una pequeña abertura, por lo que las ruinas algunas veces son llamadas por los indios las ventanas. Los otros tres lados se componen de hileras de gradas y estructuras piramidales, que se elevan desde treinta hasta ciento cuarenta pies sobre el declive. Toda la línea de deslinde es de dos mil ochocientos sesenta y seis pies, la que, aunque gigantesca y extraordinaria para una construcción arruinada de los aborígenes, para que la imaginación del lector no se vaya a engañar, creo necesario decir que no es tan larga como la base de la gran pirámide de Ghizeh.

El grabado N° 9 muestra el plano de acuerdo con nuestro deslinde, cuya referencia ayudará al lector a comprender la descripción.

Principiaremos por la derecha: cerca de la esquina sudoeste de la muralla del río y de la muralla del sur hay un retiro que probablemente en un tiempo fue ocupado por un colosal monumento frente al agua, del cual ninguna parte es visible en la actualidad; probablemente se habrá caído y quebrado, y los fragmentos habrán sido enterrados o arrastrados por las aguas en la estación de lluvia. Más allá están las ruinas de dos pequeñas estructuras piramidales, y agregada a la más grande de ellas hay una muralla que se extiende a lo largo de la margen occidental del río; ésta parece haber sido una de las principales murallas de la ciudad; y en medio de las dos pirámides parece que existió una puerta de entrada principal desde el agua.

La muralla del sur se extiende en ángulos rectos en dirección al río, principiando con una hilera de gradas como de treinta pies de altura, y cada grada como de diez y ocho pulgadas en cuadro. En la esquina sudeste hay una maciza estructura piramidal de ciento veinte pies de altura sobre el declive. A la derecha se encuentran otros restos de terraplenes y de construcciones piramidales; y aquí probablemente también hubo una entrada, por un pasaje como de veinte pies de anchura, para una superficie cuadrangular de doscientos cincuenta pies en cuadro, en cuyos dos lados hay sólidas pirámides de ciento veinte pies de altura sobre el declive.

Grabado N° 2. Cabeza de muerto en Copán.

Al pie de estas construcciones, y en diferentes partes del área cuadrangular, existen numerosos restos de esculturas. En el punto marcado E se encuentra un monumento colosal ricamente esculpido, caído y arruinado. Detrás de él fragmentos de esculturas, derribados de su lugar por los árboles, están esparcidos y yacen sueltos a un lado de la pirámide, desde la base hasta la punta; y entre ellos nuestra atención fue atraída fuertemente por unas filas de calaveras de proporciones gigantescas, todavía colocadas en su lugar como a la mitad de la altura de la pirámide; el efecto era extraordinario, El grabado N° 2 representa a una de ellas.

En la época de nuestra visita, nosotros no dudábamos que estas eran calaveras; pero se me ha sugerido que el dibujo es más parecido al cráneo de un mono que al de un hombre. Y, en conexión con este reparo, yo agrego lo que atrajo nuestra atención, aunque no con tanta fuerza en aquel tiempo. Entre los fragmentos de este lado estaban los restos de un enorme mono o cinocéfalo, con viva semejanza en los contornos y la apariencia a los cuatro monstruosos animales que en un tiempo estuvieron enfrente unidos a la base del obelisco de Luxor, ahora en Paris, y que, con el nombre de cinocéfalos, eran adorados en Tebas. Este fragmento tenía como seis pies de alto. Le faltaba la cabeza. El tronco yacía a un lado de la pirámide, y lo bajábamos rodando varias gradas cuando cayó entre un montón de piedras, de donde no lo pudimos sacar. En aquel tiempo no teníamos tal idea pero no es absurdo suponer que los cráneos esculpidos significaran las cabezas de monos, y que estos animales fuesen adorados como deidades por el pueblo que edificó a Copán.

Entre los fragmentos que yacen en tierra, cerca de este lugar, figura un interesante retrato, del cual el grabado N° 3 es una representación. Probablemente es el retrato de algún rey, caudillo, o sabio. La boca está dañada y parte del ornamento sobre la guirnalda que corona la cabeza. La expresión es noble y severa, y todo el retrato manifiesta una fiel imitación del natural.

En el punto marcado D del grabado N° 9 se yergue una de las columnas o "ídolos" que dan el peculiar carácter de las ruinas de Copán, cuyo frente forma el frontis grabado de este libro, y al que particularmente suplico la atención del lector. Está situado con la cara hacia el oriente, como a seis pies de altura, cuatro pies de frente, y tres de fondo, esculpido en los cuatro costados desde la base hasta la punta, y es uno de los más ricos y detallados ejemplares en toda la extensión de las ruinas. Originalmente estaba pintado, siendo claramente visibles aún las señales del color rojo. Frente a él, a tina distancia como de ocho pies, se encuentra un gran bloque de piedra esculpida, al que los indios dan el nombre de altar. El sujeto del grabado N° 10 es una imagen de cuerpo entero, de rostro sin barba y aire femenino, aunque el traje se parece al de un hombre. Sobre ambos costados hay líneas de jeroglíficos, que probablemente refieren la historia de este misterioso personaje.

Como los monumentos hablan por sí mismos, yo me abstendré de cualquier descripción verbal; y es tanto lo que tengo que presentar al lector, todo con muy grandes diferencias de detalles, que sería imposible, dentro de los límites razonables, dar a conocer nuestras propias especulaciones con respecto a su carácter. Solamente haré notar que, desde un principio, nuestro principal objeto y esfuerzo fue conseguir copias verídicas de los originales, no añadiéndoles nada para su efecto como dibujos. Mr. Catherwood hizo los diseños de todos los dibujos con la cámara lúcida, y dividió su papel en secciones, para así preservar la mayor exactitud de proporción.

N° 3: Retrato en Copán.

Los grabados fueron hechos del mismo modo con respecto a la fidelidad, de dibujos reducidos por el mismo Mr. Catherwood, cuyos originales se encuentran también en manos del grabador; y considero pertinente el manifestar que una parte de ellos, de los cuales el frontispicio era uno, fueron enviados a Londres, y ejecutados por grabadores en madera cuyos nombres figuran entre los primeros en Inglaterra; no obstante, aunque hechos con exquisita habilidad, y del mejor efecto como dibujos, fallaron en dar el verdadero carácter y expresión de los originales; y, con alguna considerable pérdida de tiempo y de dinero, todos fueron hechos a un lado y regrabados en acero.

Se le proporcionaron a Mr. Catherwood las pruebas de cada plancha, quien hizo las correcciones que fueron necesarias; y en mi opinión, son ellas copias tan fieles como puedan ser presentadas; y,

115

con excepción de las propias piedras, el lector no puede tener mejores materiales de especulación y estudio.

Siguiendo la muralla, en el lugar marcado C del grabado, hay otro monumento o ídolo del mismo tamaño, y similar en muchos respectos. El grabado N° representa la parte de atrás. El carácter de esta imagen, como se halla al pie de la muralla piramidal, con montones de piedras caídas descansando junto a su base, es sublime, y sería difícil exceder la riqueza de ornamentos y la delicadeza de la escultura. Esta, además, estaba pintada, y el rojo todavía se distingue claramente.

Todo el cuadrángulo está lleno de árboles, entremezclados con fragmentos de fina escultura, particularmente hacia el lado oriente, y en la esquina nordeste hay un estrecho pasadizo, que probablemente era una tercera entrada.

A la derecha se encuentra una confusa ringlera de terraplenes perdiéndose entre la selva, ornamentados con calaveras, algunas de ellas todavía en su lugar, y otras yaciendo alrededor como han caído o como han sido derribadas. Volviendo hacia el norte, la fila a mano izquierda sigue siendo una elevada y maciza estructura piramidal, con árboles creciendo en ella hasta en la misma punta. A corta distancia se halla una pirámide separada, medianamente perfecta, marcada en el plano Z, del grabado N° 9, como de cincuenta pies en cuadro y cientos pies, descendiendo algo en altura, y a lo largo de ella no existen sino muy pocas ruinas de esculturas.

La hilera de construcciones se torna en ángulos rectos hacia la izquierda, y se dirige al rio, juntándose con el otro extremo de la muralla, en donde comenzamos nuestro deslinde. La ribera se elevaba como unos treinta pies arriba del río, y había sido protegida por un muro de piedra, cuya mayor parte estaba caída. Entre los fragmentos que yacen sobre la tierra en este lado se encuentra el grabado N° 4.

El trazo era complicado, y, estando todo el terreno cubierto de árboles, difícil de llevarlo a cabo. Allí no había pirámide completa, sino, a lo más, dos o tres lados piramidales, y éstos unidos sobre terraplenes a otras construcciones de la misma especie. Más allá de la muralla del cercado había murallas, terraplenes, y elevaciones piramidales pasando por entre la selva, lo que algunas veces nos confundió. Probablemente todo no fue edificado al mismo tiempo, sino que le hicieron adiciones y se erigieron estatuas por diferentes reyes, o quizá, en conmemoración de importantes acontecimientos en la historia de la ciudad. A lo largo de toda la línea había graderías con elevaciones piramidales, probablemente coronadas en la punta con edificios o altares ahora en ruinas. Todos estos escalones y lados piramidales estaban pintados, y el lector puede imaginarse el efecto cuando todo el campo estaba libre de la selva, y el sacerdote y el pueblo ascendiendo desde el extremo de los terraplenes, y desde allí al interior de los lugares sagrados para tributar su adoración en el templo.

Nº 4: Retrato de Copán

Dentro de este cercado hay dos patios rectangulares, que tienen graderías para subir a los terraplenes. El área de cada uno es como de cuarenta pies arriba del río. Del más grande y más distante del río, todas las gradas se han caído, y constituyen simples montones de tierra. Hacia un lado, al pie de la muralla piramidal, se encuentra el monumento o "ídolo" marcado B, del cual el grabado N° 9 representa el frente. Es casi de la misma altura que los otros, pero diferente en la forma, pues es más grande en el remate que de abajo. Su apariencia y carácter es de buen gusto y placentero, pero la escultura es en mucho más bajo relieve; la expresión de las manos es buena, aunque algún tanto formal. La figura de un hombre muestra la altura relativa. La parte de atrás y los costados están llenos de jeroglíficos.

Inmediato a éste, en el punto marcado A del grabado N° 9, existe un notable altar, que quizá presente tan curiosa materia de meditación cual ningún monumento en Copán. Los altares, como los ídolos, son todos de una sola piedra. En general, ellos no son tan ricamente ornamentados y están más descoloridos y gastados, o cubiertos de musgo; algunos estaban completamente enterrados, y de otros fue difícil sacar más que la forma. Todos difieren en la hechura y sin duda tenían alguna distancia y peculiar referencia hacia los ídolos ante los cuales se encontraban. Este se yergue sobre cuatro bolas formadas de la misma piedra; la escultura está en bajo relieve, y es el único ejemplar de esa clase de estructura hallado en Copán, estando todas las restantes en atrevido alto relieve. Es de seis en cuadro por cuatro de alto, y la cara superior está dividida en treinta y seis tabletas de jeroglíficos, que sin duda rememoran algunos episodios en la historia del misterioso pueblo que en un tiempo habitó la ciudad. Las líneas son todavía claramente visibles, y una fiel copia de ellas aparece en el grabado N° 5.

Las figuras de los grabados 13 y 14 muestran las cuatro caras de este altar. Cada lado representa a cuatro individuos. En la cara que mira al occidente están los dos principales personajes, jefes o guerreros, con sus rostros opuestos el uno al otro, y aparentemente ocupados en argumentos o negociaciones. Los otros catorce se hallan divididos en partes iguales y parecen estar siguiendo a sus jefes. Cada una de las dos figuras principales está sentada con las piernas cruzadas al estilo oriental, sobre un jeroglífico que probablemente

Nº 5: Copán. Tabla de jeroglíficos.

Todas las figuras tienen petos, y uno de los personajes principales sostiene en la mano un instrumento, que puede tal vez ser considerado como un cetro; cada uno de los otros sostiene un objeto que solamente puede ser materia de especulación y conjetura. Puede ser que sea un arma de guerra, y si así fuere, es la única de su clase que se halla representada en Copán. En otros países, las escenas de batalla, los guerreros, y las armas de combate figuran entre los más prominentes objetos de la escultura; y por la completa ausencia de ellos aquí hay razón para creer que el pueblo no era belicoso, sino pacífico, y fácil de sojuzgar.

El otro patio está cerca del río. Derribando los árboles descubrimos que la entrada queda del lado norte, por un pasaje de treinta pies de ancho y como de trescientos pies de largo. Hacia la derecha se encuentra una alta gradería que se levanta hasta el terraplén de la muralla del río. Al pie de ésta se hallan seis piedras circulares, desde diez y ocho pulgadas hasta tres pies de diámetro, quizá en otro tiempo los pedestales de columnas o monumentos que hoy están caídos y sepultados. Sobre el lado izquierdo del pasaje se encuentra una elevada estructura piramidal, con gradas de seis pies de altura por nueve de ancho, como el lado de una de las pirámides de Saccara, y de ciento veintidós pies de altura sobre el declive. La punta está caída,

119

y tiene dos inmensas ceibas creciendo sobre ella, cuyas raíces han derribado las piedras, y ahora ciñen la punta de la pirámide. Al extremo del pasaje se halla el área o patio, probablemente el gran circo de Fuentes, pero que, en vez de ser circular, es rectangular, de ciento cuarenta pies de largo por noventa de ancho, con gradas por todos lados. Este era probablemente el lugar más sagrado en el templo.

Fuera de duda éste ha sido el teatro de grandes hechos y de imponentes ceremonias religiosas; pero cuáles fueron esas ceremonias, o quiénes eran los actores en ellas, o qué los condujo a tan tremendo fin, eran misterios imposibles de sondear. Allí no había ídolo ni altar, ni se encontraban vestigios de ellos. A la izquierda, irguiéndose sola, a dos tercios de altura de las gradas se encuentra la gigantesca cabeza del frente. Está un poco movida de su lugar, y una parte del ornamento de un lado ha sido arrojado a alguna distancia por la expansión del tronco de un árbol grande, como se ve en el grabado N° 18. La cabeza tiene como seis pies de altura, y es de buen estilo. Lo mismo que muchas de las otras, con la gran expansión de los ojos, parecía que intentaban inspirar pavor. A cada lado de ella, a una distancia como de treinta o cuarenta pies, y algo más abajo, se encuentran otros fragmentos de escultura de colosales dimensiones y perfecto diseño, y al pie están dos enormes cabezas volteadas y parcialmente enterradas, que bien valen la atención de futuros artistas y viajeros.

Toda el área se encuentra llena de árboles y estorbada por materia vegetal en pudrición, con fragmentos de curiosas esculturas que sobresalen de la superficie, las que, probablemente con muchas otras completamente sepultadas, cavando saldrían a luz.

Sobre el lado, opuesto, paralelo al río, hay otra hilera de quince gradas que conducen a un terraplén de doce pies de ancho, y de allí quince gradas más hasta otro terraplén de veinte pies de ancho, extendiéndose hasta la muralla del río. A cada lado del centro de las gradas hay un montón de ruinas, aparentemente de una torre circular. Como a medio camino de las gradas hacia el lado de acá se encuentra un hoyo de cinco pies en cuadro y diez y siete pies de profundidad cubierto con piedra. En el fondo hay una abertura de dos pies y cuatro pulgadas de alto, con una pared de un pie y nueve pulgadas de espesor, que da acceso a una cámara de diez pies de largo, cinco pies y ocho pulgadas de ancho, y cuatro pies de alto. A cada extremo hay un nicho de un pie y nueve pulgadas de alto, un pie y ocho pulgadas de hondo, y dos pies y cinco pulgadas de largo.

El Coronel Galindo penetró por primera vez a esta bóveda sepulcral, y halló los nichos y el piso llenos de platos y ollas de loza roja de barro, más de cincuenta de ellos, dice él, se encontraban llenos de huesos humanos, metidos entre cal. También varios afilados y aguzados cuchillos de Chaya, una pequeña calavera cincelada en una fina piedra verde, con los ojos casi cerrados, las bajas facciones torcidas, y la parte de atrás simétricamente perforada con agujeros, toda de una exquisita manufactura. Inmediatamente arriba del hoyo que conduce a esta bóveda se encuentra un pasadizo que atravesando el terraplén se dirige a la muralla del río, por el que como ya se ha dicho, a las ruinas se les llama algunas veces Las Ventanas. Es de un pie y once pulgadas en la parte inferior y un pie en la de arriba, en forma de escalinata y apenas con el espacio suficiente para que un hombre se arrastre por en medio sobre su rostro.

Allí no había restos de edificios. Con respecto a la hamaca de piedra mencionada por Fuentes, y la que, en efecto, fue nuestro gran aliciente para visitar estas ruinas, nosotros hicimos especiales averiguaciones y la buscamos, pero no vimos nada de ella. El Coronel Galindo no la menciona. No obstante, eso, puede haber existido, y puede estar todavía allí, rota y sepultada. El padre de Gualán nos dijo que él la había visto, y en nuestras preguntas entre los indios, nos encontramos con uno que nos contó que había oído a su padre decir que su padre, dos generaciones atrás, había hablado de tal monumento.

Yo he omitido los detalles de nuestro deslinde; la dificultad y trabajo en la apertura de líneas por entre los árboles; la trepada por los flancos de las pirámides en ruinas; la medición de las graderías, y el agravante de todo esto por la falta de materiales y de ayuda, y por nuestro imperfecto conocimiento del idioma. La gente de Copán no podía comprender lo que estábamos haciendo, y pensaba que practicábamos alguna magia negra para descubrir tesoros escondidos. Bruno y Francisco, nuestros principales coadjutores, se hallaban completamente desconcertados, y aun los monos parecían embarazados y confusos; estas falsas representaciones de nosotros contribuyeron no poco a mantener vivo el raro interés que prevalece sobre el lugar. Ellos no hacían "monerías", sino que eran graves y solemnes cual si oficiaran como guardianes de un suelo consagrado.

Por la mañana se mantenían quietos, pero en la tarde llegaban a darse un paseo por las copas de los árboles; y de vez en cuando, al clavar su mirada sobre nosotros, parecían a punto de interrogarnos por qué perturbábamos el reposo de las ruinas. He omitido, además, lo que agravaba nuestras penalidades e inquietaba nuestro sentimiento: el miedo a los escorpiones, y los piquetes de zancudos y garrapatas, estas últimas, a pesar de las precauciones (pantalones bien amarrados sobre las botas y chaquetas abrochadas hasta el cuello), pasaban bajo nuestras ropas y se nos metían en la carne; por la noche, también, la choza de don Miguel era un vivero de pulgas, para protegernos de las cuales, a la tercera noche de nuestro arribo, cosimos los lados y un extremo de nuestras sábanas, y nos metíamos entre ellas como en un saco. Y ya que menciono nuestras molestias puedo agregar, que durante este tiempo se agotó la harina en la hacienda, que nos quedamos sin pan, y nos vimos atenidos a tortillas.

Al siguiente día que nuestro deslinde quedó terminado, como un alivio salimos a dar un paseo por las antiguas canteras de piedra de Copán. Muy pronto abandonamos la senda a lo largo del río y tomamos hacia la izquierda. El terreno era quebrado, la selva espesa, y en todo el camino tuvimos a un indio por delante con su machete cortando ramas y renuevos. La cordillera queda como a dos millas al norte del río, y se extiende de oriente a poniente. Al pie de ella atravesamos una tumultuosa corriente. La falda de la montaña estaba cubierta con árboles y malezas. La cima era pelada, y dominaba una magnífica vista de una densa selva, interrumpida únicamente por las sinuosidades del río Copán, y los claros para las haciendas de don Gregorio y don Miguel. La ciudad se hallaba sepultada entre la selva y escondida enteramente a la vista. La imaginación poblaba la cantera de trabajadores y colocaba la ciudad descubierta a sus miradas. Aquí, a medida que trabajaba el escultor, tornábase hacia el teatro de su gloria, como lo hacían los griegos para la Acrópolis de Atenas, y sonaba en la fama que lo inmortalizara. Poco se imaginaba que vendría el tiempo en que sus obras perecerían, su raza se extinguiría, su ciudad sería una desolación y nido de reptiles, para que los extraños la contemplaran y se preguntaran por qué raza habría sido poblada en otro tiempo.

La piedra es de una suave arena. La tierra se extiende a gran distancia, y parece ignorar que de sus flancos se ha tomado la piedra suficiente para construir una ciudad. Cómo fueron transportadas las enormes masas sobre la superficie quebrada e irregular que habíamos cruzado, y particularmente cómo una de ellas fue colocada en la cima de una montaña de dos mil pies de elevación, era imposible conjeturar. En muchos lugares se hallaban piezas que habían sido sacadas y desechadas por algún defecto; y en un punto, a medio camino en un barranco que conduce al río, estaba un gigantesco bloque, mucho más grande que ninguno de los que vimos en la ciudad, el cual probablemente iba en camino para allá, para ser esculpido y colocado como un ornamento, cuando las obras de los trabajadores fueron detenidas. Lo mismo que los incompletos bloques en las canteras de Assouan y sobre el monte Pentélico, permanece como un recuerdo de los frustrados planes de la humanidad.

Permanecimos todo el día en la cumbre de la cordillera. La densa selva en la que habíamos estado trabajando nos hizo más sensibles a la belleza del extenso panorama. Sobre la cima de la sierra había una piedra labrada. Con la piedra chay que hallamos entre las ruinas, que supusimos ser el instrumento para la escultura, escribimos nuestros nombres sobre ella. Ellos están solos, y pocos los verán jamás. Ya avanzada la tarde regresamos, y atravesamos el río como a una milla arriba de las ruinas, cerca de un muro de piedra con un edificio circular y un hoyo, aparentemente para un depósito de agua.

Al aproximarnos a nuestra choza, vimos dos caballos con sillas de mujer amarrados afuera, y oímos e' llanto de un niño en el interior. Había llegado un grupo, compuesto de una anciana y su hijo, y la esposa de éste y una criatura, y su visita era para los médicos. Habíamos tenido tantas solicitudes de remedios, nuestra lista de enfermos había aumentado tan rápidamente, y habíamos estado tan fastidiados todas las noches pesando y midiendo los medicamentos, que, influenciados también por los temores ya referidos, habíamos hecho saber nuestra intención de suspender la práctica; pero nuestra fama se había extendido tan lejos que estas gentes llegaban actualmente desde más allá de San Antonio, a más de treinta millas de distancia para ser curadas, y era penoso despedirlas sin hacer algo por ellas. Como Mr. Catherwood era el médico en quien el público tenía más confianza, yo apenas prestaba alguna atención a ellas, a menos que observara que fuesen mucho más respetables por el traje y apariencia que ninguno de los pacientes que habíamos tenido, salvo los miembros de la familia de don Gregorio; pero durante la noche fui atraído por el tono en que la madre habló de la hija, y por primera vez noté en ésta una extrema delicadeza de figura y un bonito pie con primoroso zapato y media limpia. Tenía ella un chal echado sobre la cabeza, y al dirigirle la palabra, quitóse el chal y dejó ver un par de los más tiernos y columbinos ojos que los míos jamás habían encontrado. Ella era la primera de nuestras pacientes en que yo tomé algún interés, y no pude negarme el privilegio del médico de tomar su mano entre las mías. Mientras ella pensaba que estaríamos consultando con respecto a su enfermedad, nosotros hablábamos de su interesante rostro; pero el interés que tomamos por ella era melancólico y doloroso, porque presentíamos que era una delicada flor, nacida para florecer sólo en una estación, y aun en el momento de desplegar sus bellezas, sentenciada a morir.

El lector está enterado que nuestra choza no tenía tabiques. Don Miguel y su esposa cedieron su cama a dos de las mujeres; ella misma durmió sobre un petate en el suelo con la otra. Mr. C. se acostó en su hamaca, yo en mi cama de maíz, y don Miguel y el muchacho bajo un cobertizo en el lado de afuera.

Pasé dos o tres días más haciendo los desmontes y preparativos, y luego Mr. Catherwood tuvo ocupación por lo menos para un mes. Cuando cambiamos de ruta para visitar estas ruinas, no esperábamos encontrar ocupación para más de dos o tres días.

Yo no me consideraba en libertad de quedarme por más tiempo. Emprendí una desesperada cacería tras un gobierno; y temeroso que entre estas ruinas pudiesen naufragar mis destinos—políticos, y acarrear reproches para mis compañeros de partido, consideré más seguro el marchar en su persecución. Se convocó un consejo al pie de un ídolo, al que ambos, Mr. C. y yo estuvimos presentes. Este se reanudó en la choza de don Miguel. El asunto fue discutido en todos sus aspectos. Toda la agitación en la aldea había terminado; estábamos solos y tranquilos; Mr. C. tenía bajo su dominio a Bruno y Francisco, a don Miguel, su mujer y Bartolo. Teníamos muy pocas ganas de separarnos, pero se convino, por unanimidad, en que yo seguiría para Guatemala y Mr. Catherwood se quedaría para terminar sus dibujos. Mr. Catherwood se quedó, y después de muchas privaciones y dificultades, se vio obligado a retirarse a causa de enfermedad. Regresó por segunda vez y los terminó, y yo doy el resultado de todos ellos.

A corta distancia del templo, entre murallas terraplenadas, probablemente en otra época conectadas con el principal edificio, se encuentran los "ídolos" que dan el carácter distintivo a las ruinas de Copán; y si el lector quiere mirar el mapa, y seguir la línea que dice "pathway to don Miguel's house", (vereda para la casa de don Miguel) hacia el final y a la derecha verá el sitio donde se hallan. Inmediatos como están, la selva era tan densa que no podía verse uno desde el otro. Con objeto de establecer su yuxtaposición, cortamos vistas entre los árboles y tomamos los ángulos y las distancias; y los presento en el orden en que se encuentran. El primero está a la izquierda de la senda, en el punto K. Este monumento está caído y con la cara destruida. Es de doce pies de altura, tres pies y tres pulgadas en un lado, y cuatro pies en el otro. El altar está hundido entre la tierra, y no damos dibujo de ninguno de ellos.

A una distancia de doscientos pies se yergue el marcado del grabado N° 9. Tiene once pies y ocho pulgadas de alto, tres pies y cuatro pulgadas en cada lado, y queda con su frente hacia el oriente sobre un pedestal de seis pies en cuadro, todo descansando sobre un cimiento de piedra circular de diez y seis pies de diámetro. Frente a él, a la distancia de ocho pies y diez pulgadas hay un altar, en parte sepultado, tres pies y tres pulgadas arriba del suelo, de siete pies en cuadro, y situado diagonalmente hacia el "ídolo". Está en alto relieve, vigorosamente esculpido, y en buen estado de preservación.

Los dos grabados de las figuras Nos. 15 y 16 representan una vista del frente y de la espalda. El frente, por la ausencia de barba y por el traje, supusimos que es la imagen de una mujer, y el semblante presenta rasgos de individualidad, guiando a la suposición de que es un retrato.

La espalda es un sujeto diferente. La cabeza está en el centro, con ornamentos complicados sobre ella, la faz quebrada, los bordes graciosamente dispuestos y al pie con tabletas de jeroglíficos. El altar está representado hacia un lado y consta de cuatro grandes cabezas extrañamente agrupadas y entrelazadas, de manera que no es fácil comprender. No pudo ser presentado en su propio lugar sin ocultar la parte baja del "ídolo". Al dibujar el frente, Mr. Catherwood siempre estuvo entre el altar y el "idolo".

Un poco detrás de éste se halla el monumento marcado T. (Grabado 17). Es uno de los más bellos de Copán, y en artificio es igual a las más hermosas esculturas egipcias. En verdad, sería imposible, con los mejores instrumentos de los tiempos modernos, cincelar las piedras con más perfección. Está situado al pie de una muralla de gradas, con sólo la cabeza y parte del pecho salidos sobre la tierra. El resto está sepultado, y probablemente es tan perfecto como la parte que es ahora visible. Cuando lo descubrimos primero, estaba enterrado hasta los ojos. Atraídos por la belleza de la escultura, y por su solemne y melancólica actitud, comenzamos la excavación. Como el terreno era plano hasta el punto indicado, se hizo la excavación aflojando la tierra con el machete y sacándola con las manos. A medida que adelantábamos, se formó una muralla de tierra en derredor y aumentó nuestro trabajo. Los indios usaban sus machetes tan sin cuidado, que, temerosos de dejarlos trabajar junto a la piedra los limpiábamos con nuestras propias manos. Era imposible, sin embargo, continuar; la tierra estaba completamente entretejida por las raíces que entrelazaban y ligaban el monumento. Requería que se sacara por completo la tierra en un circuito de diez o doce pies, y sin ningunas herramientas apropiadas, y temerosos de dañar la escultura, preferimos dejarla, para ser excavada por nosotros mismos en alguna época futura o por algún viajero del porvenir. Quienquiera que sea, yo casi le envidio la satisfacción de hacerlo. El diseño de los árboles que crecen alrededor aparece en el grabado N° 17.

Rumbo al sur, a una distancia de cincuenta pies, se halla una mole de escultura caída, con un altar, marcado R en el mapa del grabado N° 9; y a noventa pies de distancia se encuentra la estatua marcada Q, erguida con su frente hacia el este, de doce pies de altura y tres pies en cuadro, sobre un pedestal oblongo de siete pies de frente: y seis pies con dos pulgadas a los lados. Ante él, a una distancia de ocho pies y tres pulgadas, está un altar de cinco pies y ocho pulgadas de largo, tres pies y ocho pulgadas de ancho, y cuatro pies de altura.

La cara de este "ídolo", grabado 19, es decididamente la de un hombre. La barba es de un curioso estilo, y unida a los bigotes y cabellos. Las orejas son grandes, aunque no parecidas al natural; la expresión sublime, la boca entreabierta, y los globos de los ojos parecen saltando de las cuencas; el propósito del escultor, en apariencia debe haber sido el infundir terror. Los pies están adornados con sandalias, probablemente de la piel de algunos animales silvestres, al estilo de aquel tiempo.

La espalda de este monumento contrasta de manera notable con el horrible retrato del frente. No tiene nada grotesco o perteneciente a la ruda fantasía de los indios, sino que es digna de atención por su extremada gracia y su belleza. En nuestros diarios paseos a menudo nos deteníamos a contemplarla, y mientras más la mirábamos, mayor era el interés que despertaba entre nosotros. Otros parecían destinados a inspirar terror, y, con sus altares por delante, algunas veces sugerían la idea de un ciego, fanático y supersticioso pueblo, y de sacrificios de víctimas humanas. Este siempre dejaba una grata impresión; y ahí existía un interés mayor, pues nosotros considerábamos que en las tabletas de sus medallones el pueblo que la erigió habría publicado sus memorias, por medio de las cuales nosotros podríamos algún día conferenciar con una raza desaparecida, y descubrir el misterio que se cierne sobre la ciudad.

A una distancia de ciento cuarenta y dos pies en dirección sudeste se halla el ídolo marcado P. Se levanta al pie de una muralla que, se eleva en gradería a la altura de treinta o cuarenta pies; originalmente mucho más elevada, pero el resto caído y arruinado. Su cara mira al norte; su altura once pies y nueve pulgadas, el ancho de sus lados de tres pies, y el pedestal de siete pies en cuadro. Frente a él, a una distancia de doce pies, se halla un enorme altar. Este es de buena ejecución, y ha estado pintado de rojo, aunque apenas queda algún vestigio de la pintura, y la superficie está gastada por el tiempo. Los dos grabados, el N° 21 y el N° 22 representan la parte de adelante y la de atrás. El primero parece representar el retrato de un rey o el héroe, quizás exaltado a divinidad. Se presume que es un retrato, por ciertas señales de individualidad en las facciones, también observables en la mayor parte de los otros, y su sexo está determinado por la barba, como en los monumentos egipcios, aunque este tiene bigotes, lo que no se encuentra en los retratos de Egipto.

La espalda de este ídolo, también, presenta un asunto enteramente distinto, consiste en tabletas, cada una conteniendo dos figuras extrañamente agrupadas, mal formadas, en ciertos casos con repugnantes cabezas, mientras que en otros se conserva el aspecto natural. Los ornamentos, diademas y vestuarios son interesantes, pero qué es lo que están haciendo o sufriendo estos personajes es imposible averiguar. Esta estatua ha sufrido tanto por la acción del tiempo y de los cambios atmosféricos, que no siempre era fácil descifrar los caracteres, contando en todo caso con muy mala luz que llegaba por las irregulares aberturas de entre las ramas de los árboles.

La piedra de que están hechos todos estos altares y las estatuas es de una suave roca arenisca de las canteras ya referidas. En dichas canteras observamos muchos bloques con duros pedernales distribuidos entre ellos, que habían sido desechados por los trabajadores después de cantearlos. La espalda de este monumento contenía dos. Entre la segunda y tercera tableta el pedernal ha sido arrancado y la escultura está confusa; el otro en la penúltima fila desde la base, permanece intacto. Una inferencia de esto es, que el escultor carecía de herramientas para poder labrar tan duras piedras, y, en consecuencia, que el hierro era desconocido. Nosotros, por supuesto, habíamos encaminado nuestras pesquisas y preguntas particularmente a este punto, pero no encontramos ninguna pieza de hierro o de otro metal, ni pudimos oír de alguno que jamás se hubiesen encontrado allí. Don Miguel tenía una colección de chayes o pedernales, tallados en forma de puntas de flechas, que él pensaba, y don Miguel no era tonto, que eran los instrumentos empleados. Eran suficientemente fuertes para rayar la piedra. Quizás para los hombres acostumbrados a usarlos, todos estos hondos ornamentos en relieve pueden haber sido ejecutados, pero los propios chayes parecían labrados con metal.

El grabado N° 15 representa el altar como se halla situado ante el monumento anterior. Es de siete pies en cuadro y cuatro pies de altura, ricamente esculpido en todos sus lados. El frente representa una calavera. La parte superior está esculpida y tiene ranuras, tal vez para que escurriera la sangre de las víctimas, humanas o animales, ofrecidas en sacrificio. Los árboles en el grabado dan una idea de la selva en que se encuentran sepultados estos monumentos.

A la distancia de ciento veinte pies al norte se encuentra el monumento marcado O, dibujado en el grabado N° 24 ya señalado, el que, desgraciadamente, está caído y quebrado. En escultura es lo mismo que el bello monumento medio enterrado que se citó anteriormente, y, lo repito, en su ejecución igual a las mejores reliquias del arte egipcio, La parte caída estaba completamente ligada a la tierra por viñas y enredaderas, y antes que pudiese ser dibujada fue necesario desenlazarlas, y arrancar las fibras de entre las hendeduras. La pintura es muy perfecta, y ha preservado a la piedra, lo que hace más lamentable el que se encuentre rota. El altar está enterrado, con la superficie escasamente visible, el cual, al excavarlo, averiguamos que representa el lomo de una tortuga.

El grabado N° 23 muestra la frente, la espalda y uno de los costados del monumento N, distante veinte pies del anterior. Es de doce pies de altura, cuatro pies en un lado, tres pies y cuatro pulgadas en el otro, y está colocado sobre un pedestal de siete pies en cuadro, con el frente hacia el oeste. Allí no se ve altar; probablemente está roto y sepultado. La vista del frente semeja un retrato, probablemente de algún rey o héroe deificado. Los dos ornamentos de la punta se parecen a la trompa de un elefante, animal desconocido en aquel país. La cabeza de cocodrilo está a siete pies de allí, pero parece que no tiene relación con él. Esta tiene cuatro pies fuera de la tierra, y se muestra en el grabado como uno de los muchos fragmentos hallados entre las ruinas.

Nº 6: Copán, ídolo caído.

La espalda representa un objeto muy distinto del de adelante. En la punta se encuentra una figura sentada con las piernas cruzadas, casi escondida bajo un enorme tocado; y tres de los compartimientos contienen tabletas de jeroglíficos.

Para no multiplicar los grabados, he omitido las vistas de los costados, pues ellas son, en general, menos interesantes. Este es particularmente bello. Las tabletas de jeroglíficos se distinguen muy bien.

A la distancia de veintiocho pies en la misma dirección se halla la estatua marcada M, la cual está caída, y yace sobre su espalda, con un árbol que la atraviesa por casi todo el largo, dejando visible solamente el contorno, los pies, y las sandalias, ambas cosas muy esculpidas. El grabado N° 6 es una representación de ella.

Al frente se encuentra un altar circular con dos ranuras encima, de tres pies de altura y cinco pies con seis pulgadas de diámetro, del cual se da aquí un dibujo en el grabado N° 7.

Los tres grabados de las figuras Nos. 28, 29 y 30 que siguen, son vistas del frente, de la espalda y de un costado del monumento marcado L, distantes setenta y dos pies al norte del anterior, con el frente hacia el oeste, de doce pies de altura, tres pies de frente, dos pies y ocho pulgadas de costado, y el pedestal de seis pies en cuadro. Frente a él, a una distancia de once pies, hay un altar muy desfigurado, y sepultado en la tierra.

Nº 7: Copán. Altar circular.

La vista del frente es un retrato. La espalda está enteramente llena de jeroglíficos, y cada tableta tiene dos jeroglíficos enteramente unidos, arreglo que después observamos ocasionalmente en Palenque. El costado presenta una sola hilera de jeroglíficos, unidos de la misma manera. Las tabletas probablemente contienen la historia del rey o héroe delineado, y los hechos o circunstancias particulares que constituyen su grandeza.

Ahora yo he explicado los grabados de los más interesantes monumentos de Copán, y repito, ellos son exactas y fieles representaciones. Intencionalmente me he abstenido de todo comentario. Si el lector puede deducir de ellos aunque sea una pequeña parte del interés que nosotros tuvimos, quedará repagado de todo lo que pueda hallar sin provecho en estas páginas.

Del efecto moral de los propios, monumentos, estando como están en el corazón de una selva tropical, silenciosos y solemnes, raros en diseño, de escultura excelente, ricos en ornamentos, diferentes de las obras de cualquier otro pueblo, de sus usos y propósitos, con toda su historia tan enteramente desconocida, con jeroglíficos que lo explican todo, pero perfectamente ininteligibles, yo no pretenderé expresar ninguna idea. A menudo la imaginación se acongojaba al contemplarlos. El tono que se esparce por las ruinas es el de una profunda solemnidad. Una mente imaginativa podría ser inficionada con supersticiosos sentimientos. A fuerza de llamarlos constantemente: con ese nombre en nuestras relaciones con los indios, nosotros reputamos a estos solemnes monumentos como "ídolos" reyes y héroes divinizados objetos de adoración y de culto ceremonial. No hallamos ya sea en los monumentos o en los fragmentos esculpidos ningún dibujo de sacrificios humanos, o, en verdad, de ninguna otra clase de inmolaciones, pero no había duda que la gran piedra esculpida invariablemente encontrada frente a cada "ídolo" era usada como un altar para sacrificios. La forma de escultura con más frecuencia hallada era una calavera, a veces el principal ornamento, y a veces solamente accesorio; filas enteras de ellas sobre la muralla externa, añadían tristeza al misterio del lugar, manteniendo ante los ojos de los vivientes la muerte y la fosa, y presentando la idea de una ciudad santa la Meca o Jerusalén de un pueblo desconocido.

Con respecto a la antigüedad de esta desolada ciudad yo al presente no haré ninguna conjetura. Alguna idea podría tal vez formarse por las acumulaciones de tierra y los gigantescos árboles que crecen encima de las derruidas estructuras, pero ésta sería incierta y poco satisfactoria. Tampoco ofreceré de momento ninguna conjetura con relación al pueblo que la edificó, o de la época de su desocupación y la forma en que fue despoblada, y convertida en una desolación y ruina; ni sobre si acabó por la espada, o por el hambre, o pestilencia. Los árboles que la amortajan pueden haber brotado de la sangre de sus despedazados habitantes; pueden haber perecido aullando por el hambre; o la pestilencia, como el cólera, puede haber llenado sus calles de cadáveres arrojando para siempre a los débiles residuos de sus hogares; de cuyas horrendas calamidades en otras ciudades tenemos relatos auténticos, en eras anteriores y subsiguientes al descubrimiento del país por los españoles. Una cosa yo creo, que su historia está grabada en sus monumentos. Ningún Champollión ha traído aún hasta ellos las energías de su mente investigadora. ¿Quién los leerá?

"¡Caos de ruinas! ¿Quién trazará el vacío,

132

Sobre los obscuros fragmentos lanzará un rayo de luna
y dirá "aquí fue o, es", donde todo es doblemente obscuro?"

En conclusión yo simplemente haré notar, que si este es el lugar a que aluden los historiadores españoles, conquistado por Hernando de Chávez, lo que casi dudo, en este tiempo sus rotos monumentos, terraplenes, estructuras piramidales, portales, murallas y figuras esculpidas se encontraban enteros, y todos estaban pintados; los soldados españoles deben haberlos contemplado con asombro y admiración; y parece extraño que un ejército europeo pudiese haber penetrado allí sin divulgar su fama por medio de informes oficiales de los generales y de exageradas historias de soldados.

A lo menos, ningún ejército europeo podría entrar a tal ciudad ahora sin este resultado consiguiente; pero el silencio de los españoles puede ser atribuido al hecho de que estos conquistadores de América eran analfabetos e ignorantes aventureros, ávidos en perseguir el oro, y ciegos para toda otra cosa; o, si se dieron los informes, el gobierno español, con la celosa política que observó hasta el último instante de su dominación, reprimió todo lo que pudiese atraer la atención de las naciones rivales hacia sus posesiones americanas.

Nº 8: Chozas en Copán.

Nº 9: Plano de Copán.

N° 10: Copán. Idolo "D" de piedra. (De frente)

Nº 11: Copán. Idolo "C" de piedra. (De frente)

Nº 12: Copán. Idolo "B" de piedra. (De frente).

Nº 13: Copán. Altar de piedra. (Lados Oeste y Norte).

Nº 14: Copán. Altar de piedra. (Lados Sur y Este).

Nº 15: Copán. Idolo "S" de piedra. (De frente)

Nº 16: Copán. Idolo "S" de piedra. (De espaldas).

Nº 17: Copán. Idolo de piedra medio enterrado.

Nº 18: Copán. Cabeza gigantesca.

Nº 19: Copán. Idolo "Q" de piedra. (De frente).

Nº 20: Copán. Idolo "Q" de piedra. (De espaldas).

Nº 21: Copán. Idolo "P" de piedra. (De frente).

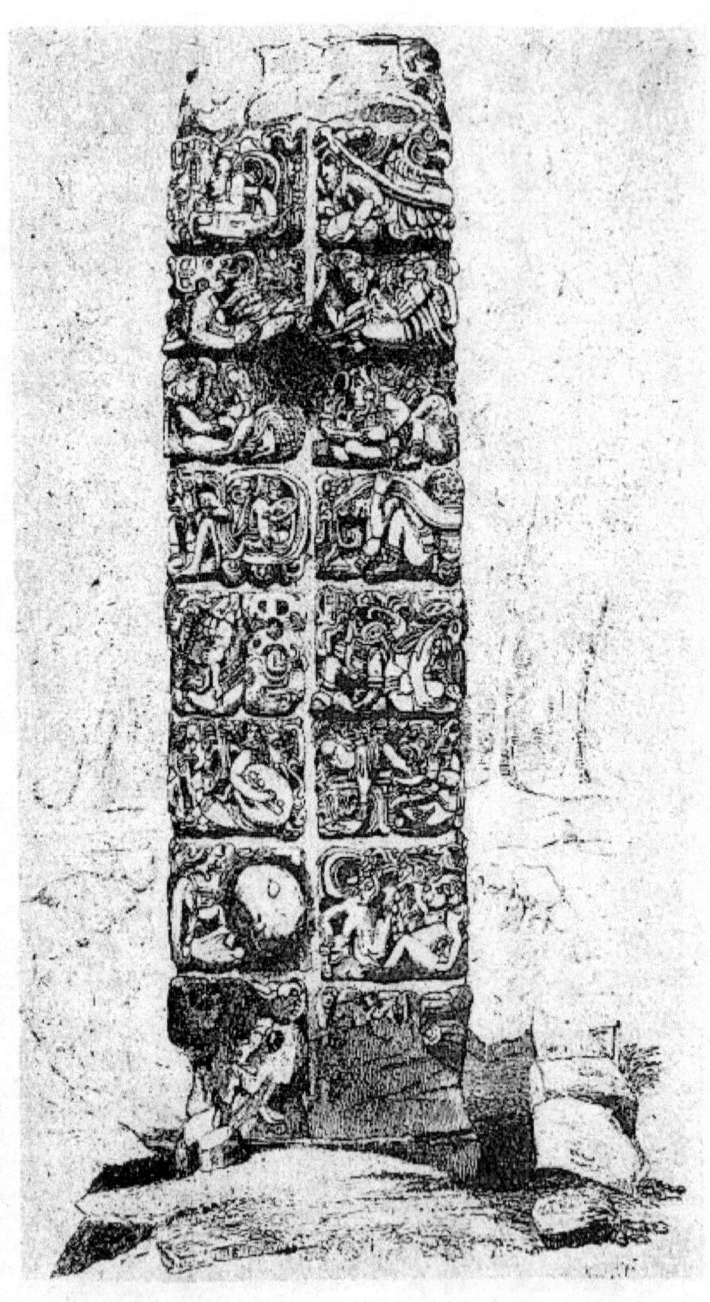

Nº 22: Copán. Idolo "P" de piedra. (De espaldas).

Nº 23: Copán. Idolo de piedra y altar.

Nº 24: Copán. Idolo "O" de piedra. (Caído).

150

Nº 25: Copán. Idolo "N" de piedra. (De frente).

Nº 26: Copán. Idolo "N" de piedra. (De espaldas).

Nº 27: Copán. Idolo "N" de piedra. (Vista lateral).

Nº 28: Copán. Idolo "L" de piedra. (De frente).

Nº 29: Copán. Idolo "L" de piedra. (De espaldas).

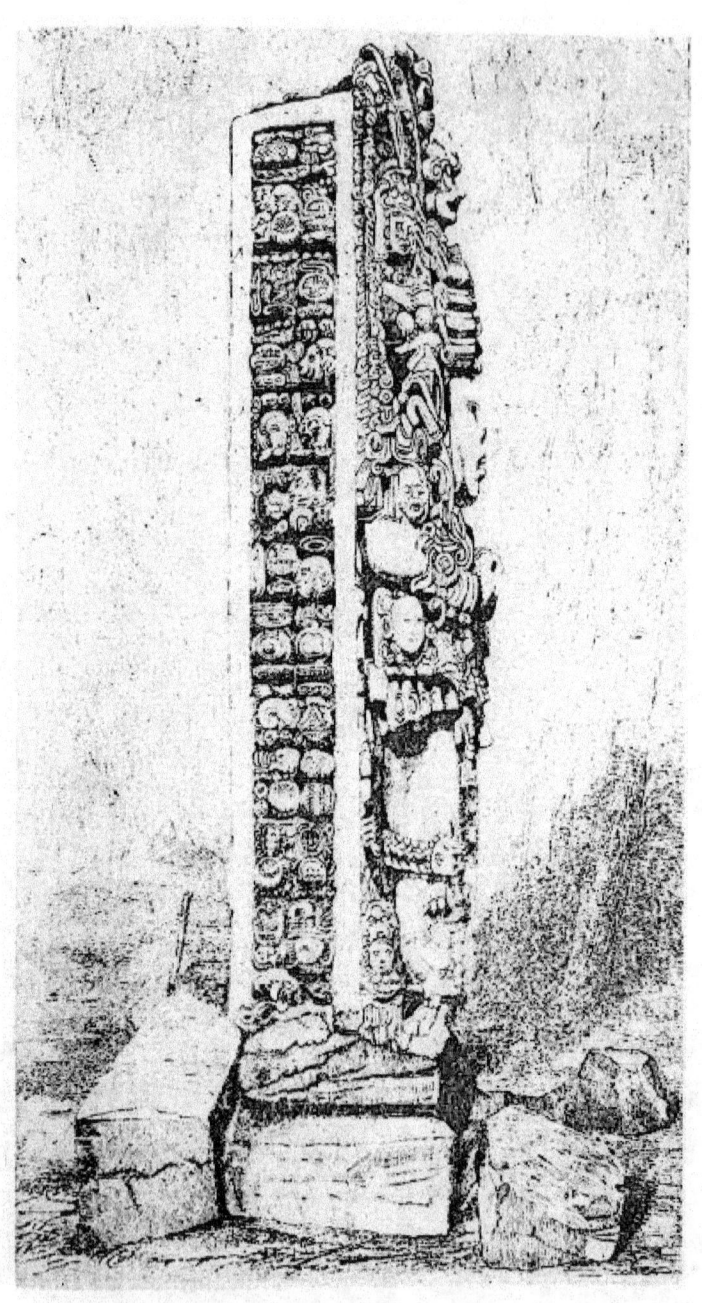

Nº 30: Copán. Idolo "L" de piedra. (Vista lateral).

Nº 31: Gran plaza de Antigua, Guatemala.

CAPÍTULO 8: OH, SEÑOR DE ESQUIPULAS, ¿POR QUÉ TE LO LLEVASTE?

SEPARACIÓN. — UNA AVENTURA. — EL RÍO COPÁN. — DON CLEMENTINO. — UNAS BODAS. — UNA CENA — BAILE DE BODAS. —COMPRA DE UNA MULA. — LA SIERRA. — VISTA DESDE LA CUMBRE. — ESQUIPULAS. — EL CURA. — HOSPITALARIA RECEPCIÓN. — LA IGLESIA DE ESQUIPULAS. — RESPONSABILIDADES DEL CURA. — MONTANA DE QUEZALTEPEQUE. — UN PELIGRO INMINENTE. —SAN JACINTO. — RECEPCION POR EL PADRE. — UNA FIESTA DE ALDEA. — UNA EMBOSCADA. — EL RÓO MOTAGUA. — LA ALDEA DE SANTA ROSALIA. — UNA ESCENA DE, DIFUNTO.

Habiendo decidido que, en tales circunstancias era mejor separarnos, no perdimos tiempo en actuar en ese sentido. Yo tuve dificultad para llegar a un recto entendido con mi arriero, pero al fin celebramos un tratado de paz. Se cargaron las mulas, y a las dos de la tarde monté. Mr. C. me acompañó hasta la orilla del bosque, donde me despedí de él, y le dejé para encontrar dificultades peores que las que habíamos temido. Yo pasé por la aldea crucé el río, y, dejando al arriero en la ribera, me encaminé a la hacienda de don Gregorio; pero me vi privado de la satisfacción que yo me había prometido al partir, de arrojar sobre él mi indignación y mi desprecio, en consideración a que Mr. Catherwood estaba todavía al alcance de su influencia; y aún ahora mi mano se detiene al reflexionar que cuando Mr. C., en grandes apuros, robado por su criado, y abatido por la fiebre, se refugió en su casa, el don lo recibió tan bondadosamente como su ruda naturaleza se lo permitió.

Mi única alegría fue el hacer al orgulloso patán sumar una cuenta de peniques y chelines por huevos, leche, carne, etc., hasta la suma de dos dólares, que yo puse en sus manos. Más tarde supe que me había elevado muchísimo en su estimación, y en la del vecindario en general, por mi honrada conducta de no irme sin pagar.

Mi buena armonía con el arriero fue de corta duración. Al partir, Mr. C. y yo habíamos dividido nuestra provisión de platos, cuchillos

159

y tenedores, cucharas, etc., y Agustín había colocado mi parte en la cesta en que habían ido todos, y éstos, estando flojos hacían tal ruido que asustaron a la mula. La bestia salió corriendo, haciéndonos partir a todos juntos con un ruido estrepitoso, hasta que se metió entre los matorrales. Tuvimos una escena de terrible confusión, y yo me escapé tan veloz como pude de las roncas y gruñonas maldiciones del arriero.

Por alguna distancia el camino se extiende a lo largo del río. El Copán no tiene asociaciones históricas, pero el Guadalquivir no puede ser más bello. A cada lado había montañas, y en cada vuelta un nuevo panorama. Cruzamos una elevada cordillera, y a las cuatro de la tarde bajamos otra vez al río, que aquí formaba la línea divisoria con el Estado de Honduras. Era ancho y rápido, profundo, e interrumpido por bancos de arena y de cascajo. Vadeándolo, entré de nuevo al Estado de Guatemala. Allí no había pueblo, ni siquiera una casa a la vista, y ninguna dificultad con respecto a pasaporte. Ya avanzada la tarde, al subir por una pequeña eminencia, vi un gran campo con cercas de piedra, trancas, y corral para ganado, que lo asemejaba a una granja de Westchester. Entramos por una puerta, y nos dirigimos por en medio de una hermosa campiña hasta una extensa, baja, y bien ordenada hacienda.

Esta era la residencia de don Clementino, quien yo sabía que era pariente de don Gregorio, y uno de tantos a quienes yo habría querido esquivar, pero también la única en que el arriero había maquinado el hacer alto. La familia se componía de una viuda con un gran número de hijos, entre quienes los principales eran: don Clementino, joven de veintiún años. y una hermana como de diez y seis o diez y siete, bonita muchacha de cabello rubio. Bajo el cobertizo se hallaba una partida de muchachos en traje de fiesta, y cinco o seis mulas, con elegantes monturas, estaban amarradas a los pilares del corredor. Don Clementino estaba ostentosamente ataviado con chaqueta y pantalones blancos, acordonados y bordados, gorra de algodón blanco, y sobre ella un lustroso sombrero de campana, con un cordón plateado enrollado como cinta, una borla de plata con una pieza de acero puntiaguda como cucarda, y rayas rojas y amarillas bajo el ala.

Tenía el pomposo aire y sentimientos de un muchacho que repentinamente ha llegado a ser el principal de un establecimiento y me preguntó, con algo de arrogancia, si ya había terminado mi visita

160

a los "ídolos"; y acto continuo, sin esperar respuesta, si podía componerle un acordeón; en seguida, si sabía tocar guitarra, después que le vendiera un par de pistolas de bolsillo que habían sido la admiración de la familia de don Gregorio; y, finalmente, si tenía algo que vender. Con este joven caballero yo había sido más bienvenido como buhonero que como embajador de cualquier corte europea, aunque debemos admitir que yo no estaba viajando de una manera muy imponente. Viendo que, no tenía nada para baratear, agarró una guitarra, bailó con su propia música y se sentó sobre el terroso suelo del corredor a jugar baraja.

En el interior se hacían los preparativos para una boda en casa de un vecino, a dos leguas de distancia, y un poco antes de anochecer los muchachos y las muchachas aparecieron vestidos para el viaje. Todos estaban montados, y, por la primera vez, admiré extremadamente el estilo del país para montar. Mi admiración fue atraída por la hermana de don Clementino y el feliz mancebo galanteador que la acompañaba. Ambos montaban en la misma mula y en la misma silla. Ella sentada de lado adelante de él; con su brazo derecho rodeándole la cintura; al salir la mula estaba rebelde, y él se vio obligado, por necesidad, para sostenerla en su asiento, a traerla hacia sí lo más posible; su oído lo invitaba a un cuchicheo; y al volver ella su rostro hacia él sus labios casi tocaron los suyos. Yo habría renunciado a todos los honores de la diplomacia por estar en su lugar.

Don Clementino era demasiado presumido para salir de ese modo; él tenía una magnífica mula lucidamente enjaezada, oscilando de una correa de la silla una larga espada guacaluda, afianzado sobre un par de enormes espuelas y, al montar, envolviéndose el poncho alrededor de la cintura, de modo que la guarnición de la espada apareciese como seis pulgadas arriba de él; y aplicándole al animal un vivo toque con la espuela, lo impelió sobre las gradas, atravesando el corredor, y al bajar del otro lado me preguntó si quería comprárselo. Yo rehusé; y, para mi gran satisfacción, él partió para alcanzar a los otros, dejándome solo con su madre, una respetable anciana de cabellos blancos, que reunió a todos los criados y a los niños indígenas para las oraciones vespertinas. Tengo la pena de decir que hasta entonces me acordé que era domingo. Estaba yo parado en la puerta, y era interesante verlos a todos arrodillados ante la imagen de la Virgen.

Una vieja mula de hocico pardo se subió al corredor, y, parándose a mi lado, metió la cabeza en la puerta, y, más adelante que yo, entrando contempló por un momento la imagen de la Virgen, y, sin perturbar a nadie, volvió a salir.

Luego después fui llamado para la cena, que se componía de frijoles fritos, huevos fritos y tortillas. Los frijoles y los huevos fueron servidos en macizos trastos de plata, y las tortillas colocadas en rimero a mi lado. No había plato, cuchillo, tenedor, ni cuchara. Los dedos fueron hechos antes que los tenedores; pero los malos hábitos hacen a éstos, hasta cierto punto, necesarios. A las aves, la carne de carnero, la de res, y a otras parecidas, no les vienen mal los dedos, pero con los frijoles y los huevos fritos esto era un embrollo. Yo no diré como me las arreglé; pero, por las apariencias más después, la anciana no podría suponer que yo no hubiera dado del todo con la tecla. Dormí en una dependencia construida con pequeños postes y techada con paja, y por todo pagué diez y ocho centavos y tres cuartos de centavo. Le regalé un par de aretes a una mujer que pensé que era una criada, pero que resultó ser solamente una visita, que se fue al mismo tiempo que yo.

A una distancia de dos leguas de la hacienda pasamos por la casa donde se celebraban las bodas. El baile todavía no había terminado, y yo tenía un gran antojo de volver a ver a la pelirrubia hermana de don Clementino. No teniendo una mejor excusa, determiné llamarlo hacia afuera y hablarle de la mula. A medida que caminaba yo, la entrada y el espacio desde allí al centro del cuarto estaba lleno de muchachas, todas vestidas de blanco, con las rosas marchitas en los cabellos, y la brillantez de sus ojos algo opaca a causa de una noche de disipación. La hermana de don Clementino fue modesta y se retiró, y, como si sospechara mi objeto se sustrajo a la observación, mientras él hizo que todos le abrieran camino para él y su guitarra. Yo no tenía idea de comprarle su mula, pero le hice una oferta, la cual, para mi sorpresa y dolor en aquel entonces, aceptó; pero la virtud lleva en sí la recompensa, y la mula resultó un fiel animal.

Montado en mi nueva compra, comenzamos a subir la gran Sierra, la cual divide las corrientes del Atlántico de las que desembocan en el Océano Pacífico. El ascenso fue rudo y fatigoso, pero en dos horas llegamos a la cima. El panorama era agreste y sublime, no lo dudo;

162

pero el hecho es que llovió muy fuerte todo el tiempo; y mientras yo andaba dando tumbos entre los atolladeros, habría renunciado a. la fortuna de lo sublime por una bien macadamizada carretera. Mr. Catherwood, que la cruzó en un claro día, dice que la vista desde la cumbre, por ambos lados, fue la más espléndida que vio en el país. Al descender, las nubes se levantaron, y miré hacia abajo una casi ilimitada planicie, que se extiende desde el pie de la Sierra, y a gran distancia vi, irguiéndose solitario en el desierto, el gran templo de Esquipulas, como el del Santo Sepulcro en Jerusalén, y el de Caaba en la Meca, el más sagrado de los templos. Mi arriero estaba muy ansioso de parar en una colección de chozas a este lado de la población, diciéndome primero que el lugar se hallaba ocupado por soldados de Carrera, y después que él estaba enfermo. Yo tuve un prolongado y magnífico descenso hasta el pie de la Sierra. La llanura me traía a la memoria los desolados parajes de Turquía y del Asia Menor, pero ésta era más hermosa, estando limitada por inmensas montañas. A medida que nos aproximábamos, se elevaba más claramente definida contra las montañas cuyas cimas se hallaban escondidas entre las nubes.

Ya avanzada la tarde entramos a la población y nos dirigimos al convento. Yo estaba algo nervioso, y presenté mi pasaporte como una carta de recomendación; pero ¿podría yo dudar de la hospitalidad de un padre? La recepción de don Gregorio me hizo sentir más hondamente la bienvenida del cura de Esquipulas. Nadie puede apreciar el valor de la hospitalidad sino aquellos que han sentido la falta de ella, y jamás pueden olvidar la bienvenida que se les da a los extranjeros en una tierra extraña.

Toda la casa del cura se puso en movimiento para asistirnos, ya los pocos minutos las mulas estaban mascando maíz en el patio, mientras yo era instalado en el sitio de honor en el convento. Este era con mucho el más grande y mejor edificio del lugar. Las paredes tenían de tres a cuatro pies de grueso; un gran pórtico extendíase al frente; la entrada se hacía por un amplio zaguán, utilizado como dormitorio para los criados, y comunicado con un patio en la parte de atrás; a la izquierda quedaba una gran sala o pieza de recepción, con altas ventanas y obscuros nichos; en un lado de la pared había un largo canapé de madera, de alto respaldo, y brazos en cada extremo; frente a él estaba una maciza y tosca mesa de caoba, y arriba colgado un cuadro de Nuestro Salvador; junto a la pared estaban unas grandes sillas anticuadas, con el respaldo y asiento forrado de cuero, y tachonadas con clavos con cabeza grande de latón.

El cura era un joven que frisaba en los treinta, de figura delicada, y de cara radiante de inteligencia y refinamiento de ideas y sentimientos. Estaba vestido con una larga túnica negra de alepín, ajustada alrededor del cuerpo, con franja azul en el cuello, y una cruz suspendida de su rosario. Su nombre era Jesús María Gutiérrez. Fue la vez primera que yo jamás oí ese nombre aplicado a un ser humano, y aun en él parecía una profanación.

De visita para él, e interrumpiendo la monotonía de su apartada vida, se hallaba un antiguo condiscípulo y amigo, el Coronel San Martín, de Honduras, quien había sido herido en la última batalla contra Morazán, y se había quedado en el convento para recobrar la salud y las fuerzas. Su caso demostraba la perturbada condición del país. Su padre era de su mismo partido, y su hermano peleaba del otro lado en la batalla en que él había sido herido.

Ellos me dieron desagradables informes con respecto a mi camino para Guatemala. Las tropas de Carrera se habían retirado de las fronteras de San Salvador, y ocupado toda la línea de pueblos hasta la capital. Ellas se componían, en su mayor parte, de indios ignorantes, borrachos y fanáticos, que no podrían comprender mi carácter oficial, ni podrían leer mi pasaporte, y, en el efervescente estado del país, sospecharían de mí como extranjero. Ya habían cometido grandes atrocidades; no había ni un curato en todo el camino, y el intentar atravesarlo, sería exponerme a ser robado y asesinado. Yo estaba muy poco dispuesto a diferir mi viaje, pero habría sido una locura el proseguir; en realidad, ningún arriero se habría comprometido a acompañarme, y me vi precisado a volver mis ojos a Chiquimula y al camino que había dejado. El cura dijo que lo debía dejarme guiar por él. Me puse en sus manos, y a una hora avanzada me acosté a descansar con el raro sentimiento interior de ser un huésped bienvenido.

Fui despertado por el sonido de la campana matutina y acompañé al cura a la misa. La iglesia para uso diario se hallaba directamente opuesta al convento, espaciosa y lóbrega, y el piso estaba pavimentado con grandes ladrillos cuadrados o baldosas. Filas de mujeres indias estaban arrodilladas alrededor del altar, limpiamente vestidas, con mantillas blancas sobre sus cabezas, pero sin zapatos o medias. Unos pocos hombres estaban parados detrás o reclinados contra los muros.

Regresamos a desayunarnos, y en seguida salimos para visitar el único objeto de interés, el gran templo de la peregrinación, el Santo Lugar de Centro América. Cada año, para el quince de Enero, los peregrinos lo visitan, aun desde el Perú y México; la última es una jornada no excedida en penalidades por la peregrinación a la Meca. Como en el oriente; "no es prohibido negociar durante la peregrinación", y cuando no hay guerras que hagan los caminos inseguros, ochenta mil almas se han reunido entre las montañas a traficar y a rendir homenaje a "Nuestro Señor de Esquipulas".

El pueblo contiene una población de alrededor de mil quinientos indios. Había una calle de una milla de largo aproximadamente, con casas de barro a cada lado; pero la mayor parte de ellas estaban cerradas, siendo ocupadas sólo durante el tiempo de la feria. Al extremo de esta calle, sobre terreno elevado, se erguía la gran iglesia. Como a medio camino de allí, cruzamos un puente sobre un pequeño arroyo, uno de los afluentes del caudaloso Lempa. Era esta la primera corriente que yo había visto que desemboca en el Océano Pacífico, y la saludé con reverencia. Ascendiendo por una gradería de maciza piedra frente a la iglesia llegamos a una magnífica plataforma de ciento cincuenta pies de anchura, pavimentada con ladrillos de un pie en cuadro. La perspectiva desde esta plataforma de la gran planicie y de las altas montañas alrededor era espléndida; y la iglesia, elevándose con solitaria grandeza en medio de una región selvática y desolada, parecía casi una obra de encantamiento.

La fachada era rica en ornamentos de estuco e imágenes de santos más grandes que lo natural; en cada esquina había una elevada torre y sobre la cúpula una aguja, levantando en alto por el aire la corona de aquel en otro tiempo altivo poder que arrebató la mayor parte de América a sus legítimos dueños, gobernándola durante tres centurias con vara de hierro; y que ahora no tiene en ella una cuarta de tierra ni un súbdito de quien jactarse.

Entramos a la iglesia por una alta portada, rica en esculturas ornamentales. En el interior había una nave con dos alas, separadas por filas de pilastras de nueve pies en cuadro y una elevada cúpula, guardada por ángeles con las alas extendidas. Sobre los muros había pinturas, algunas dibujadas por artistas de Guatemala, y otras que habían sido traídas de España; y los nichos se encontraban llenos de estatuas, varias de ellas admirablemente bien ejecutadas. El púlpito estaba cubierto con láminas de oro, y el altar protegido por un barandal de hierro con balaustrada de plata, ornamentada con seis pilares del mismo metal como de dos pies de altura, y dos ángeles parados como guardianes en las gradas. Enfrente del altar, en una preciosa urna está una imagen del Salvador en la cruz, "Nuestro Señor de Esquipulas", a quien está consagrada la iglesia, famoso por su poder de hacer milagros. Cada año millares de devotos suben las gradas de este templo de rodillas, o cargando una pesada cruz, a quienes no les es permitido tocar la sagrada imagen, pero salen contentos de obtener un pedazo de listón impreso con las palabras "Dulce nombre de Jesús".

Regresamos al convento, y mientras yo estaba sentado con el Coronel San Martín, entró el cura, y, cerrando la puerta, me preguntó si mi criado era fiel. La cara de Agustín era una infortunada carta de recomendación. El Coronel MacDonald, don Francisco, y, según supe después, el General Cáscara, le tuvieron desconfianza. Informé al cura todo lo que yo sabía respecto a él, haciéndole mención de su conducta en Camotán; sin embargo, me advirtió que tuviera cuidado con él. Luego después, Agustín, quien parecía sospechar que no había hecho muy favorable impresión, me pidió un dólar para pagar una confesión. Mi inteligente amigo no estaba libre de los prejuicios de la educación, y aunque él no podía cambiar de momento su opinión tan calurosamente expresada, dijo que Agustín había sido bien enseñado.

En el curso del día tuve una oportunidad de ver lo que más tarde observé por todo Centro América: la vida de trabajo y responsabilidad pasada por el cura en una villa indígena, que se consagra fielmente al pueblo bajo su cargo. Además de oficiar en todos los servicios de la iglesia, visitar a los enfermos y enterrar a los muertos, mi digno hospedador era mirado por todos los indios de la villa como consejero, amigo y padre. La puerta del convento estaba siempre abierta, y los indios constantemente acudían a él; un hombre que había tenido un altercado con su vecino; una mujer a quien su marido había tratado mal; un padre cuyo hijo se habían llevado como soldado; una muchacha abandonada por su amante; todos los que se hallaban en pena o aflicción, acudían a él en busca de consejos y consuelo, y nadie salía desamparado. Y, fuera de esto, era el principal director de todos los asuntos públicos de la población; la mano derecha del acalde; y ya había sido consultado si yo debía o no ser considerado como una persona peligrosa. Pero el cumplimiento de estos múltiples deberes, y la agitación y peligros de la época, estaban agotando su constitución.

Cuatro años antes abandonó la capital, y tomó a su cargo esta vicaría, y durante ese tiempo había vivido una vida de trabajo, de ansiedad y de peligro; separado de todos los deleites del trato social que hacen el trabajo agradable, amado por los indios, pero sin nadie que simpatizara con él en ideas y sentimientos. Una vez las tropas de Morazán invadieron la población, y durante seis meses permaneció escondido en una cueva de las montañas, sostenido por los indios. Últimamente las dificultades en el país habían aumentado, y la nube de la guerra civil estaba más obscura que nunca. Él lo lamentaba, pero, como decía, no lo lamentaría largo tiempo; y todo el tono de sus pensamientos y conversación era tan bondadoso y puro, que parecía como un punto verde en un desierto arenoso. Nos sentamos en el antepecho de una gran ventana; por dentro, la habitación ya estaba obscura. Tomó él una pistola del umbral de la ventana, y mirándola, dijo, con una lánguida sonrisa, que la cruz era su protección; y en seguida puso su delicada mano entre la mía, y me dijo que le tocara el pulso. Lo tenía lento y débil, y parecía como si cada pulsación fuera la última; pero manifestó que siempre era así; y, levantándose repentinamente, añadió que esa era la hora de sus devociones privadas y se retiró a su habitación. Yo sentí como si un buen espíritu hubiera salido volando.

Mi anhelo de llegar a Guatemala no me permitía gozar por mucho tiempo de la hospitalidad del cura. Yo intentaba despedir a mi arriero; pero, imposibilitado para reemplazarlo inmediatamente, y no queriendo perder otro día, me vi obligado a retenerlo. El curso acostumbrado era salir de Esquipulas por la tarde y caminar cuatro leguas; pero teniendo siete mulas y solamente cuatro cargas, dispuse

167

hacer estas cuatro leguas y también la jornada del siguiente día en uno. Salí temprano por la mañana. Al despedirme, el sacerdote y el soldado estaban lado a lado, emblemas de la humildad cristiana y del orgullo del hombre, y ambos, al partir, me encomendaron a Dios.

Cruzamos la llanura; las montañas de Esquipulas parecían haber ganado en grandeza; a la media hora comenzamos a subir la montaña de Quezaltepeque, densamente arbolada, y, como la del Mico, fangosa y llena de zanjas y de hoyos profundos. Pesadas nubes cerníanse sobre ella, y a medida que ascendíamos llovía copiosamente; pero antes de llegar a la cumbre se levantaron las nubes, alumbró el sol, y el llano de Esquipulas, con la gran Sierra detrás, cubierta de altos pinos, y las nubes siguiéndose unas a otras sobre sus flancos, todo este conjunto, formaba uno de los más grandiosos espectáculos que jamás contemplé; y la enorme iglesia aún se presentaba para la vista de despedida del peregrino. Pero el centelleo de la luz del sol no tardó mucho rato, y de nuevo descendió la lluvia; por algún tiempo tuve la gran satisfacción de ver al arriero empapado y de oírlo rezongar; pero un inexplicable acceso de buen humor me sobrevino y le presté mi sobre todo de piel de oso. A intervalos alumbraba el sol, y miramos a una gran distancia abajo de nosotros el pueblo de Quezaltepeque.

El descenso era muy precipitado y los hoyos de cieno y zanjas muy profundos; y las nubes que flotaban sobre la montaña eran el símbolo de mi fortuna. Mr. Catherwood, que siguió por este camino como tres semanas después, oyó del Padre de Quezaltepeque, que se había formado un plan para asesinarme y robarme, en la suposición de que yo llevaba conmigo una gran cantidad de dinero, cuyo laudable proyecto fue destruido por haber atravesado en la mañana en vez de por la tarde, como generalmente se acostumbra.

Pasamos por Quezaltepeque sin apearnos. Es costumbre, al dividir las paradas para Guatemala, hacer una jornada por la tarde hasta este lugar y pernoctar. Ahora apenas eran las once del día, claro y brillante como un día de Setiembre en mi país. Saliendo del pueblo, cruzamos una hermosa corriente, en la que algunas mujeres estaban lavando. Muy pronto ascendimos otra vez, y sobre la cima de la montaña llegamos a un abrupto precipicio, que formaba el lado de un profundo barranco. Bajamos por una estrecha vereda a la mera orilla del precipicio, parte del camino sobre un angosto y saliente arrecife, y en otros lugares por una senda construida contra la roca hasta el fondo del barranco. En el otro lado se elevaba otra escarpada muralla. El barranco era profundo y estrecho, y agreste hasta la sublimidad. La corriente pasaba a través de él sobre un lecho de roca, y por alguna distancia el camino se extendía sobre este lecho. Subimos por una vereda empinada y difícil hasta la cumbre del otro lado del barranco, y caminamos algún trecho a lo largo de su orilla. El lado opuesto era una mole perpendicular de piedra caliza, negra por estar a la intemperie, y en algunos lugares había pedazos de terreno con verba sobre el moreno campo, alumbrados ocasionalmente por breves centelleos de la luz del sol.

Descendimos de nuevo hasta el mismo fondo del barranco, y, cruzando la corriente, subimos casi inmediatamente por un angosto sendero construido a lo largo del precipicio hasta la cumbre, quedando del mismo lado de donde habíamos salido. Es imposible dar una idea de la rusticidad de este doble cruce del barranco. Este terminó bruscamente, y en el último extremo, sobre un punto, había una pequeña hacienda, de un lado mirando en dirección de esta espantosa abertura, y del otro hacia un valle apacible.

A las tres de la tarde divisamos el riachuelo de San Jacinto. Del lado opuesto había una hermosa altiplanicie, con montañas elevándose a lo lejos, y cubiertas hasta la cúspide de majestuosos pinos. Allí no había cultivos, y toda la región estaba en su primitiva rusticidad. A las cinco de la tarde cruzamos la corriente y entramos al poblado de San Jacinto. Este se componía de una colección de chozas, algunas construidas con palos y otras repelladas con lodo. La iglesia era de la misma sencilla construcción. A cada lado había una enramada techada con hojas de maíz, y en las esquinas estaban los campanarios con tres campanas cada uno. Al frente se elevaban dos gigantescas ceibas, cuyas raíces se alargaban al nivel de la tierra más de cien pies, y las ramas se extendían a igual distancia.

La aldea se encontraba al cuidado del cura de Quezaltepeque, quien entonces estaba en San Jacinto. Me dirigí a su casa y le presenté la carta del cura de Esquipulas. Mi arriero, sin descargar las maulas, se arrojó al suelo en el corredor, y, con mi sobre todo puesto sobre su desagradecido cuerpo, comenzó a injuriarme porque lo estaba matando con las largas jornadas. Yo reargüí; y antes que el padre tuviese tiempo de recobrarse de su sorpresa por nuestra visita, quedó confundido con nuestro alboroto.

Pero él era un hombre que podía soportar mucho siendo arriba de seis pies de estatura, de anchas espaldas, y con una protuberancia enfrente que necesitaba sostén para evitar que se le cayera. Su vestido consistía en una camisa y un par de pantalones, con los ojales mendigando empleo; pero tenía un corazón tan grande como su cuerpo, y tan abierto como sus vestidos; y cuando le conté que había caminado desde Esquipulas ese día, me dijo que debía quedarme una semana para recuperarme. En cuanto a marcharme al día siguiente, él no quería oír de eso; y, en efecto, muy pronto hallé que era imposible sin otra ayuda, pues mi abominable arriero colmó la medida de sus iniquidades con caer enfermo de una violenta fiebre.

A mi ardiente solicitud, el padre se esforzó por conseguirme mulas para el día siguiente, y durante la noche tuvimos una recepción de los aldeanos. El hombre en quien él confiaba principalmente dijo que era peligroso el viajar; que dos ingleses habían sido arrestados en Honduras, y que habían escapado, pero que sus arrieros y criados los habían asesinado. Yo podía quizá haber arrojado alguna luz sobre esta historia, pero no pensé que valiera la pena saber algo acerca de tales sospechosos personajes. El padre estaba afligido de no poder servirme, pero al fin dijo que un hombre de mi rango y mi carácter (yo le había mostrado mi pasaporte, y Agustín había disparado los cañones de Belize) debía tener toda clase de facilidades, y que él mismo me las proporcionaría; y ordenó a un hombre que fuera por la mañana temprano a su hacienda por unas mulas; después de lo cual, fatigado por tan inusitados esfuerzos, arrojó su gigantesco cuerpo en una hamaca, y se balanceó para dormir.

La familia del padre se componía de dos muchachos, el uno sordomudo y el otro un bobo. El primero poseía extraordinaria vivacidad y muscular poder, y entretenía al padre con sus gesticulaciones, historias y con sus arteros juegos de manos, y particularmente con el acertijo de acero. Había algo intensamente interesante en la benevolencia con que el padre jugaba con él, y la formalidad con que él se entretenía con su gigantesco amo. A veces el muchacho se ponía tan excitado que parecía querer estallar por el esfuerzo en dar expresión a sus pensamientos; pero todo terminaba en un débil sonido que me molestaba los nervios, y que parecía enlazarlo más estrechamente con el bondadoso padre. Este último estaba siempre cambiando el acertijo, pero la ingeniosidad del mozalbete no podía ser derrotada. El pobre simplón, entre tanto, miraba con admiración. El padre le ofreció medio dólar si podía abrirlo, y ambos, él y el sordomudo se reían de los torpes ensayos del simplón. El padre concluyó con un caluroso panegírico sobre el mérito de ambos, que el muchacho sordomudo pareció entender y agradecer, pero que el que tenía oídos pareció no oír.

Insistió el padre en que yo tomase su propio catre, el cual era inusitadamente limpio, y tenía un mosquitero. Fue mi mejor cama desde que dejé la del Coronel MacDonald en Belize. Antes que yo me levantara ya estaba él sobre mí con un frasco de aguardiente.

Luego en seguida vino el chocolate, con un bollo de pan dulce, y encontrando que era imposible marcharme en ese día. me hice voluntaria víctima de su hospitalidad. A las nueve tuvimos el desayuno; a las doce, fruta; a las dos, el almuerzo; a las cinco, chocolate y pan dulce; a las ocho, la cena, con frecuentes invitaciones intermedias para el aguardiente el que el padre, con la mano puesta sobre aquella prominente parte de su propio cuerpo, dijo que era bueno para el estómago. En todos respectos, salvo en los buenos sentimientos, él era el completo antípoda del cura de Esquipulas. Yo había tenido alguna sospecha de que mi arriero no estuviese tan malo como él pretendía; pero su desprecio para la buena comida del padre me convenció que realmente estaba en mala condición. Le di algún remedio pero creo que desconfiando de mí tuvo miedo de tomarlo.

A las doce del día llegaron las mulas pedidas por el padre, con un talludo muchacho ladino como arriero; pero ellas no se hallaban en condición de salir ese día. En la tarde me di un largo paseo por las orillas del río, y, al regreso, me detuve bajo una de las ceibas, en donde un mercader ambulante estaba mostrando sus mercancías, consistentes en dos baúles con géneros de algodón rayados, cuentas, peines de cuerno, tijeras, etc. Su mula estaba amarrada con una larga soga, y un par de pistolas estaban colocadas sobre una de las cajas.

Pasando adelante me encontré con un grupo de mujeres, vestidas de blanco, con chales rojos encima de la cabeza. Ya había yo visto lo bastante de alegres colores en las mujeres para alejar algunos prejuicios, pero retenía una anticuada predilección por los rostros blancos; y aquí yo hice ver que las mujeres más blancas eran las más bonitas, aunque el padre no estuvo de entero acuerdo conmigo. Bajo el cobertizo de una casa deshabitada de por ahí cerca estaba una india vieja con diez o doce muchachas indígenas enseñándoles el catecismo. Ellas estaban vestidas con tela de algodón roja cuadriculada, enrollada alrededor de la cintura, y atada con un nudo al lado izquierdo, y un pañuelo blanco sobre los hombros. Otros grupos estaban afuera en diferentes lugares, organizándose para una fiesta del pueblo en honor de algún santo; y cerca del anochecer, mientras estaba sentado con el padre, ahora vestido con su larga túnica negra, avanzó una procesión encabezada por el hombre más anciano del pueblo, de barba y cabellos blancos, y un hombre baldado y dos o tres asociados tocando violines.

Antes de llegar a la casa dispararon cinco a seis cohetes, y todos subieron y saludaron al padre, besándole el revés de la mano; las mujeres penetraron al interior, llevando líos envueltos en limpias y blancas servilletas; y cuando yo entré para tomar mi chocolate, me encontré con la mesa llena de pasteles y con figuras. Después todas se fueron a la iglesia para los rezos vespertinos. Yo no pude menos que pensar en lo que después me impresionó más y más a cada paso de mi viaje en ese país: en que bendito es el pueblo que tiene un padre.

Durante el día, el muchacho sordomudo había procurado varias veces hacerme comprender que él deseaba acompañarme, y por la noche el padre decidió complacerlo, permitiéndole hacer un viaje a Guatemala. Por la mañana temprano el convento se hallaba en conmoción. El buen padre no estaba acostumbrado a preparar una expedición para Guatemala; muchas cosas hacían falta además de las mulas, y al pueblo se le exigió lo que faltaba. Durante el bullicio, un solo soldado entró a la aldea causando alarma por el hecho de ser explorador de otros que vendrían a acuartelar allí. El padre le dijo quién era yo, y que la guardia no debía molestarme. Al fin todo estuvo listo; un gran concurso de gente reunido por requisitorias del padre, se hallaba en la puerta, y entre ellos dos hombres con violines.

El padre enderezó sus propias gigantescas energías particularmente hacia los comestibles; él había preparado chocolate, pan, salchichas y pollos; una caja con pasteles y dulces; y, como final, el muchacho sordomudo salió de la casa sosteniendo de una brazada arriba de su cabeza todo el costado de un buey, quitada únicamente la piel y con las costillas quebradas, el cual fue extendido como una carpeta sobre una de las cargas, y asegurado por una red. Una olla grande, con el asiento para arriba, iba asegurada encima de la otra carga. El padre se despidió de mí afectuosamente y con mayor afecto del muchacho sordomudo; y a las nueve de la mañana, con música de violines, y con séquito que habría asombrado a mis amigos de la ciudad, hice otro arranque para la capital. Un sordo gemido en el corredor me hizo recordar a mi arriero. Desmonté, y, al instante de la partida, nos cambiamos unas cuantas palabras de afecto. Su musculosa figura estaba postrada por la fiebre; a veces él me había provocado hasta casi agotarme la paciencia; pero con toda la mala voluntad que le tenía, yo no podía haber deseándole una más mala condición. El muchacho se hallaba sentado junto a él, aparentemente enternecido por la enfermedad de su amo, e indiferente a mi partida.

Por la primera vez en mucho tiempo tuvimos un camino plano. La tierra era feraz y productiva; azúcar moreno se vendía a tres centavos libra, y en terrón blanco aún bajo el lento proceso de su elaboración, por ocho centavos, y el índigo podía fabricarse por dos chelines la libra. Yo caminaba tranquilamente, cuando cuatro soldados saltaron al camino casi a la cabeza de mi mula. Ellos estaban perfectamente escondidos hasta que yo me aproximé, y su repentina aparición fue algo como de salteadores de caminos. No pudieron leer mi pasaporte, y dijeron que tendrían que conducirme a Chiquimula. Mi camino quedaba un poco retirado de aquella población; y, afortunadamente, mientras me escoltaban, el soldado que yo había visto en San Jacinto nos alcanzó, los satisfizo, y me dejaron en libertad. A corta distancia más adelante reconocí la vereda por donde nos desviamos para ir a Copán.

No habían corrido tres semanas y me parecían un siglo. Pasamos por la antigua iglesia de Chiquimula, y, rodeando el mismo sendero en zigzag por el cual habíamos bajado, cruzamos la montaña, y descendimos al llano de Zacapa y al Río Motagua, al cual saludé como a un viejo conocido. Ya se hacía tarde, y no veíamos señales de alguna habitación. Un poco antes de anochecer, sobre la cumbre de una pequeña eminencia a la derecha, divisamos a un pequeño muchacho, quien nos condujo a la aldea de Santa Rosalía, bellamente situada sobre un promontorio formado por la vuelta del río. La aldea se componía de una miserable colección de chozas; frente a la puerta de la mejor había un tumulto de gentes, que no nos invitaron a parar, y nos encaminamos a una de las más pobres. Todo lo que necesitábamos era zacate para las mulas. Las provisiones del padre eran abundantes para mí, y el mozuelo sordomudo cortó unas costillas del costado de buey, y preparó la cena para él y para el arriero.

Mientras cenábamos oímos unos lamentos que salían de la casa frente a la cual estaba agrupada la multitud. Después de anochecer me encaminé hacia allí, y encontré que se lamentaban sobre un difunto. En el interior estaban varias mujeres; una se retorcía las manos, y las primeras palabras que distinguí fueron: "Oh, nuestro Señor de Esquipulas, ¿por qué te lo llevaste?" Ella fue interrumpida por las pisadas de cascos de caballo, y penetró un hombre, cuyas facciones en la obscuridad no pude ver, pero quien, sin apearse, con ronca voz dijo que el cura pedía seis dólares por el entierro del cadáver. Uno de los del concurso exclamó: "¡Qué vergüenza! ¡Qué vergüenza!", y otros dijeron que ellos lo enterrarían en el campo. El jinete, con la misma ronca voz, dijo que era igual que lo sepultasen en el camino, en la montaña o en el río, que al padre se le debían pagar sus derechos. Hubo una gran gritería; pero la viuda, en tono lloroso, declaró que ese dinero debía de pagarse, y en seguida renovó sus exclamaciones: "Mi única ayuda, mi consuelo, mi cabeza, mi corazón; vos que eras tan fuerte, que podías levantar un zurrón de añil". "Dijiste que irías a comprar ganado": "yo dije, sí; traéme buenos géneros y alhajas". Las palabras, y el penetrante tono de angustia, me trajeron a la memoria una escena similar que había contemplado una vez en las márgenes del Nilo. Por invitación de uno de los amigos entré a la casa.

El cadáver yacía en el suelo, con un vestido blanco de algodón extendido desde el cuello hasta los pies. Era de un joven, de no más de veintidós años, con el bigote apenas apuntando sobre su labio superior, alto, y no más que un mes antes tan vigoroso que podía "levantar un zurrón de añil". Había salido de su hogar para comprar ganado, regresó con fiebre y al cabo de una semana murió. Tenía una venda atada bajo la barba para sostenerle la quijada; sus delgadas muñecas las tenía seguras a través del pecho; y sus cónicos dedos sostenían un pequeño crucifijo hecho de dobladores cosidos con aguja. A cada lado de su cabeza había una vela encendida, y las hormigas, que abundaban en el suelo, bullían sobre su rostro. La viuda no reparó en mí, pero la madre y dos hermanas jóvenes me preguntaron si no tenía remedios; si no podría yo curarlo; si lo habría podido curar en caso de haberlo visto antes.

Me despedí de la acongojada familia y me retiré. El hombre que me había invitado a entrar me encontró en la puerta, y me dio un asiento entre los amigos. Inquirió con respecto a mi país, dónde quedaba, y si las costumbres eran como las de ellos; y muy pronto, a no ser por los lamentos de la viuda, muchos habrían olvidado que a pocas yardas de ellos yacía un amigo muerto.

Me quedé con ellos una hora y después regresé a mi choza. El corredor estaba repleto de cerdos; el interior era un perfecto chiquero, lleno de pulgas y de niños; y la mujer con un cigarro en la boca, y la más áspera voz que jamás oí, todavía trajo niño tras niño, y los amontonó en el suelo. Mis criados estaban ya dormidos afuera; y pidiendo prestado un cuero de buey, sin curtir, lo extendí sobre el piso en el extremo de la casa; sobre él coloqué mi pellón y sobre éste me tumbé yo. ¡La noche antes había yo dormido bajo un mosquitero! ¡Oh, padre de San Jacinto, que un hombre de mi "rango y mi carácter" hubiese llegado a tal extremo! La mujer estaba falta de sueño; una docena de veces salió a fumar un cigarro o a echar fuera a los puercos; y su desagradable voz, y los alaridos en la casa del duelo, me hicieron regocijarme cuando los gallos cantaron por la mañana.

CAPÍTULO 9: EL ASESINATO DEL VICEPRESIDENTE FLORES

CHIMALAPA. — EL CABILDO. — UNA ESCENA DE BORRACHERA. —GUSTATOYA. — PERSECUCIÓN DE LADRONES. — APROXIMACIÓN A GUATEMALA. — HERMOSO PAISAJE. — VOLCANES DE AGUA Y DE FUEGO. — PRIMERA VISTA DE LA CIUDAD. — ENTRADA A LA CIUDAD. — PRIMERAS IMPRESIONES. — LA RESIDENCIA DIPLOMATICA. — LOS PARTIDOS EN CENTRO AMÉRICA. — ASESINATO DEL VICE—PRESIDENTE FLORES. — SITUACIÓN POLÍTICA DE GUATEMALA. — UNA SITUACIÓN EMBARAZOSA. — LA ASAMBLEA CONSTITUYENTE. — POLICÍA MILITAR.

Al romper el alba me bañé en el Motagua. Mientras tanto el muchacho sordomudo preparaba el chocolate, y el cadáver del joven era conducido a su última morada. Pasé a la desolada casa, me despedí de los dolientes, y reanudé mi viaje. Otra vez teníamos a nuestra derecha el Río Motagua y las montañas de Vera—Paz. El camino era plano, hacía excesivo calor, y sufrimos por la sed. A medio día paramos dos horas en la aldea de Fisioli. Ya avanzada la tarde llegamos a una meseta cubierta de árboles con flores, que parecían manzanas en flor y cactus o tunas, con ramas de tres a quince pies de largo. Yo iba adelante; y habiendo estado en la silla todo el día, y queriendo aliviar a mi mula, desmonté y seguí a pie. Un hombre de a caballo me alcanzó y me conmovió diciéndome que mi mula estaba cansada. La mula, no teniendo costumbre de ser conducida, tiraba hacia atrás, y mi nuevo conocido la seguía azotándola; y recordando la fábula, y que yo no podría complacerlos a todos, monté, y nos dirigimos juntos a Chimalapa.

Era un largo y descaminado pueblo, con una iglesia grande, pero allí no había cura, y me fui al cabildo. Este, además de ser la casa del pueblo, es una especie de caravanera o lugar de parada para los viajeros, siendo un remanente de las costumbres orientales todavía existentes en España, e introducidas en sus antiguas posesiones americanas. Era un amplio edificio, situado en la plaza, repellado y blanqueado. En un extremo el alcalde estaba presidiendo una especie de corte, y en el otro se veían las rejas de una prisión. En medio de ellos quedaba una pieza como de treinta pies por veinte, con paredes desnudas, y desprovista de silla, banca o mesa. Fue entrado el equipaje. se suspendió la hamaca, y el alcalde me envió mi cena. Oyendo el sonido de un tambor y un violín, me encaminé a la casa de donde salía, la cual estaba repleta de hombres y mujeres fumando repantigados en hamacas, bailando y bebiendo aguardiente, en celebración de un casamiento. La noche anterior había yo presenciado una escena de difunto. Esta era una exhibición de asquerosos borrachos, y el principal valentón estaba dispuesto a armar pendencia conmigo viendo lo cual, prudentemente regresé al cabildo, cerré la puerta y recurrí a mi hamaca.

Salimos de madrugada. Dejando el pueblo, por alguna distancia a cada lado había un vallado hecho de barras colocadas sobre horquillas de cuatro pies de altura, y lleno con grandes pedazos de tunas. El camino era lo mismo que el que habíamos tenido el día anterior, plano y abundante en cactus. De nuevo había un calor desesperante, y por la tarde divisamos al pie de una elevada montaña un bosquecillo de cocoteros, resplandeciente a los rayos del sol como láminas de plata, y ocultando al pueblo de Gustatoya. A las cuatro de la tarde entramos a la población, hermosamente situada, mirando hacia un valle detrás de un cuadro ondulante de maíz, y nos dirigimos a la casa de un hermano de doña Bartola, nuestra posadora de Gualán, a quien yo iba recomendado por ella.

Tuvimos una excelente cena de huevos, frijoles, chocolate y tortillas, y estaba yo tendido en mi hamaca con las botas quitadas cuando entró el alcalde con una espada bajo el brazo, seguido por mi posadero y varias otras personas, y me refirió que una partida de ladrones había salido en mi seguimiento; que él ya tenía hombres sobre la pista, y que deseaba que le prestara mis armas y mis criados. A los segundos yo tenía suficiente voluntad de prestarlos, porque sabía que ellos hallarían su camino para volver; pero las primeras, pensé yo, estarían más seguras bajo mi propia vista. Encontrándome en el camino real, lo consideraba tan seguro que ese día había yo quitado las cápsulas a mis pistolas y escopeta, pero, poniéndome las botas, cargando y distribuyendo mis armas sobrantes, salimos afuera.

El arriero no quería ir, pero el muchacho sordomudo, con una cara de fuego, desenvainó su machete y nos siguió.

Estaba sumamente obscuro, y a la primera salida de la luz yo no podía ver bien, pero tropezando seguí a mis compañeros, quienes se movían velozmente y sin ruido a través de la plaza, y por todo el largo de la población. En los suburbios nos acercamos a una choza que estaba sola, con el frente hacia nosotros, cerrada, pero la luz de un fuego salía por los extremos; y aquí se suponía que estaban los ladrones ignorantes de la persecución o la sospecha. Después de una breve consulta, se convino en que se dividiese el grupo, y que una mitad penetrara por cada extremo; quedando a cargo del alcalde el disparar a los malvados antes que dejarlos escapar. Deslizándonos furtivamente hacia la choza, nos arrojamos a un mismo tiempo desde los opuestos lados, y capturamos a una vieja mujer que sentada en el suelo estaba atizando el fuego. Ella no se sorprendió por nuestra visita; y, con una satírica risa nos dijo que los pájaros ya habían volado. En ese momento oímos el estallido de un mosquete, que fue reconocido como la señal de los hombres que se habían estacionado para espiarlos.

Todos nos precipitamos hacia afuera; otro estallido nos hizo apresurarnos más, y muy pronto llegamos al pie de la montaña. Cuando íbamos subiendo dijo el alcalde que él veía a un hombre trepando con las manos y los pies por la falda de la montaña, y, arrebatando mi escopeta de dos cañones, le disparó tan frescamente como si hubiera sido una chocha; todos se dispersaron en su persecución y yo quedé abandonado con Agustín y el muchacho sordomudo.

Avanzando, pero no muy de prisa, y mirando atrás ocasionalmente las lejanas luces de la población, con una desconocida montaña frente a mí y una obscura noche, comencé a pensar que para miseria suficiente el defenderme cuando me atacaran; y, aunque el asunto había ido adelante por mi cuenta, era una locura para miel pasar la noche ayudando a librar a la población de sus ladrones. En seguida reflexioné que, si a los caballeros a quienes perseguíamos se les metiera en la cabeza volverse atrás, mi gorra y mi vestido blanco me harían más visible y podría ser peligroso el encontrarlos en este lugar; y, con objeto de ganar tiempo para considerar lo que me convendría hacer mejor, regresé a la población y aún no había acabado de resolver definitivamente mis ideas cuando llegué a la plaza.

Aquí me detuve, y a los pocos minutos pasó un hombre, quien me dijo que él había encontrado a dos de los ladrones en el camino real, y que le habían contado que me agarrarían por la mañana. Se les había metido entre ceja y ceja que yo era un ayudante de Carrera de regreso de Belize con una gran cantidad de dinero para pagar a las tropas. Como a la hora regresó el alcalde con sus agregados. Yo no tenía la idea de ser robado por equivocación; y sabiendo la facilidad con que los ladrones podrían ir adelante y dispararme desde lejos, pedí al alcalde que me proporcionara dos hombres para que fueran adelante y estuviesen alerta; pero yo estaba verdaderamente fastidiado del país y de la excitación de sus despreciables alarmas.

La luz del día disipó la tristeza que la noche había arrojado sobre mi buen humor. Saliendo de Gustatoya, por alguna, distancia caminé a través de un terreno cultivado donde los campos estaban divididos por vallados. Muy pronto olvidé todo temor de los ladrones, y, aburrido por el lento paso de las mulas de carga, me adelanté, dejándolas muy atrás. A las once del día entré en un barranco tan agreste que creí que ese no podía ser el camino real para Guatemala; allí no se veía ningún rastro de mula; y, regresando, tomé otra ruta, cuyo resultado fue que perdí mi camino, y anduve todo el día solo. No pude adquirir claras noticias de Agustín y del arriero, sino que seguí caminando en la creencia que ellos iban adelante de mí. Prosiguiendo rápidamente, al anochecer llegué a una hacienda hacia un lado del camino, en la que fui cordialmente recibido por el dueño, que era un mulato, y. para' mi gran sorpresa, supe que ya había yo avanzado una larga jornada de un día de camino para Guatemala. Él me puso ansioso, sin embargo, con respecto a la seguridad de mi equipaje; pero por aquella noche yo no podía hacer nada. Me tendí a lo largo frente a un gran escaparate con una imagen de la Virgen, el santo tutelar de la familia.

Como a las diez de la noche fui despertado por la llegada de Agustín y del arriero. Fuera de sus temores con respecto a mí, ellos habían tenido sus propias dificultades; dos de las mulas se cansaron y tuvieron necesidad de parar para que descansaran, y para apacentarlas.

A la mañana siguiente, muy temprano, dejando el equipaje al arriero (lo que, dicho sea de paso, era una imprudencia en ese tiempo), y cambiándome el vestido, seguimos el viaje con Agustín. Muy pronto comenzamos a ascender por una abrupta montaña, muy escarpada, dominando a cada paso una vista agreste y magnífica; y al llegar a la cima divisamos a gran distancia abajo de nosotros en el fondo de un anfiteatro de montañas, el pueblo de El Puente, cuyos campos alrededor eran blancos y muy transitados por patachos de mulas. Descendimos al pueblo y atravesamos el puente, construido sobre arcos de piedra, en un barranco por donde pasa una espumante catarata. En este lugar nos encontramos completamente rodeados de montañas agrestes hasta lo sublime, recordándome algunos de los más bellos paisajes de Suiza. Al otro lado del puente principiamos el ascenso de otra montaña. El camino era ondulado, y, al estar a suficiente altura, la vista del pueblo y del puente allá a lo lejos era excesivamente bella.

Descendiendo a corta distancia, pasamos por una pequeña aldea de chozas, situada en el filo de la montaña, dominando por ambos lados la vista de un extenso valle a cuatro o cinco mil pies hacia abajo. Siguiendo esta hermosa serranía descendimos a una meseta de tierra fértil, y divisamos la puerta de un campo que se me figuró el paisaje de un parque en Inglaterra ondulante, y adornado con árboles. En medio está situada la hacienda de San José, edificio de piedra, largo y no muy alto, con corredor al frente; era uno de aquellos lugares que, cuando menos se espera, tocan una fibra sensible, evocando gratos recuerdos y haciendo que el viajero se sienta como si pudiera permanecer allí para siempre, y para nosotros particularmente grato puesto que aún no habíamos desayunado.

Esta era una hacienda de ganado, en la que había centenares de cabezas; pero todo lo que pudieron darnos de comer fueron huevos, tortillas y frijoles cocidos en agua caliente; éstos se parecían mucho a una cesta de astillas frescas. Pasado esto hicimos nuestro último arranque para Guatemala. El camino nos condujo sobre una meseta de terreno fértil y cubierto de verdura como un prado europeo, adornado con árboles y con todas las características peculiarmente inglesas; los arrieros que habían salido de la ciudad a medianoche, y que ya habían terminado su tarea diaria estaban descansando bajo la sombra de los árboles, con sus aparejos y cargas apilados como muros, y sus mulas pastando en las inmediaciones. A lo largo de la llanura había una hilera de chozas, y si estuviera adornada en vez de deformada por la mano del hombre, esta sería una región de poética belleza. Indios, hombres y mujeres con cargas sobre las espaldas, cada grupo con un manojo de cohetes, regresaban de "la capital" como ellos orgullosamente la llamaban, con rumbo a sus pueblos entre las montañas. Todos ellos nos dijeron que dos días antes Carrera había entrado de nuevo con sus soldados a la Ciudad.

Cuando nos encontrábamos solo a dos leguas de distancia, el caballo de Agustín se dio por vencido. Yo estaba ansioso de ver la ciudad antes de que obscureciera, y me adelanté. Ya era avanzada la tarde cuando, al subir por una pequeña eminencia, dos inmensos volcanes se levantaron ante mí, aparentando desdeñar la tierra y elevarse hasta los cielos. Eran los grandes volcanes de Agua y de Fuego, a cuarenta millas de distancia, y de quince mil pies de elevación, más o menos, maravillosamente espléndidos y hermosos. A los pocos momentos tuve a la vista el gran valle de Guatemala, rodeado de montañas, y en el centro de éste, la ciudad como un pequeño punto en la vasta extensión, con sus iglesias, conventos y numerosas torrecillas, cúpulas y campanarios, tranquila como si el espíritu de paz descansara sobre ella. Sin históricas asociaciones, sino por su singular belleza dejaba una impresión en la mente del viajero que nunca se podrá borrar. Desmonté de mi mula y la amarré. Todavía los últimos rayos de sol alumbraban los techos y cúpulas de la ciudad dándole un reflejo tan deslumbrante que apenas podía verla furtivamente. Por grados el disco del sol fue descendiendo hasta la cima del volcán de Agua y poco a poco todo el globo hundióse tras de él, iluminando el fondo con una atmósfera intensamente roja. Una dorada nube envolvió su falda, descansó en la cúspide y, mientras yo la contemplaba, los dorados matices desaparecieron y la gloriosa escena terminó.

Agustín venía caminando con su pobre caballo cojeando atrás de él, y con una pistola en la mano. Le contaron por el camino que los soldados de Carrera eran muy desenfrenados, y que abundaban los ladrones por los arrabales de la ciudad, y venía decidido a disparar sobre cualquiera que le hiciese alguna pregunta. Hice que guardara sus pistolas, y montamos nuestras bestias. Todavía un inmenso barranco nos separaba de la ciudad. Ya estaba muy obscuro cuando llegamos al fondo, faltando poco para ser atropellados por un patacho de mulas con carga que venían por el camino. Cuando llegamos a la cumbre del lado opuesto, entramos por la puerta exterior, todavía a una distancia de milla y media de Guatemala. Adentro había chozas miserables, con grandes fogatas al frente, rodeadas por grupos de indios borrachos y soldados vagabundos que disparaban al aire sus mosquetes. Agustín me dijo que espoleáramos; pero su pobre caballo ya no podía más, y nos vimos en la necesidad de andar al paso. Todavía no sabíamos a dónde iríamos a parar; no había hotel en Guatemala. ¿Para qué sirve un hotel en Guatemala? ¿Quién irá nunca a Guatemala? tal era la respuesta de un caballero de aquel lugar a mis preguntas al respecto. Tenía yo varias cartas de recomendación, una de ellas para Mr. Hall, vice—cónsul inglés; y por fortuna resolví acogerme a su hospitalidad.

Escogimos a un indio andrajoso, quien tomó a su cargo el conducirnos a la casa de Mr. Hall. y guiados por él entramos en la ciudad por una recta y larga calle. Mi campesina mula parecía atónita a la vista de tantísimas casas, y no quería atravesar los desagües que eran anchos y en mitad de las calles. Al obligarla a pasar dio un salto que, después de tan fatigoso viaje, hizo que me sintiera orgulloso de ella; pero rompió las riendas, y me vi obligado a apearme y conducirla. La pobre bestia de Agustín ya no pudo más con él, de manera que él venía a pie, dando latigazos a mi mula, y nuestro guía ayudándonos adelante y atrás. De este modo atravesamos las calles de Guatemala.

Quizás ningún diplomático entró jamás tan modestamente a una capital. Nuestro estúpido indio no sabía dónde vivía Mr. Hall; era difícil encontrar por la calle a quién preguntarle, y yo ya tenía una hora de estar jalando mi mula sobre los desagües de las calles y regañando al guía antes de dar con la casa. Al llegar toqué por algún tiempo sin recibir contestación; al fin un joven abrió la cerradura de una ventana con balcón diciéndome que M—. Hall no estaba en casa. Esto no me haría retroceder. Le dije mi nombre, se retiró y a los pocos momentos se abrió la puerta principal, y el mismo Mr. Hall me recibió, indicándome que no había abierto más pronto porque los soldados se habían amotinado ese día por falta de pago, y amenazaban con saquear la ciudad.

Carrera había hecho esfuerzos para pacificarlos, y había pedido prestados cincuenta dólares a un comerciante francés, vecino de Mr. Hall, pero los habitantes se encontraban muy alarmados; y cuando llamé a su puerta él estaba temeroso de que los soldados hubieran dado principio a la ejecución de su amenaza. Mr. Hall había quitado el asta de su bandera, porque la última vez que entraron los soldados, al verla enarbolada, hicieron fuego sobre ella, llamándola bandera de guerra. Ellos eran en su mayor parte indios de los pueblos, ignorantes e insolentes, y hacía pocos días que un centinela le había volado el sombrero porque no sé lo quitó al pasar, por cuyo motivo había pendiente una queja ante el gobierno. Toda la ciudad se encontraba amedrentada.

Nadie se aventuraba a salir por la noche, y Mr. Hall se maravillaba de cómo había podido yo vagar por las calles sin ser molestado. Todo esto no era muy agradable, pero no podía quitarme la satisfacción de haber llegado a Guatemala. Por la primera vez desde mi arribo al país, tuve una buena cama y un par de sábanas limpias. Ese día se cumplían dos meses desde mi embarque en Nueva York, y solamente uno que me encontraba en el país; pero me parecía por lo menos un año.

El lujo de mi descanso aquella noche todavía permanece en mis recuerdos, y la brisa matutina fue la más pura y vigorizante que jamás había respirado. Situada en las "Tierras templadas" en un valle a cinco mil pies sobre el nivel del mar el clima de Guatemala es el de una perpetua primavera, y el aspecto general me recordaba el de las mejores ciudades italianas. Está. edificada en bloques de tres a cuatrocientos pies en cuadro, con calles paralelas que se cruzan una a otra en ángulo recto. Las casas, construidas para resistir la acción de los terremotos, son de un solo piso, pero muy espaciosas, con grandes puertas y ventanas protegidas por balcones de hierro. En el centro de la ciudad se ostenta la Plaza un cuadro de ciento cincuenta yardas por lado, pavimentada con piedra, y con columnatas en tres de sus costados; en uno de éstos se levanta el antiguo palacio de los virreyes y sala de la audiencia; en otro se encuentra el cabildo y varios edificios de la ciudad; y en el tercero la aduana y el palacio del ci—devant marquesado de Aycinena; por último, en el cuarto extremo está la catedral, hermoso edificio, del mejor estilo de arquitectura moderna, con el palacio arzobispal a un lado, y el colegio de infantes por el otro. En el centro hay una gran fuente de piedra, de imponente estructura, abastecida con agua procedente de las montañas como a dos leguas de distancia; y el área es usada para mercado. Las iglesias y conventos corresponden a la hermosura de la plaza, y su suntuosidad y magnificencia atraerían la atención de los turistas en Italia o en la vieja España.

La fundación de la ciudad se verificó en 1776, año memorable en nuestros propios anales, y cuando nuestros antepasados pensaban muy poco en las dificultades de sus vecinos. En aquella época la antigua capital a veinticinco millas de distancia, arruinada y destruida por los terremotos fue abandonada por sus habitantes, quienes edificaron la presente en el fértil valle de Las Vacas, y en estilo apropiado a la dignidad de una Capitanía General de España. Rara vez había sido yo más favorablemente impresionado con la primera apariencia de ninguna ciudad, y la única cosa que me mortificaba en las dos horas de vagar por las calles, era la vista de los soldados de Carrera, andrajosos y de insolente mirada; y mi primer pensamiento fue, que en cualquier ciudad de Europa o de los Estados Unidos, los ciudadanos, en vez de someterse a la imposición de tales bárbaros, se habrían levantado en masa para arrojarlos fuera de sus puertas.

En el curso de la mañana tomé posesión de la casa que había sido ocupada por Mr. De Wit, nuestro exencargado de Negocios. Si yo había quedado con una favorable impresión del exterior de las casas, quedé encantado del interior. La entrada se hacía por una gran puerta doble, por un zaguán pavimentado con pequeñas piedras negras y blancas, que conducía a un hermoso patio pavimentado de la misma manera. A los lados, anchos corredores embaldosados con ladrillos rojos cuadrados, y ribeteados con arriates de flores. Enfrente, hacia la calle, y contigua a la entrada, una antesala con ventana y gran balcón, e inmediata a ella una sala con dos ventanas. En la parte más retirada una puerta abierta a un lado para entrar al comedor, con puerta y dos ventanas para el corredor. Al final del corredor otra puerta que conduce a un dormitorio con puerta y una ventana y en seguida otra habitación del mismo tamaño, todas con puertas y ventanas abiertas hacia el corredor. El edificio y corredor seguían hasta el otro lado del solar, en cuyo centro había habitaciones para la servidumbre, y en las esquinas una cocina, y el establo, enteramente ocultas a la vista, cada uno provisto con una fuente separada. Este es el plano de todas las casas en Guatemala; hay otras mucho más grandes, por ejemplo la de la familia Aycinena que ocupa una cuadra de doscientos pies; pero en la mía se combinaban mejor la belleza y el confort que en ninguna otra residencia que yo hubiera visto jamás.

A las dos de la tarde arribó mi equipaje y quedé más confortablemente instalado en mi nuevo domicilio. La sala estaba amueblada con una gran librería conteniendo estantes de libros empastados de amarillo, lo que me trajo dolorosas reminiscencias de un bufete en mi país. Los archivos de la Legación tenían un aspecto muy imponente; y sobre el escritorio de Mr. De Witt pendía otro recuerdo de mi patria: un facsímil de la Declaración de Independencia.

Mi primer trabajo fue el hacer los arreglos necesarios para enviar una escolta de confianza para Mr. Catherwood y en seguida era mi obligación el ver si encontraba al gobierno ante el cual yo estaba acreditado.

Desde el tiempo de la conquista, Guatemala había permanecido en un estado de profunda tranquilidad como colonia de España. Los indios se sometieron pacíficamente a la autoridad de los blancos, y todos acataban el derecho divino de la iglesia romana. A principios de la presente centuria algunos pocos rayos de luz penetraron en el corazón del Continente Americano y en 1823, el Reino de Guatemala como entonces se llamaba, declaró su independencia de España, y, después de una corta unión con México, se constituyó por sí misma en república bajo el nombre de Estados Unidos de Centro América. Según los artículos del pacto de unión, la confederación se componía de cinco Estados, a saber: Guatemala, San Salvador, Honduras, Nicaragua y Costa Rica. Chiapas tenía el privilegio de entrar a formar parte de la federación en caso de convenirle, pero nunca lo hizo. Quezaltenango, distrito de Guatemala, fue después convertido en un Estado separado y agregado a la federación.

El monstruoso espíritu partidarista fue mecido en la cuna misma de su independencia, e inmediatamente se manifestó la línea divisoria entre los partidos aristocrático y democrático. El nombre local de estos partidos al principio me confundió, pues al primero se le llamaba central o servil, y al segundo federal, liberal o democrático. Substancialmente ellos eran los mismos que nuestros propios partidos federal y democrático. El lector tal vez encontrará dificultad en entender que, en algún país, y en sentido político, federal y democrático signifiquen lo mismo; o que cuando yo hablo de un federalista me refiero a un demócrata; y para evitar confusiones, al referirme a ellos de aquí en adelante, llamaré central al partido aristocrático, y liberal al partido democrático. El primero, como nuestro partido federal abogaba por la consolidación y la centralización de los poderes en un gobierno general, y el segundo peleaba por la soberanía de los Estados.

El partido central lo componían algunas pocas familias principales que, por razón de ciertos privilegios de monopolio para la importación bajo el antiguo gobierno español, asumían el aire de nobleza, sostenidas por los curas y frailes y por los sentimientos religiosos del país. El partido liberal estaba formado por hombres de inteligencia y energía que sacudieron el yugo de la iglesia romana, y que, en el primer entusiasmo de sus emancipadas conciencias rasgaron de una vez el negro manto de la superstición que, cual paño funerario, estaba tendido sobre el espíritu del pueblo. Los centralistas deseaban conservar las costumbres del sistema colonial, y resistían cada innovación y cada ataque, directo o indirecto, sobre los privilegios de la iglesia y sobre sus propios prejuicios o intereses.

Los liberales, ardientes. y acariciando brillantes proyectos de reforma, anhelaban un cambio instantáneo en los sentimientos y costumbres populares, y creían que estaban perdiendo preciosos momentos para establecer algunas nuevas teorías y barrer algunos de los viejos abusos. Los centralistas olvidaron que la civilización es una deidad celosa que no admite particiones ni puede permanecer estacionaria. Los liberales olvidaron que la civilización requiere una armonía de inteligencia, de costumbres y de leyes. El ejemplo de los Estados Unidos y de sus liberales instituciones fue puesto en alto por los liberales; y los centralistas argüían que, con su ignorante y heterogénea población, desperdigada sobre un vasto territorio, sin medios fáciles de comunicación, era un sueño tomar a nuestro país como modelo. A la tercera sesión del congreso, los partidos se declararon en abierta pugna, y los diputados de San Salvador, siempre el Estado más liberal de la confederación, se retiraron:

Flores, Vicejefe del Estado de Guatemala, liberal, se hizo odioso a los curas y a los frailes por haber impuesto una contribución sobre el convento en Quezaltenango; y con ocasión de una visita que hizo a dicha plaza, los frailes del convento excitaron al populacho en contra suya, como un enemigo de la religión. ¡Pronto se formó un tumulto frente a su casa gritando "¡muera el hereje!". Flores huyó a la iglesia; pero en la puerta un grupo de mujeres lo agarró arrebatándole de las manos el bastón y, pegándole con él, le quitaron el gorro y le arrastraron por los cabellos. Logró escapar de estas furias y corrió hacia el púlpito. La campana de alarma sonaba y toda la plebe de la ciudad llenó inmediatamente la plaza.

Algunos pocos soldados trataron de cubrir la entrada de la iglesia, pero fueron acometidos con piedras y palos; y la multitud, venciendo toda oposición, ¡forzó la entrada de la iglesia haciéndola resonar con los gritos de "muera el hereje!" Abalanzándose hacia el púlpito, algunos trataron de descolgarlo, otros de escalarlo; otros herían al infeliz Vicejefe con cuchillos atados a la punta de largos palos; mientras que un diabólico muchacho con un pie sobre las molduras del púlpito y el otro al aire, se agachó y le asió por los cabellos. El cura que estaba en el púlpito con Flores, temeroso de la tempestad que él mismo había ayudado a levantar, elevó al Santísimo pidiendo a la multitud que lo perdonara y prometiendo que saldría de la ciudad inmediatamente.

El infeliz Flores, arrodillado confirma estas promesas; pero los frailes azuzaban a la plebe, que se puso tan excitada con religioso frenesí, que después de arrodillarse ante la imagen del Salvador, exclamando "Te adoramos, oh Señor, te veneramos", se levantaron con el furioso grito: "¡pero por tu honra y gloria este blasfemo, este hereje, debe morir! Y entonces arrancándole del púlpito y arrastrándole por el piso de la iglesia hasta llegar a los claustros, lo entregaron en manos de la fanática y furiosa horda, en donde las mujeres, como furias desencadenadas le dieron puñetazos, pedradas y palos hasta matarlo. Sus asesinos lo desnudaron y dejándolo completamente desfigurado y convertido en objeto de horror, expuesto a los insultos del populacho, dispersándose en seguida por la ciudad y pidiendo la cabeza de los liberales con el grito de "¡VIVA LA RELIGION Y MUERAN LOS HEREJES DEL CONGRESO!". Por ese tiempo el fanatismo religioso tomó incremento en el Estado y el partido liberal quedó deshecho en Guatemala.

Pero el Estado de San Salvador, desde el comienzo el corifeo de los principios liberales tomó la iniciativa en el movimiento de venganza, y el 16 de Marzo de 1827 su ejército apareció en las puertas de Guatemala amenazando con la destrucción de la capital; empero, el fanatismo religioso era demasiado fuerte: los sacerdotes corrían por las calles exhortando al pueblo a empuñar las armas; los frailes encabezando tumultuosas masas de mujeres con cuchillos desenvainados, juraban la destrucción de todo aquel que intentara trastornar su religión, así que los salvadoreños fueron derrotados y obligados a huir. Durante dos años los partidos se mantuvieron en abierta lucha. En 1829, tropas de San Salvador al mando del General Morazán, quien entonces era la cabeza del partido liberal, marcharon de nuevo sobre Guatemala y después de tres días de batalla entraron triunfantes a la capital.

Todos los corifeos del partido central, los Aycinena, los Pavones y Piñoles, fueron derrotados o huyeron, los conventos fueron destruidos, las instituciones de frailes abolidas, los mismos frailes embarcados y expulsados del país, y el arzobispo, temeroso de ser deportado, o quizá en espera de peor suerte, huyó para salvarse.

En 1831 el General Morazán fue electo Presidente de la República; y al expirar su período se le reeligió. Durante ocho años el partido liberal tuvo todo el poder; pero durante la última parte de su gobierno ya había gran descontento a causa de los empréstitos forzosos y exenciones para sostener la administración o, como decían los centralistas para premiar la rapacidad de los empleados libertinos y sin escrúpulos. El partido de la iglesia estaba siempre alerta. Los emigrados en los Estados Unidos, en México y en la frontera, con la mirada siempre fija en el hogar, se mantenían en constante comunicación y daban alas a los descontentos que cada día aumentaban. Algunos de ellos en completa penuria en el extranjero, se aventuraban a regresar, y no siendo molestados, otros inmediatamente les seguían. Por este tiempo empezó el levantamiento de Carrera el cual al principio era más temido por los centralistas que por los liberales; pero repentinamente y para su mayor admiración, colocó a los primeros nominalmente a la cabeza del gobierno.

En mayo anterior a mi llegada había expirado el período del presidente, senadores y diputados, y no había habido elección para substituirlos. El vice—presidente, que había sido electo en un período aún no terminado, era el único que estaba en funciones en el gobierno federal. Los Estados de Guatemala, Honduras, Nicaragua y Costa Rica se habían declarado a sí mismos independientes de la federación. Los Estados de San Salvador y Quezaltenango sostenían al gobierno federal, y Morazán como comandante en jefe de las fuerzas federales había derrotado a Ferrera y establecido tropas en Honduras, lo que daba al partido liberal el actual control de tres Estados.

Virtualmente, pues los Estados se encontraban "tres a tres". ¿Dónde estaba mi gobierno? El último congreso, antes de su disolución había recomendado la panacea para las enfermedades políticas: una Asamblea para reformar la constitución. Los gobiernos de Inglaterra y Francia estaban representados en Centro América por consulados generales. No había ningún tratado. Inglaterra no podría procurarse uno a menos que renunciara a todo reclamo con respecto a la Isla de Roatán en la Bahía de Honduras, y a Belize. Con Francia se había celebrado un tratado; pero, aunque presionado con gran formalidad por el cónsul general de ese país, el senado rehusó ratificarlo. El nuestro era el único gobierno que tenía algún convenio con Centro América y hasta la salida de Mr. De Witt del país, estuvimos representados por un Encargado de Negocios. El cónsul general inglés había publicado una circular negando la existencia del gobierno federal; el cónsul de Francia no estaba en buenas relaciones con ninguno de los partidos; y mi arribo y el curso que yo pudiera tomar, eran motivo de algún interés para los políticos.

No había más que un lado para la política en Guatemala. Ambos partidos tenían un bonito modo de producir unanimidad de opinión, expulsando del país a todo aquel que no estuviese de acuerdo con ellos. Si había algunos liberales yo no me encontré con ellos, o quizá no se atrevían a despegar los labios. El partido central, que apenas hacía seis meses que estaba en el poder, y todavía sorprendido de encontrarse ahí, vacilaba entre la arrogancia y el temor. Las antiguas familias cuyos miembros principales habían sido desterrados o que se encontraban en el ostracismo político, y el clero, estaban gozosos por la expulsión del partido liberal, y por su regreso a lo que ellos consideraban su derecho natural de gobernar al Estado; hablaban de llamar al desterrado arzobispo de la iglesia, reformar los conventos, revivir las instituciones monásticas y hacer de Guatemala lo que antes había sido: la joya de Hispano América.

Una de mis primeras visitas de ceremonia fue para el señor Rivera Paz, el Jefe del Estado. Fui presentado por Mr. Henry Savage quien había antes actuado como cónsul de los Estados Unidos en Guatemala, y que fue el único americano residente a quien yo me considero agradecido por sus constantes atenciones. Habiéndose declarado independiente del gobierno federal, el Estado de Guatemala estaba gobernado entonces por una organización transitoria llamada Asamblea Constituyente. En la última entrada de Carrera a la ciudad, en marzo anterior a mi llegada, Salazar, Jefe del Estado, huyó; y Carrera a caballo llamando a la puerta del Señor Rivera Paz antes de amanecer por sí y ante sí lo instaló como Jefe. Fue una afortunada elección para el pueblo de Guatemala. Era como de treinta y ocho años de edad, caballeroso en su apariencia y modales, y en todas las difíciles posiciones en que se encontró más tarde, dio a conocer una prudencia y juicio nada comunes.

Se me había advertido que sería grato para el gobierno de Guatemala que yo le presentase primero mis credenciales al Jefe de aquel Estado y posteriormente a cada uno de los jefes de los otros Estados, y que con cada uno de ellos, separadamente, tratara los asuntos que se me habían encomendado para el gobierno general. El objeto de esto era impedir que yo reconociese al poder que era, o que pretendía ser, el gobierno federal. La sugerencia era por supuesto descabellada, pero mostraba el dominio del espíritu partidarista. El Sr. Rivera Paz expresó su pesar, de que mi visita al país fuese en tan infortunada época, asegurándome la amistosa disposición de aquel Estado, y que haría todo lo que estuviese de su parte por servirme. Durante mi visita fui presentado a varios de los principales miembros de la administración y me despedí con una favorable opinión de Rivera Paz, la que nunca fue debilitada en lo que respecta a él personalmente.

Por la tarde, en compañía de Mr. Hall, asistí a la última reunión de la Asamblea Constituyente. Tuvo lugar ésta en la antigua Sala del Congreso; la pieza era grande, adornada con retratos de antiguos españoles distinguidos en la historia del país, y escasamente alumbrada. Los diputados estaban sentados en una plataforma al extremo del salón, elevada más o menos a seis pies, y el Presidente en un puesto más elevado en un sillón; dos secretarios junto a una mesa más abajo, y sobre la pared el escudo de la República, en cuyo fondo había tres volcanes, simbolizando, supongo, el combustible estado de la nación. Se encontraban presentes como treinta diputados, sentados a ambos lados, siendo más o menos la mitad de ellos sacerdotes, con vestido talar negro y bonete del mismo color; y por lo opaco de la luz la escena me transportó a la edad media, y me pareció estar presenciando una reunión de inquisidores.

El asunto que se discutía era una moción relativa a restablecer la antigua ley del diezmo, que había sido abolida por el partido liberal. La ley fue aprobada por unanimidad; enseguida se discutió una moción sobre separar una pequeña parte del producto y destinarla al sostenimiento de hospitales para los pobres. Los sacerdotes tomaron parte en la discusión con sentimientos liberales; un miembro no eclesiástico, de grandes y negras patillas, se opuso diciendo que la iglesia era como una luz en las tinieblas; y el marqués de Aycinena, sacerdote y miembro dirigente del partido dijo "que lo que se recaudaba para Dios debía darse solamente a Dios". Hubo otra discusión sobre si la ley se debería aplicar al ganado que ya existía o al que naciera de ahí en adelante; y, por último, qué medios se pondrían en práctica para hacer efectiva dicha ley. Un caballero argumentó que las medidas coercitivas no deberían usarse, y, con un bello arranque de elocuencia, dijo que la confianza debía cimentarse en los sentimientos religiosos del pueblo, y que los indios más pobres vendrían enseguida a contribuir con su pequeño óbolo; pero la Asamblea decidió que la ley se ejecutara de acuerdo con las leyes antiguas de los españoles cuya severidad había sido una de las principales causas de la revolución en todos los países hispanos. Había algo muy horrible en esta retrógrada legislación.

Se me hace muy difícil comprender cómo en pleno siglo diecinueve, hombres de entendimiento y en un país donde por todas partes los principios de libertad luchaban por prevalecer, se pretendiera sujetar al pueblo bajo un yugo que, aun en los siglos de la obscuridad, fuera demasiado duro para ser soportado. El tono de los debates era respetuoso y reposado por la completa ausencia del partido de la oposición. La Asamblea significando ser un organismo popular, representaba la voz del pueblo. Era una época de gran excitación y la última noche de sesiones; y Mr. Hall y yo, cuatro hombres y tres muchachos constituíamos el auditorio.

Como no había seguridad al estar por las calles pasadas las ocho de la noche, la Asamblea levantó su sesión y después de una pequeña junta a la mañana siguiente fue servido un banquete de ceremonia. El punto de reunión fue la antigua biblioteca, venerable sala que contiene una valiosa colección de raros manuscritos y antiguos libros españoles, entre los cuales han sido descubiertos últimamente los dos volúmenes de Fuentes que estaban perdidos, lo que me produjo muchísima satisfacción. Los únicos invitados eran Mr. Hall, el cónsul general de Francia, el coronel Monte Rosa (un ayudante de Carrera) y yo. Carrera fue invitado, pero no asistió. La mesa estaba profusamente adornada con flores y frutas. Muy poco vino se consumió y no hubo brindis ni alegría. Ningún hombre cano había a la mesa; todos eran jóvenes y tan estrechamente relacionados que más bien parecía una reunión de familia; más de la mitad de ellos habían estado desterrados y si Morazán volviera al poder todos serían dispersados otra vez.

Apenas tres días tenía yo de estar en Guatemala y ya me parecía triste el lugar. Los nubarrones que pendían sobre el horizonte político pesaban sobre el espíritu de sus habitantes, y por la tarde me veía obligado a retirarme a mi casa solo. En medio de la incertidumbre que me hacía vacilar en mis movimientos, y para evitarme las molestias del manejo de los asuntos domésticos para unas pocas semanas quizá, yo comía y cenaba en casa de la señora, una joven viuda muy interesante dueña de la casa donde yo habitaba (su marido había sido muerto en una revolución secreta preparada por él mismo) y que vivía casi al lado opuesto. La primera tarde permanecí allí hasta las nueve de la noche; pero al cruzar la calle de regreso a mi casa un furibundo "¿Quién vive?" llegó retumbando hasta mí. En la obscuridad no podía ver al centinela ni sabía la contraseña. Por fortuna, y esto era muy raro, repitió la pregunta dos o tres veces, pero tan fieramente que el eco de su voz repercutió en mis oídos como el disparo de un mosquete, y sin duda en un instante más una bala me habría alcanzado, si no hubiera sido por una anciana que salió precipitadamente de la casa de donde yo venía, y, ¡con una linterna en la mano gritó "Patria Libre!"

Aunque callado, yo no permanecía inactivo; y cuando ya estuve en lugar seguro di las gracias a la señora a través de la calle, ocultándome cuanto pude en el interior del zaguán. Desde la entrada de Carrera, él había colocado centinelas para preservar la paz en la ciudad, la que era muy tranquila antes de su llegada y sus pacificadores la mantenían en constante alarma. Estos centinelas eran adictos a disparar sus mosquetes. La orden que tenían era preguntar "¿Quién vive?" "¿Qué gente?" ¿Qué regimiento?" y en seguida disparar. Uno de ellos ya había obedecido la orden literalmente, y después de hacer las tres preguntas con precipitación, sin esperar las respuestas, disparó matando a una mujer. Las respuestas eran: "Patria libre", "Paisano" y "Paz".

Esto fue un motivo de molestia durante todo el tiempo que permanecí en Guatemala. Las calles no estaban alumbradas; y oyendo el "¿Quién vive?" algunas veces a una cuadra de distancia con acento feroz y sin poder ver al centinela, siempre me lo imaginaba con el mosquete al hombro atisbando en medio de la obscuridad para disparar. Yo me sentía menos seguro por motivo de mi pronunciación extranjera; pero nunca encontré alguno, ya fuera del país o extranjero, que no se pusiera nervioso al oír al centinela o que no tratase de evitarlo pasando a dos cuadras de distancia de su camino.

CAPÍTULO 10: PROCESIÓN EN HONOR DE LA VIRGEN

HACIENDA DE NARENGO. — LAZANDO GANADO. — CORRESPONDENCIA DIPLOMÁTICA. — FÓRMULAS. — FIESTA DE LA CONCEPCIÓN. — TOMANDO EL VELO NEGRO. — UNA PAISANA. — RENUNCIANDO AL MUNDO. — FUEGOS ARTIFICIALES, ETC. — PROCESIÓN EN HONOR DE LA VIRGEN. — OTRA EXHIBICIÓN DE FUEGOS ARTIFICIALES. — UN TORO BRAVO. — SOLDADESCA INSOLENTE.

Al día siguiente en compañía de Mr. Savage nos fuimos a caballo a Narengo, pequeña hacienda de la familia Aycinena como a siete millas de la ciudad. Más allá de los muros todo era hermoso, y en los buenos tiempos de Guatemala los Aycinena rodaban hacia El Narengo en un enorme carruaje, cubierto de esculturas y dorados, al estilo de los grandes de España, y que ahora permanece en el patio de la casa de familia, como un recuerdo de mejores días. Entramos por una gran puerta a un camino particular de su propiedad, ondulante y ornamentado con árboles, que pasaba cerca de un lago artificial, formado por. varias corrientes de aguas represadas. Dimos vuelta por la orilla del lago, y entramos a un gran corral de ganado, en cuyo centro y hacia el lado pendiente, estaba la casa, maciza estructura de piedra con una ancha plaza al frente, y dominando una hermosa vista de los volcanes de la Antigua.

La hacienda era valiosa únicamente por su proximidad a Guatemala, siendo, lo que nosotros llamaríamos una casa de campo. Tenía una extensión de siete mil acres de tierra solamente y tendría alrededor de setenta mulas y setecientas cabezas de ganado vacuno. Era la época de marcar y contar el ganado y dos de los señores Aycinena se encontraban en la hacienda para dirigir las operaciones. El ganado había sido encorralado, pero como yo nunca había visto el procedimiento para lazarlo, después de la comida cien cabezas que habían estado durante dos días sin pastura fueron echadas a un campo de dos o tres millas de circunferencia.

Ocho hombres montaron, con espuelas de hierro de una pulgada de largo sobre sus desnudos talones, y cada uno con un lazo en la mano, hecho de un cuero entero de res cortado en forma de cuerda como de veinte yardas de largo, uno de cuyos extremos iba atado a la cola del caballo, la que previamente era envuelta en hojas para evitarle lastimaduras, y el sobrante enrollado, lo tenía el jinete en la mano derecha, descansando sobre la manzana de la silla. Todo el ganado se había dispersado; nos situamos en una eminencia que dominaba una vista parcial del campo, y los jinetes se esparcieron en su persecución.

Al instante, treinta o cuarenta pasaron atropelladamente, perseguidos por los jinetes a todo galope perdiéndose pronto de vista. Nosotros deberíamos escoger entre perder el juego o acuerparlo, y en uno de tantos rodeos, teniendo especial cuidado de evitar el tropel de la furiosa novillada y de los temerarios jinetes, me hice al lado de dos vaqueros que perseguían a un solo buey, siguiéndolo sobre la loma, por entre breñas, matorrales y maleza. Un vaquero lanzó su cuerda magistralmente sobre los cuernos del buey, tornando enseguida su caballo, mientras el animal cogido por el lazo sin sacudir al caballo ni al jinete, fue arrojado de cabeza sobre el campo.

En esos momentos una manada pasó violentamente, perseguida por todos los vaqueros. Un buey amarillo grande se apartó del grupo y todos le siguieron. Por una milla se mantuvo adelante, escapando y escabulléndose, pero los jinetes lo rodearon empujándolo hacia el lago y después de un infructuoso intento de saltar, se arrojó al agua. Dos vaqueros lo siguieron y asustándolo sacáronlo de allí. A los pocos momentos silbó el lazo sobre su cabeza, y, mientras que caballo y jinete se mantuvieron firmes como una roca, el buey saltó de nuevo precipitadamente al campo. Los vaqueros se esparcieron, rodando uno de ellos con todo y caballo de tal modo que creí que todos los huesos de su cuerpo se habían quebrado; pero el juego era tan excitante que yo, aunque al principio estuve muy cuidadoso de mantenerme fuera de peligro, ya me sentía dispuesto a que mi caballo también fuera atado de la cola y a tomar un lazo en la mano.

El efecto de la cacería era realzado por la belleza del paisaje, con los grandes volcanes de Agua y de Fuego elevándose sobre nosotros, y por la tarde proyectando su obscura sombra sobre el llano. Ya era casi de noche cuando regresamos a casa. Con esa refinada cortesía, que yo creo es exclusivamente española, los caballeros nos acompañaron por alguna distancia en nuestro camino. Al anochecer llegamos a Guatemala, y, con gran satisfacción, supimos en la entrada que los soldados ya habían sido encerrados en los cuarteles.

La noticia de mi arresto y prisión había llegado a Guatemala antes que yo, con gran exageración de las circunstancias, y se me dijo que el gobierno del Estado pensaba dirigirme una comunicación al respecto. Esperé durante varios días, y, no recibiendo ninguna, presenté mi queja formal, estableciendo los hechos, y manifestando que yo no trataba de sugerir qué debería hacerse, sino que me sentiría satisfecho con que el gobierno hiciese lo que fuera conveniente a su propia honra y a los derechos de una nación amiga. A los pocos días recibí la respuesta del Secretario de Estado, portadora de los sentimientos del Presidente, por lo ocurrido, y manifestando que, antes de recibir mi nota, el gobierno había dictado las medidas que consideró oportunas sobre el particular. Como esto era muy vago, y yo estaba profundamente indignado contra los hechores, y además ya había oído algo por la calle acerca de tales "medidas" y consideraba necesario, para la protección de los americanos que estuvieran o pudieran estar en el país, no sufrir un ultraje que ya era notorio que había sido tratado ligeramente, dirigí otra comunicación al secretario, preguntándole especialmente si el oficial y el alcalde referidos habían sido castigados y de qué manera.

La respuesta fue que bajo las circunstancias extraordinarias en que se encontraba el país por la revolución popular, y por la desconfianza que. prevalecía en las poblaciones fronterizas, las autoridades locales eran más suspicaces que de costumbre en materia de pasaportes, y que "el atropellamiento" que yo había sufrido, tenía su origen en las órdenes de "un oficial militar", quien sospechaba que yo y mis acompañantes éramos "enemigos", y que el General Cáscara, tan pronto como fue informado de las circunstancias, lo había separado del mando. La respuesta daba a entender que el gobierno, muy a su pesar, por las difíciles circunstancias en que se encontraba el país, no tenía poder para prestar seguridades a los viajeros como lo deseaba, pero que dictaría órdenes terminantes a las autoridades locales para mi seguridad en los futuros viajes.

Yo tenía conocimiento que el General Cáscara había removido al oficial, pero apenas llegada la noticia a Guatemala, Carrera le ordenó que lo restituyera; y más tarde vi en San Salvador cartas en que él había amenazado al General Cáscara con fusilarlo si no se revocaba la degradación. En ulteriores comunicaciones con el Secretario y con el Jefe del Estado, éstos confesaron su impotencia para hacer algo; y estando satisfecho que ellos lo deseaban aún más que yo mismo, consideré que no valdría la pena insistir en el asunto; pues en verdad y en rigor, yo no tenía derecho a acudir al gobierno del Estado. El gobierno general no tenía ni la más mínima autoridad en el Estado, y hago hincapié en esta circunstancia para poner de relieve la completa debilidad de la administración, y las desastrosas condiciones del país en general. Esto me molestaba especialmente porque me hacía ver las dificultades y el peligro de continuar los viajes que había proyectado.

Desde mi arribo quedé impresionado con el devoto carácter de la ciudad de Guatemala. Por la mañana y por la tarde, todas las iglesias estaban abiertas y las gentes, particularmente las mujeres, acudían con regularidad a los rezos. Cada casa tenía su imagen de la Virgen, del Redentor o de algún santo tutelar, y sobre las puertas había leyendas con oraciones: "La verdadera sangre de Cristo, nuestro Redentor, que solo representada en Egipto libró a los Israelitas de un brazo fuerte y poderoso, líbrenos de la peste, guerra y muerte repentina. Amén". "Oh María, concebida sin pecado, rogad por nosotros, que recurrimos a vos". "Ave María, gracia plena, y la Santísima Trinidad nos favorezca". "El dulce nombre de Jesús sea con nosotros. Amén".

El primer domingo después de mi arribo fue celebrada la fiesta de la Concepción, que siempre ha sido reverenciada entre los ritos de la Iglesia Católica, y en ese día con mayor entusiasmo por la circunstancia de que una novicia del convento de la Concepción se había decidido a tomar el velo negro. Muy de mañana las campanas de las iglesias repicaron en toda la ciudad, se dispararon cañonazos en la plaza, y se prepararon cohetes y fuegos artificiales en las esquinas de las calles. A las nueve de la mañana multitud de gente fue llegando a la iglesia de La Concepción. Frente a la puerta y a través de las calles, había arcos adornados con siempreverde y flores. Las amplias gradas de la iglesia fueron regadas con hojas de pino, y sobre la plataforma, varios hombres soltaban cohetes. La iglesia era una de las más hermosas de Guatemala, con profusión de adornos de oro y plata, cuadros e imágenes de santos, y adornada con arcos y flores. El Padre Aycinena, Vicepresidente del Estado, y el miembro principal de la Asamblea Constituyente, era el predicador ese día, y su alta reputación atrajo un gran concurso de gente. El púlpito estaba situado en un extremo del templo y toda la concurrencia tenía deseo de oír el sermón. Esto hizo que el extremo opuesto quedara casi desocupado, y yo me coloqué sobre una grada del altar más inmediato y frente a la reja del convento. Al terminar el sermón hubo una descarga de cohetes y cohetillos desde las gradas de la iglesia, cuya humareda invadió el interior, sintiéndose el olor de la pólvora más pronunciado que el del incienso. El piso había sido regado con hojas de pino. y se encontraba cuajado de mujeres arrodilladas con sus mantos negros cubriéndoles la cabeza por completo, y sujeto por debajo de la barba. Yo nunca vi más bello espectáculo que estas filas de mujeres arrodilladas, de rostro puro y expresión sublime, realzada por el entusiasmo de la religión; y entre ellas, bella como la que más y atractiva cual ninguna, estaba una de mi propia tierra: a lo sumo de veintidós años de edad, casada con un caballero perteneciente a una de las primeras familias de Guatemala, que había estado desterrado en los Estados Unidos. En otra tierra y entre otras gentes, ella había abrazado una nueva fe; y, con el entusiasmo de una juvenil conversión, ninguna dama en Guatemala era más devota, más puntual a la misa o más estricta en toda la disciplina de la iglesia católica que la Hermana Susana.

Después de los fuegos artificiales hubo una gran ceremonia en el altar, y en seguida un movimiento general de la concurrencia hacia el otro extremo de la iglesia. El convento quedaba contiguo, y en la pared divisoria, como a seis pies del piso, había una gran reja de hierro, y como cuatro pies más allá otra en la que las monjas asistían a las ceremonias de la iglesia. Arriba de la reja de hierro había otra de madera, y de ésta, a los pocos minutos salió una suave melodía de extraña música india, y se presentó una figura blanca, con largo velo también blanco, llevando en la mano derecha una candela, y con ambos brazos extendidos, andando despacio hasta llegar a unos pocos pasos de la reja, retirándose en seguida de la misma manera. De ahí a poco se oyó la misma suave melodía procedente de la reja de abajo y vimos avanzar una procesión de monjas vestidas de blanco, con largos

199

velos del mismo color y llevando cada una en la mano una gran vela encendida. Terminó la música dando principio un canto. tan suave que era necesario el oído muy atento para percibirlo. Adelantáronse las hermanas de dos en dos al compás de este suave canto hasta unos pocos pies de la reja, volviéndose en seguida por diferentes caminos. Al final de la procesión aparecían dos monjas vestidas de negro y en medio de ellas la novicia, con vestido y velo blancos y una guirnalda de rosas en la cabeza. Las monjas blancas se colocaron a los lados, cesó su canto, y se oyó solamente la voz de la novicia, pero tan débil que más parecía el aliento de un espíritu del aire. Las monjas blancas derramaron flores ante ella, avanzando ésta en medio de las dos negras. Paróse por tres veces arrodillándose, siguiendo su mismo suave canto, y por último las monjas blancas se agruparon a su alrededor, derramando flores sobre su cabeza y por su senda. Lentamente la condujeron a la parte de atrás de la capilla, y se arrodillaron todas frente al altar.

En estos momentos unos acordes musicales se dejaron oír al otro extremo de la iglesia; se abrió un camino entre la multitud avanzando una procesión, compuesta de los principales sacerdotes, ataviados con sus más ricas vestiduras, y encabezados por el venerable Provisor, un octogenario de cabellos blancos, que ya vacilaba al borde de la tumba, tan digno de consideración por su piadosa, vida como por su venerable apariencia. Un lego llevaba sobre un precioso cuadro una corona de oro y un cetro tachonado de pedrería. La procesión avanzó hasta una pequeña puerta a la derecha de la reja, y las dos monjas negras con la novia aparecieron en la entrada. Cruzáronse algunas palabras entre ella y el Provisor, que entendí un examen sobre si su propósito de abandonar el mundo era o no voluntario. Terminado esto, el Provisor le quitó la guirnalda de rosas y el velo blanco colocándole en la cabeza la corona y el cetro en la mano. La música lanzó estrepitosas notas de triunfo, y a los pocos minutos ella reapareció en la reja con la corona y el cetro, y con un vestido chispeante de pedrería. Las hermanas la abrazaron, y otra vez derramaron rosas sobre ella. Parecía horrible amontonar sobre esta joven la pompa y los placeres del mundo, en los momentos en que se despedía de las para siempre. Se arrodilló otra vez ante el altar; y al levantarse, las joyas y piedras preciosas, y los ricos adornos con que fue engalanada, se le quitaron y en seguida se volvió hacia el Obispo, quien, quitándole la corona y el cetro, púsole en la cabeza el velo negro. De nuevo apareció ella frente a la reja; el último, el paso fatal aún no estaba dado; aún no se le había extendido el velo negro. Otra vez las monjas la rodearon, y entonces por poco la devoran a besos.

Yo no sabía nada de su historia. No había oído decir que la ceremonia tendría lugar sino hasta la misma tarde del día anterior, y me imaginaba a la joven vieja y fea; pero no, ni estaba marchita ni consumida por los pesares, ni era la imagen de un corazón desilusionado; por otra parte era una joven y hermosa entusiasta; tendría no más de veintitrés años de edad, y era poseedora de uno de esos rostros saludables que, aunque no vuelvan loco a un hombre por su belleza, llevan el sello de una bien conformada naturaleza para el desempeño de todos los deberes correspondientes a una hija, esposa y madre, y que hablan de la benevolencia y generosidad del corazón de la mujer. Estaba pálida y parecía consciente del importante paso y solemnidad de los juramentos que iba a hacer, y no estaba apesarada; pero aun así ¿quién puede saber lo que pasa en el corazón humano?

Se volvió hacia el Provisor, quien extendió sobre su rostro un velo negro; la música lanzó sus notas de alegría, por una joven que habiendo venido al mundo para llevar sus cargas se apartaba de él. Inmediatamente siguió un murmullo de voces reprimidas; y abriéndome paso por entre la concurrencia, me agregué a un grupo de señoras, siendo una de ellas mi bella compatriota. Esta era de un pequeño pueblo del campo de Pensylvania, y el romance de sus afectos hacia los conventos y monjas aún no había desaparecido. Cuando la primera invasión de Carrera, se refugió en el convento de La Concepción y, hablaba con entusiasmo de la pureza y piedad de las monjas, describiendo algunas que sobrepasaban en todo a los atributos de la mujer. Conocía especialmente a la que acababa de tomar el velo, y me contó que dentro de pocos días aparecería junto a la reja del convento para abrazar a sus amigos y despedirse de ellos, prometiendo llevarme para que me tocara mi parte en la distribución.

Durante ese tiempo se quemaron cohetes en las gradas, y en la calle al frente estaba una armazón de fuegos artificiales, de treinta pies de altura la cual toda la concurrencia que había en las gradas y en la calle esperaba ver en movimiento. Todo el mundo criticaba lo absurdo de tal exhibición durante el día, pero decían que tal era la costumbre. La pieza era de complicada estructura y en el centro tenía una gran caja. Se oyó un silbido de ruedas, gran humareda y de vez en cuando una roja llamarada; y al estar quemados los extremos, para finalizar, con un fuerte chasquido se abrió la caja, y al disiparse el humo, se pudo ver la figura de una monjita negra a lo cual todos se rieron y se dispersaron.

Por la tarde tuvo lugar la procesión en honor a la Virgen. Aunque Guatemala estaba triste, y, por las convulsiones de la época, privada de toda clase de alegrías, las procesiones religiosas eran como siempre, y habría sido evidencia de un estado moribundo el descuidarlas. Todas las calles por las cuales debía pasar la procesión estaban regadas con hojas de pino, y a través de ellas se levantaron arcos adornados con siempreverde y flores; los grandes balcones de las ventanas fueron adornados con colgaduras de seda carmesí y banderolas de caprichosos dibujos. En las esquinas de las calles se colocaron altares bajo enramadas de siempreverde, tan altas como los techos de las casas, adornados con imágenes y ornamentos de plata de las iglesias, todos cubiertos de flores. Rica como lo es toda la América Central en productos naturales, el valle de Guatemala se distingue por la belleza y variedad de sus flores; y por un día los campos fueron despojados de sus vestiduras para engalanar la ciudad.

Yo he visto grandes festividades en Europa, con dinero derramado a manos llenas; pero nunca nada tan sencillamente hermoso. Mi paseo por las calles antes de la procesión fue la parte más interesante del día. Todos los habitantes, con sus mejores atavíos, se encontraban allí: los hombres parados en las esquinas, y las mujeres, con negras mantillas, sentadas en largas filas a los lados; las banderas y cortinas en los balcones de las ventanas, el verdor de las calles, la profusión de flores, las vistas por en medio de los arcos, y la sencillez de costumbres que permite a las damas de primera categoría mezclarse libremente con la muchedumbre y sentarse en las calles, formaban un cuadro de belleza que aún hoy suaviza la impresión de estolidez que Guatemala dejó grabada en mi memoria.

La procesión para la cual se hicieron estos hermosos preparativos venía encabezada por un solo indio, viejo, arrugado, sucio y andrajoso, con la cabeza cubierta y bamboleándose bajo el peso de un enorme tamborón, que llevaba sobre sus espaldas, y que parecía tan antiguo como la conquista, con todos los cordeles y un lado del fondo rotos; le seguía otro indio tan harapiento como el primero, que con una pesada baqueta tocaba de cuando en cuando el viejo tamborón. En seguida venía otro indio con un enorme pito, que correspondía por su aspecto venerable con el tambor, y con el cual, de tiempo en tiempo lanzaba un sonido violento y en seguida miraba en derredor con un aire de cómica satisfacción esperando el aplauso. Inmediatamente seguía un pequeño muchacho de diez años de edad, con sombrero de tres picos, botas arriba de las rodillas, una espada desenvainada, y la máscara de un horrible africano.

Dirigía a unos veinte o treinta individuos no sin razón llamados los diablos, todos ellos con grotescas y repugnantes máscaras. y con andrajos y fantásticos vestidos, algunos con pitos de caña y otros chocando palillos entre sí; y los principales actores eran dos pseudomujeres, con sombreros europeos de anchas alas, batas de cuello alto, cinturas en el pecho, grandes botas y cada quien, con una vieja guitarra, danzando y bailando un fandango de vez en cuando. Cómo podía ser que estos diablos que, por supuesto, excitaban la risa de la multitud, vinieran a formar parte de una procesión religiosa, no sabré decir. Los muchachos les seguían así como entre nosotros a los militares el 4 de Julio, y en efecto, para los muchachos de Guatemala no puede haber buena procesión sin buenos diablos.

En seguida y en admirable contraste, venían cuatro hermosos muchachos, de seis a ocho años de edad, vestidos con túnicas blancas, panalettes y velos de gasa blanca sobre guirnaldas de rosas, perfectos emblemas de pureza; después cuatro sacerdotes jóvenes, llevando candeleros dorados con cirios encendidos; y a continuación, cuatro indios, cargando sobre sus hombros la imagen de un ángel más grande que lo natural, con las alas extendidas hechas de gasa, infladas en forma de nubes, y pretendiendo aparecer como flotando en el aire, pero trajeado más a la moda de este mundo, con la túnica algo corta, y las ataderas a las medias de listón rosado. Luego, conducida en hombros de los indios como la anterior, más grande que lo natural, la imagen de Judith con la espada desnuda en una mano y en la otra la sangrienta cabeza de Holofernes. Después otro ángel, con una nube de seda arriba de la cabeza; y en seguida el gran objeto de veneración, la Virgen de La Concepción, sobre unas pequeñas andas, ricamente decoradas con oro y plata y flores en profusión, protegida por un hermoso palio de seda, sostenido en alto con cuatro doradas pértigas. Seguían los sacerdotes con sus más ricas vestiduras, uno de ellos bajo un palio de seda, llevando en alto la hostia, ante cuyo imaginario esplendor todos se arrodillaban. Todo el conjunto terminaba con un grupo de diablos mucho peor que el que encabezaba la procesión, compuesto como de quinientos soldados de Carrera, sucios y desarrapados, con el fanatismo agregado a su acostumbrada expresión de ferocidad, portando sus mosquetes sin orden alguna; los oficiales vestidos con trajes a. su antojo; algunos con sombreros negros y listón plateado o dorado, como lacayos y con la cabeza muy erguida. Muchos de ellos lisiados por algún balazo mal curado; y un caballero que estaba junto a mí señaló a varios que habían cometido asesinatos y muertes, por las que ya habrían sido ahorcados en cualquier país que tuviera algún gobierno. La ciudad se encontraba a merced de tales hombres, y Carrera era el único ser viviente que tenía algún poder sobre ellos.

Al final de la calle la procesión. hizo alto en la encrucijada, y la imagen de la Virgen fue retirada de las andas y colocada sobre el altar. Lo; sacerdotes arrodillándose rezaron ante ella, y toda la concurrencia también se arrodilló. Yo estaba en la esquina cerca del altar, que dominaba una vista de las cuatro calles, y levantándome un poco sobre una rodilla, pude ver en todas las calles una densa masa de figuras arrodilladas ricos y pobres, mujeres hermosas e indios de estúpida apariencia; banderolas y cortinas agitándose en los balcones de las ventanas, y las figuras de los ángeles con su ligero ropaje de gasas que parecía flotar en el aire; mientras el estrepitoso era digna de tal día. Los rayos de la luna iluminaban la fachada de la venerable iglesia, mostrando con tristeza una grieta de arriba abajo causada por un terremoto. Al encaminarnos hacia nuestras casas, las calles se encontraban iluminadas con una brillantez casi sobrenatural; y las damas, orgullosas de sus noches de luna, casi me persuadieron de que esa era la tierra del amor.

Siguiendo nuestra ruta pasamos por una garita donde varios soldados se hallaban tendidos a lo largo, como para obligar a todos los transeúntes a bajar del andén dando la vuelta alrededor de ellos.

Quizá tres o cuatro mil almas, la mayor parte mujeres, fueron obligadas a bajar. Todos se daban cuenta de la insolencia de esos hombres, y no dudo que algunos sentirían impulsos de arrojarlos de la vía a puntapiés, pero, aunque pasaban suficientes jóvenes para echar fuera de la ciudad a toda la tropa, nadie protestaba, pareciendo que ni se fijaban en ellos. En uno de los corredores de la plaza otro soldado estaba de espaldas, tendido de través con su mosquete a un lado murmurando a los que pasaban: "¡Pisotéeme si se atreve y ya verá!" y todos tuvimos buen cuidado de no pasar sobre él. Regresé a mi casa a pasar la noche solo, reflexionando con tristeza en la desdichada condición en que se encontraba Guatemala, a pesar de tener tantos elementos para ser feliz.

CAPÍTULO 11: CARRERA... VENDEDOR DE PUERCOS Y ENEMIGO DE MORAZÁN

EL PROVISOR. — CÓMO SE PUBLICABAN EN GUATEMALA LAS NOTICIAS. — VISITA AL CONVENTO DE LA CONCEPCIÓN. — EL CÓLERA, INSURRECCIONES. — CARRERA ENCABEZA LA INSURRECCIÓN. — SU APARICIÓN EN GUATEMALA. — TOMA DE LA CIUDAD. — CARRERA TRIUNFANTE. —LLEGADA DE MORAZAN. — HOSTILIDADES. — PERSECUCION DE CARRERA. — SU DERROTA. — PREDOMINA OTRA VEZ. — MI ENTREVISTA CON ÉL. — SU CARACTER.

Ocupé los tres o cuatro días siguientes en hacer y recibir visitas y en darme cuenta de las condiciones del país. Una de las visitas más interesantes fue la del venerable Provisor, quien desde el destierro del Arzobispo actuaba como cabeza de la iglesia y que, por una reciente bula pontificia, había sido ascendido a la categoría de Obispo; pero debido a las inquietudes de la época no había sido ordenado. Un amigo en Baltimore me consiguió una carta del Arzobispo de aquella ciudad, a quien aquí rindo mis agradecimientos, recomendándome a todos sus hermanos eclesiásticos de Centro América. El venerable Provisor recibió esta carta como de un hermano en la Iglesia y en virtud de ella, más tarde, cuando salí para Palenque me dio una carta recomendándome a todos los curas de su jurisdicción.

Durante el día pasaba el tiempo muy contento; pero las noches, cuando me veía obligado a encerrarme en casa, se me hacían largas y solitarias. ¡Mi residencia quedaba tan cerca de la plaza que yo podía oír el ¡quién vive! del centinela y, de vez en cuando, el estallido de un mosquete. Estos tiros en el silencio de la noche siempre infundían terror. Por algún tiempo no entendí la causa; ¡pero a la postre supe que eran motivados por algunas vacas y mulas que vagaban por la ciudad y que al oír que se movían a distancia sin contestar el ¡quién vive! se les disparaba sin más ceremonia.

No había más que un periódico en Guatemala y éste era semanario y se ocupaba únicamente de los decretos y movimientos políticos. Las noticias de la ciudad circulaban de viva voz. Todas las mañanas cada uno preguntaba a su vecino qué novedades había. Un día se trataba de una vieja sorda que no pudo oír el quién vive y la habían matado; otro, que, al viejo Asturias, rico ciudadano, le habían dado de puñaladas, y otra mañana circulaba la noticia de que treinta y tres monjas del convento de Santa Teresa habían sido envenenadas. Esto fue motivo de agitación durante varios días, hasta que las monjas se restablecieron, y entonces se averiguó que habían sufrido por la prosaica circunstancia de haber tomado un alimento que no les sentó bien.

El viernes, en compañía de mi bella compatriota, visité el convento de La Concepción, con el propósito de abrazar a una monja o, mejor dicho, a la monja que había recibido el velo negro. La pieza contigua al "parlatorio" del convento se encontraba atestada de gente, y ella parada en la puerta con la corona en la cabeza y una muñeca en la mano. Sería la última vez que sus amigos verían su rostro; pero esta pueril exhibición de la muñeca amenguaba el sentimiento. Era una oportunidad que se les daba especialmente a las señoras: algunas admirábanse de que tan joven abandonara un mundo iluminado de brillantes y hermosas perspectivas; otras, para quienes las ilusiones de la vida iban ya lejos, miraban su retiro como lo aconseja la sabiduría. Ella las abrazó y se retiraron para dar lugar a otros. Antes que llegara nuestro turno, hubo una irrupción de aquellos objetos de mi aborrecimiento, los eternos soldados, quienes, dejando sus mosquetes en la puerta se abrieron paso entre la multitud y se presentaron, aunque con respeto, para abrazarla, retirándose enseguida.

A su lado se encontraba una monja vestida de negro, con un velo tan denso, que ni una sola línea de su rostro se podía ver, y a quien mi paisana había conocido durante su reclusión en el convento, describiéndola como una joven de sin par belleza y atractivo, a cuyo alrededor tejió tal encanto que casi despertaba un espíritu de romance. Yo hubiera hecho cualquier sacrificio por una breve mirada de su rostro. Por fin llegó nuestro turno: mi bella compañera la abrazó y después de muchas palabras de despedida recomendóme como su paisano. Yo nunca había tenido mucha práctica en abrazar monjas; en verdad. esa era la primera vez que intentaba tal cosa, pero lo hice con tanta naturalidad como si me hubiera criado en ello. Con mi brazo derecho rodeé su cuello, su brazo derecho el mío; descansé mi cabeza sobre su hombro y ella la suya sobre el mío; pero la abuela de un amigo jamás recibió un abrazo más respetuoso: "Las alegrías robadas son siempre las más apetecidas"; allí había muchos mirando. Cerróse la reja y el rostro de la monja nunca más se volvería a ver.

Aquella tarde Carrera regresó a la ciudad. Yo tenía grandes deseos de conocerle y habíamos convenido con el señor Pavón en que vendría por mí al día siguiente. En efecto, a las diez de la mañana del siguiente día el señor Pavón llegó por mí. Yo estaba ya advertido que a este formidable jefe le hacía mucho efecto la apariencia externa y, en consecuencia, me puse la levita de diplomático, que tenía una gran profusión de botones y que había producido tan buen efecto en Copán la que, dicho sea de paso, dado el estado abominable del país, ya nunca tuve la oportunidad de ponerme después, quedando así para mí definitivamente perdido su valor.

Carrera vivía en una pequeña casa de una calle retirada. Había centinelas en la puerta y ocho o diez soldados al sol, parte de su guardia personal, que vestían casacas de alepín rojo y gorras de tartán. con una apariencia mucho mejor de la que tenían sus soldados que yo ya conocía. A lo largo del corredor había una fila de mosquetes, brillantes y en buen orden. Entramos en un pequeño cuarto contiguo a la sala y vimos a Carrera sentado junto a una mesa contando dinero.

Desde mi llegada al país este nombre de terror estaba repercutiendo en mis oídos. Mr. Montgomery, a quien ya me he referido, y que llegó a Centro América como un año antes que yo dice: "Se me dijo que una insurrección había levantádose entre los indios, quienes, bajo la dirección de un hombre llamado Carrera. asolaban el país y cometían toda clase de excesos. A lo largo de la costa y en algunos departamentos, la tranquilidad no había sido turbada; pero en el interior no había ninguna seguridad para el viajero y cada entrada de la capital estaba bajo el control de partidas de bandidos que no tenían misericordia alguna para sus víctimas, especialmente si eran extranjeros". Y refiriéndose a la situación del país en el momento de su partida él dice: "Es probable, sin embargo, que mientras escribo estas líneas, las activas medidas que el General Morazán ha puesto en juego para sofocar la insurrección, hayan tenido éxito y que la carrera de este "rebelde héroe" "haya terminado". Empero, la carrera de este "rebelde héroe" no terminó y el "hombre llamado Carrera" era ahora dueño absoluto de Guatemala; y si no me equivoco, está llamado a ser más conspicuo que ningún otro caudillo que se haya levantado hasta la fecha en las convulsiones de Hispano América.

Él es nativo de uno de los barrios de Guatemala. Sus amigos, por cumplimiento, le llaman Mulato, y yo por lo mismo le llamo Indio, considerando que esta es la mejor de las dos sangres. En 1829 era tambor del regimiento del Coronel Aycinena. Cuando el partido liberal o democrático prevaleció y el General Morazán entró en la capital, Carrera dejó su tambor y se retiró al pueblo de Mataquescuintla. Allí se dedicó a la venta de puercos, y por varios años continuó en esta respetable ocupación, probablemente tan ajeno como cualquiera de sus puercos a los sueños de su futura grandeza. Los excesos de los partidos políticos, las severas exenciones para el sostenimiento del gobierno, la usurpación de las propiedades de la iglesia y las innovaciones, particularmente la introducción del código de Livingston estableciendo la prueba por medio de jurados y convirtiendo el matrimonio en un contrato civil, crearon el descontento en el país. Esto último fue una grande ofensa para los curas que ejercían ilimitada influencia sobre los indígenas.

El año de 1837, el cólera, en su marcha destructora sobre todo el mundo habitado, y que hasta entonces había perdonado a esta porción del Continente Americano, hizo su terrible aparición, cubriendo su suelo de cadáveres y dando motivo a convulsiones políticas. Los curas convencieron a los indios que los extranjeros habían envenenado las aguas. Gálvez, que en aquel tiempo era el Jefe del Estado, envió medicinas a los pueblos, las que siendo mal aplicadas por la ignorancia, en algunos casos, produjeron fatales resultados; y los sacerdotes, siempre opuestos al partido liberal, persuadieron a los indios que el gobierno estaba empeñado en envenenar y destruir a la raza. Todos los indios del país estaban muy excitados; y en Mataquescuintla se levantaron en masa, con Carrera a la cabeza, gritando "¡Viva la religión y muerte a los extranjeros!".

El primer golpe se dio asesinando a los jueces que habían sido nombrados conforme al código de Livingston. Gálvez entonces envió una comisión, con un destacamento de caballería y bandera blanca, para oír sus quejas, pero mientras conferenciaban con los insurgentes, fueron rodeados por éstos y casi todos despedazados. El número de desafectos al gobierno crecía y llegó a ser de más de mil; Gálvez envió contra ellos seiscientos hombres que los derrotaron, incendiaron sus pueblos, y entre otros excesos, el último fue en contra de la esposa de Carrera. Encendido en cólera por esta ofensa personal, se unió a varios jefes de los pueblos, jurando no dar descanso a sus armas mientras un oficial de Morazán permaneciera en el Estado. Con unos pocos enfurecidos seguidores fue de pueblo en pueblo, matando a los jueces y a los oficiales del gobierno, y cuando le perseguían, escapaba a las montañas, pidiendo tortillas en las haciendas para sus hombres y perdonando y protegiendo a cuantos le ayudaban.

En este tiempo él no sabía leer ni escribir; pero ayudado por algunos curas y particularmente por el padre Lobo, un notorio libertino, lanzó una proclama, suscrita por él mismo, en contra de los extranjeros y del gobierno por haber intentado envenenar a los indios, pidiendo la destrucción de todos los extranjeros excepto los españoles, la abolición del código de Livingston, hacer volver al arzobispo y a los frailes, la expulsión de los herejes y la restauración de los privilegios de la iglesia y de los antiguos usos y costumbres. Su fama corrió como la de un salteador y un asesino. Los caminos inmediatos a la capital eran inseguros; no se podía viajar con tranquilidad; los comerciantes se afligieron pensando que todas las mercaderías enviadas a la feria de Esquipulas habían caído en sus manos, lo cual no resultó cierto a lo menos, y muy pronto Carrera se hizo tan fuerte que atacaba pueblos y aun ciudades.

El lector debe tener presente que todo esto ocurría en el Estado de Guatemala. El partido liberal estaba dominando, pero esos críticos momentos, una fatal división tuvo lugar entre sus miembros; Barrundia que era uno de los principales, y a quien se le negó un alto puesto solicitado para un pariente libertino, abandonó la administración y apareció en la asamblea a la cabeza de la oposición. El desorden del partido y el levantamiento de Carrera, agitaron a todos los que eran desafectos al gobierno; y los ciudadanos de la Antigua, ciudad a veinticinco millas de distancia de la capital enviaron un mensaje pidiendo que se decretase la amnistía para los reos políticos permitiéndoles volver a la patria y la reparación de otros agravios. Una diputación de la Asamblea fue enviada para conferenciar con los peticionarios, la cual no tuvo buen éxito y los antigüeños amenazaron con marchar sobre Guatemala.

El día domingo 20 de Febrero de 1838 fueron encontradas en las calles de la ciudad las proclamas de los antigüeños, produciendo una alarma general, porque ya venían a atacar la ciudad. Las tropas del gobierno general, que ascendían a menos de quinientos hombres y las de la milicia fueron revistadas, los cañones colocados en las esquinas de la plaza y centinelas en las calles; y el General Prem mandó publicar un bando llamando a las armas a todos los ciudadanos. Gálvez, Jefe del Estado, montó en su caballo y corriendo por las calles, trataba de entusiasmar a los ciudadanos, diciéndoles que Morazán estaba a punto de llegar, y que acababa de derrotar a quinientos hombres de la pandilla de Carrera.

El lunes todos los negocios se suspendieron. Gálvez, en gran perplejidad. llamó a varios oficiales que habían sido despedidos y nombró a Mexía. un español, teniente coronel; este nombramiento causó disgusto tal, que Prem y todos sus oficiales enviaron sus renuncias. Gálvez les suplicaba e imploraba que continuasen, reconciliándose él mismo con cada uno individualmente, y al fin, revocado el nombramiento de Mexía, ellos accedieron. A las dos de la tarde se decía que ya Carrera se había unido a los antigüeños. Prem publicó un nuevo bando para que todos los hombres comprendidos entre la edad de 14 a 60 años tomasen las armas, exceptuándose los sacerdotes únicamente ya los que tuvieran algún impedimento físico que los inutilizara para tal objeto. A las nueve de la noche se produjo una alarma diciéndose que parte de los seguidores de Carrera estaban en Aceituno.

La plaza fue convenientemente guarnecida con cañones y centinelas en las calles. Para colmo de excitación durante la noche el Provisor murió, y se recibieron noticias de que el código de Livingston había sido quemado públicamente en Chiquimula y que la ciudad se había declarado contra Gálvez. El miércoles por la mañana se empezaron a abrir fosos en las esquinas de la plaza pública, pero el jueves el marqués de Aycinena, corifeo del partido central, por medio de una conferencia con los liberales divididos, indujo a una mayoría de diputados a firmar una convención de amnistía, la cual produjo satisfacción general, y al día siguiente la ciudad estaba perfectamente tranquila.

A medio día esta calma era precursora de una horrible tormenta. Las tropas del Gobierno Federal, las únicas en quienes se podía confiar, se sublevaron y con las bayonetas caladas, agitando las banderas y con cañones al frente, abandonaron los cuarteles y marcharon hacia la plaza. Ellos rehusaban ratificar la convención por la cual, según se les había dicho, Gálvez sería retirado, y el Vicejefe Valenzuela, instrumento de Barrundia, sería puesto en su lugar. No querían servir bajo ninguno de la oposición, diciendo que ellos podían dar protección y no pedirla. Se citó a los diputados para una reunión de la asamblea, pero tuvieron miedo de asistir. Entonces los oficiales conferenciaron con los soldados, y el sargento Merino hizo un documento exigiendo que se llamase al presidente Morazán, y que Gálvez permaneciera en su puesto hasta la llegada de aquél. Esto fue aceptado.

Se enviaron diputaciones llamando a Morazán, enviándose otra a la Antigua explicando los motivos de la violación del convenio, pero sin ningún éxito, y la misma noche la campana de alarma anunciaba la aproximación de ochocientos hombres que iban a atacar la ciudad. Los milicianos fueron llamados a las armas, pero solamente aparecieron como cuarenta. A las cinco y media, Gálvez formó a las tropas del gobierno, y, acompañado por Prem, salió de la plaza a hacer encuentro a los rebeldes; pero antes de llegar a la salida de la ciudad. hubo una conspiración entre las tropas y con el grito de "¡Viva el General Merino y muera el Jefe del Estado que nos ha vendido…¡Fuego muchachos!", la infantería hizo fuego sobre el estado mayor. Una bala atravesó el sombrero del general Prem. Gálvez fue arrojado de su caballo, pero logró escapar y se refugió tras el altar de la iglesia de La Concepción. Yáñez se ocupó en dispersar a las tropas con su caballería y regresó a la plaza dejando quince muertos en la calle. Merino, con cerca de ciento veinte hombres, tomó posesión de un pequeño cañón de campo del batallón y se estacionó en la plaza de Guadalupe. Varios grupos de las tropas dispersadas permanecieron fuera toda la noche, disparando sus mosquetes y manteniendo a la ciudad en constante alarma; pero Yáñez la salvó del pillaje patrullando con su caballería. A la mañana siguiente Merino pidió permiso para entrar a la plaza. Su número había aumentado con la reunión de los grupos dispersos y al formar en la plaza, él y tres o cuatro más de los cabecillas, fueron sacados de las filas y remitidos al convento de Santo Domingo como prisioneros, y el lunes por la tarde, Merino fue amarrado a un poste en su propia celda y fusilado. Su tumba es una de las curiosidades que me fueran mostradas en Guatemala.

El domingo por la mañana otra vez las campanas tocaron a alarma; los rebeldes estaban en la puerta vieja y se envió una comisión para tratar con ellos. Pedían que los soldados evacuaran la plaza; pero éstos, indignados, respondieron a los sublevados que llegaran ellos mismos a tomarla. Prem suavizó la respuesta manifestándoles, que ni él ni sus tropas podrían rendirse a los rebeldes y finalmente, a las doce y media de la noche comenzó el ataque. Los insurrectos se dispersaron por los suburbios malgastando pólvora y balas; por la mañana Yáñez con setenta hombres de caballería hizo una salida derrotando a trescientos de ellos, regresando a la plaza con las lanzas tintas en sangre. Probablemente que, si las fuerzas de Yáñez hubieran sido secundadas por los ciudadanos, habrían rechazado a los sublevados hasta la Antigua.

El miércoles siguiente Carrera se unió a ellos. Había enviado sus emisarios a los pueblos levantando a los indios, prometiéndoles el saqueo de la capital; y el jueves, con un ejército compuesto de hombres, mujeres y niños que ascendía a diez o doce mil almas, Carrera mismo se presentó a las puertas de Guatemala. Los antigüeños estaban atemorizados y los ciudadanos de la capital se encontraban en un completo desorden. Nuevamente fue enviada otra comisión para tratar con los rebeldes, que pedían la deposición de Gálvez de Jefe del Estado, la evacuación de la plaza por las tropas federales y el paso libre para entrar a la ciudad.

Es probable que, aun en estas circunstancias, si las tropas federales hubieran sido ayudadas por los ciudadanos habrían podido oponer resistencia; pero la consternación y el temor de exasperar a las hordas de amotinados era tan grande, que en lo único que se pensó fue en someterse a los sublevados. La Asamblea se reunió en medio del terror y la distracción, y el resultado fue que asintió a todas las demandas.

A las cinco de la tarde la pequeña banda de las tropas federales evacuó la plaza. La infantería compuesta como de 300 hombres marchó por la calle real. La caballería, en número de setenta, exclusivamente de oficiales, en marcha por otra calle, se encontró con un ayudante de campo de Carrera que les ordenó dejar las armas. Yáñez respondió que él tenía primero que ver a su general; pero los dragones, temiendo alguna traición de parte de Valenzuela, se aterrorizaron y huyeron. Yáñez, con treinta y cinco hombres corrió a galope atravesando la ciudad y escapó por el camino de Mixco. El resto de los hombres regresó precipitadamente a la plaza y con disgusto a deponer las lanzas, desmontando y desapareciendo cuando ya ni un solo hombre estaba sobre las armas.

Mientras tanto avanzaban las hordas de Carrera. El Comandante de los antigüeños le preguntó si tenía divididas sus fuerzas en escuadrones o compañías, a lo cual Carrera respondió: "No entiendo nada de eso. Todo es uno". Entre sus principales acompañantes estaba Monreal y otros bien conocidos bandidos, criminales, ladrones y asesinos. Carrera iba a caballo con una rama verde en el sombrero, y éste con pedazos de trapo sucio colgando alrededor con pinturas de santos. Un caballero que vio la entrada de Carrera desde el techo de su casa y que se había familiarizado con las escenas de terror que se sucedían en aquella desgraciada ciudad, díjome que jamás en su vida olvidaría la entrada de esa inmensa masa de barbarie. Llenando las calles todos con ramas verdes en los sombreros, parecían, a cierta distancia, un bosque en movimiento; armados con mosquetes oxidados, viejas pistolas escopetas, algunas con gato y otras sin él, palos con forma de fusiles atados; dos o tres mil mujeres con sacos y alforjas para llevar los productos del saqueo prometido.

Muchos que no habían salido nunca de sus pueblos, admiraban salvajemente la apariencia de las casas e iglesias y la magnificencia de la ciudad. Entraban todos a la plaza gritando: "¡Viva la religión y muerte a los extranjeros!" El mismo Carrera, atónito ante la muchedumbre que había puesto en movimiento estaba tan embarazado que no podía guiar su caballo. Después manifestó que estaba temeroso por la dificultad de controlar a esa inmensa y desordenada multitud. El traidor Barrundia, el líder de la oposición, el Catilina de esa rebelión cabalgaba al lado de Carrera en su entrada a la plaza.

A la oración toda la multitud entonó la salve o himno a la Virgen. El grueso 'de voces humanas llenando el aire, hacía temblar el corazón de los habitantes de la ciudad. Carrera entró a la catedral; los indios, mudos de admiración ante su magnificencia, entraron en tropel, siguiéndole y colocando en derredor del hermoso altar las toscas imágenes de los santos de sus pueblos. Monreal penetró a la casa del general Prem, se apoderó de una hermosa casaca militar, ricamente bordada con oro, y la llevó a Carrera quien se la puso, llevando todavía el sombrero de petate con la rama verde. También le llevó un reloj de bolsillo, pero él no sabía cómo usarlo. Probablemente que, desde la invasión de Roma por Alarico y los godos, ninguna ciudad civilizada había sido invadida por tal inundación de barbarie.

Y sólo Carrera podía controlar los salvajes elementos que le rodeaban. Tan pronto como fue posible, algunas autoridades llegaron a verle y, en los más abyectos términos, le pedían que manifestase bajo qué condiciones evacuaría la ciudad. El pidió la deposición de Gálvez, Jefe del Estado, y todo el dinero y las armas que el gobierno tuviese bajo su mando. Los sacerdotes eran los únicos que tenían alguna influencia sobre él, y las palabras no pueden dar una idea exacta del terror en que se encontraba la ciudad, temiendo oír de un momento a otro la señal para el asesinato y el saqueo general. Los habitantes se encerraron en sus casas, las que, estando construidas de piedra, con balcones de hierro y macizas puertas de varias pulgadas de espesor, resistieron los asaltos de las partidas desbandadas; pero se cometieron muchas atrocidades que parecían ser precursoras del saqueo general. El Vice—presidente de la República fue asesinado; la casa de Flores, un diputado, fue saqueada; su madre arrojada al suelo de un culatazo por un villano, y una de sus hijas herida con dos balas en un brazo.

La casa de los Sres. Klee, Skinner & Cía., que eran los principales comerciantes extranjeros en Guatemala, y que se dijo que tenían municiones y armas, fue varias veces atacada con gran ferocidad; pero teniendo fuertes balcones en las ventanas, y estando reforzada la puerta principal con bultos de mercaderías, resistió los ataques de la indisciplinada turba, armada solamente con garrotes, mosquetes,

216

cuchillos y machetes. Los sacerdotes corrían por las calles llevando el crucifijo, en el nombre de la Virgen y de los santos, refrenando a los desaforados indios, conteniendo sus 'salvajes instintos, y salvando a los aterrorizados habitantes.

Y aquí no puedo dejar de mencionar un nombre que estaba en la boca de todos: Mr. Charles Savage, entonces cónsul de los Estados Unidos, quien, en medio de los más furiosos asaltos a la casa del señor Klee, salió a la calle bajo una lluvia de balas, y rechazando las bayonetas y machetes, hizo retroceder a los asaltantes de la puerta, llamándoles ladrones y asesinos, con sus blancos cabellos flotando al viento, que los indios admirados de su audacia, desistieron de su intento. Después de esto y haciendo poco caso de su propia vida, se le vió siempre en medio de todos los tumultos, saliendo ileso de los peligros con gran admiración de cuantos le vieron. Los extranjeros residentes en la ciudad estuvieron de acuerdo unánimemente en presentarle una carta de agradecimiento por su valiente y exitoso esfuerzo por protegerles sus vidas y haciendas.

Pendientes aún las negociaciones, Carrera, ataviado con el uniforme del general Prem, hizo lo posible por refrenar sus tumultuosas hordas; pero dijo que varias veces había estado a punto de proceder al saqueo de la casa de Klee y de las de los otros dos ingleses. Había extraños arranques de fanatismo en el carácter de este rebelde caudillo. El grito de guerra de sus hordas era "¡Viva la religión!" El Palacio del arzobispo había sido usado como teatro por los liberales; Carrera pidió las llaves, las colocó en su bolsillo y declaró que, para evitar cualquier futura profanación no debería volver a abrirse hasta que el desterrado arzobispo volviera a ocuparla.

Finalmente se convino en los términos por los cuales Carrera consentiría en retirarse, así: once mil dólares en plata efectiva, diez mil que serían distribuidos entre sus seguidores y para sí mismo mil, mil mosquetes y el grado de teniente coronel. El dinero no valía nada comparado con la salvación de la ciudad, del inminente peligro en que se encontraba, pero era una inmensa suma a los ojos de Carrera y de sus hordas, pues entre quienes las formaban casi todo lo que poseían era la mochila que llevaban encima y las armas robadas que portaban; sin embargo, no era muy fácil conseguir el dinero; la tesorería estaba sin fondos y los ciudadanos no lo darían tan fácilmente.

La locura de poner en manos de Carrera mil mosquetes era sólo comparable al absurdo de hacerlo teniente coronel.

En la tarde del tercer día se logró pagar el dinero, entregar los mil mosquetes y Carrera fue investido con el mando de la provincia de Mita, distrito inmediato a Guatemala. El gozo de los habitantes al saber que pronto se retiraría fue indescriptible; pero poco después circulaba el espantoso rumor de que las salvajes hordas manifestaban el ardiente deseo de saquear la ciudad antes de abandonarla. Una inesperada descarga de mosquetería confirmó el rumor, y el pánico fue inmenso. Siguió una hora de terrible calma; pero a las cinco de la tarde fueron saliendo de la plaza en desordenados grupos. Al llegar a la plaza de toros hicieron alto, y, disparando al aire sus mosquetes levantaron nueva angustia. Se propagó la noticia que Carrera pretendía cuatro mil dólares más y que si no los entregaban regresaría a tomarlos por la fuerza. Carrera mismo había regresado pidiendo un cañón de campaña, el cual le fue concedido; y por fin, dejando un documento en el cual exigía la reparación de ciertos agravios, abandonó la ciudad en medio del indescriptible gozo de sus habitantes.

La alegría de los ciudadanos al verse relevados de peligro tan inminente, era grande en verdad; pero desgraciadamente no podía volver la plena confianza porque aún no estaban curadas las animosidades políticas. Valenzuela fule nombrado Jefe del Estado; la asamblea renovó sus sesiones; Barrundia a la cabeza del partido ministerial, propuso la abolición de todos los decretos inconstitucionales de Gálvez; se necesitaba dinero y hubo que recurrir al antiguo sistema de empréstitos forzosos. Esto exasperaba a los ricos; y en medio de esta confusión, se recibieron noticias que el departamento de Quezaltenango se había separado del Estado de Guatemala, declarándose independiente. En estos días también, el gobierno recibió una carta de Carrera diciéndole que el pueblo de la capital se expresaba muy mal de él, y que, si continuaban haciéndolo, todavía contaba con cuatro mil hombres a su disposición para volver a la ciudad y poner las cosas en su lugar. De tiempo en tiempo mandaba más mensajes en el mismo sentido por medio de algún indio que por casualidad pasaba por sus dominios.

Más tarde se supo que los seguidores de Carrera habían renunciado de su autoridad y que habían empezado operaciones por su propia cuenta, amenazando a la ciudad con otra invasión determinada, de acuerdo con sus proclamas, a exterminar a los blancos y establecer un gobierno de pardos libres ("tigres libres"), gozando ellos mismos de las tierras que les habían sido devueltas por su emancipación del dominio de los blancos. Por honra de Guatemala debemos hacer constar que, al saber estas noticias un solo espíritu unió a todos sus habitantes y los hombres de todas las clases sociales empuñaron las armas; pero esta unión fue momentánea. Nuevamente llegaron noticias que Carrera había enviado otra vez sus emisarios para reunir sus hordas y marchar enseguida sobre la ciudad. Varias familias recibieron informes privados, aconsejándoles abandonar la capital. Cientos de personas lo hicieron así y los caminos se llenaron de mulas y caballos y de indios cargados con equipajes. El domingo todos los habitantes huyeron, y el lunes por la mañana se colocaron centinelas en las barreras. Se publicó nuevo decreto para que todos tomasen las armas. Se pasó revista a las tropas. A las diez de la noche del martes, se dijo que Carrera se encontraba en Palencia; a las once, que había ido a sofocar una insurrección de sus propios bandidos, y el miércoles por la noche, que estaba en el lugar llamado Canales.

El domingo cuatro de Marzo pasóse revista a un Ejército como de setecientos hombres. ¡De la Antigua remitieron trescientos cincuenta mosquetes y municiones, que ellos no consideraron prudente retener porque allí se oía el grito de "¡muera Guatemala y viva Carrera!" habiendo aparecido también pegados a las paredes carteles con las mismas siniestras palabras. En estos momentos se recibió una carta de Carrera dirigida al gobierno, aconsejándole desbandar sus tropas y asegurándole que él estaba reuniendo fuerzas solamente para destruir un grupo de cuatrocientos rebeldes, encabezados por un tal Gálvez (Jefe del Estado, a quien el mismo día había destituido), y pidiendo dos cañones y más municiones. En otra ocasión, probablemente suponiendo que el gobierno estaría interesado en su suerte, mandó a decir que había estado a punto de ser asesinado; Monreal, aprovechándose de una oportunidad, sedujo a sus hombres, le ató a un árbol y ya iba a fusilarlo cuando su hermano, Sotero Carrera, llegó y atravesó a Monreal con su bayoneta. El gobierno entonces concibió la idea de inducir a los rebeldes. valiéndose de la influencia de los sacerdotes, a entregar las armas pagándoles cinco dólares por cada una; pero muy pronto se oyó decir que Carrera estaba más fuerte que nunca, ocupando todos los caminos y enviando imperiosas proclamas de gobierno. Por último llegaron noticias que ya estaba en marcha con dirección a la capital.

En tales momentos los habitantes de la ciudad tuvieron la feliz noticia que el general Morazán, Presidente de la República, llegaba del Salvador con mil quinientos hombres. Pero aún entonces dominaba el espíritu partidarista. El general Morazán acampó a pocas leguas de la ciudad, vacilando entre verificar su entrada o emplear las fuerzas del gobierno federal para debelar una revolución en el Estado sin el consentimiento de su gobierno particular. El gobierno del Estado se manifestaba celoso del gobierno federal, porfiando en mantener sus prerrogativas que no tenía el valor de defender y exigiendo al Presidente un plan de campaña; emitió un decreto concediendo a Carrera y a sus seguidores quince días para entregar las armas, decreto que el general Morazán no permitió que se pregonara en su campamento; dos días más tarde fue anulado, y el presidente de la República fue autorizado para actuar conforme las circunstancias lo exigieran.

Mientras tanto, uno de los piquetes de Morazán había sido interceptado y sus oficiales asesinados, lo cual levantó gran excitación entre sus tropas, pero ansioso de evitar más derramamiento de sangre, envió a la ciudad por el Canónigo Castillo y por Barrundia, encomendándoles la comisión de abocarse con los rebeldes y persuadirlos para que entregasen las armas, ofreciendo pagarles hasta quince dólares por cada una antes que llegar a los extremos. Los comisionados encontraron a Carrera en una de sus antiguas guaridas de las montañas de Matasquilla, rodeado de sus hordas de indios y alimentándose con tortillas. El traidor Barrundia fue recibido por los soldados de Morazán con rechiflas; su pobre y cansado caballo permaneció atado en el campamento de Morazán, sin qué comer durante día y medio; y para completar el premio de su traición, Carrera se negó a recibirlo bajo su techo porque, como él dijo, no quería hundir su nueva lanza, que era obsequio de un sacerdote, en el pecho de Barrundia.

La conferencia tuvo lugar al aire libre, en la cima de una montaña. Carrera rehusó entregar las armas a menos que las contribuciones que pesaban sobre los indios se redujesen a una tercera parte; pero suavizó su asperidad en contra de los extranjeros declarando que únicamente los que no fueran casados saldrían del país y que en adelante sólo se les permitiría traficar en él, pero no radicarse. El perverso cura Padre Lobo, su constante amigo y consejero estaba con Carrera. Las quejas del canónigo Castillo, particularmente con respecto a la insensatez de acusar al gobierno de la tentativa de envenenar a los indios, fueron escuchados con mucha atención por ellos, pero Carrera cortó la plática asegurando con vehemencia que el gobierno le había ofrecido a él personalmente veinte dólares por la cabeza de cada indio que él mismo envenenara.

Habiendo perdido toda esperanza de arreglo, el general Morazán marchó hacia Matacuesquintla; más, antes de su llegada, ya las hordas de Carrera habían desaparecido entre las montañas. Más tarde se oía decir que habían aparecido en otro lugar, devastando el país, desolando pueblos y aldeas y, en seguida, antes que las tropas de Morazán llegaran, escondían las armas y se iban a las montañas o permanecían quieta y pacíficamente trabajando en los campos. Mr. Hall, Vice—cónsul británico, recibió una carta suscrita por once súbditos ingleses de Salamá, a una distancia de tres días de camino, quejándose que las tropas de Carrera les habían secuestrado de noche, despojándolos de todo, confinándolos durante dos noches y un día sin ningún alimento y sentenciándolos a ser fusilados; pero que por último les ordenaron dejar el país, lo que ellos ahora estaban haciendo, privados de todo y mendigando en su camino hasta el puerto. Pocas horas después, a las diez el cañón de alarma anunciaba que Carrera se encontraba de nuevo a las puertas de la ciudad. Durante todo este tiempo las luchas de los partidos eran tan violentas como siempre; los centralistas temblando de miedo, pero por otra parte regocijados con el desorden en que el país se encontraba bajo la administración de los liberales y porque se había levantado un hombre capaz de infundirles terror: Carrera; y los liberales divididos, odiándose unos a otros ellos.

Mas la agitación era tan grande que de ambas partes enviaron peticiones separadas al general Morazán, haciéndole presente el

221

deplorable estado de inseguridad en que la ciudad se encontraba y pidiéndole entrar y disponer lo conveniente para la seguridad de todos. Por separado las diputaciones se esforzaban por llegar al cuartel general de Morazán para rendirle homenaje y ser los primeros en implorar su protección. El general Morazán ya tenía noticias del desorden que reinaba en la ciudad y se preparaba para montar a caballo cuando los diputados llegaron. El domingo entró Morazán con una escolta de doscientos hombres, en medio del regocijo general manifestado por el vuelo de campanas, los disparos de cañón y otras demostraciones de alegría. El mismo día los comerciantes, con el Marqués de Aycinena y otros de los del partido central, presentaron una petición haciendo ver el estado de terror en que se encontraba el ánimo de los habitantes y pidiendo a Morazán deponer a las autoridades del Estado y asumir la dirección del Gobierno, convocando una Asamblea Constituyente, como el único medio de salvar a Guatemala de su ruina. Por la noche los diputados de las diferentes ramas del partido liberal tuvieron largas conferencias con el Presidente. Morazán contestó a todos que deseando obrar con entera legalidad, se comunicaría al día siguiente con la Asamblea y que acataría su decisión.

Desgraciadamente los procedimientos de la Asamblea eran demasiado bajos y vergonzosos para ser referidos y, hasta donde yo pude entender las contiendas de la época, el general Morazán, vadeando el torrente de hojas sueltas y folletos emanados de ambos campos, optó por mantenerse en su lugar con probidad y honor. Los centralistas hicieron esfuerzos desesperados para atraerle hacia ellos; pero Morazán no podía aceptar el abrazo de los que siempre habían sido sus más encarnizados enemigos y que ahora quisieran ser hipócritas aliados. Ni tampoco podía sostener lo que él entendía que era un error de sus propios partidarios.

Entre tanto Carrera ganaba terreno derrotando a varios destacados elementos de las tropas federales, asesinando hombres y acrecentando sus fuerzas con nuevas armas y municiones. Finalmente todos estuvieron de acuerdo en que algo debía hacerse y en una reunión de la Asamblea, en los momentos de desesperación, acordaron sin debate:

1°—Que el gobierno del Estado se retiraría a la Antigua.

2°—Que el presidente, por sí o por medio de un delegado, gobernaría el distrito de acuerdo con el artículo 176 de la Constitución.

En medio de estas escenas en la ciudad y del rumor de peores que venían de fuera, el domingo en la noche se dio un baile en honor a Morazán, al que no asistieron los centralistas enojados por la no aceptación de sus propuestas. Gálvez, el jefe depuesto por Carrera, hizo entonces su primera aparición y bailó toda la noche.

Aunque Morazán era irresoluto en el gabinete, en el campo era enérgico; y estando ya investido de plenos poderes, sostuvo su alta reputación de hábil militar. En el boletín del ejército de mayo y junio se manifestaba la huella de Carrera, devastando aldeas y pueblos, y la tenaz persecución que le hacían las tropas del gobierno venciéndole en todas partes en cada encuentro, pero sin lograr su captura. Entre tanto, los celos entre los partidos continuaban y el gobierno del Estado se encontraba en una verdadera anarquía. La asamblea no podía reunirse porque, no asistiendo el partido del Estado, correspondía al Vice—Jefe retirarse y al más antiguo consejero ocupar su puesto.

Pero no había tal persona; el período del consejo había terminado y aún no se habían verificado las nuevas elecciones; y mientras Morazán se ocupaba en dispersar las salvajes hordas de Carrera librando a los guatemaltecos del peligro que los había hecho arrodillarse ante él, los antiguos celos revivieron y las publicaciones incendiarias fueron lanzadas nuevamente, acusando a Morazán de empobrecer el país por mantener soldados holgazanes para sujetar a la ciudad por medio de las bayonetas.

El primero de Julio, considerando Morazán a Guatemala ya libre de todo peligro exterior, regresó a San Salvador, dejando tropas en varios pueblos bajo el comando de Carvallo y nombrando a Carlos Salazar comandante de la ciudad. Se suponía a Carrera completamente vencido y, para terminar de una vez, Carvallo publicó el siguiente:

"AVISO"

"La persona o personas que entreguen al criminal Rafael Carrera, muerto o vivo (si no se presenta voluntariamente conforme al último perdón), recibirá una recompensa de 1.000 dólares, y dos

caballerías de terreno, más el perdón de cualquier crimen que hubiese cometido".

El General en Jefe:

J. N. Carvallo.

Guatemala, Julio 20 de 1838.

No obstante eso, lo cierto era que el criminal Carrera, el proscrito, no estaba derrotado. Uno a uno sorprendía a los destacamentos de tropas federales y mientras se recrudecían las luchas partidaristas, se hacían empréstitos forzosos para mantener soldados holgazanes, Carrera formulaba planes para abolir el gobierno del Estado y para formar una junta provisional que lo sacara de su actual postración, organizando una Asamblea constituyente con el Sr. Rivera Paz a la cabeza. Carrera, con un número todavía mayor de seguidores, atacaba Amatitlán, tomaba la Antigua y quedándose allí solamente el tiempo necesario para saquear algunas casas, la despojó de sus cañones, de sus mosquetes y municiones y marchando otra vez sobre Guatemala, proclamó su intención de arrasar todas las casas y de asesinar a todos los blancos.

No se puede describir la consternación en la ciudad. Nuevamente rogaron a Morazán que volviese a defenderla. Un papel escrito a lápiz fue enviado por Morazán, con un hombre que lo llevaba escondido en la manga de su chaqueta, impulsando a la ciudad a defenderse a sí misma y sostenerse por unos días; pero el peligro era inminente. Salazar, a la cabeza de las tropas federales (los soldados holgazanes de quienes se quejaban) salió a las dos de la mañana y protegido por una espesa niebla, cayó repentinamente sobre Carrera en Villanueva, mató a cuatrocientos cincuenta de sus hombres derrotándolo completamente y dejándole gravemente herido en un muslo. La ciudad fue salvada de la destrucción entrando al siguiente día Morazán con mil hombres. El sobresalto causado por el peligro de que habían escapado, aún no terminaba; los partidos estaban espantados; todos veían en el general Morazán al único hombre capaz de salvarlos de Carrera, y le rogaron que se declarase dictador.

En estos días Guzmán, el general de Quezaltenango llegó a la capital con setecientos hombres y el general Morazán hizo los arreglos convenientes para encerrar y aniquilar a los cachurecos. El resultado fue el mismo que antes: Carrera era constantemente vencido, pero siempre lograba escapar. Sus seguidores fueron dispersados, sus mejores hombres capturados y fusilados y él mismo estuvo casi muerto de hambre en la cima de una montaña, rodeado por un cordón de hombres en la falda logrando escapar únicamente por descuido de la guardia. Durante tres meses fue tenazmente perseguido de lugar en lugar, se destruyeron sus antiguas guaridas y viéndose perdido y acorralado por todos lados, entró en tratos con Guzmán, comprometiéndose a entregar mil mosquetes y abandonar los restos de sus salvajes hordas. Sin embargo, al poner en ejecución las cláusulas del tratado, Carrera entregó solamente cuatrocientos mosquetes e inútiles, y esta infracción del tratado fue tolerada por Guzmán que ni aun soñaba la terrible suerte que le esperaba en manos de Carrera.

Terminado esto, Morazán depuso a Rivera Paz, restituyó en su puesto a Salazar y regresó a San Salvador, imponiendo fuerte contribución a la ciudad para atender a los gastos de la guerra, y llevándose todos los soldados del gobierno federal, probando así todo lo contrario de lo que le acusaban: de querer mantener su influencia en la ciudad por medio de las bayonetas. Guzmán regresó a Quezaltenango, quedando la guarnición reducida solamente a setenta hombres.

Las contribuciones y el retiro de las tropas de la ciudad crearon gran desafecto en contra de Morazán, y por ese tiempo el horizonte político fue nublándose más y más en toda la República. El Marqués de Aycinena, que había sido expatriado por Morazán y que residió por varios años en los Estados Unidos estudiando nuestras instituciones, publicó una serie de artículos que tuvieron gran resonancia, refiriéndose a nuestra constitución y a nuestras leyes, apresurando así la crisis; Honduras y Costa Rica declararon su independencia del gobierno federal; todo esto repercutió en Guatemala y atizó la ya ardiente llama de la disensión.

El 24 de Marzo de 1839, Carrera lanzó un boletín desde su antigua residencia de Matacuesquintla, en el cual, refiriéndose a la declaración de independencia de los Estados decía: "Cuando aquellas leyes llegaron a mis manos, las leí y volví a leer; como una madre amorosa que toma en sus brazos a un hijo único que creía perdido y le estrecha contra su corazón, así hice yo con el folleto que contiene la declaración; porque en él encuentro los principios que sustento y las reformas que deseo". Esto, sin embargo, era figurado, porque Carrera en aquel tiempo no sabía leer; pero debe haber sido una cosa completamente nueva para él y motivo de gran satisfacción, por aclararle los principios que él mismo sostenía. De nuevo amenazó con su entrada a la ciudad. En los consejos todo era anarquía y desorden. El doce de Abril aparecieron otra vez sus hordas a las puertas de la capital. Todos estaban espantados y nadie se levantaba para repeler la invasión. Morazán se encontraba lejos del alcance de su voz y los que más le acusaban antes de querer mantener su influencia por la fuerza de las bayonetas, ahora lo acusaban con igual violencia por haberlos dejado a merced de Carrera. Todos los que podían escondieron sus tesoros y huyeron1, y los que no, se encerraron en sus casas reforzando las puertas y ventanas. A las dos de la mañana, derrotando a la guardia, entró Carrera en la ciudad con mil quinientos hombres. El Comandante Salazar huyó y Carrera, llegando a la casa de Rivera Paz tocó a la puerta y le reinstaló como Jefe del Estado. Sus soldados tomaron posesión de los cuarteles; Carrera se declaró a sí mismo como guardián de la ciudad, y es justo reconocerle que, conociendo su propia incompetencia para gobernar, puso hombres a disposición de la municipalidad para mantener la paz. Así fue restablecido en el poder el partido central. El fanatismo de Carrera le ataba al partido clerical; se le halagó facilitándosele relaciones con la aristocracia; se le hizo brigadier—general y se le obsequió con un hermoso uniforme. Además de estos vanos honores, tenía los cuarteles de la ciudad y la paga de su gente, lo que era mucho mejor que las chozas de los indios y las expediciones de pillaje; éstas, sin embargo, servían de pasatiempo. La unión había continuado desde Abril anterior a mi llegada. El gran lazo que los ligaba era el odio común en contra de Morazán y de los liberales.

Los centralistas tenían su Asamblea Constituyente; abolieron las leyes emitidas por el gobierno liberal, resucitaron las antiguas leyes españolas, los antiguos nombres de las cortes de justicia y de los

226

oficiales del gobierno emitiendo todas las leyes que les parecieron sin que nadie se los impidiese. Su gran dificultad consistía en mantener quieto a Carrera. No pudiendo éste permanecer inactivo en la ciudad, marchó sobre San Salvador con el ostensible objeto de atacar al general Morazán. Los centralistas se encontraban en gran ansiedad; el éxito de Carrera o su derrota era igualmente peligroso para ellos. Si era derrotado, Morazán podría marchar inmediatamente contra la ciudad y tomaría una señalada venganza sobre ellos; y si tenía buen éxito, Carrera regresaría con sus salvajes hordas que, embriagadas por la victoria, serían insoportables. Este pequeño detalle dará idea de la situación. La madre de Carrera, una anciana bien conocida como regatona en la plaza, murió. Era costumbre que, al morir alguna persona de la aristocracia, se le sepultase en nichos construidos en las bóvedas de las iglesias; pero desde el tiempo del cólera, todos los entierros, sin excepción, fueron prohibidos en el interior de los templos y aun dentro del perímetro de la ciudad, pues para el efecto se había establecido un campo santo en las afueras de la población, en el cual todas las principales familias tenían sus mausoleos. ¡Pero Carrera manifestó el deseo de que su madre fuera sepultada ¡en la catedral! Los funerales se hicieron por cuenta del gobierno, se repartieron esquelas para el entierro y el féretro fue acompañado por todos los principales habitantes de la ciudad. Ningún esfuerzo se omitía para conciliarlo y mantenerlo de buen humor; sin embargo, Carrera era un individuo sujeto a violentos arrebatos de pasión y, según se decía, había aconsejado a los miembros de su gobierno que en tales momentos no osaran contradecirle en nada, sino que le dejaran hacer su voluntad. Tal era Carrera en el tiempo de mi visita; mandaba en Guatemala con poder más absoluto que cualquier monarca europeo en sus dominios, y los indios fanáticos le llamaban el Hijo de Dios y Nuestro Señor.

Cuando llegué a su presencia se encontraba contando monedas de uno y de dos reales. El coronel Monterrosa, un mestizo de tez morena con vistoso uniforme, estaba sentado a su lado, habiendo otras varias personas en la habitación. Carrera tenía más o menos cinco pies y seis pulgadas de estatura, cabello negro y liso, complexión y expresión de indio, sin barba, y parecía no tener más de veintiún años de edad. Usaba una chaqueta de alepín negro y pantalones. A mi entrada se levantó, hizo a un lado la mesa con dinero y, probablemente por respeto a mi levita de diplomático, me recibió con cortesía señalándome un asiento a su lado.

Mi primera palabra fue una expresión de sorpresa por su extremada juventud, y ciertamente no parecía tener más de veinticinco. En seguida, como un hombre que sabía que era extraordinario y que yo le conocía, sin esperar ninguna insinuación continuó diciendo, que él había empezado (no dijo qué) con trece hombres armados de viejos mosquetes que se encendían con cigarros; señaló ocho partes en las que había recibido heridas y me dijo que tenía tres balas todavía metidas en el cuerpo. En esos momentos nadie hubiera reconocido en él al mismo hombre que menos de dos años antes, había entrado a Guatemala a la cabeza de sus hordas de indios salvajes proclamando la muerte de los extranjeros.

Seguramente que en nada había cambiado tanto como en su opinión con respecto a ellos, una feliz ilustración de los buenos efectos de las relaciones personales para derribar prejuicios en contra de individuos o clases. Carrera ya había tenido relaciones personales con varios extranjeros, siendo uno de ellos un médico inglés que le extrajo una bala del cuerpo; y sus relaciones con todos habían sido tan satisfactorias, que sus sentimientos habían sufrido una completa revolución y hasta aseguraba que ésta era la única gente que nunca le había engañado. Carrera había, además, hecho algo que me pareció extraordinario: en los intervalos de su agitada vida aprendió a escribir su nombre y desechó su sello. Yo nunca tuve la fortuna de ser presentado a un rey legítimo o usurpador que reclamara prerrogativas de realeza a excepción de Mahomed Alí.

Anciano como él era, le di algunos buenos consejos, y siento mucho que este viejo león tenga ahora cortada la melena. Considerando a Carrera como un joven de porvenir, le dije que, teniendo una gran carrera ante sí, indudablemente podría hacer mucho bien a su país; y él, poniéndose la mano sobre el corazón, y con un arranque de entusiasmo que yo no esperaba, dijo que estaba dispuesto a sacrificar su vida por la patria. En medio de todas sus faltas y sus crímenes, nadie lo podía acusar de doblez o de decir lo que no pensara; y quizá, como tantos ilusos lo habían hecho antes que él, se creía a sí mismo un patriota.

Consideré que este hombre estaba destinado a ejercer una importante o quizá dominante influencia en Centro América y, confiando en que el saber que su fama se extendía por el mundo influyera favorablemente en su carácter, le dije que su nombre era ya conocido en mi país y que yo había leído en un periódico algo referente a su entrada a Guatemala, elogiando su moderación y sus esfuerzos por evitar los atropellos. Él se mostró muy satisfecho de que su nombre ya fuese conocido y que de tal concepto gozara entre los extranjeros, diciendo que él no era ni ladrón ni asesino como le llamaban sus enemigos. Carrera parecía inteligente y capaz de mejoramiento.

Le dije que debería viajar por otros países y particularmente por el mío, por estar más cerca. No tenía él una clara noción de dónde estaba mi país. Lo conocía únicamente por El Norte; preguntó respecto a la distancia y facilidades que hubiera para llegar allá, manifestando que cuando las guerras terminaran, haría el esfuerzo de hacer una visita a El Norte. Pero él no podía fijar su atención en otro punto que no fuera las guerras con Morazán, y en efecto, no sabía de otra cosa. Era amuchachado en sus maneras y modo de hablar, pero siempre serio; nunca sonreía y, consciente de su poder, no hacía ostentación de él, aunque siempre hablaba en primera persona de lo que había hecho o pensaba hacer. Uno de los ayudantes, evidentemente para agradarle, fue a buscar un papel con su firma para enseñármela como una muestra de su manera de escribir, pero no lo encontró.

Mi entrevista con él fue mucho más interesante de lo que yo esperaba; tan joven, tan humilde en su origen, tan carente de todas las ventajas del nacimiento, con honrados impulsos quizá, pero ignorante, fanático, sanguinario y esclavo de violentas pasiones; dueño absoluto de las fuerzas físicas del país, las cuales empleaba para desahogar su natural odio hacia los blancos. Al salir me acompañó hasta la puerta y en presencia de sus villanos soldados me ofreció sus servicios. Comprendí que había tenido la suerte de causarle una buena impresión. Más tarde, pero desgraciadamente durante mi ausencia, me hizo una visita en traje de gala y de gran ceremonia, cosa rara que casi nunca hacía.

En aquel tiempo, según me dijo don Manuel Pavón, Carrera se consideraba a sí mismo como un brigadier general, sujeto a las órdenes del gobierno. No disfrutaba de una pensión fija para él ni para sus tropas. No le gustaba llevar cuentas y solamente pedía dinero cuando lo necesitaba; y de esta manera en ocho meses no había necesitado más dinero que Morazán en dos. Realmente él no deseaba dinero para sí mismo y como una medida de prudencia pagaba a los indios una cosa insignificante. Esto agradaba muchísimo a la aristocracia, pues era sobre quien pesaba toda la carga de las contribuciones.

Debe ser una satisfacción para algunos de mis amigos, el saber que este jefe sin ley está bajo el dominio de quien aún los más pacientes hombres se muestran poco dispuestos a tolerarlo, porque su esposa le acompaña a caballo en todas sus expediciones, sin duda dominada por un sentimiento que proviene, a veces, del exceso de afecto; y yo oí decir que una parte no pequeña de los trabajos del Jefe del Estado, consistía en mantener el equilibrio en las desavenencias familiares.

Cuando regresamos a mi casa, encontramos a un caballero que dijo al Señor Pavón que un grupo de soldados estaba buscando a un miembro de la Asamblea, que había caído bajo el enojo de Carrera, pero que era amigo personal de ellos; y cuando pasamos por su casa, vimos una fila de soldados custodiando la puerta mientras otros estaban registrando adentro. Esto era hecho por orden directa de Carrera sin conocimiento del gobierno.

CAPÍTULO 12: LAS MUJERES EN CENTROAMÉRICA FUMAN

PASEO A MIXCO. — UNA ESCENA DE PLACER. — PROCESIÓN EN HONOR DEL SANTO PATRÓN DE MIXCO. — FUEGOS ARTIFICIALES. — UN BOMBARDEO. — FUMANDO CIGARROS. — UN CAMORRISTA NOCTURNO. — SUFRIMIENTO Y PESAR. — UNA RINA DE GALLOS. — UN PASEO POR LOS SUBURBIOS. — DIVERSIONES DEL DIA DOMINGO. — REGRESO A LA CIUDAD.

A consecuencia de las convulsiones y peligros de la época, la ciudad estaba triste y no había alegría en los círculos privados; pero algunas entusiastas damas habían hecho un esfuerzo para romper la monotonía, y un paseo, al cual fui invitado, se preparó para aquella tarde a Mixco, un pueblo indígena como a tres leguas de distancia, y en el que se celebraría al día siguiente con ritos indígenas, la fiesta de su santo patrón.

A las cuatro de la tarde salí de mi puerta a caballo para ver a Don Manuel Pavón. Su casa estaba inmediata a la del proscrito diputado, y una fila de soldados estaba rodeando toda la manzana con el objeto de evitar un escape mientras se registraban todas las casas. Yo siempre daba a estos caballeros un ancho espacio cuando podía, pero era necesario pasar a caballo por toda la fila; y al pasar por la casa del diputado, con la puerta cerrada y centinelas al frente no podía sino pensar en la agonía de su angustiada familia, temerosa de que su escondite fuera descubierto.

Don Manuel estaba esperándome, y nos dirigimos a caballo a la residencia de una de las damas de la comitiva, una joven viuda a quien yo no había visto antes y que, con su traje de montar, tenía una bella apariencia. Su caballo estaba listo, y cuando hubo acariciado a los ancianos para despedirse, nos la llevamos. Las criadas, con familiaridad y afecto la acompañaron hasta la puerta y siguieron diciéndole adiós, saludándola y encargándole que se cuidara mucho, a lo que la dama fue respondiendo mientras que sus voces pudieron ser oídas. Llamamos a dos o tres casas más, y enseguida nos juntamos todos en el lugar de la cita.

El patio se encontraba lleno de caballos con gran variedad de elegantes monturas. Aunque íbamos solamente a nueve millas de distancia y a un pueblo grande de indios, era necesario llevar camas, ropa de dormir y provisiones. Un séquito de sirvientes suficiente para llevar pertrechos de una pequeña expedición militar fue enviado por delante, y todos partimos. En las afueras todas las ansiedades y peligros que dormitaban en la ciudad se olvidaron. Nuestro camino se extendía sobre una extensa llanura que parecía, a medida que el sol se ocultaba tras los volcanes de Agua y de Fuego, un hermoso juego de bolos en el cual nuestra comitiva, precedida por una larga fila de indios con cargas sobre sus espaldas, formaba el cuadro. Yo me sorprendí al ver que las señoras no eran buenas amazonas. Ellas nunca montan por placer, y, por falta de comodidad en el camino, rara vez viajan.

Fue después de anochecer cuando llegamos al borde de un profundo barranco que separa a Mixco del llano. Descendimos, y al subir del lado opuesto, salimos de la obscuridad de un barranco a una calle iluminada, y, a dos o tres cuerpos de caballo, a una plaza resplandeciente de luces y llena de gente, casi todos indios en traje de fiesta. En el centro de la plaza había una hermosa fuente, y en el lugar dominante una gigantesca iglesia. Cabalgamos hacia arriba, rumbo a la casa que había sido preparada para las damas, y dejándolas allí, los caballeros se dispersaron en busca de alojamiento para ellos. Las puertas de todas las casas estaban abiertas y la única pregunta que se hacía era que dónde habría un cuarto. Algunos de los jóvenes no se tomaban esta molestia, pues habían dispuesto trasnochar, y el Sr. P. y yo, habiendo asegurado un local regresamos a la casa ocupada por las damas.

En una esquina había una tienda como de diez pies en cuadro, dividida y con estantes que les sirvieron para colocar sus sombreros y chales. El resto de la habitación contenía solamente una mesa larga y bancos. A los pocos momentos las señoras estaban listas y todos salimos para dar un paseo. Todas las calles y callejones estaban brillantemente iluminados, y a través de algunas había arcos decorados con siempreverde y luces, y en las esquinas había altares bajo emparrados de ramas adornados con flores. El espíritu de la alegría parecía tomar posesión de nuestros guías, quienes cuando se

232

les antojaba, entraban a cualquier casa, y después de una animada charla la dejaban, inventando salir a tiempo que el último de los de la comitiva iba entrando. En una casa encontraron un poncho enrollado cuidadosamente, sobresaliéndole el mástil de una guitarra. El dueño de la casa sabía únicamente que ésta pertenecía a un joven de Guatemala, que la había dejado como una señal de su intención de pasar la noche allí.

Uno de los jóvenes desenrolló el poncho, y cayeron algunas rebanadas de pan, las que él distribuyó y con media rebanada en la boca, tocó un vals, el cual fue seguido por una cuadrilla; la buena gente de la casa parecía complacida de este libre uso de su techo, y batiendo palmas todos alrededor, con muchas expresiones de buena voluntad por ambos lados, salimos tan sin ceremonia como habíamos entrado. Hicimos una gira por todas las calles principales, y cuando regresamos a la plaza la procesión iba saliendo de la iglesia.

La procesión del pueblo en honor de su santo patrón es el gran orgullo de los indios y la piedra de toque de su carácter religioso. Cada indio contribuye con su trabajo y dinero para llevarla a cabo, y es el más honrado a quien se le permite la parte más importante en ella. Este era un pueblo rico, en donde vivían todos los arrieros de Guatemala; y en ninguna parte había visto una procesión indígena tan imponente. La iglesia estaba situada sobre una elevación al frente de la plaza, con su entera fachada rica en ornamentos e iluminada por la luz de las antorchas; y en el gran atrio y las gradas estaban apiñadas multitud de mujeres vestidas de blanco. En el centro y frente a la portada había un espacio claro y, con un ruidoso canto, la procesión atravesó la entrada.

Primero venía el alcalde y sus alguaciles, todos indios, con la vara en una mano y candelas de cera encendidas, de seis u ocho pies de largo, en la otra; en seguida un grupo de diablos, no tan traviesos como los diablos de Guatemala, pero más feos, y probablemente más parecidos, de acuerdo con las nociones de los indios; a continuación, sostenida en alto por indios, una gran cruz de plata, primorosamente cincelada y ornamentada, seguida por el cura, con un palio de seda sostenido sobre su cabeza en los extremos de largas pértigas llevadas por indios. A medida que avanzaba la cruz todos se arrodillaban, y a un extranjero se le habría considerado culpable de un insulto hacia su santa religión si hubiese omitido el conformarse a esta ceremonia. Después seguían imágenes de santos más grandes que lo natural, conducidas en hombros de indios; y en seguida una imagen de la Virgen, primorosamente vestida, con la túnica resplandeciente de lentejuelas. A continuación, venía una larga procesión de indias vestidas con sus trajes típicos con una gruesa faja roja trenzada en el pelo, que parecía un turbante, todas llevando cirios encendidos. La procesión pasó por las calles iluminadas, bajo los arcos, y parándose de tiempo en tiempo frente a los altares, dio la vuelta al pueblo, y como a la hora, con un ruidoso canto, ascendió las gradas de la iglesia. Su vuelta a entrar fue anunciada con una descarga de cohetes, después de lo cual todos se reunieron en la plaza para la exhibición de los fuegos artificiales.

Transcurrió algún tiempo antes de que éstos estuvieran preparados, porque los que figuraban en la procesión, particularmente los diablos, tenían que ser los principales directores. Nuestra comitiva era bien conocida en Mixco, y aunque las gradas de la iglesia estaban atestadas, uno de los mejores lugares fue inmediatamente desocupado para nosotros. Por su proximidad a Guatemala, el pueblo de Mixco conocía a todas las principales familias de aquella ciudad, y estaban alegres de ver tan distinguida compañía en su fiesta; y la manera familiar, aunque respetuosa con que en todas partes eran tratados, manifestaba una sencillez de costumbres y una bondad de sentimientos entre el rico y pobre, que para mí fue una de las partes más interesantes de toda la fiesta.

La exhibición principió por los toros, el hombre que hacía de toro lo hizo al agrado de todo el público, dispersando y haciendo huir a la muchedumbre en la plaza; se abalanzó hacia las gradas de la iglesia, y, en medio de risas y de gritos, se fue. Palomas voladoras y otras piezas vinieron en seguida; y todo el espectáculo terminó con la gran pieza nacional del Castillo de San Felipe, que era una representación del rechazo de una flota inglesa. Una elevada estructura representaba el castillo, y un pequeño bergantín encaramado en la punta de un palo, como un gallo de campanario, la flota. El bergantín lanzaba una andanada, y en seguida, por un repentino salto, giraba sobre un eje, y lanzaba otra; y mucho después, cuando ya estaba acribillado, el castillo seguía arrojando por todos lados una magnánima corriente de fuego.

Cuando todo terminó, regresamos a la posada. Un mantel estaba extendido sobre la larga mesa, y en unos pocos minutos, bajo la dirección de las señoras, fue cubierta con los materiales para el día de campo, traídos de Guatemala. Los bancos se arrimaron a la mesa y todos los que pudieron hallar asiento se sentaron. Antes que la cena hubiera terminado hubo una irrupción de muchachos de Guatemala, con sombreros glaseados, ponchos y espadas, presentando una apariencia algo desordenada; pero ellos eran en su mayor parte jóvenes hermanos y primos de las damas. Con sus sombreros puestos sentáronse a comer en las mesas desocupadas y, tan pronto como acabaron, retiraron precipitadamente los platos, apilaron las mesas en una esquina, una sobre otra, y las candelas encima de todas, sonaron los violines y, caballeros y señoras, encendiendo puros y cigarros, comenzaron a bailar.

Tengo la pena de decir que generalmente las damas de Centro América, exceptuando a Guatemala, fuman, las señoras casadas puros o sólo tabaco, y las solteras cigarros, o tabaco envuelto en papel o paja. Cada caballero lleva en el bolsillo una caja de plata, con una larga mecha de algodón, acero y pedernal, la que ocupa casi el mismo espacio que un pañuelo, y uno de los actos de galantería es prender lumbre; el hacerlo bien puede contribuir a encender una llama en el corazón de una señorita; de todas maneras, el hacerlo chapuceramente sería mala educación. No expresaré mis sentimientos con respecto al fumar como una costumbre del bello sexo. Tengo recuerdos de bellos labios profanados. No obstante que, aun en esto yo he visto a una dama mostrar su elegancia y refinamiento tocando apenas el cigarro con sus labios. como si lo besara dulcemente y apartándolo en seguida. Cuando un caballero solicita lumbre a una dama, ella siempre remueve el cigarrillo de sus labios.

Felizmente, la peligrosa proximidad que algunas veces ocurre entre caballeros por la calle no está en boga.

El baile continuó hasta las dos de la mañana, y su final fue como la separación de una alegre reunión familiar. Los muchachos se dispersaron para dormir o para terminar la noche en alegrías en cualquier otra parte, y don Manuel y yo nos retiramos a la casa que habíamos asegurado para nosotros.

Estábamos en nuestras hamacas charlando sobre los asuntos de la noche, cuando oímos una bulla en la calle, un ruidoso tropel pasó por la puerta y se percibió el choque de espadas. Al punto el criado del señor P. tocó para entrar, y nos dijo que a pocas puertas más allá habían matado a un hombre hiriéndole en la cabeza con una espada. En vez de salir para satisfacer una vana curiosidad, como hombres prudentes aseguramos la puerta. El tropel siguió calle arriba y de ahí a poco oímos estallidos de armas de fuego. Todo el lugar parecía alborotado. Apenas nos habíamos vuelto a recostar cuando tocaron de nuevo la puerta. Nuestro posadero, un anciano respetable, con su esposa durmieron en un cuarto interior, y, temerosos de los motines, habían tenido una consulta para abrirlo.

El primero no quería hacerlo, pero la segunda, con aprensiones maternales, decía que estaba temiendo que algo le hubiera acontecido a Chico. Los toquidos continuaban, y Rafael, un conocido compañero del hijo, gritó que Chico estaba herido. El viejo se levantó en busca de una luz, y recelando lo peor, la madre y la joven hermana prorrumpieron en llanto. El anciano, austeramente las reprimía, diciendo que él siempre había prevenido a Chico en contra de las salidas nocturnas y que merecía su castigo. La hermana corrió y abrió la puerta y entraron dos muchachos.

Nosotros podíamos ver el centelleo de sus espadas, y que uno estaba sosteniendo al otro; y a tiempo que el anciano consiguió una luz el herido cayó al suelo. Su rostro estaba espantosamente pálido, y manchado con sangre; su sombrero cortado desde la copa hasta el ala tan perfectamente como si hubiera sido con navaja de barba, y su mano derecha y brazo estaban envueltos en un pañuelo de bolsillo, el cual estaba manchado con sangre. El anciano lo miró con la austeridad de un romano, diciéndole que ya sabía que estas serían las consecuencias de sus salidas nocturnas; la madre y la hermana lloraban, y el muchacho, con débil voz, rogaba a su padre que lo perdonara. Su compañero lo condujo a la habitación interior; pero antes que ellos pudieran colocarlo sobre la cama cayó otra vez y se desmayó.

El padre estaba alarmado y cuando se recobró preguntóle si deseaba confesarse. Chico, con una voz lánguida respondió, como Ud. guste. El anciano mandó a su hija que fuera por el padre, pero el alboroto era tan grande en la calle que ella tuvo miedo de aventurarse a salir. Mientras tanto le examinamos la cabeza la que, no obstante, la cortada a través del sombrero, apenas había sido tocada; y él mismo dijo que había recibido el golpe en la mano, y que se la habían quitado. No había allí un médico cercano sino hasta Guatemala, ni alguna persona que fuera capaz de hacer algo por él. Yo había tenido alguna práctica en medicina, pero ninguna en cirugía; sabía, sin embargo, que, de todas maneras, era bueno lavar y limpiar la herida, y con la ayuda del criado de don Manuel, un joven inglés a quien éste había traído de los Estados Unidos, lo colocamos sobre una cama. Este joven había tenido alguna experiencia en las camorras del país, pues había matado a un muchacho en una riña motivada por un asunto de amores, y estuvo confinado en la casa siete meses por las heridas recibidas en el mismo encuentro.

Con su ayuda desenvolvió el ensangrentado pañuelo; y a medida que avanzaba sentía que me faltaba el valor, y como, al dar la última vuelta, una mano muerta cayó sobre la mía, un estremecimiento y un hondo gemido corrió entre todos los espectadores y estuve a punto de dejar caer la mano. Había sido cortada desde atrás, arriba de las articulaciones, y los cuatro dedos colgaban sólo de la parte carnosa del pulgar. La piel estaba arremangada y mostraba a cada lado cuatro huesos salidos, como los dientes de un esqueleto. Los junté uno con otro, y cuando él levantó el brazo, chocaron como si fueran dientes. Yo noté que el caso estaba fuera de mi habilidad. Es posible que la mano pudiera haber sido restaurada juntando la piel por medio de una costura, pero yo creía que lo único que debía hacerse era cortarla enteramente, y esto yo no quería hacerlo. Incapaz de darle ninguna otra asistencia, la envolví otra vez en el pañuelo.

El joven tenía un semblante suave y agradable; y tan agradecido por mi infructuosa tentativa como si yo realmente le hubiera servido en algo, me dijo que no me molestara más, sino que me acostara; su madre y su hermana, con ahogados sollozos, se inclinaron sobre su cabeza; su padre sostuvo la austeridad de sus maneras, pero era fácil comprender que su corazón estaba traspasado de dolor; y para mí, un

237

extranjero, era horrible ver a un hermoso joven mutilado para toda la vida en una contienda callejera.

Según contó la historia él mismo dijo: que estaba paseando con algunos de sus amigos, cuando encontró a uno de los Espinosa de Guatemala, también con un grupo de amigos. Este último, que era conocido como un espadachín, se dirigió a ellos con una expresión, en español, casi equivalente a la inglesa "I'll give it to you. ("Ahora te voy a pegar"). Chico respondió "Lo veremos" e inmediatamente desenvainaron sus espadas. Chico, al intentar parar un golpe, lo recibió en el extremo de la mano derecha; al pasar por todos los huesos se debilitó tanto la fuerza que solamente le cortóla copa y el ala del sombrero. La pérdida de la mano le había indudablemente salvado la vida; porque si toda la fuerza del golpe hubiera caído sobre su cabeza, lo habría matado; pero el infortunado muchacho, en vez de estar agradecido de su salvación, juró venganza contra Espinosa. Este, según supe más tarde, juró que la próxima vez Chico no escaparía sólo con una mano menos; y, con toda probabilidad, cuando se encuentren otra vez, uno de ellos quedará sin vida.

Todo este tiempo el alboroto continuó, cambiando de lugar, con estallidos ocasionales de armas de fuego; una tía estaba retorciéndose las manos porque su hijo andaba fuera y nosotros teníamos razón para temer una noche trágica. Nos fuimos a la cama, pero durante largo tiempo el ruido en la calle, los gemidos del pobre Chico y los sollozos de su madre y hermana nos quitaron el sueño.

No despertamos sino hasta cerca de las diez. Era día domingo; la mañana estaba brillante y hermosa, los arcos y flores todavía adornaban las calles, y los indios, con sus vestidos limpios se dirigían a la misa dominical. Nadie, excepto los inmediatos interesados, sabía o se cuidaba de los sucesos de la noche anterior. Al atravesar la plaza, encontramos a un indio alto, ostentoso, a caballo, con una larga espada a un lado, quien saludó al señor Pavón y siguió su camino pasando frente a la casa de Chico. Este era Espinosa. Nadie intentaba molestarle y ninguna información se había seguido por las autoridades con respecto a lo acontecido.

La puerta de la iglesia estaba tan llena de gente que no pudimos entrar; y al pasar por la casa del cura, nos paramos en una entrada a un lado del altar. El cura, ataviado con sus más ricas vestiduras, y con indios jóvenes ayudantes en trajes sacerdotales, con sus largos cabellos negros y sus indolentes facciones en extraño contraste con sus vestidos y ocupaciones, estaba oficiando ante el altar. Sobre las gradas del frente, con sus negros mantos echados sobre la cabeza, y los ojos inclinados hacia el suelo, estaban las danzadoras de nuestra comitiva de la noche anterior; arrodilladas a lo largo de todo el piso del inmenso templo había una densa masa de mujeres indias con rojos tocados; y recostados contra los pilares y parados en el fondo estaban los indios envueltos en negras chamarras.

Esperamos hasta que terminó la misa y en seguida acompañamos a las damas a la casa y nos desayunamos. Aunque era domingo, las ocupaciones del día consistían en una riña de gallos por la mañana y una corrida de toros por la tarde. Nuestra comitiva había aumentado con la llegada de una distinguida familia de Guatemala y todos nos preparamos para la primera. Esta se verificó en el patio de una casa deshabitada, la que ya estaba repleta; y yo observé, para honra de los indios y vergüenza de las mejores clases, que todos ellos eran mestizos o blancos, y, siempre exceptuando a los soldados de Carrera, jamás vi gentes de peor catadura o con más aspecto de asesinos que este grupo de hombres. Por todo el largo de las paredes del patio había gallos amarrados de una pata, y hombres andando alrededor con otros gallos bajo el brazo, poniéndolos en el suelo para comparar su tamaño y peso regulando apuestas y tratando de engañarse recíprocamente.

Por fin se arregló una pareja; las damas de nuestra compañía tenían asientos en el corredor de la casa, y el espacio fue aclarado frente a ellas. Las navajas eran instrumentos sanguinarios, de más de dos pulgadas de largo, macizas y afiladas como agujas, y las aves apenas estaban en el suelo cuando ya tenían rizadas las plumas de la nuca y volaban una sobre otra. En menos tiempo del que se había empleado para ponerle el arpón, una ya estaba tendida en el suelo con la lengua de fuera y la sangre chorreándole por el pico, muerta. El ansia y vehemencia, ruido y alboroto, pendencias, apuestas, juramentos y riñas de la multitud. exhibían un triste cuadro de la naturaleza humana y de un pueblo sanguinario. Yo debo decir, en favor de las damas, que ellas en la ciudad jamás están presentes en tales escenas. Aquí ellas fueron por ninguna otra razón que yo pudiera ver, sino porque estaban fuera del hogar y esta era una parte de la fiesta. Nosotros debemos ser indulgentes teniendo en cuenta que se trata de una educación y condición social en todo diferentes a la nuestra. Ellas no carecían de sensibilidad y refinamiento; y aunque no se apartaban con disgusto, parecían no tomar interés en la pelea, y no estaban dispuestas a esperarse para la segunda.

Dejando la repugnante escena dimos un paseo por los suburbios, un lugar de los cuales domina una majestuosa vista de la llanura y ciudad de Guatemala, con montañas alrededor, y uno se pregunta cómo puede ser posible que, en medio de tan grandes y gloriosos panoramas los hombres puedan crecer con sentimientos tan viles. Al cruzar la plaza oímos música en una casa grande perteneciente a un rico arriero; y entrando nos encontramos con un joven arpista y dos frailes mendicantes con las coronillas rasuradas, y vestidos de blanco, con largas capas blancas y capuchas, de una orden nuevamente revivida en Guatemala, y bebiendo aguardiente. Mantos y sombreros fueron arrojados, las mesas y asientos arrimados a la pared, y a los pocos momentos mis amigos estaban valsando; siguieron dos o tres cotillones y volvimos a la posada, donde después que fue servida fruta de diversas clases, todos nos sentamos en el corredor de atrás del portal.

Por casualidad andaba suelto un caballo en el patio, y un muchacho, poniéndole las manos en los cuartos traseros, saltó sobre sus lomos. Los muchachos restantes siguieron el juego, y entonces uno de ellos levantó al caballo por las patas delanteras; al soltarlo otro lo tomó, y así siguieron todos con gran asombro del pobre animal. En seguida hubo una exhibición en el corredor, saltando uno sobre la cabeza del otro; después uno se agachó con las manos descansando en el piso del corredor, montándose otro sobre sus espaldas mientras el primero trataba de botarlo sin retirar las manos del suelo. Siguieron otras pruebas, todas improvisadas y cada una más absurda que la anterior; y todo terminó con una corrida de toros, en la que dos muchachos se montaron sobre las espaldas de otros dos como matadores y uno, con la cabeza entre los hombros, los perseguía como toro. Aunque estas diversiones no eran muy elegantes, todos se mostraban tan cordiales uno con otro, y había allí tan perfecto abandono, que la reunión terminó con gritos y risas.

240

Concluido esto, los jóvenes sacaron los mantos de las damas y de nuevo salimos para dar un paseo; pero al llegar a la plaza los muchachos cambiaron de pensamiento; y sentando a las damas, a quienes yo me agregué, en la sombra, comenzó el rescate. Todo el que pasaba se paraba y los vecinos parecían gozosos con la alegría de nuestra comitiva. Los jugadores se revolcaban uno a otro entre el polvo, con gran alegría de los mirones; y así siguió hasta que vimos que los azafates venían atravesando la plaza, lo cual era un signo de comida.

Por fin, pensando que ya habíamos tenido lo suficiente para un domingo, decidí renunciar a la corrida de toros; y en compañía de don Manuel y de otro prominente miembro de la asamblea y su familia, preparé mi regreso a la ciudad. La manera de viajar era primitiva. Todos iban a caballo, y él mismo con su hijo pequeño en ancas; su hija sola; su esposa sobre un sillón con un criado para sostenerla, una muchacha sirvienta con un niño en los brazos, y un criado encima del equipaje. Era una hermosa tarde, y el valle de Guatemala con su verde césped y obscuras montañas, presentaba una hermosa perspectiva. Al entrar en la ciudad nos encontramos con una procesión religiosa, con sacerdotes y monjes, todos llevando cirios encendidos, y precedida por hombres que disparaban cohetes. Evitamos la plaza por causa de los soldados, y a los pocos minutos me encontraba ya en mi casa solo.

CAPÍTULO 13: LA MUERTE DE LA VIUDA DE PEDRO DE ALVARADO

EXCURSIÓN A LA ANTIGUA Y AL OCÉANO PACÍFICO. — SAN PABLO. PAISAJE EN LA MONTAÑA. — EL RÍO PENSATIVO. — LA ANTIGUA. — RELATO DE SU CONSTRUCCIÓN. — UN OCTOGENARIO. — LA CATEDRAL. — SAN JUAN OBISPO. — SANTA MARÍA. — EL VOLCÁN DE AGUA. — ASCENSION A LA MONTAÑA. — EL CRÁTER. —UN ELEVADO PUNTO DE REUNIÓN. — EL DESCENSO. — REGRESO A LA ANTIGUA. —EL CULTIVO DE LA COCHINILLA. — TERRENO CLÁSICO. — CIUDAD VIEJA. — SU FUNDACIÓN. — VISITA DE LOS INDIOS. —SALIDA DE CIUDAD VIEJA. — PRIMERA VISTA DEL PACÍFICO. — ALOTENANGO. — EL VOLCÁN DE FUEGO. — ESCUINTLA. — UNA PUESTA DE SOL. — MASAGUA. — PUERTO DE ISTAPA. — LLEGADA AL PACÍFICO.

El martes diez y siete de Diciembre, salí en excursión para la Antigua Guatemala y el Océano Pacífico. Me acompañaba un joven que vivía al lado opuesto y que deseaba ascender al volcán de Agua. Ya había yo despedido a Agustín y tuve mucha dificultad para conseguir un hombre que conociera el camino. Romaldi (Romualdo) tenía sólo un defecto: era casado y como algunos de los de su gremio muy aficionado a la vida errante; pero a su esposa no le agradaba esta inclinación; decía ella que yo iría a el mar y que podría llevármelo, que jamás le volvería a ver, y la afectuosa mujer lloraba ante la simple idea de perderlo; pero al pagarle poniendo el dinero en sus manos antes de la partida, accedió. Mi único equipaje consistía en una hamaca y un par de sábanas, que Romaldi llevaba en su mula y cada uno teníamos un par de alforjas. En la puerta encontramos a don José Vidaury (Vidaurre) a quien yo había visto primero en la silla presidencial de la Asamblea Constituyente, que iba a visitar su hacienda a la Antigua. Aunque ésta se encuentra solamente a cinco o seis horas de distancia, el señor Vidaury, que era un hombre muy corpulento, tenía dos caballos de remuda e insistió en que yo montara uno de ellos.

Cuando expresé mi admiración por el animal dijo, en la frase usual de cortesía española, que el caballo era mío. Esto dicho en el mismo espíritu con que un francés que ha sido atendido hospitalariamente en una casa de campo en Inglaterra, declara su amor a siete de las hijas por mero cumplimiento. Y mi digno amigo se habría sorprendido en extremo si yo hubiese aceptado su oferta.

El camino a Mixco ya lo describí. En el pueblo nos detuvimos para ver a Chico. Le habían amputado la mano y ya seguía mejor. Saliendo del pueblo ascendimos por una escarpada montaña, desde cuya cima disfrutamos de una hermosa vista de la población a sus pies, del valle y de la ciudad de Guatemala y del lago de Amatitlán circundado por una fila de montañas. Descendiendo por un agreste y áspero camino llegamos a una llanura, mirando hacia la izquierda la aldea de San Pablo y hacia la derecha, a alguna distancia, otro pueblo. Entramos en seguida por un sitio arbolado y, después de subir y bajar por la precipitada falda de una montaña con un espléndido barranco a la derecha, llegamos a una hermosa corriente. En este lugar nos encontramos rodeados de montañas; pero las orillas del arroyo estaban cubiertas con delicadas flores y papagayos de vistoso plumaje posados sobre las ramas de los árboles o volando sobre nuestras cabezas, formando, en medio del gigantesco escenario, un sitio encantador.

La corriente pasaba por entre dos filas de montañas tan estrechamente unidas, que apenas había lugar para el paso de un camino de herraduras. A medida que avanzábamos, las montañas dirigíanse hacia la izquierda, haciendo del otro lado de la corriente algunos recodos cultivados con cochinilla entre el propio hueco de la base. Un nuevo rodeo del camino y después, siguiendo recto, nos permitió una vista de más de una milla por entre las montañas a cuyo extremo divisamos la Antigua, situada en un delicioso valle, rodeado de montañas y colinas que siempre conservan su verdor, regada por dos ríos que surten numerosas fuentes, con un clima en que ni el calor ni el frío predominan; empero, esta ciudad rodeada de bellezas naturales mayores que las que yo jamás he visto, ha sufrido quizás más calamidades que ninguna otra ciudad edificada nunca. Pasamos la puerta y caminamos por los suburbios en la entrada del valle, en uno de cuyos lados se encontraba una casa nueva que me recordó una villa italiana, con una gran plantación de cochinilla extendiéndose hasta la base de la montaña. Atravesamos un río que tiene el poético nombre de El Río Pensativo; del otro lado había una primorosa fuente y, en la esquina de la calle, las ruinas de la iglesia de Santo Domingo, un recuerdo de los formidables terremotos que derribaron la antigua capital arrojando a los habitantes de sus hogares.

A cada lado se encontraban las ruinas de las iglesias, de los conventos y de las residencias privadas, grandes y valiosas, algunas reducidas a escombros, otras con las fachadas aún en pie, ricamente decoradas con estuco, agrietadas y con grandes aberturas, sin techo, sin puertas ni ventanas y con árboles creciendo en el interior hasta arriba de los muros. Muchas de las casas ya han sido reparadas, la ciudad está repoblada y presenta un extraño contraste de ruina y restauración. Los habitantes, lo mismo que los moradores de la sepultada Herculaneoum, parecían no tener temores de nuevos desastres. Me encaminé a la casa de don Miguel Manrique, la que se encontraba ocupada por su familia cuando ocurrió la destrucción de la ciudad y, después de recibir una afectuosa bienvenida, fui a dar un paseo por la plaza en compañía del señor Vidaury.

El grabado respectivo dará una idea, mejor que yo, de la belleza de la escena. Los grandes volcanes de Agua y de Fuego se destacan sobre ella. En el centro se encuentra una majestuosa fuente de piedra, y los edificios que la circundan, especialmente el palacio del Capitán General, ostentan al frente los escudos de armas conferidos por el Emperador Carlos V a la noble y leal ciudad, y elevándose sobre todo el Apóstol Santiago a caballo, con armadura y blandiendo una espada; y la majestuosa, aunque destechada y arruinada catedral, de trescientos pies de largo y ciento veinte de ancho, como de setenta pies de altura y alumbrada por cincuenta ventanas, manifestando en la actualidad que la Antigua fue en un tiempo una de las más hermosas ciudades del Nuevo Mundo, merecedora del altivo nombre que le dio Alvarado de ciudad de Santiago de los Caballeros.

Esta fue la segunda capital de Guatemala, fundada en 1542con motivo de la destrucción de la primera por un volcán de agua. Su historia es una serie no interrumpida de desastres. "En 1588 una enfermedad epidémica, acompañada de violenta hemorragia nasal, arrebató gran número de sus habitantes; ni podían los facultativos idear método alguno para atajar los progresos del mal. Muy severos temblores de tierra se sintieron en diferentes períodos; uno en 1565 que dañó seriamente a muchos de los principales edificios; los de 1575,76 y 77 no fueron menos ruinosos. El 27 de Diciembre de 1581la población se vio alarmada otra vez por el volcán, que empezó a arrojar llamas, siendo tan grande la cantidad de cenizas aventadas y esparcidas por el aire, que el sol se obscureció por completo y se hizo necesaria la luz artificial en la ciudad al mediodía".

"Los años de 1585 y 6 fueron espantosos en extremo. El 16 de Enero del 85 sintiéronse temblores de tierra que continuaron durante ese año y el siguiente con tanta frecuencia, que no pasaban ni ocho días sin que se sintiera un temblor más o menos violento. La montaña arrojaba fuego sin cesar durante meses enteros, lo que aumentaba grandemente la general consternación. El mayor desastre de estas series ocurrió el 23 de diciembre de 1586, cuando la mayor parte de la ciudad fue reducida de nuevo a un montón de ruinas, sepultando bajo los escombros a muchos de sus infortunados habitantes; la tierra se sacudió con tal violencia, que las cimas de las más altas colinas fueron derribadas, y se formaron profundos barrancos en varias partes a nivel del suelo".

"En 1601 una peste arrebató muchas vidas. Atacaba con tal magnitud que, a los tres días, generalmente, acababa con la existencia de los afectados por ella".

"El 18 de febrero de 1651, como a la una de la tarde, se oyó el más extraordinario ruido subterráneo, seguido inmediatamente de tres violentas sacudidas a muy cortos intervalos una de otra, que derribaron por tierra muchos edificios y dañaron otros; las tejas de los techos de las casas fueron dispersadas en todas direcciones, como partículas de paja por un soplo de viento; las campanas de los templos sonaron por las vibraciones; moles de rocas se desprendieron de las montañas, y aun las bestias salvajes se encontraban tan aterrorizadas que, perdiendo su natural instinto, abandonaron sus guaridas y buscaron refugio en las habitaciones de los hombres".

"El año 1686 trajo consigo otra espantosa epidemia que en tres meses barrió con la décima parte de los habitantes...". "Desde la capital, la peste se esparció por los pueblos circunvecinos y de allí a los más remotos, ocasionando terribles estragos, particularmente entre los más robustos de los habitantes".

"El año 1717 fue memorable: en la noche del 27 de agosto, la montaña empezó a arrojar llamas acompañadas de un retumbante ruido subterráneo. La noche del 28 aumentó la erupción con gran violencia alarmando muchísimo a los habitantes. Las imágenes de los santos fueron sacadas en procesión, se hicieron rogaciones públicas cada día; pero la terrible erupción aún continuaba, acompañada, a intervalos, de frecuentes temblores por más de cuatro meses. Por último, la noche del 29 de setiembre, la suerte de Guatemala pareció decidida, pues una inevitable destrucción daba señales de aproximarse. Grande fue la ruina de los edificios públicos; muchas casas fueron derribadas y casi todas las restantes quedaron seriamente dañadas; pero la mayor devastación se vio en los templos".

"El año de 1773 fue la época más lúgubre en los anales de esta metrópoli; fue entonces destruida para ya no resurgir jamás de sus ruinas como capital" ... "Como a las cuatro de la tarde del 29 de julio se sintió una tremenda vibración. y a los pocos momentos principió la horrorosa convulsión que decidió la suerte de la infortunada ciudad"...

"El 7 de setiembre hubo otra que derribó la mayor parte de los edificios que quedaron dañadlos el 29 de julio; y el 13 de diciembre una todavía más violenta dio fin al trabajo de destrucción"..."Aún no estaba el pueblo restablecido de la consternación que le produjeron los sucesos del fatal 29 de julio, cuando se convocó una reunión con el objeto de aunar los pareceres de los habitantes para el traslado"..."En reunión se estableció que todas las autoridades se trasladarían provisionalmente al pequeño pueblo de La Ermita, hasta que los valles de Jalapa y Las Vacas pudieran ser deslindados y que la voluntad del Rey sobre el asunto hubiese sido averiguada"....

"El 6 de setiembre el Gobernador y todos los tribunales se trasladaron a la Ermita; se completaron los deslindes de los lugares ya mencionados y se convocó de nuevo a los habitantes para decidir con respecto a la traslación. Este congreso se verificó en la capital provincial y duró del 12 al 16 de Enero de 1774; se leyó el informe de los comisionados y por mayoría de votos resolvióse hacer el formal traslado de la ciudad de Guatemala al Valle de Las Vacas. El Rey dio su asentimiento a esta resolución el 21 de julio de 1775; y por un decreto del 21 de Setiembre siguiente, aprobó la mayor parte de los proyectos que fueron propuestos para llevar a efecto la determinación, cediendo muy liberalmente el total de ingresos de las aduanas por espacio de diez años, para los gastos de edificaciones, etc. En virtud de este decreto, el Ayuntamiento se estableció en debida forma en el nuevo lugar el día primero de Enero de 1776, y el 29 de Julio de 1777 se emitió una proclama en la Antigua Guatemala, recomendando a la población trasladarse a la nueva ciudad dentro del término de un año y abandonar totalmente los restos de la antigua".

Tal es la referencia que hace el historiador de Guatemala con respecto a la destrucción de esta ciudad; además de la cual, yo vi en el mismo lugar al Padre Antonio Croques, un octogenario y el más viejo canónigo de Guatemala, quien estaba viviendo en la ciudad cuando ocurrió el terremoto que completó su destrucción. Estaba todavía vigoroso física e intelectualmente, escribió su nombre con mano firme en mi libro de notas y conservaba un vívido recuerdo del esplendor de la ciudad cuando, en su niñez. como él decía, los carruajes rodaban allí como en las calles de Madrid.

El día fatal se encontraba él en la iglesia de San Francisco con dos padres, uno de quienes, en el momento del temblor le tomó de la mano arrastrándole hacia el patio; el otro quedó sepultado bajo las ruinas del templo. Recordaba que las tejas volaron de los techos de las casas en todas direcciones; las nubes de polvo eran sofocantes y la gente corría a las pilas para saciar la sed. Las fuentes se rompieron y un hombre le arrebató el sombrero para sacar el agua. El Arzobispo durmió aquella noche en su carruaje en la plaza. Me describió las ruinas de los edificios particulares, los muertos que fueron extraídos de entre los escombros y la confusión y terror de los habitantes; y aunque sus recuerdos eran solamente los de un niño, tenía material suficiente para horas de conversación.

En compañía del cura visitamos el interior de la catedral. Los gigantescos muros estaban en pie pero sin techo; el interior era usado como cementerio y las tumbas sombreadas por un bosque de dalias y árboles de setenta a ochenta pies de elevación que salían por arriba de los muros. El altar mayor se encontraba en pie bajo una cúpula, sostenida por diez y seis columnas forradas de carey y decorado con medallones de bronce primorosamente trabajados. Sobre la cornisa estaban anteriormente colocadas la imagen de la Virgen y las de los doce Apóstoles, de marfil, pero todo esto ya no existía; y más interesante que los recuerdos de su antiguo esplendor o que sus melancólicas ruinas, era la bóveda vacía donde en un tiempo reposaron las cenizas de Alvarado el Conquistador.

Por la tarde se me acercó mi joven compañero y nos fuimos para Santa María, un pueblo de indios a dos leguas de distancia, situado en las faldas del volcán de Agua, con el propósito de ascender a la cima al siguiente día. A medida que nos aproximábamos al valle, la escena era tan hermosa que no me admiré que ni aun los terremotos pudieran haberlo desolado. A una legua de distancia llegamos al pueblo de San Juan Obispo, cuya iglesia y convento son visibles desde abajo y dominan una magnífica vista del valle y ciudad de la Antigua. Al anochecer llegamos al pueblo de Santa María, encaramado a una altura de dos mil pies arriba de la Antigua y a siete mil pies sobre el nivel del Pacífico. La iglesia se yergue sobre un magnífico atrio con varias entradas, y frente a ella se encuentra una gigantesca cruz blanca.

Nos encaminamos al convento que está a cargo del cura de San Juan Obispo, pero estaba deshabitado y no había quien nos recibiera, excepto un pequeño viejo muy parlanchín que había llegado aquella misma mañana. Muy pronto tuvimos una irrupción de indios, con el Alcalde y sus alguaciles, que llegaban a ofrecernos sus servicios como guías para subir a la montaña. Ellos fueron los primeros indios que encontré que no hablaban el español, y su vehemencia y su vociferación me recordaba a mis viejos amigos los árabes. Describían el ascenso como muy difícil, con peligrosos precipicios, y con mucha dificultad para hallar el paso, diciéndonos que era necesario, para cada uno de nosotros, llevar diez y seis hombres con lazos para trepar, pagando doce dólares por cada hombre. Parecieron algo asombrados cuando yo les dije que nosotros necesitábamos dos hombres cada uno y que les daríamos medio dólar por cabeza, pero inmediatamente rebajaron a ocho hombres para cada uno y un dólar por cabeza; y después de un ruidoso altercado, escogimos seis entre cuarenta y todos se retiraron. A los pocos minutos oímos un violín afuera, que pensamos sería en nuestro honor; pero era el vejete que era titiritero y que pensaba dar una exhibición esa noche. El músico penetró a la habitación y un hombre se paró en la puerta para admitir a los visitantes.

El precio de la entrada era de tres centavos y hubo frecuentes disputas por conseguir la rebaja de un centavo o para que se admitieran dos por tres centavos. Lo elevado del precio impedía la entrada del populacho. La concurrencia era muy selecta y todos se sentaron en el suelo. Los ingresos, según supe por el portero, fueron arriba de cinco chelines. Romaldi, que era un diestro aficionado, dirigió la orquesta es decir, al otro violinista. Los títeres estaban en la habitación vecina y cuando se abrió la puerta se descubrió una chamarra negra colgando como cortina, la que al ser levantada. dejó ver al titiritero sentado junto a una mesa con sus pequeñas figuras ante sí. Los juegos de los títeres se llevaban a cabo por medio de conversaciones de ventriloquía en medio de las cuales me dormí.

No salimos sino hasta las siete de la mañana siguiente. El día tenía mala apariencia y toda la montaña estaba cubierta de nubes. Hasta aquí la falda del volcán estaba cautivante. Al cabo de media hora el camino se tornó tan empinado y resbaladizo que desmontamos y comenzamos el ascenso a pie. Los indios se habían adelantado llevando agua y provisiones, y cada uno de nosotros se proveyó de un fuerte cayado. A las ocho menos cuarto llegamos a la región media que se encuentra cubierta por una ancha faja de espeso bosque; el camino era escarpado y lodoso y cada tres o cuatro minutos nos veíamos obligados a parar y descansar. A las nueve menos cuarto salimos a un claro donde se encontraba una gran cruz de madera. Este era el primer lugar de descanso y nos sentamos al pie de la cruz a merendar.

Había empezado una llovizna, pero con la esperanza de un cambio, a las nueve y media reanudamos nuestro ascenso. El paso se hizo más empinado y fangoso, los árboles se aglomeraban tan densamente que ni el más leve rayo de sol penetraba por allí y tenían sus troncos y ramas cubiertos de verdes excrecencias. El camino había sido abierto y mantenido por los indios que suben en invierno a conseguir nieve y hielo para Guatemala. El trabajo para trepar por esta lodosa ladera era excesivo y muy pronto mi joven compañero sintióse fatigado y fue impotente para continuar sin ayuda. Los indios iban preparados con lazos, uno de éstos se le ató alrededor de la cintura y dos indios pasaron adelante con el lazo sobre los hombros. A las diez y media nos encontrábamos arriba de la región de los bosques y salimos a un lado abierto del volcán. Allí aún había árboles dispersos, abundante hierba y una gran variedad de curiosas plantas y flores aportando rico material para los botánicos. Entre ellos había un árbol con una flor roja denominado el árbol de las manitas, pero más parecido a la mano de un mono, creciendo a una altura de treinta o cuarenta pies, con el interior de un ligero tinte bermellón y por fuera bermellón con listas amarillas.

Mi compañero, cansado con el trabajo de la ascensión, no obstante la ayuda del lazo, se montó por fin sobre los hombros de un indio. Yo me veía obligado a parar a cada dos o tres minutos, siendo mis descansos casi iguales al tiempo que caminaba. La gran dificultad consistía en la humedad y el lodo, que al ascender nos hacía perder una parte en cada paso.

Este era tan resbaladizo que aun con el cayado y la ayuda de las ramas de los árboles y arbustos, se hacía difícil evitar una caída. Como media hora antes de llegar a la cima y quizás a unos mil o mil quinientos pies de ella, los árboles se volvieron escasos y parecían secados por los rayos o marchitados por el frío. Las nubes se aglomeraban más espesas que antes y yo perdí toda la esperanza de un claro día.

A las once y media llegamos a la cúspide y descendimos al cráter. Un torbellino de nubes y vapores batía violentamente en sus contornos. Estábamos sudando; nuestros vestidos se encontraban empapados por la luvia y el fango y en pocos momentos el frío nos caló hasta los huesos. Intentamos encender una fogata, pero las ramas y hojas estaban mía y no podían arder. Por unos pocos instantes logramos una débil llama y todo se abatió a su alrededor; pero cayó una llovizna lo suficiente para apagarla.

No podíamos ver nada y los temblorosos indios me suplicaban que regresáramos. Sobre las rocas inmediatas había inscripciones, una de las cuales llevaba la fecha 1548; y sobre una piedra cortada estaban las siguientes palabras:

Alexandro Ldvert,.
De San Petersburgo;

Edvardo Legh Page,
De. Inglaterra;

José Croskey,
De Fyladelfye,

Bibymos aquí unas Boteas
De Champana, el día 26
de Agosto de 1834.

Parecía extraño que tres hombres de tan lejanas y diferentes partes del mundo, San Petersburgo, Inglaterra y Filadelfia, se hubiesen juntado para beber champaña en la cima de este volcán. Mientras qué yo me soplaba los dedos y copiaba la inscripción, el vapor se aclaró un poco, permitiéndome ver el interior del cráter. Era una hoya de forma ovalada, de fondo plano cubierto de hierba. Los lados eran en declive como de cien a ciento cincuenta pies de altura, y en todo el derredor había montones de rocas apiñadas en espléndida confusión y: elevándose en picos inaccesibles. No hay ninguna tradición respecto a que esta montaña alguna vez haya arrojado fuego, y no existe por ningún lado en sus contornos materia calcinada o alguna otra señal de erupción volcánica.

La historia dice: que, en 1541, un formidable torrente, no de fuego, sino de agua y piedras, fue vomitado del cráter, destruyendo la antigua ciudad. El Padre Remesal refiere que en esta ocasión la cima de la montaña se vino abajo. La altura de esta parte separada era de una legua, y de la cima restante hasta el valle había una distancia de tres leguas, la que él afirma que midió en 1615. El área, según mis medidas, es de ochenta y tres pasos de largo por sesenta de anchura. De acuerdo con Torquemada (y tal es la tradición, según el Padre Alcántara, de Ciudad Vieja), esta inmensa hoya, probablemente el cráter de un volcán extinguido, con bordes mucho más altos que los actuales, se llenó de agua por las acumulaciones de nieve y de las lluvias. Allí nunca hubo una erupción de agua, sino que uno de los lados se rompió y la inmensa cantidad de líquido salió precipitadamente, inundando y destruyendo todo cuanto se opuso en su camino. La inmensa barranca por donde descendió, todavía era espantosamente visible a un lado de la montaña. La altura de esta montaña ha sido determinada por observaciones barométricas y es de catorce mil cuatrocientos cincuenta pies sobre el nivel del mar. La orilla del cráter domina una hermosa vista de la antigua ciudad de Guatemala, de treinta y dos pueblos alrededor y el Océano Pacífico; a lo menos así se me dijo, aunque yo no los vi. Sin embargo, no lamenté mi fatiga; y aunque empapado por la lluvia y todo cubierto de lodo, me prometí a mí mismo que en el mes de febrero, cuando el tiempo es bueno, ascendería otra vez, preparado para el caso y para pasar dos o tres días en el cráter.

A la una principió nuestro descenso. Este fue rápido y algunas veces peligroso, por el excesivo declive, por lo resbaladizo y por el riesgo de golpearse la cabeza contra el tronco de un árbol. A las dos de la tarde llegamos a la cruz; y yo recuerdo aquí, como un aviso para otros, que, por la presión de las fuertes botas impermeables sobre los dedos de los pies, me veía obligado a parar con frecuencia; y después de cambiar la presión descendiendo de lado y de espaldas, agarrándome de las ramas de los árboles, me vi en la necesidad de quitarme las botas y seguir descalzo, metido en el fango hasta los tobillos. Mis pies fueron severamente dañados por las piedras, y me era muy difícil andar, cuando encontré a uno de los indios que subía la montaña con mi caballo a encontrarme. A las cuatro de la tarde llegamos a Santa María, a las cinco a la Antigua, y un cuarto de hora después me acosté.

A la mañana siguiente, todavía estaba yo durmiendo, cuando el señor Vidaury entró al patio, a caballo, para acompañarme en mi viaje. Dejando a Romaldi que nos siguiera, monté inmediatamente y, saliendo de la ciudad, entramos a campo abierto, metido entre montañas cultivadas hasta su base con cochinilla. Como a una milla de distancia giramos con dirección a la hacienda del señor Vidaury. En el patio estaban cuatro bueyes moliendo caña de azúcar y detrás se encontraba su nopal o plantación de cochinilla, una de las más grandes de la Antigua. La planta es una especie de cactus, sembrada en surcos como el maíz, y, en el tiempo a que me refiero, tenía como cuatro pies de altura. Sobre cada hoja estaba asegurada con una espina un pedazo de caña en cuyo hueco había treinta o cuarenta insectos. Estos insectos no pueden moverse, pero se multiplican, y las crías se arrastran hacia fuera y se adhieren a las hojas; una vez adheridas a ellas jamás se mueven; una membrana muy fina las cubre y a medida que se alimentan las hojas se ponen enmohecidas y blancas.

Al final de la estación seca, algunas de las hojas se quitan y se cuelgan en un almacén para semilla, y de las restantes se separan los insectos con un cepillo y se ponen a secar, enviándoles en seguida al exterior para proveer a los lujos y elegancias de la vida civilizada, y a dar vida con sus brillantes colores a los salones de Londres, París y San Luis Missouri. La cosecha es valiosa, pero insegura, pues una lluvia temprana puede destruirla; y algunas veces a todos los trabajadores de una hacienda se los llevan para el servicio militar, en la época en que más falta hacen para su cultivo. La posesión era encantadoramente hermosa al pie y bajo la sombra del volcán de Agua y el paisaje estaba limitado por todos lados con montañas de perpetuo verdor; el aire de la mañana era suave, fragante, puro y refrescante. Con buen gobierno y leyes y nuestros amigos alrededor, jamás vi lugar más hermoso y apetecible para que un hombre pasara el resto de su vida sobre la tierra.

Reanudando nuestro viaje, salimos a un fértil valle cubierto de césped, donde pastaba el ganado y los caballos, en medio de las faldas de los dos grandes volcanes, y hacia la izquierda, a alguna distancia, en las faldas del volcán de Agua, vimos la iglesia de Ciudad Vieja, la primera capital de Guatemala fundada por Alvarado el Conquistador. Yo me encontraba ahora sobre terreno clásico. La fama de Cortés y de sus hazañas en México se había divulgado entre las tribus indígenas del sur y los reyes kachiqueles le enviaron una embajada ofreciéndole reconocerse como vasallos de España. Cortés recibió a los embajadores con distinción, y envió a Pedro de Alvarado, oficial distinguido en la conquista de Nueva España, a recibir la sumisión de los reyes nativos y a tomar posesión de Guatemala. El 23 de Noviembre de 1523, Alvarado salió de la ciudad de México con trescientos españoles y un gran cuerpo de tlascaltecas, cholotecas, chinapas y otros indios mexicanos auxiliares; se abrió paso a través de las populosas provincias de Soconusco y Tonalá, y el 14 de mayo tras una decisiva victoria sobre los indios quichés, llegó a la capital del reino kachiquel, ahora conocido como el pueblo de Tecpán Guatemala.

Después de permanecer allí unos pocos días para recobrarse de sus fatigas, el ejército conquistador siguió su ruta por los pueblos de la costa, venciendo a todos los que se le oponían al paso, y el 24 de julio de 1524, llegó a un lugar llamado por los indios Almolonga. que significa, en su lengua, manantial de agua (o la montaña de donde fluye el agua), situado en la falda del volcán de Agua. El paraje, dice Remesal, les agradó tanto por su delicioso clima, la belleza de sus praderas deliciosamente regadas por corrientes de agua, y particularmente por su situación en medio de dos altas montañas. de una de las cuales descendían corrientes de agua en todas direcciones, y de la cima de la otra brotaban columnas de humo y fuego, que determinaron edificar una ciudad que sería la capital de Guatemala.

El 25 de julio, fiesta de Santiago patrón de España, los soldados, con música marcial, espléndidas armaduras, ondulantes plumas, caballos soberbiamente enjaezados con arreos resplandecientes de pedrería y chapas de oro, avanzaron hacia la humilde iglesia que había sido construida con tal propósito, donde Juan Godínez, capellán del ejército, dijo misa. Toda la comunidad invocó la protección del Apóstol y llamó por su nombre a la ciudad que habían fundado. El mismo día Alvarado nombró Alcaldes, Regidores y Alguacil Mayor.

La apariencia del país armonizaba con las románticas escenas de que había sido teatro; y a medida que yo caminaba sobre el llano, casi podía imaginarme las faldas de las montañas cubiertas de indios, y Alvarado con su pequeña banda de intrépidos españoles, soldados y sacerdotes con marcial orgullo y religiosa humildad, desplegando las banderas de España y levantando el estandarte de la cruz.

A medida que nos aproximábamos a la ciudad su situación aparecía más hermosa; pero muy al principio de su historia, espantosas calamidades le acontecieron. "En 1532, las cercanías de la ciudad se vieron asoladas y sus habitantes profundamente consternados, por un león de descomunal tamaño y ferocidad, que descendió de las selvas de la montaña denominada el Volcán de Agua, y causó gran devastación entre los hatos de ganado. El Ayuntamiento de la ciudad ofreció un premio de veinticinco dólares oro o cien fanegas de trigo a cualquier persona que lo matara; pero el animal escapó, aun de una partida de caza formada por toda la ciudad con Alvarado a la cabeza. Después de cinco o seis meses de constantes depredaciones, fue matado el 30 de julio por un pastor de ganado, quien recibió la recompensa prometida. El siguiente gran desastre fue un incendio que aconteció en febrero de 1536 y causó graves daños; como las casas estaban en aquel tiempo casi todas techadas de pajón, una gran parte de ellas fue destruida antes que el fuego pudiera ser extinguido. El accidente tuvo su origen en un taller de herrería; y para evitar desgracias análogas en el futuro, el Ayuntamiento prohibió el uso de fraguas dentro de la ciudad".

"La más espantosa calamidad que había hasta ahora afligido a este infortunado lugar ocurrió en la mañana del 11 de Setiembre de 1541. Había llovido incesantemente y con gran violencia durante los tres días anteriores, particularmente en la noche del diez, cuando el agua descendió más como el torrente de una catarata que como lluvia; la furia del viento, los constantes y aterradores rayos y los espantosos truenos eran indescriptibles...".

"A las dos de la mañana del once, las vibraciones de la tierra fueron tan violentas que las gentes eran incapaces de tenerse en pie; las sacudidas iban acompañadas de terribles ruidos subterráneos que infundían general pavor; momentos después, un inmenso torrente de agua se precipitó desde la cima de la montaña arrastrando enormes fragmentos de rocas y corpulentos árboles, los que, al descender sobre la desgraciada ciudad, abatieron y destruyeron casi todas las casas, sepultando un gran número de sus habitantes bajo las ruinas, entre quienes, doña Beatriz de la Cueva, la viuda de Pedro de Alvarado, perdió la vida".

Por todo el camino hacia abajo de la falda del volcán, vimos las grietas y barrancas abiertas por los torrentes de agua que inundaron la ciudad. De nuevo cruzamos la hermosa corriente del Río Pensativo, y nos encaminamos al convento hacia arriba. Este se encuentra contiguo a la gigantesca y venerable iglesia de la Virgen. Al frente había un muro alto de piedra; una gran puerta abierta en el patio, a cuyo extremo y a lo largo de un lado de ella se encontraban los espaciosos corredores del convento, y hacia la izquierda el gigantesco muro de la iglesia, con una puerta de entrada al extremo del corredor. El patio estaba como a cuatro pies bajo el nivel del corredor, y dividido por arriates sembrados de flores, y en el centro había una gran fuente blanca de forma circular, con carpas doradas nadando en ella y elevándose hacia afuera, arriba de un surtidor de agua, un ángel con una trompeta y una bandera.

El Señor Vidaury había anunciado al Padre Alcántara mi proyectada visita y él estaba esperando para recibirnos. Era como de unos treinta y tres años de edad, inteligente, educado y enérgico, con una pasión por las flores como podía verse por los hermosos arreglos del patio. Había sido desterrado por Morazán y apenas hacía como un año que había regresado a su vicaría. Se encontraba visitándolo su amigo y vecino don Pepe Astegueta, propietario de una hacienda de cochinilla y hombre del mismo tipo y carácter. Ellos eran de los pocos que encontré que tomaran algún interés en los románticos eventos relacionados con la primitiva historia del país. Después de un breve descanso en el convento, con la más viva emoción jamás por mí sentida excepto en las ruinas de Copán, visitamos un árbol que se yergue frente a la iglesia y extiende ampliamente sus ramas, bajo cuya sombra, según la tradición, acamparon por primera vez Alvarado y sus soldados; la fuente de Almolonga, o en lengua indígena, la montaña de donde fluye el agua, la que primero le indujo a escoger este lugar como el sitio para la capital, y las ruinas de la catedral, en el lugar donde Juan Godínez dijo su primera misa.

La fuente es un gran estanque natural de clara y hermosa agua, sombreada por árboles, bajo los cuales treinta o cuarenta mujeres indígenas estaban lavando. Los muros de la catedral estaban en pie, y en una esquina había un aposento lleno de calaveras y huesos de los muertos por la inundación del volcán.

Después del desayuno visitamos la iglesia, que era muy grande y de más de doscientos años de edad; su altar es rico en ornamentos de oro y plata, entre los que se encuentran una magnífica corona de oro, tachonada de diamantes y esmeraldas, ofrecida por uno de los Felipes a la Virgen, a quien la iglesia estaba consagrada. Regresando a la casa, me encontré con que el Padre Alcántara había preparado para mí la visita de una diputación de indios, compuesta de los principales auxiliares mexicanos de Alvarado que se llamaban a sí mismos, como los españoles, conquistadores; ellos entraron llevando los mismos trajes que sus antecesores habían usado en tiempo de Cortés, y portando sobre una bandeja cubierta de terciopelo, un precioso libro empastado con la misma tela de color rojo, con esquineras y broche de plata el cual contenía la evidencia escrita de su rango y sus derechos.

Estaba escrito en pergamino, fechado en 1639, y contenía la orden de Felipe II, reconociéndolos como conquistadores y eximiéndolos, como tales, del tributo pagado por los indios nativos. Este privilegio continuó hasta la revolución de 1825, y aun entonces, ellos se llamaban así mismos descendientes de los conquistadores y la cabeza de la aristocracia indígena. El interés que yo sentía por estas memorias de los conquistadores fue acrecentado, en no pequeña parte, por la belleza y comodidad del convento y por la benevolencia del Padre Alcántara. Por la tarde dimos un paseo hacia abajo por el puente que cruza el Río Pensativo. El llano en que los soldados españoles habían hecho resplandecer sus armaduras, estaba sombreado por los elevados volcanes, y el espíritu de romance descansaba sobre él.

El día que pasé en la "ciudad vieja" es uno de aquellos que recuerdo con placer. El Señor Vidaury y don Pepe estuvieron con nosotros todo el día. Más tarde, cuando el Padre Alcántara se vio de nuevo obligado a huir del convento por la aproximación de un ejército invasor, y cuando todos nosotros habíamos pasado a través del estallido de la revolución, al salir de Guatemala de regreso para mi hogar, me desvié de mi camino para hacerles una visita y fueron los últimos amigos a quienes dije adiós.

En la mañana, con gran sentimiento salí de Ciudad Vieja. El Padre Alcántara y don Pepe me acompañaron, y, para ayudarme en mi viaje, don Pepe me prestó una magnífica mula y el padre un excelente criado. La salida de este valle al pie de la montaña quedaba entre los dos grandes volcanes de Agua y de Fuego, que se elevan a cada lado aproximadamente a quince mil pies de altura; y por en medio de los dos, tan inesperadamente para mí que casi me produjo un arrebato de entusiasmo, miramos una inmensa llanura y divisamos el Océano Pacífico. A una legua de distancia llegamos al pueblo de Alotenango donde, entre chozas de indios, se alzaba otra gigantesca iglesia, sin techo y arruinada por un terremoto, y en donde, con la esperanza, en la que no fui contrariado, de volverlos a ver, me despedí del cura y de don Pepe.

El camino por en medio de los dos grandes volcanes era singularmente interesante; el uno, con su falda cultivada, ceñido por un cinturón de espesa selva y cubierto de verdor hasta la cima; el otro, con tres desnudos y escabrosos picos, cubierto de lava petrificada y de cenizas, sacudido por la contienda de sus elementos interiores, el trabajo de los fuegos internos y arrojando constantemente un humo de color azul pálido. El camino muestra señales de las violentas convulsiones a que ha estado sujeto. En cierto lugar, el camino para bestias atraviesa una inmensa hendidura, dividida en dos partes por una convulsión natural, sobre la que se precipitan con violencia grandes piedras en todas direcciones, cayendo en la más salvaje confusión; en otro lugar cruza sobre una profunda capa de ceniza, carbones y lava escorificada; y un poco más adelante, sobre estratos de materia vegetal en descomposición, cubierta de substancias volcánicas, y en donde grandes arbustos y matorrales han crecido formando un espeso y obscuro emparrado fragante como los campos de Arabia la Bendita.

A cada paso había un extraño contraste entre lo horrible y lo hermoso. La última erupción del volcán de Fuego tuvo lugar hará como doce años, cuando del cráter salían llamas que subían a gran altura; y arrojó inmensa cantidad de piedras y cenizas siendo casi extirpada la raza de monos que habitaba los bosques inmediatos; pero ya nunca estalló otra vez; su cráter ya no es más la "Boca del Infierno" o sea la Boca de las Regiones Infernales porque como me dijo una persona muy respetable, ha sido bendecido por un sacerdote.

Después de un hermoso viaje a caballo bajo el ardiente sol, pero con el camino casi todo sombreado, a las tres de la tarde llegamos a Escuintla donde había otra magnífica iglesia, sin techo y además con su rica fachada hendida por un terremoto. Frente a ella estaban dos venerables ceibas, y desde el atrio dominábase una espléndida vista panorámica de los volcanes y montañas de la Antigua.

Por las calles se encontraban soldados e indios borrachos. Me dirigí a la casa del corregidor don Juan de Dios de Guerra, y, con Romaldi sirviéndome de guía, anduve hacia abajo hasta la ribera de un hermoso río, que hace de Escuintla, durante los meses estivales de enero y febrero el gran balneario de Guatemala. La ribera era alta y hermosamente sombreada, y, descendiendo al río por una angosta senda en medio de rocas. perpendiculares, en un romántico lugar, donde muchos amantes de Guatemala han sido precipitados, por las encantadoras influencias alrededor, a una prematura efusión de sus esperanzas y temores, me senté sobre una piedra y me lavé los pies.

Al regreso me detuve en la iglesia. La fachada estaba hendida de arriba abajo por un terremoto, y las porciones divididas se encontraban separadas, pero las torres estaban enteras. Subí a la parte alta y miré hacia abajo el área destechada. Hacia el oriente la obscura línea de bosques estaba interrumpida por las espirales de humo de unas pocas chozas dispersas y respaldada por verdes montañas, por conos de volcanes, con sus cimas escondidas entre las nubes, y por la Roca de Mirandilla, inmensa mole de pelado granito que se eleva entre las cimas de las montañas, hendida y castigada por los rayos. Por el oeste, el sol, al ocultarse, iluminaba un bosque de sesenta millas, y más allá derramaba sus moribundas glorias sobre todo el Océano Pacífico.

A las dos de la mañana, bajo la brillante claridad de la luna y con un solo guía, salimos para el Pacífico. El camino era plano y arbolado. Pasamos por un trapiche o molino de azúcar, movido por bueyes y, antes del amanecer, llegamos al pueblo de Masagua, a cuatro leguas de distancia, edificado en un claro del bosque, a cuya entrada paramos bajo un bosquecillo de naranjales, y a la luz de la luna llenamos nuestros bolsillos y alforjas con la resplandeciente fruta. Nos amaneció en medio de una selva de gigantescos árboles de setenta y cinco a cien pies de elevación, y de veinte a veinticinco de circunferencia, con enredaderas enrolladas alrededor de sus troncos y colgando de sus ramas. El camino era apenas una vereda abierta a través de la selva, cortando los arbustos y las ramas. La frescura de la montaña era deliciosa.

Nosotros habíamos descendido de la meseta llamada las tierras templadas y ahora nos encontrábamos en las tierras calientes; pero a las nueve de la mañana, el brillo y el calor del sol no penetraban la densa sombra de la selva. En algunos lugares, las ramas de los árboles recortadas por el machete de un arriero de paso, y revestidas con un ropaje de vides y enredaderas, de frutas rojas y purpurinas flores, formaban por largas distancias arcos naturales más hermosos que ninguno jamás formado por el hombre; y allí había loros y otros pájaros de bellísimo plumaje revoloteando entre los árboles; entre ellos guacamayas o grandes papagayos, revestidos de plumas rojas, amarillas y verdes y que al volar ostentaban un espléndido plumaje. Pero también allí había zopilotes y escorpiones, y, corriendo a través del camino y arriba de los árboles innumerables iguanas y lagartijas; desde una pulgada hasta tres pies de largo. El camino era un simple rastro entre los árboles enteramente desolado aunque por dos veces nos encontramos con arrieros que conducían mercaderías del puerto.

A la distancia de doce millas llegamos a la hacienda de Naranjo ocupada por un mayordomo quien cuidaba el ganado del propietario que vagaba libremente por los bosques; la casa estaba aislada en medio de un claro, construida de palos y con un corral de ganado al frente; y yo observé una vaca con su ternero, lo que era una señal de leche. Pero para ordeñar la vaca lo primero que debía hacerse era lazarla. El mayordomo salió con un lazo y, procediendo de acuerdo con la naturaleza, lazó primero al ternero y en seguida a la vaca, asegurándola por los cuernos junto a un poste. La choza tenía solamente un huacal, hecho de una calabaza y era tan pequeño que nosotros nos sentamos junto a la vaca para no perder mucho tiempo. Teníamos pan, chocolate y salchichas, y, después de cabalgar veinticuatro millas, tomamos un glorioso desayuno; pero agotamos a la pobre vaca y yo tenía vergüenza de mirarle la cara al ternero.

Reanudando nuestro viaje, a una distancia de nueve millas llegamos a la solitaria hacienda de Overo. La totalidad de esta inmensa llanura estaba densamente arbolada y enteramente sin cultivo, pero el suelo era fértil y capaz de mantener, con muy poco trabajo, a millares de habitantes. Más allá de Overo, la región era abierta en varios lugares, y el sol batía con ardiente fuerza. A la una de la tarde cruzamos un puente rústico, y a través de los árboles divisamos el río Michatoya. Seguimos a lo largo de su ribera y muy pronto oímos, rompiéndose sobre la playa, las olas del gran océano del sur.

El ruido era grandioso y solemne, dando una fuerte impresión de la inmensidad de esas aguas, que han estado en movimiento desde la creación, por más de cinco mil años, desconocidas para el hombre civilizado. Yo estaba poco dispuesto a perder la impresión, y caminé muy despacio por entre los árboles, escuchando la sublime música que siempre llegaba a mis oídos. El camino terminaba sobre la orilla del río y yo había cruzado el Continente de América.

Sobre el lado opuesto había una gran barra de arena con una asta de bandera, dos chozas construidas con palos y techadas con hojas, y tres cobertizos de la misma ruda construcción; y sobre la barra se veían los mástiles de un buque fondeado en el Pacífico. Este era el puerto de Istapa. Gritamos por sobre el estruendo de las olas y un hombre bajó a la ribera y, desatando una canoa, cruzó el río hacia nosotros. Mientras tanto, el interés de la escena fue algo interrumpido por un asalto de zancudos y mosquitos. Las mulas sufrieron tanto como nosotros; pero yo no pude hacerlas cruzar y me vi obligado a amarrarlas bajo los árboles. Ni Romaldi ni mi guía pudieron ser persuadidos para estarse allí y cuidarlas; decían ellos que sería la muerte dormir en tal lugar.

Este río es el desaguadero del lago de Amatitlán y se dice que es navegable desde las cataratas de San Pedro Mártir, a setenta millas de su desembocadura; pero no hay botes sobre sus aguas y sus riberas se encuentran en su primitiva rusticidad. El paso estaba en la antigua desembocadura del río. La barra de arena se extiende como a una milla de distancia y ha sido formada desde la conquista. Al desembarcar me dirigí, cruzando la arena, a la casa o choza del capitán del puerto, y unos pocos pasos más allá vi realizado el objeto de mi viaje: las ilimitadas aguas del Pacífico. Cuando Núñez de Balboa, después de cruzar ríos y pantanos, montañas y bosques, que nunca habían sido cruzados sino por descaminados indios, bajó a las playas de este recién descubierto mar, avanzó por en medio de las olas con su escudo y sable a tomar posesión de él, en nombre del rey su señor, jurando defenderlo en armas contra todos sus enemigos. Pero Núñez tenía la seguridad de que más allá de ese mar "él encontraría inmensas cantidades de oro, de tal modo que las gentes podrían comer y beber en trastos de este metal".

Lo único que ahora me quedaba por hacer era regresar. Ya había cabalgado casi sesenta millas, el sol estaba inmensamente ardoroso, la arena quemante, y muy pronto entré a la choza y me tendí sobre una hamaca. La choza estaba construida con palos sembrados en la arena y techada con ramas de árboles; amueblada con una mesa de madera, un banco y algunas cajas de mercaderías y nubes de mosquitos. El capitán del puerto, a medida que los ahuyentaba con una escoba, se quejaba de la desolación y tristeza del lugar, de su aislamiento y separación del mundo, de su insalubridad, y de la miseria de un hombre sentenciado a vivir allí; ¡y sin embargo temía el resultado de la guerra, ¡un cambio de administración y que le quitaran el empleo!

Por la tarde, ya descansado y refrescado, di un paseo por la playa. El puerto es una rada abierta, sin bahía, cabo, roca o arrecife, o alguna cosa que lo distinga de la línea de la costa. Allí no hay alumbrado de noche, y los buques en el mar toman su situación por los grandes volcanes de la Antigua a más de setenta millas tierra adentro. Una boya estaba anclada más allá de las reventazones, enganchada con un cable, y bajo los cobertizos había tres grandes lanchas para el embarque y desembarque de la carga. El barco, que era de Burdeos, descargó a más de una milla de la playa. Su bote había desembarcado al sobrecargo y a los pasajeros, antes de lo cual el buque no había tenido ninguna comunicación con tierra y parecía orgullosamente independiente de tan desolado lugar. Detrás de la barra estaban unas pocas chozas de indios, y algunos de ellos semidesnudos se encontraban sentados junto a mí en la playa. No obstante, este desolado lugar fue en un tiempo el foco de ambiciosas esperanzas, elevadas aspiraciones, codicia de poder y de oro y de románticas aventuras. Aquí Alvarado preparó sus naves y se embarcó con sus seguidores para disputar con Pizarro las riquezas del Perú. El sol se hundía y su rojo disco rozaba el océano; se veían nubes sobre su faz, y cuando desapareció, océano y tierra se vieron iluminados por una rojiza bruma. Regresé a la choza y me tendí en mi hamaca. ¿Sería posible que yo me encontrara otra vez tan lejos de mi hogar, y que estas olas que se rompen a mis oídos fueran las del grande océano del sur?

CAPÍTULO 14: UN ENCUENTRO CON MR. CHATFIELD, CÓNSUL GENERAL DE SU MAJESTAD BRITÁNICA

EL REGRESO. — BUSCANDO UNA MULA. — OVERO. — MASAGUA.— ESCUINTLA. — LAS CATARATAS DE SAN PEDRO MÁRTIR. — EL RÍO MICHATOYA. — EL PUEBLO DE SAN PEDRO. — UN MAYORDOMO. — SAN CRISTÓBAL. — AMATITLÁN. — UN AMERICANO ERRANTE. — ENTRADA A GUATEMALA. — CARTA DE MR. CATHERWOOD. — VÍSPERA DE NAVIDAD. — LLEGADA DE MR. CATHERWOOD. — LA PLAZA DE TOROS. — UNA CORRIDA DE TOROS. — EL TEATRO. —ASUNTOS OFICIALES. — LA ARISTOCRACIA DE GUATEMALA. — LA CONDICIÓN DEL PAIS. — DÍA DE AÑO NUEVO. —FEROCIDAD DE LOS PARTIDOS.

A las tres de la mañana me despertó Romaldi para emprender mi viaje de regreso. Los rayos de la luna brillaban sobre las aguas, y la canoa ya estaba preparada. Me despedí de mi hospedador estando él en su hamaca y crucé el río. Aquí me encontré con una inesperada dificultad. Mi mula de repuesto había roto el cabestro y no se le veía por ninguna parte. La buscamos por los alrededores entre la selva hasta el amanecer y, pensando que debería haber tomado el único sendero abierto, y emprendido el viaje a casa por su propia cuenta, ensillamos y cabalgamos hasta Overo, a una distancia de veinte millas. Pero ninguna mula extraviada había pasado por la hacienda, y yo me detuve y envié a Romaldi de regreso al puerto.

Muy pronto me cansé de esperar en la miserable hacienda, ensillé mi mula y partí solo. El camino estaba tan sombreado que ya no me detuve por el calor del medio día. Hasta veintiuna millas más adelante el camino era enteramente desolado, siendo el único sonido ocasional el crujido de algún árbol que caía. En el pueblo de Masagua me dirigí a una casa donde vi a una mujer bajo un cobertizo, y, desensillando mi mula, conseguí que enviara a un hombre a cortar zacate, y me batiera un chocolate. Estaba ya tan satisfecho de mi independencia, que casi resolví viajar para siempre solo, sin criado ni cambio de vestidos.

A la media hora reanudé mi viaje. Hacia la puesta del sol, encontré unos indios borrachos que venían de Escuintla, y, mirando hacia atrás sobre la llanura, vi al sol que se hundía veloz en el Pacífico. Poco después del anochecer me encaminé a la casa del corregidor, habiendo caminado en los dos días ciento diez millas. Desgraciadamente allí no había zacate para mi mula. Este artículo es acarreado a los pueblos diariamente por los indios, y cada persona compra lo suficiente para la noche y nada más. No había en el lugar ningún potrero disponible. Con un criado del corregidor hice una salida de exploración por el pueblo y por una tierna súplica a una vieja, reforzada con un precio triple, compré en sus narices la ración para dos mulas y las dejé sin cenar.

Esperé hasta las dos de la tarde del día siguiente a Romaldi con la mula y, después de un vano empeño por conseguir un guía para las cataratas de San Pedro Mártir, emprendí mi viaje solo directamente para Guatemala. A una distancia de dos leguas, ascendiendo una empinada colina, pasé por un trapiche o molino de azúcar, magníficamente situado, dominando una vista completa de la llanura que yo había cruzado y del océano en lontananza. Dos bueyes estaban moliendo caña de azúcar, y bajo un cobertizo había un gran caldero hirviendo para hacer panela, un azúcar morena, en marquetas como de dos libras cada una, de la que se consume en el país una enorme cantidad. Aquí se apoderó de mí el capricho de hacer algunas preguntas respecto a las cataratas de San Pedro Mártir.

Un hombre con los codos de fuera lo mismo que toda otra mencionable e inmencionable parte de su cuerpo, contento de poder librarse de un trabajo ordenado, se ofreció a conducirme. Ya había pasado a una legua más atrás, el lugar donde yo debía dar la vuelta; y caminando hacia adelante, al pueblo de San Pedro, se desvió a la. derecha: y regresó casi. en la misma dirección por una angosta vereda, descendiendo. entre un espeso bosque obstruido por matorrales, y al bajar al barranco llegó al Río Michatoya, que yo había cruzado en Istapa.

Aquí era angosto y rápido, rompiéndose impetuosamente sobre un lecho de piedras, con una: elevada montaña del lado opuesto. Siguiendo su curso, llegamos a la catarata, compuesta de cuatro caídas de agua separadas por rocas de granito, parcialmente escondidas entre arbustos, y precipitándose desde una altura como de doscientos pies, formando, con el agreste escenario alrededor, una admirable y encantadora perspectiva. Un poco abajo había un molino de azúcar movido por agua, y una hermosa hacienda poco común. que domina una vista de las cataratas, y en la que yo estaba muy dispuesto a pasar la noche.

El mayordomo, un negro, se mostró algo sorprendido de mi visita; pero cuando él comprendió que yo no había venido a ver el molino, sino solamente las cataratas, pareció sospechar que yo no era una persona muy recomendable; y cuando le pregunté si podría llegar a San Cristóbal antes de anochecer, me respondió que podría si partía inmediatamente. Esta no era precisamente una invitación para quedarme y me despedí. Una muestra de la falta de curiosidad e indolencia del pueblo es que, aunque a estas cataratas se puede llegar en una tarde de agradable paseo a caballo desde Escuintla, que durante dos meses se llena de visitantes de Guatemala, nadie las visita jamás.

Apresurando nuestro regreso por la misma agreste vereda salimos al camino real, y, como ya era tarde, contraté a mi guía para que fuera conmigo a San Cristóbal. Pasamos por el pueblo de San Pedro, que era una colección de miserables chozas, con un estanco o lugar para la venta de aguardiente, repleto de indios medio borrachos. A medida que avanzábamos, las nubes comenzaron a condensarse alrededor de las montañas y se notaban todas las apariencias de una copiosa lluvia. Yo no tenía capa o sobre todo, y estando temeroso de las fiebres y reumatismos, después de cabalgar como una milla, regresé a San Pedro.

Los más respetables habitantes del lugar se bamboleaban alrededor del estanco e insistían en que me detuviera; pero mi guía dijo que ellos eran una mala compañía, y me aconsejó regresar y pasar la noche en el molino.

Presumiendo que él conocería a la gente de quien hablaba mejor que yo, no me sentí inclinado a despreciar su aviso. Ya era de noche cuando llegamos al trapiche; algunos de los trabajadores se encontraban sentados fumando alrededor de una fogata; otros estaban tendidos durmiendo bajo un cobertizo, y yo no tuve más que "Mirar alrededor, escoger mi terreno y descansar".

Pregunté por el mayordomo y me condujeron a una casa de adobe, donde en la obscuridad oí una voz áspera y al punto, a la luz del ocote, vi a un viejo con su repugnante cara correspondiente, y a su lado la de una joven, tan suave y dulce que parecía mostrarse expresamente para establecer el contraste, y estas dos personas eran una sola. Yo estaba dispuesto a compadecerla; pero el viejo mayordomo era un hombre de noble corazón, a quien ella manejaba con tanta habilidad que jamás él se daba cuenta de ello. Él ya se iba a acostar, pero mandó algunos hombres a que cortaran zacate, y ambos, él y su mujer, se manifestaron satisfechos del accidente que me había conducido a su choza.

Los trabajadores simpatizaban con sus sentimientos, y nosotros nos sentamos por espacio de dos horas alrededor de una larga mesa bajo el cobertizo, con dos candelas pegadas a ella con su propio sebo. Ellos no podían comprender que yo hubiera estado en la cima del volcán de Agua, y después bajado a la costa solamente para ver el Pacífico. Un joven, bien parecido y de mirada franca, tenía un gran deseo de viajar, sólo que no le agradaba salir lejos de casa. Yo le ofrecí llevármelo y pagarle buen salario. El asunto se discutió en voz alta. Era una cosa tremenda salir del hogar, y vivir entre los extranjeros, donde nadie cuidaría de él. Su casa estaba a un lado de la choza del mayordomo, pero su patria estaba en el corazón de sus amigos, y quizá algunos de ellos habrían muerto antes de su regreso. La mujer del mayordomo parecía un buen espíritu para templar el corazón y la conducta de estos salvajes y semidesnudos hombres. Yo ofrecí darle dinero para pagar sus gastos de regreso a su hogar cuando él quisiera y él convino en irse conmigo.

A las tres de la mañana el viejo mayordomo ya estaba gritando en mis oídos. Yo no me había acostumbrado a oír mi nombre con el don de prefijo, y pensé que él habría "despertado a un pasajero en lugar de otro". Al muchacho que deseaba viajar le faltó el valor y no apareció. En espera de su ida mi guía no vino y emprendí mi viaje solo. Antes de amanecer pasé por la tercera vez por el pueblo de San Pedro y un poco más adelante alcancé a un envoltorio a caballo, que resultó ser un niño y una mujer, con un poncho encima de los dos.

El Río Michatoya estaba espumoso, rompiéndose en una sucesión de raudales sobre nuestra derecha, y cabalgamos juntos para San

Cristóbal. Me encaminé al convento, sobre el cura a la encantada hora del desayuno, monté de nuevo, y caminé alrededor de la base del Volcán de Agua con sus cultivados campos y su faja de bosques y verdura hasta la cima. Del lado opuesto había otro volcán, con sus faldas cubiertas de inmensas selvas. Entre ambos pasé por un solo trapiche perteneciente a un convento de frailes dominicos, entré a un grande y hermoso valle, pasé fuentes termales, humeantes por más de una milla a lo largo del camino y penetré por en medio de los nopales o plantaciones de cochinilla de Amatitlán. De ambos lados había cercas de arcilla, y los nopales eran más extensos que los de la Antigua, y más valiosos, pues, aunque solamente a veinticinco millas de distancia, el clima es tan diferente que ellos producen dos cosechas en cada estación.

Al aproximarme a la ciudad, me acordé de Mr. Handy, que, habiendo viajado desde los Estados Unidos por Texas y México con una partida de animales selváticos, me había hablado en Nueva York de un americano empleado suyo, a quien había dejado en este lugar para tomar a su cargo una plantación de cochinilla, y yo tenía curiosidad de ver cómo estaba y si había prosperado en tal empleo. Ya había olvidado su nombre, pero, preguntando en el camino por un americano del norte, me dirigieron a un nopal que tenía a su cargo. Este era uno de los más grandes del lugar, y contenía cuatro mil plantas. Me encaminé hacia un pequeño edificio en medio de la plantación, que parecía un cenador o glorieta de jardín y que estaba rodeado de trabajadores.

Uno de ellos me anunció diciendo "un español", como los indios generalmente llaman a los extranjeros. Apeándome y dando mi mula a un indio, avancé y me encontré con don Enrique sentado junto a una mesa, ocupado con un libro de cuentas arreglando el pago de los trabajadores. Estaba vestido con el cotón o chaqueta del país, y tenía una barba muy larga; pero yo le habría reconocido en cualquier parte como a un americano. Me dirigí a él en inglés, y él, clavando en mí los ojos, como si se espantara de un sonido familiar, me respondió en español. Poco a poco comprendió de lo que se trataba. Él tenía menos de treinta años de edad, y era originario de Rhinebeck Landing sobre el Río Hudson, donde su padre tenía a su cargo un almacén y se llamaba Henry Pawling; había sido empleado en Nueva York y después en México.

Inducido por un buen sueldo y por una fuerte propensión a vagar sin rumbo fijo y, para conocer el país, aceptó una propuesta de Mr. Handy. Su obligación era ir adelante de la caravana, alquilar un local, dar aviso y hacer los preparativos para la exhibición de los animales. En esta condición había viajado por todo México, y de ahí hasta Guatemala. Ya hacía siete años que había salido del hogar, y desde su separación de Mr. Handy, no había hablado una sola palabra en su propio idioma; y como lo hablaba ahora, más de la mitad era español.

No necesito decir que se alegró de verme. Me condujo por la plantación, y me explicó los detalles del curioso procedimiento para elaborar la cochinilla. Estaba algo chasqueado en sus esperanzas, y hablaba con gran ternura de la patria; pero cuando le ofrecí llevar sus cartas, dijo que había resuelto no escribir jamás a sus padres otra vez, ni informarles de su existencia, hasta que hubiera mejorado de condición y columbrara una perspectiva de regresar rico. Me acompañó a la villa de Amatitlán; y como ya era tarde y yo esperaba regresar a ese lugar, no visité el lago, sino que seguí directamente para Guatemala.

El camino se extiende a través de una llanura, con un alto, escarpado y verde muro a la izquierda. A una legua de distancia ascendimos por una empinada cuesta a la meseta de Guatemala. Lamento el no poder comunicar al lector el altísimo placer de mi viaje por Centro América, derivado de la extraordinaria belleza de la perspectiva siempre distinta. Por entonces yo pensaba que este era el más delicioso viaje a caballo que había hecho en el país. En el camino alcancé a un hombre con su mujer, a caballo, él con un gallo, de pelea bajo el brazo y ella con una guitarra; un pequeño niño estaba escondido entre la ropa de cama sobre una mula de equipaje, y cuatro muchachos iban con ellos a pie, cada uno con un gallo de pelea envuelto en un petate, visibles solamente la cabeza y la cola. Iban a Guatemala a pasar las fiestas de Navidad, y con esta respetable compañía llegué a las puertas de la ciudad al octavo día de mi salida. Me encontré con una carta de Mr. Catherwood, fechada en Esquipulas diciéndome que su sirviente le había robado, que él había caído enfermo y había abandonado las ruinas yéndose a casa de don

Gregorio, y que ahora se encontraba en viaje para Guatemala. Mi mensajero había pasado por Copán y caminando sin saber adónde. Yo me encontraba en un gran apuro, y resolví, después de un día de descanso, salir en busca de él.

Me vestí y me dirigí a una tertulia en casa del señor Zebadous, antes Ministro en Inglaterra, donde sorprendí a los guatemaltecos con el relato de la gira que había hecho, y particularmente por haber llegado solo de Istapa. Aquí encontré a Mr. Chatfield, Cónsul General de Su Majestad Británica, y a Mr. Skinner, que había llegado durante mi ausencia. Era la víspera de Navidad, la noche de El Nacimiento de Cristo. En un extremo de la sala se había levantado una plataforma, con un piso verde, y decorada con ramas de pino y ciprés, con pájaros posando sobre ellas, espejos, papel de lija y con figuras de hombres y animales, representando una escena rural, con una enramada y una muñeca de cera en una cuna; en resumen: la gruta de Belén y el Niño Salvador. Siempre, en esta época del año, cada casa en Guatemala tiene su nacimiento con la riqueza y gusto del propietario, y en tiempo de paz, la imagen del Salvador es adornada con las joyas de familia, perlas y piedras preciosas, y por la noche todas las casas están abiertas, y los habitantes, sin ser conocidos ni invitados, y sin distinción de rango ni persona, van de casa en casa visitando; y la semana de El Nacimiento es la más alegre en el año; pero, desgraciadamente, por ahora, se observaba solamente por fórmula; la condición de la ciudad era demasiado incierta para permitir la entrada general en las casas y para andar por las calles de noche. Podría ser pretexto para que entraran los soldados de Carrera.

La reunión era pequeña, pero se componía de la élite de Guatemala, y principió con la cena después de la cual siguió el baile, y, me veo obligado a añadir, la fumadera. La pieza estaba mal alumbrada, y la compañía, dada la precaria situación del país, nada alegre; pero el baile se sostuvo hasta las 12 de la noche, cuando las damas se pusieron sus mantos y todos nos fuimos a la catedral donde se celebraban las imponentes ceremonias de Nochebuena. El piso del templo estaba lleno de vecinos de la ciudad, y una gran concurrencia de los pueblos alrededor. Mr. Savage me acompañó a mi casa y no nos acostamos sino hasta las tres de la mañana.

Las campanas habían estado repicando, y la misa de Navidad ya se había celebrado en todas las iglesias antes que yo despertara. Por la tarde sería la primera corrida de toros de la temporada. Mi amigo Vidaury había venido a buscarme, y ya me preparaba para irme a la Plaza de Toros, cuando oí un fuerte golpe en la puerta cochera, y entró a caballo Mr. Catherwood, armado hasta los dientes, pálido y flaco, lo más feliz de llegar a Guatemala, pero ni siquiera la mitad de lo que yo estaba de verle a él. Se había adelantado a su equipaje, pero yo le proporcioné un vestido y lo llevé inmediatamente a la Plaza de Toros.

Está situada cerca del templo del Calvario, al final de la calle real, de construcción y forma parecida al anfiteatro romano, como de trescientos cincuenta pies de largo y doscientos cincuenta de ancho, c apaz de contener, según supusimos, cerca de ocho mil almas, por lo menos la cuarta parte de la población de Guatemala, y ya por entonces se encontraba llena de espectadores de ambos sexos y de todas las clases sociales, de las mejores y de las más bajas de la ciudad, sentados unos junto a otros indistintamente, descollando entre ellos los puntiagudos sombreros de anchas y volteadas alas y las negras sotanas de los sacerdotes.

Los asientos comenzaban como a diez pies arriba de la superficie, con un corredor y una valla de madera abierta al frente para proteger a los espectadores, sobre la cual se montaron los desordenados soldados de Carrera para velar el orden. A un extremo, bajo el corredor, había una puerta grande, a través de la cual se dejaría entrar al toro. Al extremo opuesto, separado por un tabique de la parte ocupada por el resto de los espectadores, estaba un gran palco, vacío, destinado al principio, para el Capitán General y otros principales empleados del gobierno, y ahora reservado para Carrera. Abajo estaba una banda militar, compuesta de indios en su mayor parte. A pesar de la inmensa cantidad de gente y de la espera de un excitante regocijo, no se oían aplausos ni pataleos, o alguna otra manifestación de impaciencia o ansiedad por el principio de la función. Al fin entró Carrera al palco del Capitán General, ataviado con una levita militar de color azul, muy mal tallada, por cierto, con bordados de oro, y asistido por Monte Rosa y otros oficiales ricamente vestidos, y por el alcalde y los miembros de la municipalidad. Todas las miradas se volvieron hacia él, como cuando un rey o emperador entra a su palco en un teatro de Europa. Un año antes era perseguido entre las montañas y se ofrecía un premio por su cuerpo, "vivo o muerto", y las nueve décimas partes de quienes ahora le adulan, entonces le habrían cerrado la entrada a la ciudad como ladrón, como asesino y como paria.

Momentos después entraron los matadores, ocho en número, montados y llevando cada uno una pica y un rojo poncho; galoparon alrededor del redondel, y se pararon apuntando con sus picas hacia la puerta por donde el toro debía entrar. Un padre, gran propietario de ganado, dueño de los toros de esta lidia, abrió la puerta de un tirón y el animal entró a la arena, pateando con sus pezuñas como si jugara, pero a la vista de la fila de jinetes y de las picas se volvió para otro lado y retrocedió con más ligereza que como había entrado. El toro del padre era un buey, y, como bestia juiciosa, más quería correr que luchar; pero la puerta estaba cerrada frente a él y por fuerza hubo de correr alrededor del área, mirando a los espectadores como implorando misericordia, y buscando por debajo una salida para escapar.

Los jinetes le perseguían puyándolo con sus picas; y por todo el contorno del redondel, hombres y muchachos, sobre la barrera le arrojaban dardos con cachiflines encendidos y amarrados, los cuales, hincándose en su carne y tronando por todas partes sobre su cuerpo le irritaban, haciéndole revolverse contra sus perseguidores. Los matadores le hacían dar vueltas por un lado y otro extendiendo lucientes ponchos frente a él, y cuando los estrujaba, la habilidad del matador consistía en tirarle el poncho sobre los cuernos como para cegarlo, y entonces colocarle en la nuca, exactamente detrás de la quijada, una especie de bomba de fuegos artificiales; cuando esto se verificaba diestramente promovía entre la multitud gritos y aplausos.

El gobierno, por un exceso de humanidad, había prohibido matar los toros, restringiendo la lidia al laceramiento y la tortura. En consecuencia, esta era muy diferente de las corridas de toros en España, y carecía aun del excitante interés de una fiera lucha por la vida, y del riesgo del matador de ser herido de muerte o lanzado al aire entre los espectadores. Pero al observar la ansiosa expectación de millares de gentes, era fácil imaginarse la intensa excitación en una edad guerrera, cuando los gladiadores luchaban en la arena ante la

273

nobleza y hermosura de Roma. A nuestro pobre buey, después de estar reventado de cansancio, se le permitió salir. Luego siguieron otros por el estilo. Todos los del padre eran bueyes.

De vez en cuando un matador devoción, tenía un altar construido a lo largo de todo un extremo de la sala, con tres gradas, decorado con flores, y una plataforma adornada con espejos, cuadros e imágenes, en medio de las cuales estaba una imagen de la Virgen ricamente ataviada, y toda ornamentada de una manera imposible para mí de describir, pero que puede imaginarse en un lugar donde las flores naturales se encuentran en la mayor profusión, y las artificiales se hacen más perfectas que en Europa, y donde las damas tienen un gusto extraordinario para arreglarlas. Cuando entré, los caballeros estaban en una antesala, con sus sombreros, bastones y espadines; y en la sala las señoras. con sus criadas limpiamente vestidas, estaban arrodilladas rezando; frente al encantado altar había una dama que parecía un hada; y mientras sus labios se movían, su errante mirada resplandecía y se miraba como más digna de que se le arrodillaran que la linda imagen que tenía al frente, y ella parecía comprenderlo así también.

Con respecto a mis asuntos oficiales yo me encontraba enteramente sin saber qué hacer. En Guatemala todos estaban del mismo lado; todos decían que allí no había Gobierno Federal; y Mr. Chatfield, Cónsul General Británico, cuya opinión yo respetaba más, estaba de acuerdo con esto, y había publicado una circular negando su existencia. Pero el Gobierno Federal pretendía existir, y la simple insinuación de la marcha del General Morazán contra Guatemala excitaba el terror. Varias veces circularon rumores de tal cosa, y una vez se dijo que ya estaba determinado a verificarla; que ni un solo sacerdote sería perdonado y que por las calles correría sangre. Los más atrevidos partidarios temblaban por sus vidas. Morazán nunca había sido derrotado; Carrera siempre huía de él; no tenían confianza en que pudiera defenderlos, y no podrían defenderse a sí mismos. De todas maneras, yo hasta entonces sólo había oído a los de un lado, y no creía justificado el presumir que allí no hubiera gobierno. Yo estaba obligado a verificar una "cuidadosa investigación", y entonces podría dar cuenta, en estilo jurídico, "cepi corpus", o "non est inventus", de acuerdo con las circunstancias.

Con esta mira tomé la determinación de ir a San Salvador, que era al principio, y aún pretende ser, la capital de la Confederación y el asento del gobierno federal, mejor dicho, a Cojutepeque, a cuyo lugar se había, a la sazón, trasladado posteriormente el gobierno con motivo de los terremotos de San Salvador. Este proyecto no dejaba de tener sus dificultades. Un tal Rascón, con una cuadrilla de insurgentes lanzados al pillaje, ocupaba una región intermedia del país, sin reconocer a ningún partido y peleando bajo su propia bandera. Mr. Chatfield y Mr. Skinner habían llegado por mar, en ruta indirecta, para esquivarlo, y el capitán Le Nonvel, patrón de un buque francés anclado en el puerto de San Salvador, arribó a Guatemala casi huyendo. después de haber cabalgado sesenta millas el último día sobre una región montañosa, y refería horribles atrocidades, y de tres hombres asesinados cerca de San Vicente, cuando iban en camino para la feria de Esquipulas, con las caras tan desfiguradas que no pudieron ser reconocidos.

Inmediatamente que llegó envió un correo ordenando a su buque navegar para Istapa, con el único objeto de tomarlo a bordo, evitándole el tener que regresar por tierra. Ya había yo manifestado mi intención al gobierno del Estado, el cual por cierto no estaba de acuerdo con mi viaje a San Salvador, pero me ofreció una escolta de soldados, advirtiéndome, sin embargo, que si encontrábamos algunos de los de Morazán, seguramente habría lucha. Esto no era de lo más agradable. Yo estaba poco dispuesto a viajar por tercera vez en el camino de Istapa; pero, obligado por las circunstancias, acepté la invitación del capitán Le Nonvel para tomar un pasaje en su buque.

Mientras tanto ocupé mi tiempo en visitas de sociedad. En nuestra propia ciudad, la aristocracia es llamada por el cuerpo diplomático en Washington, la aristocracia de las calles. En Guatemala ésta es la aristocracia de las casas, pues ciertas familias viven en las casas construidas por sus padres desde la fundación de la ciudad, siendo ellas en verdad antiguas mansiones aristocráticas. Estas familias, con motivo de ciertos monopolios de importación, adquirieron, bajo el dominio de España, inmensas riquezas y distinción como "príncipes del comercio". Al mismo tiempo fueron exceptuadas de todos los servicios y de toda obligación en el gobierno. En tiempo de la revolución, una de estas familias era noble, con el título de marquesado, y su jefe hizo pedazos la insignia de su dignidad y se agregó al partido revolucionario.

Inmediatos en posición a los oficiales de la corona, pensaron que, emancipados del yugo de España, tendrían ellos el gobierno en sus propias manos; y así sucedió, pero fue solamente música lo saludó, y el semblante de los hombres resplandeció de devoción hacia su jefe. Desplegóse una ancha bandera con franjas de negro y rojo, con una divisa de una calavera y huesos en el centro, y en un lado las palabras "¡Viva la Religión!" y en el otro "¡Paz o muerte a los Liberales!". Carrera se puso a la cabeza con Rivera Paz a su lado y con la horrible bandera flotando al viento y una atronadora y penetrante música, y, con el silencio de la muerte alrededor, escoltaron al Jefe del Estado hasta su casa. ¡Cuán diferente del día de Año Nuevo en el hogar!

Fanático en religión como yo conocía al pueblo, y violento en animosidades políticas, no creí que tal afrenta fuera patrocinada, como el ostentar en la plaza de la capital una bandera que enlazara, en una sola, el sostenimiento de la religión y la muerte o sumisión del partido liberal. Más tarde, en una conversación con el Jefe del Estado, me referí a esta bandera. Él no había reparado en ella, pero pensaba que la última cláusula sería "Paz o muerte a los que no la quieran". Esto no alteraba su carácter atroz, y solamente agregaba al fanatismo lo que él toma del espíritu de partido. Creo, sin embargo, que no me había equivocado; porque al regreso de los soldados a la plaza, Mr. C. y yo los seguimos, hasta que, según pensamos, el portaestandarte contrajo los pliegues de la bandera expresamente para ocultarla, y algunos de los oficiales nos miraron tan sospechosamente que nos retiramos.

Por respeto a los recuerdos de la patria, fui a visitar a mi bella compatriota; comí en casa de Mr. Hall, y por la tarde fui al patio de gallos, un gran edificio circular, hermosamente proporcionado, con un elevado asiento para los jueces, quienes tocaron una campanilla como señal para la riña, y comenzó la algarabía: "¡Yo voy cinco pesos!" "Yo voy veinte", etc.; y me es satisfactorio decir, que en este repleto antro sólo vi a un hombre a quien jamás había visto antes; de allí me dirigí a la corrida de toros, y en seguida al teatro. El lector admitirá que yo comencé del modo más brillante el año de 1840.

CAPÍTULO 15: UN ENCUENTRO CON EL VICEPRESIDENTE VIJIL

EN BUSCA DE UN GOBIERNO. — DIFICULTADES DIPLOMÁTICAS. — SALIDA DE GUATEMALA. — LAGUNA DE AMATITLÁN. — ATAQUE DE FIEBRE INTERMITENTE. — OVERO. — ISTAPA. — UN BUQUE MERCANTE FRANCÉS. — EL PUERTO DE ACAJUTLA. — ENFERMEDAD. — ZONZONATE. — ENCUENTRO DEL GOBIERNO. — VISITA AL VOLCÁN DE IZALCO. — CURSO DE LAS ERUPCIONES. — DESCENSO DEL VOLCAN.

El día domingo cinco de enero, me levanté para emprender el viaje en busca de un gobierno. Don Manuel Pavón, con su acostumbrada benevolencia, me trajo un paquete de cartas de presentación para sus amigos de San Salvador. Mr. Catherwood intentaba acompañarme hasta el Pacífico. No teníamos arreglado el equipaje, el arriero no había aparecido, y no me habían enviado mi pasaporte. El capitán Le Nonvel esperó hasta las nueve, y en seguida se adelantó. En medio de mi confusión recibió la visita de un distinguido canónigo. El reverendo prelado se mostró sorprendido por mi salida en ese día. Yo estaba a punto de exponer mis necesidades como una excusa por viajar en día domingo; pero él me relevó de hacerlo agregando que allí habría un banquete de amigos, corrida de toros y una representación teatral, admirándose de que yo pudiese resistir a tales tentaciones.

A las once llegó el arriero, con sus mulas, su mujer, y un pequeño hijo andrajoso; y Mr. Savage que era siempre mi amparo en las pequeñas molestias que son inherentes para hacerlo todo en aquel país lo mismo que en los asuntos de mayor importancia, regresó de la Casa del Gobierno con la noticia de que mi pasaporte ya se me había remitido. Yo sabía que el gobierno estaba descontento por mi propósito de ir a la capital. La noche anterior había corrido la voz que yo intentaba presentar mis credenciales en San Salvador, y reconocer la existencia del gobierno federal; los periódicos recibidos esa misma noche por el correo de México estaban cargados con relatos de una invasión de aquel país por los tejanos.

Yo había recibido antes un escrito de información que era nuevo para mí, y en el cual se consideraba diplomático que yo manifestase ignorancia, es decir, que, aunque no fuera declarado abiertamente, los tejanos estaban apoyados y empujados por el gobierno de los EE. UU. Se nos consideraba muy empeñados en la conquista de México; y, por supuesto, Guatemala vendría en seguida. El odio por nuestras ambiciosas pretensiones acrecentó el sentimiento de frialdad y desconfianza hacia mí, originado por no haberme adherido al partido dominante. En general se me consideraba como el sucesor de Mr. De Witt.

Era sabido entre los políticos que los procedimientos estaban pendientes de la renovación de un tratado, y que nuestro gobierno pensaba hacer reclamaciones por la destrucción de propiedades de nuestros ciudadanos en una de las revoluciones del país; pero algunos se imaginaban que el objeto especial de mi misión era muy oscuro y a favor del partido en San Salvador. Cuando Mr. Savage volvió sin ningún pasaporte, sospechando que allí había intención de estorbarme y hacerme perder la oportunidad de irme por mar, me dirigí inmediatamente a la Casa del Gobierno, donde recibí la misma respuesta que le fue dada a Mr. Savage. Yo solicité otro pasaporte, pero el Secretario de Estado me lo negó, fundándose en que ninguno podría ser expedido en ese día.

Había varios empleados en la oficina, y yo insistía alegando mi urgente necesidad, la próxima salida del capitán Le Nonvel, mi oportuna petición y fundándome en la promesa de que me sería enviado a mi casa. Después de una desagradable conferencia, me fue dado uno, pero sin asignarme ningún carácter oficial. Hice notar la omisión, y el secretario me contestó que yo no había presentado mis credenciales. Respondí que mis credenciales eran para el gobierno general y no para el del Estado de Guatemala, único a quien él representaba; pero persistió en que no era la costumbre de su gobierno reconocer ningún carácter oficial a menos que fuesen presentadas las credenciales.

Su gobierno había estado en existencia alrededor de seis meses, y durante ese tiempo ninguna persona que pretendiese tener carácter oficial había estado cerca del país. Puse en sus manos mi pasaporte de mi propio gobierno, recordándole que yo ya había sido arrestado y hecho prisionero una vez, asegurándole que de todas maneras emprendería mi viaje para

San Salvador, y que deseaba saber si él me daría el tal pasaporte que yo tenía derecho a solicitar. Después de mucha vacilación y con muy poca gracia, interlineó antes del título oficial las palabras "con el carácter". Yo soy bastante indulgente con el sentimiento partidarista en un país donde las divisiones políticas son cuestiones de vida o muerte, más particularmente para con don Joaquín Durán, cuyo hermano, un sacerdote, había sido fusilado poco tiempo antes por el partido de Morazán; pero este intento de dificultar mis movimientos, privándome de los beneficios del carácter oficial, excitó en mí un sentimiento de indignación que no pude reprimir.

El rehusar por completo la aceptación del pasaporte o esperar un día para protestar, me ocasionaría la pérdida de mi pasaje por mar, y haría necesario el emprender un peligroso viaje por tierra, o el abandono de la ida a la capital; lo cual, yo creo, era lo que deseaban. Yo estaba resuelto a no ser estorbado por ningún medio indirecto. Necesitaba solamente un pasaporte para el puerto —el mejor que ellos podían darme no lo valuaba yo muy alto—; en San Salvador ya no tendría valor alguno; y con el descortés papel dado con tan mala voluntad, regresé a la casa y a las dos de la tarde partimos. ¡Era la hora más calurosa de! día, y cuando pasamos por la garita, el sol estaba abrasador. Aunque ya era tarde, nuestro arriero no había terminado sus despedidas. Su mujer y su pequeño hijo le acompañaban; y en las afueras de la ciudad, a cierta distancia, nos vimos obligados a parar bajo el ardiente sol hasta que llegaron. Sentimos una gran alegría cuando ellos cambiaron sus últimos abrazos, y la mujer y el hijo regresaron para su hogar en Mixco.

No obstante, lo avanzado de la hora, nos apartamos del camino ordinario con el propósito de pasar por la laguna de Amatitlán. pero ya era tarde cuando llegamos a la cima de una elevada fila de montañas que limitan esas hermosas aguas. Mirando hacia abajo parecían como niebla condensada en el fondo de un profundo valle. El descenso era por montaña, muy escarpada, y en la profunda obscuridad difícil y peligrosa. Nos sentimos felices cuando llegamos a la orilla de la laguna, aunque, todavía un poco arriba del agua. Las montañas se elevaban en derredor como una muralla y proyectaban sobre ella una lobreguez más profunda que las sombras de la noche Caminamos alguna distancia con la laguna a nuestra izquierda, y un elevado y perpendicular costado de la montaña a nuestra derecha. Un viento frío sucedió al intenso calor del día, y cuando llegamos a Amatitlán yo estaba completamente aterido. Encontramos al capitán en la casa que nos había indicado. Eran las nueve de la noche, y, no habiendo tomado ninguna cosa desde las siete de la mañana, nos encontrábamos preparados para hacer justicia a la cena que él había preparado para nosotros.

Para evitar el escarpado descenso hasta la laguna con las mulas de carga, nuestro arriero había escogido un guía para nosotros en el camino, yéndose él directamente; pero, para nuestra sorpresa aún no había llegado. Mientras cenábamos oímos un alboroto en la calle, y un hombre entró corriendo a decirnos que en un tumulto estaban asesinando a nuestro arriero. El capitán, asiduo visitante del país, dijo que probablemente sería una riña general a machete, y nos advirtió que no fuéramos a salir. Mientras tanto, en el corredor, vacilante, el alboroto se dirigía hacia nosotros; la puerta se abrió con violencia y un tropel de gente se arrojó al interior, arrastrando con él a nuestro arriero, aquel respetable esposo y padre. con su machete desenvainado y tan borracho que apenas podía tenerse en pie, pero queriendo luchar con todo el mundo. Con dificultad logramos enredarlo entre unos aparejos donde cayó al suelo, y, después de vanos esfuerzos para levantarse se quedó dormido.

A la mañana siguiente desperté con un violento dolor de cabeza y en todos los huesos. Sin embargo, salimos al clarear el día y cabalgamos hasta las cinco de la tarde. El sol y el calor aumentaron mi dolor de cabeza, y por espacio de tres horas antes de llegar a Escuintla sufrí en gran manera. Me abstuve de ir a donde el corregidor, porque sabía que su dormitorio estaba abierto para todos los que llegaban y yo necesitaba de quietud; pero cometí un gran error en apearme en casa del amigo del capitán.

Él era el propietario de un estanco o destilería para elaborar aguardiente, y nos dió una habitación grande directamente a espaldas de la tienda, y separada de ella por un bajo tabique de tabla abierto por arriba; y esta tienda estaba constantemente llena de bebedores, hombres y mujeres, bulliciosos y pleitistas. Mi cama quedaba pegada al tabique y teníamos ocho o diez hombres en nuestro cuarto. Toda la noche tuve una violenta fiebre y por la mañana fui incapaz de moverme. El capitán Le Nonvel lo sintió muchísimo, pero él no podía esperar pues su buque estaba listo para hacerse a la mar sin echar las anclas. Mr. Catherwood me había trasladado a un almacén ocupado con barriles y garrafones, donde, salvo una que otra entrada que hicieron para vaciar licor estuvo tranquilo; pero el olor era nauseabundo.

Por la tarde me abandonó la fiebre y caminamos hasta Masaya, por un camino de cuatro leguas, plano y sombreado, y, para nuestra sorpresa y gran satisfacción, encontramos al capitán en la casa donde yo había parado a mi regreso de Istapa. Ya había él avanzado dos leguas más allá, cuando supo de una banda de ladrones que se encontraba a alguna distancia más adelante, y se regresó a esperar compañía enviando, al mismo tiempo, a Escuintla por una escolta de soldados. Más tarde supimos que ellos eran un grupo de desterrados que habían sido deportados de Guatemala, y que pasaban de Quezaltenango para San Salvador; pero encontrándose en desesperadas circunstancias, eran personas peligrosas para encontrarlas en el camino.

La choza donde paramos apenas era suficiente para la familia que la ocupaba, y nuestro equipaje, con dos hamacas y un catre de viaje la redujeron a un espacio muy pequeño. Se dice que los niños llorones gozan de buena salud; si eso es así, la buena mujer de la casa era dichosa; y como complemento, una gallina cobijaba una nidada de pollos sobre mi cabeza. Durante la noche llegó una escolta de soldados, de conformidad con el pedimento hecho por el capitán y se adelantaron para limpiar el camino. Nosotros salimos antes del amanecer; pero a medida que se levantaba el sol, la fiebre retornó, y a las once del día, cuando llegamos a Overo yo no pude seguir adelante.

Ya antes he advertido que esa hacienda es un gran paradero de Istapa y de las salinas; y desgraciadamente para mí, varias partidas de arrieros, por temor a los ladrones, se habían juntado al mismo tiempo para salir a medianoche, y ya habían terminado su trabajo de ese día. Por la tarde nuestro arriero, con mi escopeta. persiguió y mató a un jabalí. Hubo una gran fiesta para cocinarlo y comerlo, y con el ruido me molestaron el cerebro. La noche no me proporcionó alivio. Tranquilidad era lo que yo necesitaba, pero eso parecía imposible de lograr; fuera de que en el rancho abundaban las pulgas más de lo acostumbrado. Toda la noche tuve una fiebre violenta. Mr. Catherwood, quien, por no haber matado a nadie en Copán, había concebido una gran opinión de su habilidad como médico, me dio una fuerte dosis de medicina y poco antes de amanecer me dormí.

Al clarear el día nos pusimos en marcha y llegamos a Istapa a las nueve de la mañana. El capitán Le Nonvel aún no había ido a bordo. Dos buques franceses estaban en el puerto: el Belle Poule y el Mélanie, ambos de Burdeos, siendo este último el navío del Capitán Le Nonvel. Él tenía cuentas que arreglar con el capitán del Belle Poule y nosotros salimos primero para su buque.

Ya he observado antes que Istapa es una rada abierta, sin bahía, cabo, roca, arrecife o alguna protección cualquiera contra el mar abierto. Generalmente el mar, como su nombre lo indica, es pacífico, y las olas se mueven suavemente hacia la playa; pero en los tiempos de más calma hay reventazones, y para pasarlas, como una parte de los accesorios del puerto, se descuelga un ancla del lado de afuera con una boya amarrada y un largo cable que pasamos de la boya está asegurado en la playa. La lancha del Mélanie estaba cerca de tierra, con la popa hacia la playa. con un cable introducido entre la muesca de la proa y pasando a través del agujero del remo en la popa. Estaba llena de mercaderías, y en medio de ellas tomamos asiento. El contramaestre sentado en popa, y. aprovechándose de una ola que levantó la proa, dio la orden de halar.

La húmeda cuerda pasó zumbando, y el bote se movió hasta que la ola, al retroceder, lo golpeó fuertemente sobre la arena; otra oleada y otro tirón y quedó a flote y, haciendo frente a las que llegaban y halando rápidamente sobre la ola de retroceso, en pocos minutos pasamos las reventazones. la cuerda fue sacada de la muesca y los marineros empuñaron los remos.

Era uno de los más hermosos de aquellos hermosos días sobre el Pacífico. El grande océano estaba tan tranquilo como un lago; la frescura de la mañana todavía descansaba sobre el agua, y pronto me sentí reanimado. A los pocos minutos llegamos al Belle Poule, uno de los más hermosos buques que han flotado en cualquier tiempo y considerado como un modelo en la marina mercante francesa. Toda la cubierta estaba protegida por un toldo con una orilla adornada con festones escarlatas jugueteados por el viento. El alcázar de popa estaba levantado y abrigado por un caprichoso toldo, amueblado con canapés, poltronas y sillas y sobre una barandilla de bronce, al frente, estaban dos hermosos loros del Perú.

A cada lado había cuatro camarotes, y la popa estaba dividida en dos cámaras para el capitán y el sobrecargo, cada una con su propia ventana y amueblada con una cama (no litera) un sofá, libros, gavetas, escritorio, todo lo necesario para una fastuosa vida a bordo de un buque; exactamente las comodidades con las cuales le agradaría a uno dar la vuelta al mundo. Se encontraba en viaje de comercio procedente de Burdeos, con un surtido cargamento de mercaderías francesas; ya había tocado en los puertos del Perú, Chile, Panamá y Centro América, dejando en cada uno mercaderías francesas para su venta cuyos productos serían invertidos en la compra de producciones del país; y estaba destinado a Mazatlán, en la costa de México, de donde volvería tomaría su carga y a los dos años regresaría a Burdeos. Tuvimos un dejeuner a la Forcbette, abundante en lujos parisienses, con vinos y café, como en París para lo cual, afortunadamente para las provisiones del: buque, yo no traía mi acostumbrado vigor; y allí había estilo en todas las cosas aun para el nombre del mayordomo de los camareros, a quien llamaban el maitre d'botel.

A las dos de la tarde nos fuimos a bordo del Mélanie. Este era casi del mismo tamaño, y si no hubiéramos visto primero al Belle Poule, habríamos estado contentos con él. La comodidad y el lujo de estos "palacios flotantes" estaba en abierto contraste con la pobreza y miseria de la desolada costa. El capitán del Belle Poule vino a bordo a comer. Fue un gran placer para nosotros mirar el gozo con que estos dos hombres de Burdeos y sus respectivas tripulaciones se juntaron en esta lejana playa. El Cabo de Hornos, Perú y Chile fueron el objeto de la conversación, y nosotros hallamos a bordo un legajo de periódicos, que nos dieron las últimas noticias de nuestros amigos en las Islas Sandwichs. Br. C. y el capitán del Belle Poule permanecieron a bordo hasta que nos pusimos en ruta. Les dijimos adiós sobre la barandilla; la brisa de la tarde hinchó nuestras velas; por unos momentos los miramos; después como un punto negro sobre el agua; se hundió la ola y los perdimos de vista por completo.

Poco tiempo permanecí sobre cubierta. Yo era el único pasajero, y el maitre d'botel me hizo una cama con canapés directamente bajo las ventanas de popa, pero no pude dormir. Aún con las ventanas y las puertas enteramente abiertas el camarote estaba excesivamente caluroso. El aire era caliente y lleno de zancudos. El capitán y los contramaestres durmieron sobre cubierta. A mí se me advirtió de no hacerlo así, pero a las doce de la noche salí. Brillaba la luz de las estrellas; las velas aleteaban contra los mástiles; el océano parecía una lámina de vidrio, y la costa obscura e irregular, lúgubre y portentosa con sus volcanes. La osa mayor estaba casi sobre mí; la estrella polar se encontraba más baja que como la había visto antes, y, así como yo, en decadencia. Un joven marino, de guardia sobre cubierta, me habló de lo engañoso del mar, de la pérdida de embarcaciones, del naufragio de un buque americano donde él se encontraba en su primer viaje por el Pacífico, y de su hermosa y amada Francia. La frescura del aire era agradable; y mientras él conversaba conmigo me tendí sobre un canapé y me quedé dormido.

Al siguiente día me repitió la fiebre, que se sostuvo por todo el día, y el capitán me puso bajo la disciplina del buque. En la mañana el maitre d'botel se paró ante mí con una copa y una cuchara: "Monsieur, un vomitif", y por la tarde, "Monsieur, une purge". Cuando llegamos a Acajutla yo me encontraba incapaz de saltar a tierra. Tan pronto como echamos el ancla el capitán desembarcó, y antes de salir para Zonzonate contrató mulas y hombres para mí. El puerto de Acajutla no es tan enteramente abierto como el de Istapa, teniendo hacia el sur un promontorio de rocas ligeramente visible. En la ensenada estaba un bergantín goleta con destino a un puerto del Perú, una goleta dinamarquesa para Guayaquil y un bergantín inglés procedente de Londres. Toda la tarde me estuve sentado sobre cubierta. Algunos de los marineros se encontraban durmiendo y otros jugando baraja. A la vista teníamos seis volcanes: uno arrojando humo constantemente y otro llamas. Por la noche el volcán de Izalco parecía una constante bola de fuego.

A la mañana siguiente el contramaestre me condujo a tierra en una lancha. El procedimiento fue el mismo que en Istapa, y fuimos detenidos algún tiempo por el bote de un barco inglés que ocupaba el cable. Tan pronto como encallamos, una multitud de indios, desnudos excepto una banda de género de algodón alrededor de los ijares y pasada entre las piernas, se apoyaron contra los costados del bote. Monté en los hombros de uno de ellos; cuando regresaba la ola él me llevaba hacia adelante varios pasos, en seguida se paraba y braceaba contra la ola que llegaba. Yo me adherí a su cuello, pero ya me iba escurriendo a toda prisa por sus resbaladizos costados, cuando me depositó en las playas de San Salvador, llamada por los indios "Cuscatlán" o la tierra de la riqueza. Alvarado, en su viaje al Perú, fue el primer español que puso los pies sobre esta playa, y como yo tuve especial cuidado de no mojármelos, no pude menos que pensar en la intrépida figura y en los nervios de hierro de los conquistadores de América.

El contramaestre y los marineros se despidieron de mí y regresaron al buque. Yo anduve a lo largo de la playa y subí a una empinada colina. Apenas eran las ocho de la mañana y ya hacía excesivo calor. Sobre la ribera frente al mar estaban las ruinas de grandes almacenes, usados como depósitos de mercaderías bajo el dominio español. cuando todos los puertos de América estaban cerrados para los buques extranjeros. En un extremo del arruinado edificio había una especie de cuarto de guardia, donde unos pocos soldados estaban comiendo tortillas, y uno de ellos limpiando su mosquete. Otro departamento estaba ocupado por el capitán del puerto, quien me dijo que las mulas contratadas para mí se habían soltado, y que los arrieros las andaban buscando. Aquí tuve yo el placer de encontrarme con el Dr. Drivin, un caballero de la Isla de Santa Lucía, que poseía una gran hacienda de azúcar a pocas leguas de distancia, y que estaba en el puerto para vigilar el desembarque de maquinaria para un molino, que venía en el bergantín inglés.

Mientras esperaba las mulas él me condujo a una choza donde tenía colgadas dos hamacas de Guayaquil, y sintiéndome ya cansado de mis esfuerzos tomé posesión de una de ellas.

La mujer del rancho era una especie de gobierno económico de los buques; y como estaban allí tres barcos en el puerto, el rancho se encontraba repleto con legumbres, frutas, huevos, aves de corral y provisiones para los buques. Estaba cerrado y caliente, pero muy

285

pronto hube menester de toda la ropa que pude conseguir. Tuve un violento escalofrío, seguido de fiebre, en comparación con el cual, todo lo que yo había sufrido antes era nada. Pedí agua hasta que la vieja mujer se cansó de dármela, saliéndose y dejándome solo. Me puse a delirar, aturdido por el dolor y vagando en medio de las miserables chozas con la sola conciencia de que mi cerebro estaba ardiente.

Conservo un vago recuerdo de que hablaba en inglés a algunas indias pidiéndoles que me consiguieran un caballo para irme a Zonzonate; de que algunas se reían, otras me miraban con lástima, y otras me quitaron del sol y me acostaron a la sombra de un árbol. A las tres de la tarde el contramaestre vino otra vez a tierra. Ya había yo cambiado de postura y me encontró tendido boca abajo durmiendo y casi agotado por el sol. Él quería regresarme a bordo del buque, pero yo le rogué que me consiguiera mulas y que me llevara a Zonzonate, al alcance de la asistencia médica. Difícil sería el encontrarme peor que como estaba cuando monté. Pasé tres horas de agonía, abrasado por el intenso calor, y poco antes de anochecer llegué a Zonzonate, afortunado, como el Dr. Drivin me dijo más tarde, de no haber sufrido una insolación. Antes de entrar a la ciudad y al cruzar el puente sobre el Río Grande, encontré a un caballero bien montado, que llevaba un rojo pabellón del Perú sobre la silla, cuya apariencia me impresionó, y cambiamos respetuosos saludos. Este caballero, según supe después, era el "gobierno" que yo andaba buscando.

Me dirigí a la casa del hermano del Capitán Le Nonvel, una de las más grandes del lugar, donde tuve aquellas comodidades escasamente conocidas en Centroamérica: una habitación para mí, y además había encontrado todo lo necesario. Por varios días estuve encerrado. La primera tarde que salí fui a visitar a don Manuel de Aguilar antes jefe del Estado de Costa Rica, quien hacía como un año había sido arrojado del poder por una revolución y desterrado para toda su vida. En esta casa me encontré con don Diego Vigil, vicepresidente de la República, el mismo caballero a quien había encontrado en el puente, y el único funcionario del Gobierno Federal que quedaba. Por observaciones hechas en mi propio país, yo había aprendido a no apreciar nunca el carácter de un hombre público por los dichos de sus enemigos políticos; y no mancharé estas páginas con las viles calumnias que hombres veraces, pero cegados por los prejuicios de partido, arrojaban sobre la reputación del señor Vigil.

Él era como de cuarenta y cinco años, de seis pies de estatura, delgado, y sufría de una enfermedad de parálisis, que casi le impedía el uso de ambas piernas; en traje, conversación y modales, eminentemente un caballero. Había viajado más extensamente en su propio país que la mayor parte de sus compatriotas, y conocía todos los objetos de interés; y con una cortesía que yo apreciaba, no hizo ninguna referencia a mi posición o a mi carácter oficial.

Sus asuntos en Zonzonate mostraban la desdichada condición del país. Él había llegado expresamente para tratar con Rascón, el cabecilla de la banda que había impedido mi venida de Guatemala por tierra. Chico Rascón, como se le llamaba familiarmente en Zonzonate, era de una antigua y respetable familia, y había gastado una gran fortuna en disipaciones en París, y habiendo regresado en desesperadas circunstancias, se había vuelto patriota. Como unos seis meses antes había hecho una entrada a Zonzonate, matando en la guarnición hasta el último hombre, saqueando la aduana y retirándose en seguida a su hacienda. Por entonces se encontraba de visita en la población, públicamente, de acuerdo con el señor Vigil, y demandando, como precio por desbandar a sus tropas, los despachos de coronel para sí mismo, otros despachos para algunos de sus seguidores y cuatro mil dólares en efectivo.

Vigil accedió a todo menos a los cuatro mil dólares en efectivo, pero en cambio le ofreció el crédito del Estado de San Salvador el cual Rascón estuvo de acuerdo en aceptar. Se formularon los documentos y señalóse aquella tarde para firmarlos; pero cuando Vigil estaba esperándolo, Rascón y sus amigos, sin una palabra de aviso, montaron sus caballos y salieron de la población. El pueblo se conmovió con una grande excitación, y por la tarde vi a la guarnición activamente ocupada en levantar barricadas en la plaza recelando un nuevo ataque.

Al siguiente día hice una visita formal al señor Vigil. Yo me encontraba en una situación embarazosa. Cuando salí de Guatemala en busca de un gobierno, no esperaba encontrarlo en el camino. En aquel Estado yo había oído sólo a un partido; ahora empezaba a oír al otro. Si había ahí algún gobierno, ya lo tenía atrapado. ¿Era éste una realidad o no? En Guatemala decían que no; aquí decían que sí. Era una cuestión intrincada. Yo no era muy bien visto en Guatemala, y al esforzarme en jugar una partida segura, correría el peligro de ser atropellado por todos los partidos. En Guatemala ellos no tenían derecho a pedir mis credenciales, y tomaron a ofensa el que yo no sé las presentara; aquí, si yo rehusaba el presentarlas, tendrían razón de considerarlo como un insulto. En este apurado trance di principio a mis asuntos con el vicepresidente, y le dije que yo me encontraba en viaje para la capital, con credenciales del gobierno de los Estados Unidos; pero que, en el estado de anarquía en que se encontraba el país, no sabía qué hacer; que yo estaba deseoso de evitar un paso en falso, y ansioso de saber si realmente existía el gobierno federal, o si se había disuelto la república.

Nuestra entrevista fue larga e interesante, y la substancia de su respuesta fue: que el gobierno existía de facto y de jure; que él mismo había sido legalmente electo Vicepresidente; que el hecho de que los cuatro Estados se declarasen a sí mismos independientes era inconstitucional y sedicioso; que la unión no podía ser disuelta excepto por un Congreso de Diputados de todos los Estados; que el gobierno tenía actualmente autoridad sobre tres de ellos; que uno había sido reducido a obediencia por medio de las armas y que muy pronto el partido federal tendría ascendiente sobre los otros. Él estaba familiarizado con el caso de la Carolina del Sur, y decía que nuestro Congreso había sostenido el derecho del gobierno general de obligar a los Estados a la obediencia, y que ellos se encontraban en la misma situación.

Hice referencia a la despedazada condición del gobierno; a su absoluta impotencia en otros Estados; a la no existencia del Senado y otros ramos afines; a la falta de un Secretario de Estado, el funcionario a quien estaban dirigidas mis credenciales; y él respondió que tenía en su séquito un secretario en funciones, confirmándome lo que ya me había dicho antes: que el "gobierno" podía, a un aviso de momento, crear el funcionario que yo necesitara; pero, haciendo justicia al señor Vigil, debo decir que, después de discutir detalladamente todo el fondo de la infructuosa lucha, y aunque en aquella crítica coyuntura, el reconocimiento del gobierno federal por el de los Estados Unidos habría sido de importancia para su partido, y el no reconocerlo sería descortés y favorecería la causa de los Estados rebeldes o independientes, no me exigió que presentara mis credenciales.

El Congreso, del cual se esperaba que arreglara las dificultades de la república, estaba entonces próximo a reunirse en Honduras. Los diputados de San Salvador se habían ido a ocupar sus puestos, y era entendido que yo esperaría la decisión de este Cuerpo. El resultado de mi entrevista con el Vicepresidente fue mucho más agradable de lo que yo esperaba. Estoy seguro de haberlo dejado sin el más mínimo sentimiento de aversión por su parte; pero mi gran perplejidad de si yo tenía algún gobierno, todavía no había terminado.

Al mismo tiempo, mientras adelantaban las reparaciones políticas, yo permanecí en Zonzonate restableciéndome. La población está situada en las riberas del Río Grande, que está formado por casi innumerables manantiales, y en la lengua indígena su nombre significa cuatrocientos manantiales de agua. Está edificada en uno de los más ricos distritos del rico Estado de San Salvador, y tiene su plaza, con calles en ángulos rectos, y casas blancas de un solo piso, algunas de ellas muy grandes; pero ha llevado su parte en las calamidades que han visitado a la infortunada república. Las mejores casas se encuentran desiertas y sus dueños en el destierro.

Yo estaba impotente para emprender ningún viaje por tierra, y sintiendo el enervante efecto del clima me balanceaba todo el día en una hamaca. Afortunadamente, los propietarios del bergantín que había yo visto en Acajutla, destinado al Perú, cambiaron su rumbo y determinaron enviarlo a Costa Rica, el Estado más al sur de la Confederación. Al mismo tiempo, un hombre se me ofreció como sirviente, muy altamente recomendado y cuya apariencia me agradó; y resolví gozar del beneficio de un viaje por mar, y, regresando por tierra, explorar la ruta del canal entre el Atlántico y el Pacífico por el lago de Nicaragua, una cosa que yo había deseado mucho, pero que casi había perdido la esperanza de poder realizar.

Antes de partir me animé para hacer una excursión. La ventana de mi habitación se abría frente al Volcán de Izalco. Todo el día, a cortos intervalos, oía yo las erupciones del volcán en actividad, y por la noche veía la columna de llamas prorrumpiendo del cráter. y torrentes de fuego rodando hacia abajo por sus faldas. Por fortuna, Mr.

Blackburn, un comerciante escocés por muchos años residente en el Perú, arribó y convino en acompañarme. A la mañana siguiente, antes de las cinco estábamos a caballo. A una milla de distancia vadeamos el Río Grande, aquí un turbulento río, y cabalgando por un fértil campo, a la media hora llegamos al pueblo indígena de Naguisal, un paraje agradable, y literalmente una floresta de frutas y de flores.

Grandes árboles estaban enteramente cubiertos de rojo, y a cada paso podíamos cortar frutas. Diseminadas entre estos hermosos árboles se encontraban las miserables chozas de los indios, y echados en el suelo o en algún tedioso trabajo estaban los mismos infelices indios. Continuando otra legua por el mismo fértil campo, subimos a una meseta, desde la cual, mirando hacia atrás, vimos un inmenso llano arbolado, que se extendía hasta la playa, y más allá las ilimitadas aguas del Pacífico. Frente a nosotros, al extremo final de una larga calle, se encontraba la iglesia de Izalco, destacándose vigorosamente junto a la base del volcán, el cual, en aquel momento, con un estruendo violento semejante al fragor de la tormenta, lanzó por el aire una columna de humo negro y cenizas, iluminada por un solo relámpago de llamas.

Con dificultad conseguimos un guía, pero estaba tan ebrio que apenas podía guiarse a sí mismo a lo largo de una calle recta; y no quería salir sino hasta el siguiente día, pues dijo que ya era tan tarde que nos entraría la noche en la montaña, y que allí había muchos tigres. Mientras tanto la hija de nuestro posadero halló otro, y, colocando cuatro cocos verdes en sus alforjas, emprendimos la marcha. Pronto salimos a un llano abierto, y sin arbusto que interrumpiera la vista, miramos a nuestra izquierda todo el volcán desde su base hasta su cima. Se yergue desde casi al pie de la montaña, a una altura quizás de tres mil pies, con sus faldas morenas e infecundas, y por millas en todo el derredor, está la tierra cubierta de lava.

Encontrándose en plena erupción, era imposible ascender a él, pero atrás queda una montaña más alta que facilita una vista del ardiente cráter. Todo el volcán era visible enteramente arrojando al aire una columna de humo negro y una inmensa cantidad de piedras, mientras la tierra temblaba bajo nuestros pies. A las once del día nos sentamos a la orilla de una hermosa corriente para almorzar. Mi compañero había traído abundantes provisiones y por la primera vez, desde que salí de Guatemala, sentí el ansia del apetito restaurado. A la media hora montamos y poco después de las doce entramos en la selva, haciendo una muy empinada ascensión por una indefinida vereda, que pronto perdimos enteramente. Nuestro guía cambió de dirección varias veces, y por fin, hallándose extraviado, amarró su caballo y nos dejó esperando mientras buscaba el camino. Nosotros sabíamos que nos encontrábamos cerca del volcán, porque las explosiones sonaban como el profundo refunfuño de un formidable trueno.

Encerrados como estábamos en el bosque, estas explosiones eran espantosas. Nuestros caballos bufaban de terror, y la montaña temblaba debajo de nuestros pies. Regresó nuestro guía y a los pocos minutos nos encontramos de pronto sobre un lugar abierto, más elevado que la cima del volcán, dominando una vista del interior del cráter, y tan cerca de él, que veíamos las enormes piedras cuando se partían en el aire golpeando alrededor las faldas del volcán. En pocos minutos nuestros vestidos se pusieron blancos con las cenizas que caían a nuestro alrededor con un ruido semejante al de una llovizna.

El cráter tenía tres orificios, uno de los cuales estaba inactivo; otro arrojaba constantemente un abundante humo azul; y después de un estallido, del abismo de la enorme garganta del tercero aparecía un vapor azulado, y en seguida un volumen de denso humo negro arremolinándose y agitándose en enormes coronas, y elevándose en una oscura y majestuosa columna, iluminada momentáneamente por un relámpago de fuego; y cuando el humo se disipó, la atmósfera fue obscurecida por una lluvia de piedras y cenizas. Concluido esto, siguió un momento de quietud, y en seguida hubo otro trueno y erupción, sucediéndose así regularmente, a intervalos, según dijo nuestro guía, de cinco minutos exactamente, y en realidad él no estaba muy desaminado. La vista era espantosamente sublime. Nos refrescamos con un trago de agua de coco y, pensando que esta grandeza sería realzada cuando el silencio y oscuridad de la noche fueran interrumpidos por el estruendo y las llamas, sin tardanza resolvimos dormir sobre la montaña.

Un cura de Zonzonate, todavía en plenitud de vida me dijo que él recordaba cuando el terreno donde se eleva este volcán no tenía nada que lo distinguiera de cualquier lugar alrededor. En 1798se descubrió un pequeño orificio que soplaba pequeñas cantidades de polvo y guijas. Entonces él vivía en Izalco, y, como muchacho, tenía la costumbre de ir a verlo; y que lo había observado, y marcado su crecimiento de año en año, hasta llegar al tamaño que tiene en la actualidad. El capitán Le Nonvel me refirió que él pudo notar desde el mar que había crecido mucho durante los últimos dos años. Dos años antes su resplandor no podía verse de noche al otro lado de la montaña en que yo estaba. Noche y día hace subir por la fuerza piedras de las entrañas de la tierra, arrojándolas al aire y recibiéndolas sobre sus faldas. Cada día está creciendo y probablemente continuará así hasta que se extingan los fuegos internos, o hasta que una violenta convulsión lo haga pedazos.

Los viajeros experimentados no están exentos de ocasionales raptos de entusiasmo, pero no pueden sostenerlos largo tiempo. Como a la hora empezamos a estar cavilosos y aun vacilantes. Algunas de las erupciones eran mejores que las otras, y varias de ellas eran comparativamente sin importancia. Con tales pensamientos preferimos nuestro deseo de comodidades a pasar la noche en la montaña y dispusimos regresar. Mr. Blackburn y yo pensamos que podríamos evitar el rodeo de la montaña descendiendo directamente a la base del volcán, y cruzándola, salir al camino real; pero nuestro guía dijo que era una tentación a la Providencia, y no quiso acompañarnos. Tuvimos un descenso a pie muy escarpado, y en algunos lugares nuestros caballos se resbalaban sobre sus ancas. Una inmensa capa de lava, detenida en su rodante curso por la falda de la montaña, llenaba por completo el ancho espacio entre nosotros y la base del volcán. Nosotros pasamos directamente sobre esta negra y horrorosa capa, pero tuvimos gran dificultad para hacer que nuestros caballos nos siguieran. La lava se extendía en ondas tan irregulares como las olas del mar, abrupta, escabrosa y con enormes grietas, difíciles para nosotros y peligrosas para los caballos.

Con mucho trabajo los hicimos avanzar hasta la base y alrededor de la falda del volcán. Macizas piedras, arrojadas al aire, caían y rodaban por las faldas, tan cerca que no nos atrevimos a arriesgarnos a mayor distancia. Estábamos temerosos de romper las patas de nuestras cabalgaduras en los hoyos en que constantemente caían, y regresamos. Sobre el punto más elevado desde el cual habíamos mirado hacia el cráter del volcán, estaba sentado nuestro guía, contemplándonos, y, según podíamos imaginar, riéndose de nosotros. Retrocedimos penosamente atravesando la capa de lava ý subimos por la falda de la montaña, y al llegar a la cima, ambos, mi caballo y yo, estábamos casi agotados. Afortunadamente el camino de la casa era para abajo.

Ya era muy entrada la noche cuando pasamos al pie de la montaña y salimos al llano. Cada estallido del volcán lanzaba una columna de fuego; en cuatro lugares había constantemente llamas, y en uno de ellos una corriente de fuego rodaba hacia abajo por su falda. A las once de la noche llegamos a Zonzonate, habiendo caminado algo más de cincuenta millas, además de las fatigas que habíamos soportado alrededor de la base del volcán; y tal había sido el interés del día de trabajo que, aunque era mi primer esfuerzo, nunca sufrí por él.

Pronto quedaron hechos los arreglos para mi viaje por el Pacífico. El sirviente a quien me he referido era un nativo de Costa Rica, entonces en viaje para su hogar, después de una larga ausencia, con una carga de mercaderías de su pertenencia. Era un sujeto alto, bien parecido, vestido con una chaqueta o cotón guatemalteco, y un par de pantalones mexicanos, de cuero, con botones a los lados y un sombrero pardo de pelo, de copa alta y ala ancha, del todo superior a cualquier sirviente de los que yo había visto en el país; y pienso que, si no hubiera sido por él, yo no habría emprendido el viaje. Al lector quizá le chocará el saber que su nombre era Jesús, que se pronuncia en español "Hezoos", por cuyo segundo nombre, para evitar lo que pudiera ser considerado como una irreverencia, le llamaré de aquí en adelante.

CAPÍTULO 16: COMO UN AVE, EL GOLFO DE NICOYA

ENFERMEDAD Y MOTÍN. — CONVULSIONES DEL CAPITÁN JAY. —SITUACIÓN CRÍTICA. — PENOSA ASISTENCIA. — UN PAISANO EN APUROS. — LOS DELFINES. — SUCESIÓN DE VOLCANES. — EL GOLFO DE NICOYA. —EL PUERTO DE CALDERA. — OTRO PAISANO. — OTRO PACIENTE. —LA HACIENDA DE SAN FELIPE. — EL MONTE AGUACATE. — ZILLENTHAL PATENT SELF— ACTING COLD AMALCAMATION MACHINE". — MINAS DE ORO. — VISTA DESDE LA CUMBRE DE LA MONTAÑA.

El lunes veintidós de enero dos horas antes de amanecer, salimos para el puerto. "Hezoos" mostraba el camino llevando por delante todo mi equipaje, envuelto en una baquette (vaqueta), que era simplemente un cuero de res, al estilo del país. Al clarear el día oímos detrás de nosotros el resonar de cascos de caballos, y don Manuel de Aguilar con sus dos hijos, nos alcanzó. Antes que hubiese pasado la frescura de la mañana llegamos al puerto y nos dirigimos a la antigua choza que no esperaba volver a ver jamás. La hamaca se balanceaba en el mismo lugar. El miserable rancho parecía destinado a ser la morada de la enfermedad. En un rincón yacía el señor De Iriarte, mi capitán, exhausto por una noche de fiebre, e imposibilitado para darse a la vela en ese día.

El Dr. Drivin estaba otra vez en el puerto. Él no había desembarcado todavía su maquinaria; el hecho era que el trabajo había sido suspendido por un motín a bordo del bergantín inglés, cuyo cabecilla, según queja del doctor, era un norteamericano. Pasé el día en la playa. En un sitio, un poco arriba de la señal de la alta mar, casi barridas por las olas, estaban toscas cruces de madera, marcando las tumbas de los infelices marineros que habían fallecido lejos del hogar. Al regreso me encontré en el rancho con el capitán Jay, del bergantín inglés, quien también se quejó conmigo del marinero americano. El capitán era un joven que hacía su primer viaje como patrón; su esposa, con quien se había casado una semana antes de darse a la vela, le acompañaba.

Había tenido un desastroso viaje de ocho meses desde Londres: al doblar el Cabo de Hornos su tripulación se vio quemada por el hielo y sus mástiles arrebatados. Con un solo hombre sobre cubierta había subido hasta Guayaquil, donde incurrió en gran pérdida de tiempo y de dinero para hacer las reparaciones y embarcar una tripulación enteramente nueva. En Acajutla se encontró con que sus botes no eran suficientes para desembarcar la maquinaria del doctor, y tuvo necesidad de esperar hasta que pudiera construirse una balsa.

Mientras tanto su tripulación se amotinó, y algunos de ellos rehusaron trabajar. Su esposa estaba entonces en la hacienda del doctor; y yo pude observar que, mientras le escribía a ella una esquela con lápiz, su atezado rostro estaba pálido, y grandes gotas de sudor pendían de su frente. Luego después se arrojó a la hamaca, y pensé que se había dormido; pero a los pocos minutos noté que la hamaca se sacudía y, recordando mi propia sacudida allí, supuse que estaría con sus viejas mañas de dar a la gente la fiebre intermitente; pero muy pronto observé que el pobre capitán tenía convulsiones. Exceptuando el Capitán De Iriarte, que estaba echado junto a la pared enteramente imposibilitado, yo era el único hombre en el rancho; y como había peligro de que él mismo se tirara fuera de la hamaca, yo procuraba sostenerlo en ella; pero con un convulsivo esfuerzo me arrojó al otro extremo de la choza, y se inclinó de un lado de la hamaca, con una mano enredada en las cuerdas y con la cabeza casi tocando el suelo.

La vieja decía que el diablo había tomado posesión de él, y corrió hacia afuera gritando. Afortunadamente esto trajo al interior a un hombre a quien yo no había visto antes, Mr. Warburton, un ingeniero que había llegado para montar la maquinaria, siendo él mismo una máquina de muchos caballos de fuerza, pues tenía un par de hombros que parecían hechos exprofesamente para sujetar a los hombres con convulsiones. Al principió quedó tan conmovido que no sabía qué hacer. Yo le dije que al capitán había que sujetarlo, por lo que, abriendo sus poderosos brazos, los apretó alrededor de los del capitán con la potencia de una prensa hidráulica, volviéndole las piernas sobre mí. Estas piernas eran un par de las más robustas que soportaran jamás un cuerpo humano; y sinceramente creo que, si los pies hubieran tocado una vez mis costillas, me habrían lanzado a través de la pared del rancho. Velando mi oportunidad, enrollé la hamaca alrededor de sus piernas, y mis brazos alrededor de la hamaca. Mientras tanto él se libró del abrazo de Mr. Warburton, quien aprovechándose de mi idea envolvió su parte entre los pliegues de la hamaca, y le dio su remate desde afuera. El capitán forcejeaba, y, arrastrándose como una enorme serpiente, deslizó su cabeza fuera del extremo de la hamaca, y retorció las cuerdas alrededor de su cuello, de tal modo que nosotros temíamos que se estrangulara él mismo. Estábamos en la mayor desesperación cuando entraron violentamente dos de sus marineros, los que, estando familiarizados con las cuerdas, le desenredaron la cabeza, lo hicieron retroceder entre la hamaca, la enrollaron a su alrededor como antes, y yo me retiré completamente exhausto.

Los dos suplentes eran Tom, un marinero de oficio, como de cuarenta años, y el cocinero un negro y amigo particular de Tom, a quien. él llamaba Darkey. Tom, tomó toda la dirección para asegurar al capitán; y aunque el Dr. Drivin y varios indios entraron, la voz de Tom era la única que se oía, y dirigida solamente a "Darkey": "¡Sosténgale las piernas, Darkey!" "¡Agárrelo duro!" "Firme Darkey!"; pero todos juntos no lo pudimos sostener. Volviendo hacia arriba la cara y doblándose para adentro, se amarró la espalda y empujó ambas piernas a través de la hamaca, golpeando los pies violentamente contra el suelo; todo su cuerpo pasó por en medio. Sus esfuerzos eran terribles. Súbitamente la masa de cuerpos sobre el piso rodó contra la cama del Capitán De Iriarte, la que se quebró con un estallido, y el capitán atacado por la fiebre se vio obligado a retirarse del lugar gateando.

En el intervalo de uno de los más violentos esfuerzos oímos un extraño y estúpido sonido, que parecía como un intento de cantar como gallo. Los indios que llenaban el rancho se rieron, y el Dr. Drivin se puso tan indignado por su falta de piedad, que agarró una tranca y los arrojó a todos hacia fuera. Un viejo y desnudo africano, que había sido esclavo en Belice, y que había olvidado su lengua sin adquirir mucho de ninguna otra, regresó con un manojo de plumas, y quería que se le introdujeran en la nariz al capitán y se les prendiera fuego, diciendo que éste era el remedio en su país; pero el doctor le enseñó la tranca y él se retiró.

Las convulsiones continuaron por espacio de tres horas, durante cuyo tiempo el doctor consideró muy crítica la situación del capitán.

La vieja insistía en que tenía el diablo dentro, que no lo quería dejar y que tendría que morir; y yo no podía menos que pensar en su joven esposa, que estaría durmiendo a pocas millas de distancia, ignorante de la calamidad que le amenazaba. El ataque se había manifestado, según dijo el doctor, por la ansiedad y aflicción de espíritu ocasionada por su infortunado viaje, y particularmente por el amotinamiento de su tripulación. A las once del día se quedó dormido y de ahí a poco supimos la causa del extraño sonido que nos había impresionado de modo tan desagradable. Tom estaba justamente preparándose para ir a bordo del buque, cuando el africano corrió a la playa y le dijo que el capitán se encontraba borracho en la choza. Tom, hallándose él mismo en ese estado, sintió que era su deber cuidar al capitán; pero él acababa de comprar un loro, por el cual había pagado un dólar, y, temeroso de confiarlo en otras manos, estiró su basta camisa un pie más afuera de sus pantalones, y metió al loro en el fondo, casi asfixiándolo con el pañuelo que llevaba al cuello. El loro, indignado por este encierro, clavaba el pico constantemente en el pecho de Tom, quien estaba escarificado y cubierto de sangre; y en una de tantas, cuando Tom pensó que ya iba demasiado lejos, le puso las manos encima y lo apretó, lo cual produjo los sonidos extraordinarios que habíamos oído.

Al ratito Tom y Darkey lograron que los indios los relevaran y se salieron a beber a la salud del capitán. A su regreso tomaron su lugar en el suelo, uno a cada lado de su comandante. Yo me arrojé entre la rota hamaca; y el Dr. Drivin, encargándoles que, si el capitán despertaba, no le dijeran nada que pudiese agitarlo, se fue a otra choza.

No había pasado mucho rato cuando el capitán, alzando la cabeza, gritó: "¿Qué diablos están Uds. haciendo con mis piernas?" lo cual fue respondido por un fuerte grito de Tom, "No suelte, ¡Darkey!" ". Darkey y un indio tenían agarradas las piernas del capitán dos indios los brazos, y Tom estaba tendido sobre su cuerpo. El capitán parecía darse plena cuenta de todo y se manifestaba asombrado de verse asegurado contra el suelo. "¿En dónde estoy?" dijo él. Tom y Darkey habían convenido en no decirle lo que había acontecido; pero, después de las más extraordinarias mentiras de parte de Tom, mientras el capitán lo miraba a él y a nosotros enteramente perplejo, el pobre muchacho se vio tan enredado, que, jurando que el doctor podría referir sus propias historias, comenzó desde que él y Darkey habían llegado y encontrado al capitán pataleando en la hamaca; y al capitán le fue dando a entender que si no hubiera sido por él y Darkey habría arrojado a puntapiés sus propios sesos. Yo traté de aclarar algunos puntos obscuros en el relato de Tom y siguió una general y ruidosa conversación que fue cortada de improviso por el propio capitán De Iriarte quien no había podido pegar los ojos en toda la noche y nos suplicaba que lo dejáramos dormir.

Por la mañana, mientras yo tomaba chocolate con el Dr. Drivin, llegó a la choza el contramaestre con el marinero americano amotinado, bajo la custodia de cuatro soldados, a quejarse conmigo. El marinero era un joven de veintiocho años, de baja estatura, bien formado y de muy buen parecer, y su nombre era Jemmy. Él también se quejó conmigo; quería abandonar el bergantín, y dijo que prefería quedarse en una roca pelada en medio del océano antes que permanecer a bordo. Yo le manifesté que me era penoso el encontrarme con un marinero americano como cabecilla en un motín y le hice ver el conflicto y riesgo en que había puesto al capitán. El Dr. Drivin había tenido con él algunas agrias disputas a bordo del bergantín, y después de unas cuantas palabras se levantó precipitadamente y le pegó. Jemmy retrocedió a tiempo para esquivar el pleno golpe, y, como si no estuviera acostumbrado a tales cosas, siguió retrocediendo y desviando los golpes; pero al verse demasiado acosado, se zafó de los soldados, y se quitó la chaqueta para una lucha en toda forma.

Yo no tenía la intención de favorecer a un marinero insurrecto, pero mucho menos de permitir que un americano fuera maltratado a mansalva y arrastrado por los soldados. Al momento pasó la ira del doctor y suspendió su ataque; entonces Jemmy se entregó a los soldados, quienes se lo llevaron, según supuse, a la casa de guardia. Esperé un momento, y, al bajar, vi a Jemmy sentado en el suelo enfrente del quartel (cuartel) con ambas piernas en el cepo arriba de las rodillas. Él tenía pleno conocimiento de su desgraciada situación, y se me encendió la sangre. Me precipité adonde el capitán del puerto, y me quejé enérgicamente de su conducta como arbitraria e insufrible, que la remediara o que yo me iría inmediatamente a San Salvador a quejarme en contra de él. El doctor Drivin se unió a mí, y Jemmy fue sacado del cepo, pero puesto bajo custodia en el cuartel. Esto probablemente nunca llegará a los ojos de ninguno de sus amigos, pero yo no mencionaré su nombre. Él era del pequeño pueblo de Esopus, sobre el Hudson.

En 1834 se embarcó en Nueva York en la corbeta Peacock para la estación del Pacífico; y fue transferido al North Carolina y dado de baja en Valparaíso; entró al servicio naval chileno, y después de muchísimos combates y ninguna parte en el botín, se embarcó a bordo de este bergantín. Le hice ver que él era el responsable de que se le tratase como insurrecto, y que había escapado del cepo únicamente por la casualidad de mi estancia en el puerto; que yo no podía hacer más por él; y que debía permanecer en la playa hasta que el buque se hiciera a la vela, y que le llevarían a bordo con grillos. Era un momento crítico en la vida de este joven; y, tomando en cuenta que, habiendo carecido de tempranas oportunidades la necesidad le habría, sin duda, condenado a una vida descarriada, y, además, como a un compatriota, yo estaba ansioso de salvarlo de los efectos de un indomable capricho. El capitán dijo que él era el mejor marinero a bordo; y como estaba escaso de hombres, conseguí de él la promesa de que, si Jemmy volvía a cumplir con su deber, ya no habría mención de lo que había pasado, y que le daría su baja en el primer puerto donde pudiera conseguir un substituto.

Afortunadamente, por la tarde el capitán De Iriarte estaba ya bastante mejorado para darse a la vela, y antes de irme a bordo de mi buque llevé a Jemmy al suyo. Era la más sucia embarcación que yo jamás había visto, y su tripulación una bonita muestra de los villanos marineros recogidos en los puertos del Pacífico. Entre ellos, y tan malo como ninguno en apariencia, estaba otro paisano, cómplice del americano Jemmy. No me admiró el descontento de Jemmy; le dejé a bordo en una mala condición, pero desgraciadamente después tuve noticia que se encontraba en peor estado.

Unos pocos golpes de remo me condujeron a bordo de nuestra nave, y, como antes, con la brisa de la tarde comenzamos a navegar. El buque en el cual me embarqué se llamaba La Cosmopolita. Era un bergantín goleta, y la única embarcación que llevaba la bandera centroamericana en el Pacífico. Había sido construida en Inglaterra para un carbonero, y llamada La Britania. Por algún accidente llegó al Océano Pacífico, la compró el Estado de San Salvador, entonces en guerra con Guatemala, y se le puso el nombre indígena del estado: Cuscatlán. Más tarde fue vendida a un inglés, quien la llamó Eugenia; y éste la vendió al capitán De Iriarte, que le dio el nombre de La Cosmopolita.

Mi primera noche a bordo no fue particularmente agradable. Yo era el único pasajero de camarote; pero, a más de los chinches que siempre infestan un buque viejo, yo tenía en mi camarote zancudos, arañas, hormigas y cucarachas. Sin embargo, no hay parte de mi viaje sobre la que yo pueda reflexionar con tan tranquila satisfacción como esta travesía en el Pacífico. Yo tenía a bordo a Gil Blas y a Don Quijote en el idioma original, y todo el día sentado bajo un toldo, compartía mi atención entre ellos y la gran fila de gigantescos volcanes que tachonan la costa. Antes que esto se hiciera tedioso llegamos al Golfo de Papajayo (Papagayo), la única salida por la que los vientos del Atlántico pasan al Pacífico. El delfín, el más hermoso pez que nada, jugueteaba bajo nuestra proa y popa, y nos acompañó lentamente al costado. Pero los marineros no respetaron sus dorados lomos.

El contramaestre, un sanguinario joven francés, se mantuvo por horas con un arpón en la mano, arrojándoselo a varios de ellos, y por fin sacó uno a bordo. El rey de los mares parecía consciente de su decaída condición; sus bellos colores se apagaron, y se puso manchado, y por último pesado y sin brillo, como cualquier otro pescado muerto.

Pasamos en regular sucesión los volcanes de San Salvador, San Vicente, San Miguel, Telega (Telica), Momotombo, Managua, Nindirí, Masaya y Nicaragua, cada uno de por sí un majestuoso espectáculo, y todos juntos formando una cadena con la cual ninguna otra en el mundo puede ser comparada; en verdad, esta 'costa ha sido bien descrita como "erizada de conos volcánicos". Por dos días nos mantuvimos con las velas agitadas a la vista del Cabo Blanco, el alto promontorio del Golfo de Nicoya. En la tarde del treinta y uno entramos al golfo. En línea con la punta del cabo estaba una isla de roca, con altas, desnudas y precipitadas faldas y la cima cubierta de verdor. Era casi la puesta del sol; por cerca de una hora el cielo y el mar parecían encendidos con el reflejo de la agonizante luminaria, y la isla de rocas parecía como una fortaleza con sus torrecillas. Era un panorama de gloriosa despedida. Yo había pasado mi última noche en el Pacífico, y las montañas del Golfo de Nicoya se juntaron a nuestro alrededor.

Temprano por la mañana teníamos la marea a nuestro favor, y muy pronto, dejando el cuerpo principal del golfo giramos a la derecha, y entramos en una bella y pequeña ensenada, que forma el puerto de Caldera. Al frente quedaba la Cordillera de Aguacate, a la izquierda el antiguo puerto de Punta Arenas, y a la derecha el Volcán San Pablo. En la playa estaba una casa larga y baja construida sobre pilotes, con techo de barro, e inmediatas a ella había tres o cuatro chozas de paja y dos canoas. Anclamos frente a las casas, y aparentemente sin llamar la atención de ninguna alma en la playa.

Todos los puertos de Centro América sobre el Pacífico son insalubres, pero este se consideraba mortífero. Yo había entrado sin temor a ciudades donde la peste estaba en toda su intensidad, pero aquí, cuando me vi en tierra, había un silencio de muerte que hacía estremecer. Para salvarme de la necesidad de dormir en el puerto, el capitán envió un bote a tierra con mi criado, para conseguir mulas con las cuales yo pudiera proseguir inmediatamente hasta una hacienda a dos leguas más allá.

Apenas había partido nuestro bote cuando vimos tres hombres bajando a la playa, quienes al punto salieron a la mar en una canoa, encontraron a nuestro bote, lo hicieron regresar y nos abordaron ellos mismos. Eran dos remeros y un soldado, y este último informó al capitán que, por un reciente decreto, a ningún pasajero le era permitido desembarcar sin permiso especial del gobierno, por lo cual era necesario enviar una petición a la capital, y esperar a bordo la respuesta. Agregó que el último barco llegado al puerto se encontraba lleno de pasajeros, quienes se vieron obligados a esperar doce días antes que la licencia fuera recibida. Yo ya estaba acostumbrado a todas las molestias en los viajes, pero no pude soportar tranquilamente ésta. El capitán hizo un atrevido esfuerzo a mi favor diciendo que él no tenía pasajeros; que él llevaba a bordo al Ministro de los Estados Unidos, que estaba haciendo un viaje por Centro América, y a quien se había tratado cortésmente en Guatemala y San Salvador, y que sería una indignidad para el gobierno de Costa Rica el no permitir su desembarque. Le escribió con el mismo fin al capitán del puerto quien, al regreso del soldado, llegó personalmente. Ya estaba yo casi harto de vejaciones, y el capitán del puerto dio fin a dos vasos de vino antes de que yo tuviera el valor de presentarle el asunto. Me respondió con toda cortesía, diciendo que sentía mucho que la ley fuera tan imperativa y que le impidiera disponer a discreción.

Yo le contesté que la ley tenía por objeto prevenir la entrada de personas sediciosas, emigradas y expulsadas de otros Estados, que pudieran perturbar la paz de Costa Rica, pero que ella no podía referirse a un caso como el mío, haciendo al mismo tiempo hincapié en mi carácter oficial. Por fortuna para mí él tenía un alto concepto del respeto debido a ese carácter, y, aunque en posesión de un cargo subordinado, tenía el noble afán de no dar motivo para que a su Estado se le fuera a tildar de falto de cortesía para con un extranjero acreditado.

Por largo rato él no supo qué hacer; pero por fin, después de mucha deliberación, me pidió que esperase hasta la mañana siguiente, mientras que él podía despachar un correo para informar al gobierno detalladamente, y entonces tomar sobre sí la responsabilidad de permitir mi desembarque. Temeroso de cualquier accidente o de algún cambio de propósito, y ansioso de poner mis pies en tierra, le sugerí que, para evitar el viaje con el calor del día, me sería preferible dormir en la paya y así estar listo para salir de madrugada, a lo cual accedió.

En la tarde el capitán me llevó a tierra. En la primera casa vimos dos candelas encendidas alumbrando el cuerpo de un muerto. Todos los que vimos estaban enfermos, y todos se quejaban que el lugar era fatal para la vida humana. En efecto, estaba casi desierto; y, no obstante, sus ventajas como puerto, el gobierno, pocos días después, dio una orden para desocuparlo y regresar al antiguo puerto de Punta Arenas. El capitán todavía estaba sufriendo fiebres intermitentes, y de ninguna manera quería quedarse después de entrada la noche. Yo estaba tan feliz de hallarme en tierra, que, si me hubiera encontrado con una calavera a cada paso, éstas difícilmente me habrían hecho retroceder.

Esta era un miserable cobertizo, con un emparrado de ramas a su alrededor, pero tenía una apariencia de limpieza y comodidad; y

"Hezoos" me dijo que el propietario era dueño de dos mil cabezas de ganado y de toda la tierra que habíamos atravesado desde el mar. "Hezoos" estaba como en su propia casa; y, según me refirió más tarde, en un tiempo había solicitado a una de las hijas para casarse; pero el padre y la madre no lo aceptaron porque no lo creyeron digno de ella. Añadió que ellos se habían sorprendido al verlo regresar en tan prósperas circunstancias, y que la hija le contó que ella siempre ha rehusado casarse con ningún otro con motivo de su cariño hacia él.

Mientras que nos desayunábamos, la madre me contó de una hija enferma, pidiéndome remedios, y por último me suplicó que la fuera a ver. La puerta se abría por el cobertizo, y todas las rendijas del cuarto se hallaban cuidadosamente tapadas como para evitar hasta el más leve soplo del aire. La inválida yacía sobre una cama en una esquina, con una tela de algodón cubriéndola como un mosquitero, pero baja y prendida con alfileres en todo el derredor; y cuando la madre levantó la cubierta, tropecé con una masa de aire caliente y malsano que por poco me domina.

La pobre muchacha estaba tendida boca arriba, con una sábana de algodón bien enrollada alrededor del cuerpo; y ya parecía como preparada para el entierro. No tenía más de diez y ocho años; la fiebre acababa de abandonarla, su mirada todavía era brillante, pero su rostro estaba pálido y cubierto de manchas, arrugas y pliegues de suciedad.

Ella padecía de fiebres intermitentes, ese azote que arruina la constitución y lleva a la tumba a miles de los habitantes de Centro América; y, de acuerdo con los obstinados prejuicios del país, ¡no se le había lavado la cara por más de dos meses! Yo con frecuencia sentía repugnancia por las largas barbas y caras sin lavar de los individuos con calenturas intermitentes, y por la ignorancia y los prejuicios del pueblo sobre asuntos medicinales; para ilustrar esto, el Dr. Drivin me refirió un caso practicado por una vieja curandera, que ordenó a su paciente, un rico propietario de ganado, que se tendiera todas las mañanas desnudas en el suelo, y que degollaran un buey sobre él, para que la sangre caliente pudiera correr sobre su cuerpo. El hombre se sometió a la operación más de cien veces, y fue bañado por la sangre de más de cien bueyes; más tarde él aguantó un mucho más desagradable procedimiento, y, cosa rara, todavía vive.

Pero retrocedamos: en lo general mi práctica médica estaba confinada a los hombres, y con ellos yo me consideraba un practicante eficaz. No me gustaba recetar a las mujeres; y en este caso rebatí todas las preocupaciones del país y rebajé mi pericia médica ordenando, primero, que debían lavarle la cara a la pobre muchacha, pero me salvé un poquito recomendándoles que lo hicieran con agua caliente. Si ellos me lo agradecieron o no, yo no lo sé; pero tuve mi recompensa, porque miré un rostro agradable, y mucho tiempo después recordé la tierna expresión de sus ojos, cuando se volvió hacia mí y oyó el consejo que le di a su madre.

A las diez reanudamos nuestra jornada. El terreno era plano y veraz, pero sin cultivo. Pasamos varias miserables haciendas de ganado cuyos propietarios vivían en los pueblos y tenían mozos en la finca, para de vez en cuando reunir y contar el ganado, que vagaba libremente en la montaña. A las once pasamos la hacienda de San Felipe, perteneciente a un galo ocupado en la minería. Estaba en un extenso claro, y en una espléndida situación, y su limpieza, orden y buenos vallados indicaban que el galo no había olvidado lo que había aprendido en el hogar.

Cruzamos el río Surubris y el río Grande o Machuca, y llegamos a la hacienda de San Mateo, situada' en la Boca del Monte del Aguacate, y desde este lugar comenzamos a subir. El camino había sido muy mejorado últimamente; pero el ascenso era empinado, desierto y escabroso. A medida que subíamos por el barranco, oímos delante de nosotros un retumbante ruido, que sonaba como un trueno lejano, pero regular y continuado, y que se hacía más atronador a medida que avanzábamos; y por fin salimos a un pequeño claro y divisamos hacia un lado de la montaña un bonito edificio de madera aserrada, de dos pisos, con un liviano y gracioso balcón al frente; y a un lado se hallaba la atronadora máquina que nos había asustado con su ruido. Extranjeros del otro lado del Atlántico estaban taladrando los flancos de la montaña y triturando sus piedras hasta hacerlas polvo en busca de oro. Toda la cordillera, el mismo terreno que nuestros caballos herían con sus cascos, contenía ese tesoro por el cual el hombre abandona a la familia y a la patria.

Me dirigí a la casa y me presenté yo mismo a don Juan Bardh, el superintendente, un alemán de Frieburg. Eran como las dos de la tarde

305

y hacía demasiado calor. La casa estaba amueblada con sillas sofá y libros, y tenía a mis ojos una deliciosa apariencia; pero la vista de afuera lo era mucho más. La corriente que movía la inmensa máquina trituradora había convertido el lugar, desde tiempo inmemorial, en un descansadero, o punto de descanso para los arrieros. Todo estaba circundado de montañas, y directamente al frente se elevaba una a gran altura, en declive, y cubierta de árboles hasta la cima.

Don Juan Bardh había sido superintendente de la Quebrada del Ingenio por cerca de tres años. La compañía que él representaba se denominaba la Anglo—Costa Rican Economical Mining Company. Había estado en operación durante estos tres años sin pérdida alguna, lo cual fue considerado tan ventajoso que ya había aumentado su capital, y estaba a punto de continuar en mayor escala. La máquina que se acababa de instalar, era una nueva patente alemana, denominada Machine for extracting Gold by the Zillentbal Patent Self—acting Cold Amalgamation Process (creo que no he omitido nada), y su gran valor radicaba en que no requería procedimientos preliminares, sino que por una continuada y simple operación extraía el oro de la piedra.

Esta era una inmensa rueda de hierro fundido, por medio de la cual la piedra, a medida que llegaba de la montaña, era triturada y convertida en polvo; éste pasa entre artesas llenas de agua, y de allí a un depósito que contiene vasos, donde el oro se separa de las otras partículas, y se combina con el azogue del cual los vasos estaban provistos.

Eran varias las minas al cuidado de don Juan, y después de la comida me acompañó a la de Corralillo, que era la más grande, y que, por fortuna, quedaba en mi camino. Después de una calurosa caminata de media hora, subiendo por tupidos bosques, llegamos al punto.

Según la opinión de unos cuantos geólogos que han visitado ese país, inmensas riquezas yacen sepultadas en la montaña de Aguacate; y muy lejos de estar escondidas, los propietarios dicen que sus lugares se hallan tan bien marcados que todo el que busca puede encontrarlas. Los filones o venas metalíferas corren regularmente de Norte a Sur, en filas de diorita pórfido con estrato de pórfido basáltico, y de un promedio como de tres pies de anchura. En ciertos lugares se han practicado excavaciones laterales de Este a Oeste y en otros se han taladrado pozos hasta tocar la vena. La primera abertura que visitamos fue un corte transversal de cuatro pies de ancho, que penetraba doscientos cuarenta pies antes de tocar el filón; pero estaba tan lleno de agua que no entramos. Arriba de éste había otro corte, y más arriba todavía estaban taladrando un pozo.

Bajamos a éste por una escala formada del tronco de un árbol, con muescas cortadas en él, hasta que llegamos a la vena y la seguimos con una candela hasta donde estaba trabajada. Era como de una yarda de ancho y sus lados relucían —pero no por el oro—; éstos eran de cuarzo y feldes—pato, impregnados de sulfuro de hierro, y oro en partículas tan pequeñas que eran invisibles a la simple vista. Los objetos más sobresalientes en estos depósitos de riqueza eran los desnudos trabajadores con sus picos, encorvados y sudando bajo los pesados costales de piedras.

Ya había avanzado la tarde cuando salimos del pozo. Don Juan me condujo por una empinada senda hacia arriba por la falda de la montaña, hasta una pequeña meseta, sobre el cual estaba un gran edificio ocupado por mineros. La vista era magnífica: abajo quedaba una inmensa barranca; arriba, encaramada sobre una punta, como un nido de águilas, la casa de otro superintendente; y sobre el lado opuesto, la gran cadena de montañas de Candelaria. Yo aguardé hasta que mis mulas subieron, y con muchos agradecimientos por su benevolencia, me despedí de don Juan.

A medida que seguíamos subiendo, a cada instante la perspectiva se hacía más grande y hermosa; y de repente, desde una elevación de seis mil pies miré allá abajo el Pacífico, el Golfo de Nicoya, y, asentado como un ave sobre el agua nuestro bergantín La Cosmopolita. Y aquí, en los más elevados puntos, en los más agrestes y bellos lugares que jamás los hombres eligieron para sus viviendas, estaban las chozas de los mineros.

El sol rozaba ligeramente el mar, alumbrando la superficie del agua, y suavizando las ásperas montañas; era la más hermosa escena que jamás yo vi, y esta gratísima visión fue la última, porque súbitamente se obscureció, y muy pronto entró la más negra noche de cuantas yo había conocido. Cuando descendimos. el bosque era tan tupido que aun en pleno día interceptaba la luz, y en algunos lugares el camino estaba cortado a través de escarpadas lomas más altas que nuestras cabezas, y cubierto por arriba con denso follaje.

"Hezoos" iba adelante de mí, con sombrero blanco y chaqueta y caminando junto a él un perro blanco; pero yo no podía ver los contornos de su figura. El camino era empinado pero bueno, y no pretendí guiar la mula. En uno de los más obscuros pasajes "Hezoos" se detuvo, y, con una voz que hizo resonar el bosque, gritó "un león", "un león". Yo quedé espantado, pero él se apeó y prendió un cigarro. Qué frescura, pensé yo; pero él me tranquilizó diciéndome que este león era un animal diferente del que ruge en los desiertos africanos, pequeño que se asustaba con un grito y que sólo comía niños. Largo como parecía, nuestro descenso no nos ocupó tres horas, y a las diez de la noche llegamos a la casa en la Boca de la Montaña. Estaba cerrada, y todos se encontraban durmiendo; pero tocamos fuerte, y un hombre abrió la puerta, y, antes que pudiéramos hacerle algunas preguntas, desapareció.

Una vez dentro, sin embargo, hicimos bastante ruido para despertarlos a todos y conseguimos maíz para las mulas y una luz.

Allí había un amplio cuarto abierto a todo el que llegaba, con tres catres, todos ocupados, y dos hombres durmiendo en el suelo. El ocupante de una de las camas, después de mirarme por algunos instantes, lo desocupó, y yo tomé su lugar. El lector no debe suponer que yo fuera enteramente falto de escrúpulos; él se llevó toda su ropa de dormir, es decir, su chamarra. La cama y todo su ajuar se componía de un cuero de res sin curtir.

CAPÍTULO 17: COSTA RICA EN PROSPERIDAD...
¿Y EL RESTO DE CENTROAMÉRICA?

LA GARITA. — ALAJUELA. — UN PUEBLO BENÉVOLO. — HEREDIA. —RÍO SEGUNDO. — CAFETALES DE SAN JOSÉ. — EL VIÁTICO PARA UN MORIBUNDO. — UN ENCUENTRO FELIZ. — PERPLEJIDADES EN EL VIAJE. — HOSPEDAJE EN UN CONVENTO. — EL SEÑOR CARRILLO, JEFE DEL ESTADO. — LAS VICISITUDES DE LA FORTUNA. — VISITA A CARTAGO. — TRES RÍOS. — UN ENCUENTRO INESPERADO. —ASCENSIÓN AL VOLCÁN DE CARTAGO. — EL CRÁTER. — VISTA DE LOS DOS MARES. EL DESCENSO. — PASEO POR CARTAGO. — UN ENTIERRO. — OTRO ATAQUE DE FIEBRES INTERMITENTES. — UN VAGABUNDO. — EL CULTIVO DEL CAFÉ.

A la mañana siguiente entramos a un campo abierto, llano y ondulado, que me trajo a la memoria las escenas de mi tierra. A las nueve llegamos al borde de un magnífico barranco, y serpenteando hacia abajo por una empinada pendiente de más de mil quinientos pies. 'as montañas se juntaron a nuestro alrededor y formaron un anfiteatro. En el fondo del barranco había un tosco puente de madera cruzando un angosto arroyo que corría entre rocas perpendiculares a ciento cincuenta pies de altura, muy pintoresco, y que me hizo recordar las cataratas de Trenton.

Subimos por un camino escarpado hasta la cumbre del barranco, donde estaba una larga casa, como para evitar todo paso excepto a través de ella. Se llama La Garita, y domina el camino desde el puerto hasta la capital. Algunos empleados están estacionados aquí para tomar nota de las mercaderías y examinar los pasaportes. El que comandaba entonces había perdido un brazo al servicio de su patria, esto es, en una batalla entre su propio pueblo y otro a quince millas de distancia, y el puesto le había sido concedido como premio por sus patrióticos servicios.

A medida que avanzábamos mejoraba la región y, por espacio de una legua antes de entrar a Alihuela (Alajuela) había casas de ambos lados del camino a una distancia de tres a cuatrocientas yardas aparte, construidas con adobes blanqueadas, y los frentes de algunas ornamentados con pinturas. Varias tenían pintada en rojo a cada lado de la puerta la figura de un soldado, con su mosquete al hombro y bayoneta calada, de tamaño natural y firme como un militar bien disciplinado. Pero todas las imperfecciones quedaban ocultas por ringleras de árboles en ambos lados del camino, muchos de ellos con hermosas flores, los que en algunos lugares se encorvaban completamente cubriendo las casas. Los campos se hallaban cultivados con caña de azúcar, y cada casa tenía su pequeño trapiche o molino de azúcar; había señales de ruedas de carruajes y pronto oímos el ruido de un vehículo que se acercaba. El crujido de sus ruedas producía casi tanto ruido como la Zillenthal Patent Cold Amalgamating Machine en la montaña de Aguacate.

Estaban hechos de un trozo de árbol de guanacaste, como de diez a doce pulgadas de grueso, con un hoyo en el centro que jugaba sobre el eje casi ad libitum, y hacían el más lúgubre ruido que pueda concebirse. La cama estaba hecha de caña de azúcar; era como de cuatro pies de alto y tirada por bueyes amarrados por los cuernos en lugar de la nuca.

Al entrar en Alajuela me detuve para preguntar por uno que llevaba el nombre inmortal en la historia de la conquista española. Era el apellido de Alvarado. Si era su descendiente o no yo no lo sé, ni tampoco él; y cosa extraña, aunque me encontré con varios que llevaban ese apellido, ninguno pretendía hacer constar su linaje hasta el conquistador. Don Ramón Alvarado, sin embargo, me fue recomendado por cualidades que lo ligaban en carácter con su gran tocayo. Él era el correo de la English Mining Company para Serapequea (Sarapiquí) y el Río San Juan.

Además de la ventaja del viaje por mar, mi principal objeto al dejar Zonzonate, era el adquirir alguna información relativa a la ruta del canal entre el Atlántico y el Pacífico, por medio del Lago de Nicaragua y del Río San Juan y mi interés con Alvarado era el asegurarlo como guía hasta el puerto de San Juan. En media hora se hicieron todos estos arreglos, se fijó el día, y pagué la mitad del precio del contrato. Mientras tanto "Hezoos' se hallaba solícitamente empeñado en diseñar una cubierta negra glaseada sobre mi sombrero, y en colocarle un águila americana que yo había comprado a bordo del barco.

En Costa Rica hay cuatro ciudades y todas ellas se hallan situadas dentro de un espacio de quince leguas; no obstante eso, cada una tiene un clima diferente y distintas producciones. Incluyendo los suburbios, Alajuela contiene una población de alrededor de 10.000 habitantes. La plaza estaba hermosamente situada y la iglesia, el cabildo y las casas del frente tenían buena apariencia. Estas últimas eran largas y bajas, con anchos portales y grandes ventanas con balcones construidos con barrotes de madera. Era día domingo, y los habitantes, limpiamente vestidos, estaban sentados en los portales, o, con las puertas abiertas, reclinados en hamacas, o canapés de madera de alto respaldo, en el interior. Las mujeres estaban trajeadas como damas, y algunas eran hermosas y todas blancas. Un viejo de aspecto respetable, parado en la puerta de una de las mejores casas, gritó "amigo", y nos preguntó quiénes éramos, de dónde veníamos y para dónde íbamos, encomendándonos a Dios al partir; y todos a lo largo de la calle nos saludaban amistosamente.

A una distancia de tres leguas pasamos por Heredia sin apearnos. Yo había caminado todo el día con un sentimiento de extraordinaria satisfacción, y si tales eran mis sentimientos, ¿cuáles serían los de Hezoos? El estaba de regreso a su tierra, con su amor acrecentado por la ausencia y por los sufrimientos lejos del hogar. Por todo el camino se encontraba con viejos conocidos y amigos. Era él un muchacho de buena presencia, ostentosamente vestido, y portaba una espada peruana guacaluda de más de seis pies de largo. Llevaba amarrado por detrás con correas, un maletín de paño escarlata, ribeteado de negro, parte del uniforme de un soldado peruano. Habría sido curioso el recordar cuántas veces refirió su historia; del servicio militar y de los combates en el Perú; de su reclutamiento forzado para la marina y de su deserción; de su viaje a México y de su regreso a Guatemala por tierra; y siempre terminaba preguntando por su mujer, de quien no había sabido desde que dejó el hogar, "la póvera" ("la pobre") eran regularmente sus últimas palabras. A medida que nos acercábamos a su casa su ternura por "la póvera" aumentaba. No pudo obtener ningunos informes directos de ella; pero un amigo bien intencionado le sugirió que probablemente ya se habría casado con algún otro, y que él solamente perturbaría la tranquilidad de la familia con su regreso.

Una legua más allá de Heredia llegamos a otra gran barranca. Descendimos y cruzamos un puente sobre el Río Segundo. Pocos meses antes este río se había crecido de súbito y sin ninguna causa aparente, arrastrando una casa con todo y familia cerca del puente, y dejando a su paso consternación y muerte. Pero la geografía del interior de este país es muy poco conocida, y se supuso que algún lago se habría desbordado. Al subir por el lado opuesto, señaló "Hezoos" el sitio de la batalla en la que el oficial de "La Garita" había perdido el brazo, y en la cual él mismo había tomado parte, y, como era habitante de San José, habló de las gentes de la otra ciudad, como un inglés del tiempo de Lord Nelson se habría expresado de un francés.

En la cumbre de la barranca llegamos a una gran meseta cubierta con las ricas plantaciones de café de San José. Estaban colocadas en cuadros de doscientos pies, cercadas por setos vivos de árboles en flor, con caminos de sesenta pies de anchura; y, con excepción de los cortos senderos para bestias, los caminos tenían un césped de invariable verdor. El verde obscuro de los cafetales, la verdura de los caminos, y los paisajes a través de los árboles en todas las encrucijadas, eran hermosos; a cierta distancia a cada lado había montes, y al frente, elevándose sobre todos, estaba el gran Volcán de Cartago.

¡Era casi la misma hora cuando, el día anterior, desde la cima de! monte de Aguacate, yo había mirado los inmensos barrancos y las cumbres de las elevadas montañas, y divisado el Océano Pacífico. La perspectiva ahora era tan risueña como agreste la otra; y hablaba por sí misma a todos los sentidos, pues no se hallaba, como en el resto de Centro América, retrogradando y marchando hacia la ruina, sino sonriente, como una recompensa de su industria. Siete años antes todo el llano era un inmenso erial.

Al final de esta meseta divisamos San José, en una planicie abajo de nosotros. Sobre la cima de la loma pasamos por una casa que tenía un arco de flores frente a la puerta, indicando que en el interior yacía alguien que necesitaba recibir los últimos sacramentos, antes de partir al otro mundo para dar cuenta final de su existencia. Al descender miramos a lo lejos una larga procesión, encabezada por una cruz con la imagen del Salvador crucificado. Se aproximaba con música de

312

violines y con un ruidoso coro de voces, e iba acompañando al sacerdote hacia la casa del hombre agonizante. A medida que se acercaba, los de a caballo se quitaban el sombrero y los de a pie se arrodillaban. Nosotros la encontramos cerca de un angosto puente al pie de la colina. El sol estaba declinando, pero sus últimos rayos eran abrasadores para la cabeza descubierta. Al cura lo llevaban en una silla de manos. Nosotros esperamos hasta que él pasó, y aprovechándonos de una parada de la procesión cruzamos el puente, pasamos una larga fila de hombres y una más larga de mujeres, y al encontrarme ya algo retirado me puse el sombrero. Un fanático sujeto, con semblante ceñudo me gritó: "quítese el sombrero". Yo respondí espoleando mi caballo, y al propio momento toda la procesión se desorganizó.

Salió precipitadamente de la fila una mujer y "Hezoos" saltó de su caballo y la tomó en sus brazos, acariciándola y besándola tanto como la decencia en la calle pública lo podía permitir. Con la mayor sorpresa supe que la mujer no era más que su prima, y ella le contó que su esposa, que era la principal modista del lugar, ya iba adelante en la procesión. "Hezoos" estaba fuera de sí; retrocedía, regresaba, cogía su caballo y tiraba de la bestia en pos de él; en seguida montando y espoleando, me suplicó que me apresurara y que le permitiera regresar adonde estaba su mujer. Al entrar en la ciudad, pasamos por una casa de apariencia respetable, donde cuatro o cinco mujeres bien vestidas estaban sentadas en el corredor. Ellas, al vernos lanzaron una exclamación y "Hezoos", avanzando sobre las gradas con su mula, se apeó y las abrazó a todas por turno. Después de unas pocas precipitadas palabras, las abrazó a todas otra vez. Algunos amigos varones trataban de arrancarlo de allí, pero él volvía a las mujeres.

En verdad el pobre muchacho parecía loco, aunque pude observar que era una locura muy metódica; porque, después de dos vueltas con las más respetables ancianas, las abandonó, y arrastrando hacia adelante a una muchacha muy bonita, con los brazos alrededor de su cintura, y besándola a cada momento me contó que ella era la aprendiz de su esposa; y aunque a cada beso él le hacía preguntas acerca de su mujer, no aguardaba las respuestas y los besos se repetían con más rapidez que las preguntas. Durante todo ese tiempo yo me estuve a caballo mirando. No cabe duda que eso era para él muy agradable, pero ya empezaba a impacientarme; viendo lo cual, se separó, montó, y acompañado por media docena de sus amigos, de nuevo tomó la delantera. A medida que avanzábamos aumentaban sus amigos. Esto era algo fastidioso, pero yo no podía perturbarlo en los más dulces placeres de la vida, la bienvenida que le daban sus amigos después de una larga ausencia. Al cruzar la plaza, dos o tres soldados de su antigua compañía, reclinados contra la baranda del cuartel le gritaron compañero, y, con el sargento a la cabeza, llegaron y se unieron a nosotros. Atravesamos la plaza con quince o veinte en nuestra compañía o, mejor dicho, en su compañía, algunos de los cuales, particularmente el sargento, en obsequio a él, se mostraron atentos conmigo.

Mientras que él tenía tantos amigos para darle la bienvenida, yo no tenía ninguno. En efecto, yo no sabía dónde dormiría esa noche. En las poblaciones grandes de Centro América siempre me encontraba desconcertado para hallar dónde alojarme. Por todo el país el viajero no encuentra hospedaje público, salvo el Cabildo y un jarro de agua. Todo lo demás debe llevarlo consigo, o comprarlo en el lugar...si puede. Pero en las grandes poblaciones no se tiene este recurso, porque allí no sería decente alojarse en el Cabildo. Yo tenía cartas de recomendación, pero era sumamente desagradable el presentarme sobre el lomo de una mula, con el equipaje en los talones, como si ellas fueran, en realidad, libranzas a la vista para conseguir habitación y mesa.

"Hezoos" me había contado que allí estaba un viejo chapetón, esto es, una persona de España, en cuya casa yo podría conseguir un cuarto alquilado para mí, pero desgraciadamente, el tiempo y las circunstancias habían obligado al viejo español a irse tan lejos que los ocupantes de su casa ignoraban su paradero. Yo contaba con él con tanta seguridad que no había sacado mis cartas de recomendación, y ni siquiera sabía los nombres de las personas a quienes iban dirigidas. El cura estaba en su hacienda y su casa se encontraba cerrada; un padre que había estado en los Estados Unidos se hallaba enfermo, y no podía recibir a nadie; los amigos de mi criado todos me recomendaban a distintas personas, como si yo tuviera toda la ciudad a mi disposición; y principalmente me animaban para honrar con mi compañía al Jefe de Estado. En medio de esta consulta callejera, yo suspiraba por un hotel de cien dólares al día, y tener al gobierno como pagador. "Hezoos", que durante todo este tiempo se hallaba en una terrible precipitación, después de una animada charla con algunos de sus amigos, espoleó su mula y me hizo volver de prisa, cruzó una esquina de la plaza, dobló una calle a la derecha, se detuvo frente a una pequeña casa, donde se apeó, y suplicándome que hiciera lo mismo, al momento arrebataron las monturas y las llevaron hacia el interior.

Me entraron a la casa, y me ofrecieron una silla baja en una pequeña habitación, donde una docena de mujeres, amigas de "Hezoos" y de su esposa, lo esperaban para darle la bienvenida a su hogar. Él me dijo que no sabía dónde estaba su casa, ni si tenía algún cuarto demás, hasta que 1, supiera por sus amigos; y llevando mi equipaje al interior de una pequeña y obscura habitación, que yo podría contar con esa para mí, y que él, su mujer, y todos sus amigos me servirían, y que estaría allí con más comodidad que en ninguna otra casa en San José. Yo me encontraba sumamente cansado, por haber hecho un viaje de tres días en dos, y muy fatigado por la molestia de andar buscando un lugar de descanso; y si hubiera sido más joven, y no hubiera temido el qué dirán, no me habría tomado ninguna otra molestia; pero, desgraciadamente, la dignidad del cargo podría haber sido lastimada con mi permanencia en casa de mi criado; y, a más de eso, que no me podía mover sin tropezar con una mujer; y, para ajuste, que "Hezoos" le échaba los brazos a la que se le antojaba y la besaba tanto como quería. En medio de mi perplejidad llegó "la póvera" seguida de media docena de las de la procesión, aficionadas a las tiernas escenas. No intentaré describir el encuentro. "Hezoos", como atado por el deber, abandonó a las otras, y no obstante todo lo que había hecho. envolvió la diminuta figura de su esposa entre sus brazos, tan apretadamente, como si hiciera un mes que no hubiera visto a una mujer; y "la póvera" descansó en sus brazos tan feliz como si no hubiera ni primas bonitas ni muchachas aprendices en el mundo.

Todo esto ya era demasiado para mí; me abrí paso hacia afuera, y después de consultar con el sargento, mandé que ensillaran mi caballo y caminando por tercera vez a través de la plaza, me detuve frente al convento de don Antonio Castro. La mujer que abrió la puerta me dijo que el padre no estaba en casa. Le respondí que entraría para esperarlo, y mandé colocar mi equipaje en el zaguán. Ella me invitó a pasar al interior y, en consecuencia, ordené que en seguida entraran mi equipaje. La habitación ocupaba casi todo el frente del convento, y fuera de algunas imágenes de santos, su único mueblaje se componía de una larga mesa, y de un amplio canapé de respaldo alto y asiento de madera. Coloqué mis pistolas y mis espuelas sobre la mesa y arrellanándome en el canapé, esperé al padre para darle la bienvenida a su casa.

Regresó poco después de entrada la noche y se quedó sorprendido y sin saber qué hacer conmigo, no obstante que parecía reconocer el principio de que la posesión es nueve puntos de la ley. Yo noté, sin embargo, que su embarazo no era por falta de hospitalidad, sino por la creencia de que no me la podía hacer muy confortable. En Costa Rica los padres son pobres y más tarde supe que allí es raro que un extranjero llegué a pesar sobre uno de ellos. Desde entonces he pensado que el Padre Castro debe haberme considerado extraordinariamente fresco; pero, sea lo que fuere, al entrar en seguida su sobrino, ellos sin tardanza me prepararon chocolate. En cada extremo de la amplia habitación había una más pequeña que ocupaban el padre y su sobrino respectivamente. Este dejó vacante la suya y con unas pocas piezas de las del padre, me acomodaron tan bien, que cuando me acosté, yo mismo me congratulaba de haber hecho todo lo posible para entrar allí, y sin duda, antes que ellos se hubiesen recobrado de la sorpresa yo ya estaría durmiendo.

Pronto corrió la noticia de mi llegada, y a la mañana siguiente recibí varias invitaciones para las casas de algunos vecinos —una de la señora de don Manuel de Aguilar—; pero yo estaba tan satisfecho en el convento que no me hallaba dispuesto a abandonarlo. Como era natural, pronto me di a conocer a todos los extranjeros residentes, quienes, sin embargo, no eran más que cuatro: los señores Steiples y Squire, el uno alemán y el otro inglés, asociados en negocios; Mr. Wallenstein, alemán; y el cuarto era un paisano, Mr. Lawrence, de Middletoy, Connecticut. Todos vivían con Mr. Steiples; y tuve inmediatamente una invitación unánime para hacer de su casa mi residencia.

316

San José es yo creo, la única ciudad que ha crecido o mejor dicho, prosperado desde la independencia de Centro América. Bajo el dominio español la capital real era Cartago; pero al estallar la revolución, el fervor patriótico era tan ardiente, que se resolvió abolir este recuerdo de la servidumbre colonial, y establecer la capital en San José. Sus ventajas locales quizás sean iguales. Cartago está más inmediata al Atlántico, y San José al Pacífico; pero entre ellas sólo hay una distancia de seis leguas. Los edificios en San José son todos republicanos; allí no hay ninguno grandioso ni de belleza arquitectónica, y las iglesias son inferiores a muchas erigidas por los españoles en los más pequeños pueblos. No obstante, eso, ella exhibe un desarrollo de recursos y una apariencia de comercio raros en este letárgico país; y en la plaza había una residencia que daba indicios de que el dueño había estado en el exterior, y que había regresado con la mente tan liberalizada, como para adoptar los adelantos de otros países y construir de un modo diferente al acostumbrado por sus padres y distinto del gusto de sus vecinos.

Mi primera visita de cortesía fue para el señor Carrillo, Jefe del Estado. El Estado de Costa Rica gozaba en esa época de un grado de prosperidad no igualado por ninguno en la desunida Confederación. A salvo por la distancia, sin riqueza bastante para excitar la codicia, y con una gran extensión selvática para protegerlo contra la marcha de un ejército invasor, había escapado de los tumultos y guerras que desolaban y devastaban a los otros Estados. Y aun así, solo dos años antes, había tenido su propia revolución: una tumultuosa soldadesca penetró a la plaza, y gritando Abas (Abajo) de Aguilar, y Viva Carrillo, mi amigo don Manuel fue arrojado por las bayonetas y desterrado del Estado. y Carrillo colocado en su lugar. Este nombró vice—jefe a su suegro, un pacífico y respetable anciano, reunió a la soldadesca y a los empleados civiles y militares en la plaza, y todos pasaron por la solemne farsa de jurar fidelidad a la Constitución. Llegó el tiempo señalado por ésta para llevar a cabo las nuevas elecciones, pero no fue permitido que se verificaran, pues habiendo ya ensayado esto una vez y siendo burlado, él no pensaba correr de nuevo ese riesgo; y probablemente seguirá así hasta que sea lanzado por la misma fuerza que lo puso en el poder. Mientras tanto usa de prudentes precauciones: no permite que entren a sus dominios emigrados, ni revolucionarios, ni personas sospechosas de otros Estados; ha suprimido la prensa y encarcela o destierra, bajo pena de muerte si regresan, a todos los que alzan la voz en contra de su gobierno.

Él era como de cincuenta años, de baja estatura y fornido, modesto, pero cuidadoso en el vestir, y con una apariencia en el rostro de inflexible resolución. Su residencia era bastante republicana, y no tenía nada que la distinguiera de la de cualquier otro ciudadano; en una parte su esposa tenía una pequeña tienda, y en la otra estaba su oficina para los asuntos del gobierno. Esta no era más grande que el despacho de un comerciante de tercera clase, y tenía tres amanuenses, quienes en el momento de mi entrada se hallaban empeñados escribiendo, mientras él, con la levita quitada, estaba examinando papeles. Ya había tenido noticia de mi llegada, y me dio la bienvenida a Costa Rica. Aunque la ley bajo la cual estuve a punto de ser detenido en el puerto era lo que predominaba en mi pensamiento, y estoy seguro que él no lo había olvidado, ninguno de nosotros hizo referencia a ella. Inquirió particularmente con respecto a Guatemala y, aunque simpatizando con la política del Estado, no tenía buena opinión de Carrera. Su hostilidad hacia Morazán y para el gobierno federal era sin tregua, y, en efecto, a mí me pareció que estaba en contra de cualquier gobierno general y firmemente convencido de que Costa Rica podía sostenerse sola; sin duda creyendo que el Estado, o, lo que es lo mismo, él personalmente, podía desembolsar las rentas mejor que ninguna otra autoridad. En realidad, esta es la roca en que se estrellan todos los políticos de Centro América: no hay tal cosa de sentimiento nacional. Cada Estado querría ser un imperio; los funcionarios del Estado no pueden tolerar superiores; un Jefe de Estado no puede sufrir a un Presidente. Él no había enviado diputados a la Convención ni pensaba hacerlo; pero decía que Costa Rica permanecería neutral hasta que los otros Estados hubiesen allanado sus dificultades. Se expresó con mucho interés de la mejora de los caminos, particularmente los que conducían a los puertos sobre el Atlántico y el Pacífico, y manifestó gran satisfacción por el proyecto del gobierno británico, que yo le mencioné, de enviar vapores para conectar las islas de las Indias Occidentales con la costa americana, los que, al tocar en el puerto de San Juan, podrían poner su apartada capital a diez y ocho o veinte días de Nueva York. En verdad, usurpador y déspota como es, Carrillo trabaja con ahínco por el adelanto del Estado, y por mil doscientos dólares al año, más sus extras, y con el permiso de ser su propio pagador. Al mismo tiempo, protege a todo aquel que no le lleva la contraria. Unos cuantos que no pueden someterse al despotismo hablan de abandonar el país; pero la gran mayoría está satisfecha y el Estado prospera. De mi parte, le admiro. En aquel país la alternativa es, o un gobierno fuerte o nada enteramente. Por todas partes en su Estado tuve una sensación de seguridad personal, de la que no gocé en ningún otro. Para beneficio de los viajeros. ¡Ojalá que él viva mil años!

En la tarde comí con los residentes extranjeros en casa de Mr. Steiples. Este caballero es un ejemplo de lo que son las vicisitudes de la fortuna. El es nativo de Hanover. A la edad de quince años dejó el colegio y se alistó en el ejército prusiano; peleó en Dresden y en Leipzig; y en la batalla de Waterloo recibió una bala en el cerebro, de resultas de lo cual, desgraciadamente, solo un mes antes, había perdido el uso de un ojo. Imposibilitado por la herida durante tres años, al recobrar la salud se embarcó para la América del Sur con tres compañeros, y entró al ejército peruano, se casó con una "Hija del Sol", se hizo comerciante, y se vino a San José, donde estaba entonces viviendo al estilo de la hospitalidad europea. Yo perderé toda reputación de viajero sentimental, pero no puedo dejar de mencionar con honor a cada una de las personas que me brindaron una buena comida; y con esta determinación no ofenderé al lector sino una vez más.

Por la mañana temprano, acompañado de mi paisano Mr. Lawrence, y montado en una magnífica mula que me prestó Mr. Steiples, salí rumbo a Cartago. Abandonamos la ciudad por una larga y bien pavimentada calle, y un poco más allá de los suburbios pasamos una bonita plantación de café, la que me trajo a la memoria una villa Continental. Esta era la propiedad de un francés que falleció a tiempo de terminarla; pero su viuda ya había provisto otro amo para su casa y padre para sus hijos. De ambos lados había montañas, y al frente se destacaba el majestuoso Volcán de Cartago. Los campos estaban cultivados con maíz, plátanos y papas. Estas últimas, aunque indígenas y ahora diseminadas por toda Europa, ya no son más el

319

alimento de los nativos, y no se encuentran sino raramente en Hispano América. Las papas de Cartago son de buen sabor, pero no más grandes que una nuez de nogal, sin duda por la falta de cuidado en su cultivo. Pasamos un Campo Santo, un cuadro circulado de paredes de adobes blanqueadas y llegamos a un pueblo indígena, el primero que había visto en Costa Rica, y mucho mejor que ninguno en los otros Estados con sus casas de tejas y más sólidas, y sus habitantes con sus vestidos puestos.

A medio camino entre San José y Cartago llegamos a la aldea de Tres Ríos. Desde este lugar el camino era más quebrado, sin cercas, y el terreno muy poco cultivado.

Se han hallado apuntamientos en los archivos de Cartago, fechados en 1598, que prueban que ella es la ciudad más antigua de Centro América. Llegando de San José, su apariencia era la de una antigua ciudad. Las iglesias eran grandes e imponentes; las casas tenían circulados sus patios con paredes tan altas como ellas mismas; y su quietud era extraordinaria. Marchamos hacia arriba por una larga calle sin ver a una sola persona, y las calles transversales, que se extendían a una gran distancia de ambos lados, estaban desoladas. Un solo jinete que cruzó a alguna distancia, fue un objeto que llamó nuestra atención.

El día anterior nos habíamos encontrado en San José con el Dr. Brayley, el único extranjero residente en Cartago. quien había prometido conseguirnos un guía, y hacer los arreglos para la ascensión al Volcán de Cartago; y nos encontramos con que, además de hacer todo lo que había ofrecido, él mismo ya estaba listo para acompañarnos. Mientras se preparaba la comida, Mr. L. y yo visitamos a otro paisano, Mr. Lovel, un caballero a quien conocí en Nueva York. Él era recién casado y había traído a su esposa, una joven de Nueva York, a quien, para mi sorpresa y con gran placer, reconocí como una conocida: muy a la ligera, es la verdad; pero el mero conocimiento personal, tan lejos de la patria, era casi suficiente para constituir una intimidad. Ella había tropezado con muchas dificultades y su hogar estaba en realidad en tierra extraña; pero todo lo soportaba con la abnegación de la mujer que renuncia a su bienestar por amor a una persona, y se mostraba contenta con el cambio. Su casa estaba situada a un lado de la plaza, dominando una vista del volcán casi desde la base hasta la punta, y, aunque era una de las mejores del lugar, la renta era solamente de seis dólares al mes.

Inmediatamente después de la comida salimos para subir al volcán. Era necesario dormir en el camino, y Mr. Lovel me proveyó con un poncho mexicano para taparme, y una piel de oso de las Montañas Rocosas para cama.

Bajando por la calle principal, cruzamos frente a la catedral, e inmediatamente comenzamos la ascensión. Muy pronto llegamos a una altura que dominaba una vista de un río, de un pueblo y de un extenso valle no visibles desde el llano abajo. Las faldas del volcán son particularmente favorables para ganado; y mientras que las llanuras de abajo eran impropias, todo el camino para arriba era de potreros o campos de pasturas, y de chozas ocupadas por los individuos que cuidaban del ganado.

Nuestra única ansiedad era el temor de perder el camino. Pocos meses antes mis compañeros habían intentado ascender con Mr. Handy, más por la ignorancia de su guía, se extraviaron; y después de vagar toda la noche por las faldas del volcán, regresaron sin llegar a la cima. A medida que subíamos, la temperatura se tornaba más fría. Yo me puse mi poncho; antes de llegar a nuestro lugar de descanso me castañeteaban los dientes, y antes de apearme ya sentía los escalofríos de la fiebre. La situación era de lo más agreste y romántica, suspendidos sobre el flanco de una inmensa barranca; pero yo habría cambiado sus bellezas por un resplandeciente fuego de carbón. La choza era la más elevada sobre la montaña, construida de lodo, con ninguna otra abertura más que la puerta y las grietas de la pared. Frente a la puerta estaba una imagen de la Virgen y a cada lado había una armazón para cama; sobre una de ellas mis amigos extendieron la piel de oso, y tumbándome encima, me envolvieron en el poncho. Yo me había prometido una noche de sociedad; pero ¿quién puede estar seguro de una hora de placer? Me encontraba completamente incapacitado; pero mis amigos me prepararon un poco de té caliente; el lugar era perfectamente tranquilo, y, en términos generales, yo tenía un resfrío y una fiebre tan confortables como jamás había experimentado.

Antes de clarear el día reanudamos nuestro viaje; el camino era áspero y precipitado: en cierto lugar un huracán había barrido la montaña, y los árboles yacían a través del camino tan tupido que casi lo hacían impasable; nos vimos obligados a apearnos, trepando sobre ellos algunas veces y arrastrándonos otras por debajo. Más adelante entramos a una región despejada donde no crecían más que cedros y espinos; y aquí vi arándanos por la primera vez en Centro América. En esa agreste región era un encanto el ver algo que fuera familiar para mí en mi patria, y quizá me habría enternecido, pero los encontré duros y desabridos. A medida que nos elevábamos íbamos entrando a una región de nubes; muy pronto éstas se tornaron tan densas que no podíamos distinguir nada; las figuras de los de nuestra propia comitiva eran apenas perceptibles, y perdimos toda esperanza de alguna vista desde la cima del volcán. La hierba todavía crecía, y subimos hasta llegar a una zona estéril, de arena y lava; y aquí, para nuestro gran gozo, salimos de la región de las nubes y miramos la cumbre del volcán, limpia de vapores, que parecía confundirse con el cielo azul claro; y en aquella hora temprana el sol no tenía la altura suficiente para juguetear sobre su cima.

Mr. Lawrence, que se había esforzado caminando, se tendió a descansar, y el doctor y yo seguimos adelante. El cráter tenía como dos millas de circunferencia, desgarrado y roto por el tiempo o por alguna gran convulsión, los fragmentos permanecían elevados, desnudos y enormes como montañas; y en el interior había tres o cuatro cráteres más pequeños. Nosotros subimos sobre el lado Sur por una arruga que corría de Oriente a Poniente, hasta que alcanzamos un punto elevado, donde había un inmenso boquete en el cráter imposible de cruzar. La elevada altura donde nos encontrábamos estaba perfectamente despejada, la atmósfera era de una transparente pureza, y mirando más allá la desolada región abajo de nosotros, a una distancia quizás de dos mil pies, todo el territorio se hallaba cubierto de nubes, y la ciudad al pie del volcán era invisible. Por grados las nubes más lejanas se fueron elevando, y sobre el inmenso lecho divisamos al mismo instante los dos océanos: Atlántico y Pacífico. Este era el grandioso espectáculo que habíamos ansiado; pero que difícilmente esperábamos contemplar.

Mis compañeros habían ascendido varias veces al volcán, pero a causa de las nubes solamente una vez habían visto antes los dos mares. Los puntos en que éstos se veían eran el Golfo de Nicoya y el puerto de San Juan, no al frente directamente, sino casi en ángulo recto cada uno, de modo que podíamos verlos sin voltear el cuerpo. En línea recta sobre la cima de las montañas, ni uno ni otro se hallaban a más de veinte millas de distancia y, desde la gran altura en donde nos encontrábamos, parecían casi a nuestros pies. Este es el único lugar en el mundo que domina una vista de los dos mares; y yo enfilé el espectáculo con aquellas muy interesantes ocasiones, cuando desde la cumbre del Monte Sinaí miré hacia el desierto de Arabia, y vi el Mar Muerto desde el Monte Hor.

No hay historia ni tradición relativa a la erupción de este volcán; probablemente tuvo lugar mucho tiempo antes que el país fuera descubierto por los europeos. Esta fue una de las veces en que lamenté la pérdida de mi barómetro, pues la altura de la montaña jamás ha sido medida, pero se cree que tiene alrededor de once mil pies.

Regresamos adonde estaban nuestros caballos y encontramos a Mr. Lawrence y al guía dormidos. Los despertamos, encendimos fuego, hicimos chocolate y bajamos. En una hora llegamos a la choza donde habíamos dormido y a las dos de la tarde a Cartago. Por la tarde salí con Mr. Lovel a dar un paseo. Todas las calles eran parecidas, largas y rectas, y no había nadie en ellas. Dimos con una que parecía no tener fin, y a cierta distancia fuimos interceptados por una procesión que bajaba una calle transversal. Venía encabezada por muchachos tocando violines y en pos de ellos unas pequeñas andas primorosamente decoradoras y salpicadas de flores. Era un ataúd que llevaba el cuerpo de un niño al cementerio. Nosotros lo seguimos y pasándolo en la puerta, entramos por una capilla, a cuya entrada se hallaban sentados tres o cuatro hombres vendiendo billetes de lotería, y uno de ellos nos preguntó si queríamos ver la tumba de nuestro paisano. Consentimos, y nos condujo al sepulcro de un joven americano a quien yo había conocido de vista, conociendo además personalmente a varios miembros de su familia. Había fallecido como un año antes de mi visita y su entierro estuvo acompañado de tristes circunstancias.

El vicario se negó a darle sepultura en suelo consagrado, y el Dr. Brayley, que era el único europeo residente en Cartago, y en cuya casa murió, se fue a caballo hasta San José, y apoyándose en el tratado existente entre los Estados Unidos y Centro América obtuvo una orden del gobierno para su entierro en el cementerio. Todavía el fanático vicario, actuando, como él dijo, bajo un poder más alto, se opuso. Se envió un mensajero a San José, y dos compañías de soldados fueron mandadas a casa del doctor para escoltar el cuerpo hasta la fosa. Por la noche se estacionaron hombres al lado de ella para cuidar que no fueran a desenterrarlo y a botarlo fuera del recinto. Al siguiente día el vicario, con la cruz e imágenes de santos, y con todos los emblemas de la iglesia, y un gran concurso de vecinos, se movía en solemne procesión rumbo al cementerio para "reconsagrar" formalmente el campo que había sido mancillado con el entierro de un hereje. La tumba es la tercera desde el corredor.

En el corredor, y en un lugar de honor entre los principales muertos de Cartago yacen los restos de otro extranjero, un inglés llamado Bailey. El día antes de su fallecimiento fue llamado el alcalde para hacer su testamento, quien, según la forma acostumbrada, le preguntó si era cristiano. Mr. Bailey respondió que sí; y el alcalde lo inscribió como cristiano católico apostólico y romano. El mismo Mr. Bailey no se fijó en esto; él sabía de la dificultad que había habido en el caso de mi paisano como seis meses antes, y queriendo ahorrar a sus amigos una desagradable y, quizás, infructuosa controversia, ya había indicado un árbol particular bajo el cual deseaba ser sepultado.

Antes que le fuera leído el testamento falleció. Su respuesta al alcalde se tuvo como una evidencia de su ortodoxia; sus amigos no intervinieron, se le dio sepultura bajo la dirección especial de los sacerdotes y con todas las más sagradas ceremonias de la iglesia. Fue el día más grande nunca visto en Cartago. A las exequias asistieron todos los habitantes y la procesión marchó desde la puerta de la iglesia, encabezada por violines y tambores, seguida de los sacerdotes, con todas las cruces, imágenes de santos y banderas que habían sido acumuladas desde la fundación de la ciudad. En las esquinas de la plaza y de todas las calles principales, la procesión se detenía a cantar aleluyas, para manifestar el gozo en los cielos por un pecador que se arrepiente.

Mientras estábamos en el corredor, vimos pasar al hombre que había acompañado el féretro, con el niño en los brazos. Él era su padre y con la sonrisa en los labios lo llevaba a la tumba. Lo seguían dos muchachos tocando violines, y otros se estaban riendo alrededor.

El niño iba vestido de blanco, con una guirnalda de rosas en la cabeza; y como se hallaba en los brazos de su padre, no parecía muerto, sino dormido. La fosa no estaba enteramente abierta y los muchachos se sentaron sobre un montón de tierra de la que había sido excavada, y tocaron el violín hasta que se terminó. El padre entonces colocó al niño cuidadosamente en su último lugar de descanso, con la cabeza hacia el sol naciente; le cruzó las manitas sobre el pecho juntándole los dedos alrededor de un pequeño crucifijo de madera; y parecía, tal como ellos lo pensaban, dichoso de escapar de las penalidades de un incierto mundo.

Allí no hubo derrame de lágrimas; por el contrario, todos estaban alegres; y aunque parecía inhumano, no era porque el padre no amara a su hijo, sino porque a él y a todos sus amigos se les había enseñado a creer, y eran firmes en su convicción, que, separándose tan tierno, inmediatamente sería transportado a un mundo mejor. El padre le esparció un puñado de tierra sobre el rostro, el sepulturero empuñó su pala, en pocos momentos se llenó la pequeña fosa, y precedidos por el muchacho tocando su violín, salimos todos juntos.

A la mañana siguiente, con gran pesadumbre me despedí de mis cariñosos amigos y regresé a San José.

Ha sido mi desgracia el ser juguete de las mujeres de otros hombres. Perdí el mejor criado que tenía en Guatemala porque su esposa tuvo miedo de confiármelo, y a mi regreso me encontré con "Hezoos" que me esperaba en el convento. Mientras ponía mis cosas en orden, sin mirarme la cara, me habló de las penalidades que su mujer, "la póvera", había sufrido durante su ausencia, y de lo difícil que para una mujer casada era mantenerse sin su marido. Yo adiviné cuál era su tendencia; y sintiendo, particularmente desde la reaparición de mis fiebres intermitentes la importancia de tener un buen criado en el largo viaje que tenía frente a mí, con el egoísmo propio de un viajero, fomenté sus propensiones vagabundas, diciéndole que en unas pocas semanas estaría cansado del hogar, y que ya no tendría otra tan buena oportunidad para ausentarse. Esto le pareció tan persuasivo que ya no siguió con sus insinuaciones y se fue contento.

A las tres de la tarde me encontraba dudoso con respecto a mis fríos, pero, decidido a no darles entrada, me vestí y me fui a comer con Mr. Steiples. Antes de sentarme, lo azulado de mis labios y la tendencia a usar sílabas superfluas me traicionaron; y mi vieja enemiga me sacudió por todo el camino de regreso hasta el convento y en la cama. En seguida llegó la fiebre, y me quedé acostado todo el día siguiente. recibiendo muchas visitas en la puerta, y unas pocas adentro. Una de estas fue la de "Hezoos" que regresaba más resuelto que antes, y al llegar al punto dijo, que él por su parte estaba ansioso de acompañarme, pero que su mujer no lo consentía. Yo pensé que si ella tomaba las armas en mi contra todo estaba perdido, pero le hice ver que él había celebrado un contrato, y que ya estaba repagado; y le mandé a ella un par de aretes de oro para dejarla tranquila.

Durante cuatro días sucesivos me repitieron los fríos y las calenturas. En el convento fui tratado con toda benevolencia, los amigos me visitaron, y el Dr. Brayley llegó de Cartago para asistirme; pero por otra parte yo estaba desalentado. Llegó el día fijado para emprender la marcha con Alvarado. Era imposible partir; el Dr. Brayley me advirtió que sería insensato el hacerlo, mientras hubiese alguna tendencia a la enfermedad. Eran seis días de viaje por el desierto hasta el puerto de San Juan, sin una casa por el camino, solo con montañas que cruzar y ríos que vadear. Toda la partida se iría a pie menos yo, cuatro hombres de más serían necesarios para pasar mi mula en algunos lugares difíciles, y siempre había allí más o menos lluvias. San Juan era una colección de miserables cabañas, y desde este lugar era necesario embarcarse en un bongo durante diez o quince días sobre un río insalubre.

Además de todo esto, yo tenía la alternativa de regresar a Zonzonate en La Cosmopolita o de dirigirme a Guatemala por tierra, en un viaje de mil doscientas millas, a través de un país falto de comodidades para los viajeros, y peligroso por las convulsiones de la guerra civil. Por la noche, encontrándome yo solo en el convento, y a la luz de una pequeña vela vi los murciélagos volando por el techo y me sentí abatido, y habría sido dichoso de encontrarme ya en mi hogar.

No obstante, eso, yo no podía soportar la idea de perder todo lo que iba a buscar. La ruta terrestre quedaba a lo largo de la costa Pacífico, y durante tres días era igual a la del puerto. Determiné irme por tierra, pero, con la advertencia del Dr. Brayley de partir a tiempo para tomar el barco y con la esperanza de no sufrir otro ataque de fríos, compré dos de las mejores bestias mulares de San José, siendo una de ellas en la que yo había subido al volcán de Cartago, y la otra un macho, no más que medio domado, pero el más fino animal que en mi vida monté.

Pero volvamos a "Hezoos". A la mañana siguiente que le di los aretes no se había asomado; pero me mandó a decir que estaba con fríos y calenturas. Al siguiente día estaba mucho peor, y persuadido que lo había de perder, le hice saber que, si él me conseguía un buen substituto, lo relevaría. Esto le hizo levantarse de la cama, y por la tarde apareció con un reemplazo, quien tenía todo el aire de ser el primer hombre que había cogido por la calle. Su vestido consistía en un par de pantalones de algodón, con la camisa de fuera y un sombrero negro de petate, de copa alta y acampanada y de ala angosta; y todo lo que poseía en el mundo era lo que llevaba encima.

Tenía el pelo cortado al rape, menos por delante de donde le caía en largos bucles sobre la cara; en resumen, era el beau ideal de un tunante centroamericano. No me agradó su presencia; pero a la sazón me hallaba bajo la influencia de la fiebre, y le dije que no le podía dar una respuesta. Volvió al día siguiente en momentos en que yo necesitaba algún servicio, y por grados, aunque nunca lo recibí como criado, poco a poco me fue él tomando como su amo.

En la mañana antes de partir, me llegó a visitar don Agustín Gutiérrez, y viendo a este hombre en la puerta manifestó su sorpresa, contándome que él era el pillastrón de la ciudad, un borracho, fullero, ladrón y asesino; que en la primera noche en el camino me robaría y quizás me mataría. Poco después entró Mr. Lawrence, quien me dijo que él ya había oído la misma cosa. Lo despedí en el acto, cosa que, en apariencia, no le sorprendió mucho, aunque todavía siguió rondando por el convento, según decía a mi servicio. Era de suma importancia para mí salir a tiempo para tomar el barco, y no me quedaba sino ese día para buscar otro sirviente. "Hezoos" estaba admirado de los cambios que el tiempo había hecho en el carácter de su amigo.

Me dijo que lo había conocido cuando niño y que no lo había vuelto a ver en muchos años, hasta el día que tropezó en la calle con él y me lo trajo. No sintiéndose enteramente libre, después de muchas carreras me trajo otro, cuyo nombre era Nicolás. En cualquier otro país yo habría dicho que este hombre era un mulato; pero en Centro América hay tan gran surtido de matices que no puedo encontrar cómo llamarle. Su oficio era albañil. "Hezoos" lo había hallado en su trabajo y lo había halagado con la esperanza de que conocería Guatemala y México y que regresaría tan rico como él. Se presentó tal como había dejado su faena con las mangas de la camisa arremangadas arriba del codo, y los pantalones arriba de las rodillas: un diamante en bruto para criado; pero era honrado, podía cuidar las mulas y hacer un chocolate. Yo no pedía más. También era casado; pero como su mujer no se interpuso, me pareció el más adecuado para el caso.

Por la tarde, la víspera de mi partida, en compañía de Mr. Lawrence visitélas plantaciones de café de don Mariano Montealegre. Estaban situadas en un lugar ameno, y con el mayor buen gusto don Mariano vivía allí una gran parte del año. Él estaba en su fábrica y su hijo nos acompañó montado en su caballo. Era un hermoso paseo, pero en ese país los caballeros nunca andan a pie.

El cultivo del café en los llanos de San José ha aumentado rápidamente en pocos años. Siete años atrás toda la cosecha no era mayor de quinientos quintales, y este año se esperaba que llegara a más de noventa mil. Don Mariano era uno de los más grandes plantadores, y poseía tres cafetales en esa vecindad; el que nosotros visitamos contenía veintisiete mil árboles, y él se estaba preparando para hacer grandes aumentos en el siguiente año. Había invertido una fuerte suma de dinero en edificios y maquinaria; y aunque sus paisanos le decían que se arruinaría, cada año sembraba más cafetos. Su esposa, la Señora, estaba diligentemente empeñada en vigilar los detalles de la descascarada y secada del grano. En San José, entre paréntesis, todas las señoras eran lo que podría llamarse buenas negociantas: tenían tiendas, compraban y vendían mercaderías, buscaban gangas y eran particularmente expertas en asuntos de café.

CAPÍTULO 18: ¡TEMBLOR, TEMBLOR!

SALIDA PARA GUATEMALA. — ESPARZA. — UN PUEBLO DE COSTA RICA. — LA BARRANCA. — HISTORIA DE UN PAISANO. — PAISAJE SILVESTRE. — HACIENDA DE ARANJUEZ. — EL RÍO LAGARTOS. —CERROS DE COLLITO. — MANADA DE CIERVOS. — SANTA ROSA. —DON JUAN JOSE BONILLA. — UN TEMBLOR DE TIERRA. — UNA HACIENDA DE GANADO. — BAGACES. — GUANACASTE. — UNA AGRADABLE BIENVENIDA. — LA BELLA DE GUANACASTE. — UNA GRATA POSADA. — LAS CORDILLERAS. — LOS VOLCANES DE RINCÓN Y OROSI. — HACIENDA DE SANTA TERESA. — UNA PUESTA DE SOL OTRA VEZ EL PACÍFICO.

El día trece de febrero monté para mi viaje a Guatemala. Mi equipaje se redujo a lo más indispensable: una hamaca de tela rayada de algodón, tendida sobre mi pellón, un par de alforjas y un poncho atado con correa atrás. Nicolás había amarrado a su albarda, atravesados por detrás, un par de cochines (cojines) de cuero en forma de cubos, con la parte interior plana, conteniendo galletas, chocolate, salchichas y dulces; y por delante, sobre el pomo de la silla, mis vestidos envueltos en un cuero de buey, al estilo del país. Durante toda mi permanencia en el convento, las atenciones del padre fueron constantes. Además de los servicios que realmente me prestó no dudo que él considera que me salvó la vida: porque durante mi enfermedad entró a mi cuarto cuando me preparaba para afeitarme, y me hizo desistir de tan peligrosa operación. Yo me lavé la cara a hurtadillas, pero su benevolencia añade otra a la lista de favores que yo ya era deudor a los padres de Centro América.

Sentí una gran satisfacción al encontrarme apto una vez más para reanudar mi jornada, contento con lo liviano de mi equipaje y con la fogosidad de mis mulas, y miré sin temor y de frente las mil doscientas millas de mi viaje. De repente oí un ruido por detrás, y Nicolás llegó hasta mí a todo correr. Mi macho era lo que se llama espantadizo y se asustó. Como yo estaba muy débil se desbocó con mucha facilidad. Si yo hubiera comprado mis bestias para las carreras no habría tenido razón para quejarme; pero por desgracia, mi silla se volteó y caí al suelo, afortunadamente desenredándome de los estribos, mientras la bestia siguió corriendo, dejando por el camino las pistolas, las pistoleras, los mantillones y la silla y siguiendo en pelo rumbo a la ciudad. Para mi gran consuelo, unos arrieros la atajaron, y salvaron mi reputación como jinete en San José. Nos entretuvimos más de una hora en recobrar los objetos esparcidos y en reparar los jaeces rotos.

Por tres días mi camino fue lo mismo que el que había dejado al llegar a Costa Rica. A la cuarta mañana me levanté sin ninguna reaparición de la fiebre. Mr. Lawrence bondadosamente me había acompañado desde San José, y todavía estaba conmigo; él me había relevado de toda molestia haciendo mi viaje tan fácil y confortable que, en vez de encontrarme cansado me sentía reanimado y abandoné toda idea de regreso por mar.

A las siete de la mañana emprendimos la marcha, y a la media hora llegamos a Esparza. Desde este lugar hasta Nicaragua, una distancia de trescientas millas, el camino se extiende a través de un desierto; salvo la ciudad fronteriza de Costa Rica, no había allí más que unas pocas haciendas dispersas, a veinte, treinta o cuarenta millas aparte las unas de las otras. Rellené mi depósito de provisiones, y mi última compra fue una yarda y media de tela americana de algodón, denominada con el imponente nombre de Manta del Norte y procedente de una fábrica de Massachusetts.

En media hora cruzamos La Barranca, un ancho, rápido y hermoso río, pero que perdió a mis ojos toda su belleza, porque aquí Mr. Lawrence me abandonó. Desde el día de mi arribo a San José él había estado casi constantemente conmigo, me había acompañado en todas las excursiones, y durante mi enfermedad me había atendido asiduamente. Era él nativo de Middletown en Connecticut, como de cincuenta años de edad, y de oficio platero, y, con excepción de una sola visita de regreso, había permanecido diez y nueve años fuera de la patria. En 1822 se fue al Perú, donde, además de proseguir en su lícito negocio en mayor escala, su ciencia y conocimiento de los metales preciosos lo llevaron a prominentes puestos públicos. En 1830vendió una máquina de acuñar moneda al gobierno de Costa

Rica, y se le ofreció el puesto de director. Negocios relacionados con este cuño lo llevaron a Costa Rica, y durante su ausencia dejó sus asuntos en manos de un socio, quien los administró mal y falleció. Mr. Lawrence retornó al Perú, pero sin comprometerse en negocios activos. Entre tanto el susodicho cuño se había gastado por el uso y hubo que importar otro de Europa, tan complicado, que ninguno en Costa Rica supo manejarlo.

A Mr. Lawrence le fueron hechas propuestas de tal naturaleza, que, relacionados con proyectos de minas de su propiedad lo indujeron a regresar. Don Manuel de Aguilar era el Jefe del Estado, mas cuando Mr. L. llegó al puerto se encontró con que don Manuel había sido desterrado y estaba huyendo. Toda la política del gobierno cambió. Mr. L. se quedó tranquilamente en San José, y cuando lo dejé pensaba establecerse en Punta Arenas, para traficar con los pescadores de perlas. Tal es, en breve, la historia de uno de nuestros muchos compatriotas diseminados en diferentes partes del mundo, y sería un motivo de orgullo para el país si todos ellos mantuvieran una reputación tan honorable como la de él. Nos dijimos adiós desde los lomos de nuestras mulas, y, para no enternecernos, encendimos nuestros cigarros. Si nos volveremos a encontrar o no, nadie lo sabe.

Me hallaba otra vez marchando solo. Había viajado tanto acompañado o en barcos, que cuando llegó el instante de meterme en el desierto, casi me faltó el valor. Y era este un momento que requería algo de energía; porque inmediatamente llegamos a uno de los pasos más salvajes con que me encontré durante todo aquel viaje desolado. Los árboles estaban tan tupidos que obscurecían el camino y las ramas tan bajas que era necesario mantener la cabeza constantemente gacha para evitar un golpe contra ellas. El canto de las cigarras, que nos había acompañado desde que llegamos al monte de Aguacate, aquí se hizo alarmante. Muy pronto familias de monos, andando pesadamente sobre las copas de los árboles, perturbaron a estas bulliciosas arrendatarias de los bosques y las enviaron volando a nuestro alrededor, en tal abundancia, que nos vimos obligados a rechazarlas a sombrerazos.

Mi macho resopló y tiró violentamente de la brida, arrastrándome contra los árboles; y no pude menos de pensar: si es así el principio ¿cómo será el fin?

Con la partida de Mr. Lawrence mejoró la posición de Nicolás. El hombre es un animal hablador. Nicolás sobresalía en este particular, y muy pronto supe la historia de su vida. Su padre era un arriero, y él parecía formado para la misma ruda ocupación; pero después de algunos viajes a Nicaragua se había retirado disgustado, se casó y tuvo dos hijos. El momento de prueba en su vida fue cuando se vio compelido a servir como soldado. Su gran lamento era que no sabía leer ni escribir y se extrañaba de que a pesar de su trabajo duro no podía adelantar. Quería ir conmigo a México y también a mi país; estar fuera dos años, y regresar con una suma de dinero en mano, como "Hezoos" lo había hecho. Sabía que el General Morazán era un gran hombre, porque cuando llegó a Costa Rica hubo gran estruendo de cañones y un baile. Decía de sí mismo que él era un pobre hombre; que no comprendía el motivo de las guerras; y pensaba que don Manuel de Aguilar había sido expulsado porque Carrillo quería ser el jefe.

Seguimos por el bosque hasta como a las dos de la tarde, hora en que, desviándonos por una vereda hacia la derecha, llegamos a un claro, en uno de cuyos lados estaba la hacienda de Aranjuez. La entrada a la casa se hacía por una escalera exterior y debajo había una especie de almacén. Estaba ocupada por el mayordomo que era un mestizo y por su esposa. Inmediata a la casa quedaba la cocina, donde la esposa y otra mujer estaban trabajando. El mayordomo estaba sentado en el suelo, sin oficio, y dos fornidos hombres lo ayudaban.

El mayordomo nos dijo que él tenía un buen potrero para las mulas, y la casa prometía un conveniente lugar de descanso para mí. Del lado de afuera y rodeando toda la casa había una tosca galería de madera uno de cuyos lados dominaba una vista del océano. Tomé asiento en este lado, y muy pronto Nicolás me trajo mi comida. Esta se componía de tortillas, arroz guisado con manteca, que trajo en un guacal y la sal en su manos. Terminé con una taza de chocolate y me puse a pensar en las bendiciones que este mayordomo desperdiciaba. En las mismas circunstancias, uno de nuestros montañeses, con su hacha, su mujer y dos pares de gemelos, se rodearía en pocos años de todo el lujo que la pródiga tierra le podría proporcionar.

Después de la comida llevé las mulas a un arroyo, en cuyas orillas había manojos de fresca hierba, y mientras yo estaba sentado allí, dos pavos silvestres volaron sobre mi cabeza y se posaron sobre un árbol cercano. Mandé a Nicolás por mi escopeta, y pronto tuve un ave de tamaño suficiente para una comida de familia, la que remití inmediatamente a la casa para ser convertida en provisión. Regresé a la caída del sol, y entonces descubrí una deficiencia en mis preparativos, que sentí durante todo el viaje, es decir, de candelas. Se fabricó una lámpara llenando de grasa una vasija de barro quebrada, y enrollando dentro de ella un poco de algodón retorcido, con la punta salida como una pulgada. Los trabajadores de la hacienda, aprovechando la luz sacaron una baraja. La mujer del mayordomo se juntó con ellos, y no viendo esperanza de un pronto fin de la jugada, me desvestí y me fui a la cama.

Cuando terminaron, la mujer se fue a una cama directamente al frente de la mía, y antes de acostarse encendió otro cigarro. Los hombres hicieron lo mismo en el suelo, y siguieron discutiendo el juego hasta que se acabaron los cigarros. El mayordomo ya estaba dormido en la hamaca. Toda la noche la pasó fumando la mujer del mayordomo, y los hombres gangueando y roncando. A las dos de la mañana me levanté y salí al aire libre. La luna estaba brillante, y la frescura del aire matutino era agradable. Desperté a Nicolás y pagando al mayordomo mientras estaba en su hamaca, a las tres reanudamos nuestro viaje. Yo estaba encantado con este lugar cuando llegamos a él, y disgustado cuando lo dejé. La gente era amable y de tan buena disposición como la esperanza de la paga podía hacerla, pero sus hábitos eran insoportables.

Lo fresco del aire de la mañana restableció mi ecuanimidad; la luna derramaba una gloriosa luz sobre el claro, e iluminaba la obscuridad de la selva. Nosotros oímos solamente la agitación de los monos, que, perturbados por nuestro ruido, se movían sobre las copas de los árboles.

A las ocho de la mañana llegamos al Río Lagartos, que se rompía impetuosamente sobre un lecho de arena blanca y cascajo, claro como el cristal, y sombreado por árboles, cuyas ramas se juntaban en el vado, y formaban una enramada completa. Nos apeamos, desensillamos nuestras mulas y las amarramos a un árbol, encendimos fuego en la orilla y nos desayunamos. Las escenas silvestres hacía mucho tiempo que habían perdido su novedad, pero ésta yo no la habría cambiado por un déjeuner a la fourcbette en el mejor restaurante de París. El pavo silvestre sólo fue suficiente para mí y mi familia, que la formaba Nicolás.

Poniéndonos en marcha nuevamente, en dos horas salimos de la selva, y llegamos a un campo abierto a la vista de los Cerros de Collito, un espléndido pico pelado que se yergue solitario, de forma cónica, y cubierto de hierba hasta la cima. A las doce del día llegamos al rancho de un indio. A un lado había un grupo de naranjos cargados de fruta, y al frente un cobertizo techado con hojas de maíz. Una india vieja se hallaba sentada en la puerta, y un indio enfermo estaba durmiendo bajo el sotechado. Hacía demasiado calor, y entrando bajo el cobertizo, desmonté, me arrojé en una hamaca hecha jirones, y mientras apagaba la sed con una naranja me quedé dormido. Lo último que recuerdo es haber visto a Nicolás acarreando a la choza un miserable pollo medio muerto de hambre. A las dos de la tarde me despertó y puso frente a mí a la infortunada avecilla, casi quemada, cuyo costo, con naranjas a discreción, fue de seis y un cuarto centavos, que la vieja deseaba permutar por una carga de pólvora. Yo me encontraba muy escaso de ésta, y hubiera preferido darle un dólar, pero no tuve más remedio que añadir la carga de pólvora al dinero.

A las dos de la tarde emprendimos de nuevo la marcha. Ya habíamos hecho la jornada de un día, pero yo tenía en perspectiva un buen lugar de descanso para la noche. Hacía excesivo calor, pero muy pronto llegamos otra vez al bosque. No habíamos caminado mucho cuando un venado cruzó nuestro sendero. Este era el primero que yo veía en el país, el cual carecía casi de toda clase de caza.

En verdad durante todo el viaje, yo no había disparado sino dos veces, exceptuando al pavo silvestre, y en tales ocasiones sólo para conseguir pájaros raros; y para mayor infortunio, en prosecución de mi plan de estorbarme lo menos posible, no disponía sino de unas cuantas cargas de munición para patos y media docena de balas de pistola. Muy pronto divisé dos venados juntos y a tiro de fusil. Ambos cañones de mi escopeta estaban cargados con munición. Desmonté y los seguí por el bosque, procurando tenerlos al alcance. En el curso de una hora vi tal vez una docena, y en ese tiempo ya había acabado con mi munición. Yo estaba resuelto a no usar mis balas de pistola, y como ambos cañones quedaron vacíos, me quedé sosegado. A medida que se acercaba la noche aumentaban los venados, y estoy seguro al decir que vi cincuenta o sesenta, y muchos a tiro de escopeta. De vez en cuando el ganado nos espiaba por entre los árboles, tan arisco como los venados.

El sol ya declinaba cuando salimos a un extenso claro, en uno de cuyos lados se hallaba la hacienda de Santa Rosa. La casa estaba situada hacia la derecha, y directamente al frente, junto a la falda de una colina, quedaba un gran corral de ganado, circulando por una maciza pared de adobe, dividido en tres partes, y lleno de vacas y terneros. A la izquierda había una llanura casi ilimitada, con bosquecillos diseminados; y al avanzar nosotros, un caballero que estaba en el patio mandó a un criado para abrir la puerta. Don Juan José Bonilla me recibió en el corredor, y antes que tuviera tiempo de presentarle mi carta, me dio la bienvenida a Santa Rosa.

Don Juan era nativo de Cartago, un caballero por nacimiento y educación y de una de las más antiguas familias de Costa Rica. Había viajado por todo su país, y lo que era muy raro en aquella región, había visitado los Estados Unidos, y aunque tropezando con la desventaja de no hablar el idioma, se expresó con sumo interés de nuestras instituciones. Había sido miembro activo del partido liberal y trabajado por llevar adelante sus principios en la administración gubernativa, y para salvar a su país de la desgracia de retroceder al despotismo. Se le había perseguido, imponiéndole además fuertes contribuciones sobre su propiedad, y cuatro años antes había salido de Cartago retirándose a esta hacienda. Pero la animosidad política nunca se acaba. Un destacamento de soldados fue enviado para arrestarlo, y, para no excitar sospechas, se les mandó por mar, y desembarcaron en un puerto del Pacífico dentro de los linderos de su propia hacienda.

Don Juan tuvo aviso de su aproximación y mandó un criado a cerciorarse de la verdad, quien regresó con la noticia de que se hallaban a medio día de camino. Montó en su caballo para escapar, pero al salir de la casa fue derribado por la bestia y se le quebró una pierna. Lo regresaron insensible, y cuando llegaron los soldados lo hallaron en cama; pero le hicieron levantar, pusiéronle a caballo, lo condujeron precipitadamente a la frontera del Estado y le abandonaron, comunicándole su sentencia de destierro y la pena de muerte si volvía. La línea divisoria del Estado de Costa Rica es un río en medio de un desierto, y él se vio obligado a caminar a caballo hasta Nicaragua en un viaje de cuatro días. Nunca recobró el uso de la pierna, la cual quedó dos o tres pulgadas más cortas que la otra. Permaneció dos años en el destierro; y cuando fue electo don Manuel de Aguilar, como Jefe del Estado, regresó. A la caída de don Manuel, se retiró de nuevo a su hacienda, y por entonces se encontraba diligentemente empeñado en hacer reparaciones para recibir a su familia; pero no sabía en qué momento podría llegar otra orden para expulsarlo de su hogar.

Mientras estábamos sentados a la mesa para cenar, oímos un ruido sobre nuestras cabezas que me pareció como si se hendiera el techo. Don Juan alzó los ojos al cielo raso y súbitamente saltó de su silla, echó los brazos al cuello de un sirviente, y con las medrosas palabras de "¡temblor!", "¡temblor" !, todos se arrojaron por las puertas. Yo salté de mi asiento, atravesé el cuarto de un brinco y salté al corredor. La tierra se bamboleaba como el cabeceo de un barco en un mar agitado. Salí a grandes zancadas, mis pies apenas tocaban el suelo, e involuntariamente levanté los brazos para librarme de caer. Fui el último en salir, pero ya una vez en fuga, fui también el último en parar.

En medio patio tropecé contra un hombre arrodillado y caí. Nunca antes me sentí tan insignificante. En esos momentos oí a don Juan que me llamaba. Estaba reclinado sobre el hombro de su criado, con la cara hacia la puerta, gritándome que saliera de la casa. Ya estaba muy oscuro; dentro estaba la mesa a que nos habíamos sentado, con una sola vela cuya luz se extendía lo suficiente para dejar ver unas cuantas figuras arrodilladas, con las caras mirando hacia la puerta. Observamos ansiosamente para adentro, esperando el movimiento que derribaría las macizas paredes y aplastaría el techo. Había algo de espantoso en nuestra posición, con las caras mirando hacia la puerta y huyendo del lugar que en cualquier otro momento ofrece abrigo al hombre. Las sacudidas continuaron quizá por dos minutos, durante cuyo tiempo se hizo necesario un gran esfuerzo para mantenerse firme. El retorno de

la tierra a su estabilidad fue casi tan violento como la sacudida. Esperamos algunos minutos después de la última vibración, hasta que don Juan nos dijo que ya había pasado, y, con la ayuda de su criado, entró a la casa. Yo había sido el último en abandonarla, pero también fui el postrero en regresar; y mi silla caída con el respaldo sobre el piso, daba un indicio de la precipitación con que yo había escapado. Las casas en Costa Rica son las mejores en el país para resistir estos movimientos, y son como las otras, largas y bajas, y construidas con adobes o ladrillo sin secar, de dos pies de largo por uno de ancho, hechos de arcilla mezclada con paja para darles adherencia, y colocados cuando todavía están blandos, con postes verticales en medio, de modo que se secan por el sol en una sola masa que se mueve juntamente con la superficie de la tierra.

Antes de la hora de acostarnos olvidé el temblor por una molestia secundaria. Los terrenos incultos de Centro América están plagados de insectos perniciosos. Caminando todo el día por el bosque, y chocando mi cabeza contra las ramas de los árboles, me habían llovido garrapatas en tal número que me las limpiaba con la mano. Fue tanto lo que sufrí durante el día, que dos veces tuve necesidad de desnudarme junto a un arroyo para arrancármelas del cuerpo; pero esto me proporcionó solamente un alivio pasajero; me quedaron ronchas por la irritación; y en medio de serias disquisiciones con don Juan, esto no era de buena crianza, pero me veía obligado a usar las uñas violenta y constantemente. Me vi precisado a suplicarle que saliera y que me dejara solo en el cuarto. Él se retiró, y al momento eché todas mis ropas fuera de la casa, y me arranqué los insectos como pude. y, por fortuna, también don Juan me envió para consuelo, un muchacho sordomudo, que, tocándolos con un bodoque de cera negra, los sacaba de su madriguera sin ningún dolor; sin embargo, me dejaron el cuerpo lleno de llagas, de las cuales no me recobré por largo tiempo.

Por la mañana temprano ya estaban dos bestias en la puerta, y dos criados a nuestro servicio para un paseo a caballo. Don Juan montaba el mismo caballo que había montado en su destierro, y estaba atendido por los mismos criados. Hasta el día yo siempre había oído constantes quejas relativas a los criados, y para hacerles justicia, pienso que en verdad son los peores que en mi vida he conocido; pero los de don Juan eran los mejores del mundo, y era evidente que ellos pensaban que él era el mejor amo.

La hacienda de don Juan cubría tanto terreno como un principado alemán, pues tenía doscientos mil acres, y estaba limitada de un lado y por larga distancia por el océano Pacífico. Pero sólo una pequeña parte de ella estaba cultivada, no más que la suficiente para producir el maíz de los trabajadores, y el resto era campo libre para el ganado. Más de diez mil cabezas andaban errantes por el campo, casi tan ariscas como los venados, y nunca se les miraba, salvo cuando atravesaban un sendero por el bosque, o durante la estación del lazo para tomar nota del aumento.

No habíamos andado mucho cuando vimos tres venados juntos, y no lejos de nosotros. Era excesivamente enfadoso que la primera vez que me hallaba en un país donde había algo que matar, me encontrara tan completamente desprevenido; sin tener la esperanza de proveerme hasta salir de esa región. Don Juan estaba incapacitado para la cacería por su cojera; en realidad, el matar un venado no se consideraba cacería, y su carne no se tenía como buena para la comida. En el curso de una hora miramos más de veinte.

Yo había salido para este largo viaje sin una mula de carga, por la dificultad de conseguir alguna que caminara al mismo paso que las bestias de silla; pero habíamos sentido la inconveniencia de viajar embarazados con el equipaje; y, a más de las atenciones don Juan me dispensó en su casa, me proporcionó una mula que había domado expresamente para su propio uso en los viajes rápidos entre Cartago y la hacienda, la que me garantizó que con una liviana carga, trotaría y se mantendría al paso de la mía.

Ya avanzada la tarde abandoné su hospitalario domicilio. Don Juan, con su muchacho sordomudo, me acompañó una legua del camino, en donde nos apeamos y nos despedimos. Mi nueva mula, lo mismo que yo, se mostraba muy renuente a dejar a don Juan, y parecía tener el presentimiento de que jamás volvería a ver a su antiguo amo. Verdaderamente, era tan difícil hacerla caminar, que Nicolás la amarró del cabestro a la cola de su mula, al estilo común del país, y conducida de este modo seguí yo tras ella pisándole los talones. Los venados eran más numerosos que los que ya había visto, y ahora los miraba por la vida que impartían al bello panorama. Al anochecer comenzamos a sentir temores con respecto al camino. Había un paso difícil en la montaña frente a nosotros, y Nicolás quería detenerse y esperar hasta que saliera la luna; más como esto podría desarreglar la jornada del siguiente día, yo avancé durante más de una hora por entre la selva.

Las mulas tropezaban en la obscuridad y muy pronto perdimos toda señal de algún camino; mientras tratábamos de encontrarlo, oímos el estallido de un árbol que caía, el que en la obscuridad vibró espantosamente, y nos hizo vacilar en la entrada al bosque. Yo me decidí a esperar la luna y desmonté. Atisbando en la obscuridad, distinguí una vacilante luz hacia la izquierda. Gritamos con todas nuestras fuerzas, y nos respondió un conjunto de perros ladradores, y moviéndonos en esa dirección, llegamos a una choza donde tres o cuatro jornaleros estaban tendidos en el suelo, quienes al principio, trataron de burlarse de nosotros haciendo impertinentes advertencias cuando les preguntamos por un guía para la hacienda más cercana; pero uno de ellos reconociendo mi mula de carga dijo que la había conocido desde que era niño (alabanza algo dudosa de mi nueva compra), y fue al fin inducido a ofrecernos sus servicios.

Trajeron un caballo, grande, cerrero y furioso, como si nunca se le hubiera enfrenado; resoplando, encabritándose y casi haciendo temblar el suelo con sus cascos; y antes que el jinete se hubiera acomodado sobre sus lomos ya estaba corriendo, velozmente por el llano en la obscuridad. Después de una gran vuelta regresó, y el guía, soltando la mula de carga de la de Nicolás, la amarró a la cola de su caballo, y enseguida tomó la delantera. Todavía con el arrastre de la mula de carga le era imposible moderar el paso, y nos vimos precisados a seguir a un paso en verdad desagradable. Este era el primer tramo de mal camino con que nos habíamos encontrado, pues tenía vueltas muy cerradas, y subidas y bajadas, quebrado y pedregoso. Afortunadamente, mientras estábamos en el bosque salió la luna, tocando con su plateada luz las copas de los árboles, y cuando' llegamos a la orilla del río estaba casi tan claro como el día. Aquí mi guía me dejó, y yo perdí toda confianza en la luna, pues por su engañosa luz deslicé entre las manos de mi guía una pieza de oro en vez de una de plata, sin darnos cuenta de ello ninguno de los dos.

Cuando subimos por la ribera, después de cruzar la corriente, la hacienda quedó a plena vista. Los ocupantes se hallaban en la cama, pero don Manuel, a quien iba yo recomendado por don Juan, se levantó para recibirme. Sobre la margen del río, cerca de la casa, estaba una gran máquina de aserrar, la primera que vi en el país, instalada, según me refirió don Manuel, por un americano, quien más tarde rodó hasta Guatemala, donde lo mataron en una revuelta popular.

A la mañana siguiente, al clarear el día, cuando los jornaleros de la hacienda se alistaban para ir a su trabajo, nos pusimos nuevamente en marcha. Al cabo de una hora oímos el sonido de un cuerno, dando aviso de la aproximación de una partida de ganado. Nos metimos entre el bosque para dejarla pasar, y llegó en medio de una nube de polvo y los arreadores con las caras tapadas; y habrían atropellado mortalmente a todo aquél que se interpusiera en su camino.

A las once del día entramos al pueblo de Bagaces. Habíamos efectuado tremendas jornadas, y esta era la primera vez en cuatro días que veíamos algo más que simples haciendas; pero nosotros lo pasamos sin detenernos, salvo para pedir un vaso de agua.

Ya avanzada la tarde llegamos a una ancha avenida y notamos señales de ruedas. Al anochecer llegamos al río que corre por los suburbios de Guanacaste, el pueblo fronterizo de Costa Rica. El paso estaba obstruido por una carreta con cuatro testarudos bueyes, que no querían avanzar ni podían retroceder. Quedamos detenidos durante media hora, y ya estaba obscuro cuando entramos. Atravesamos la plaza, frente a la puerta de la iglesia, que estaba iluminada para vísperas, y nos encaminamos a una casa que se me había señalado para hospedarnos. Nicolás entró en ella para hacer las preguntas preliminares, y al salir, me dijo que me apeara y descargó la mula del equipaje. Yo entré, me quité las espuelas y me tendí en un banco. Pronto tuve la impresión de que mi posadora no se había alegrado mucho de verme. Varios niños entraron y me miraron asombrados, y después retrocedieron a otra habitación; y a los pocos minutos recibí los cumplidos de la señora de la casa y su excusa por no poder darme posada. Yo estaba indignado contra Nicolás, que sólo había preguntado si allí vivía don Fulano, y sin más ni más me había hecho entrar. Salí de la casa, y con el cabestro de mi macho en una mano y las espuelas en la otra, seguido de Nicolás con las mulas, buscamos la casa del comandante. Lo encontré parado en el corredor, con la llave en la mano, y toda su casa llena de fardos afuera, sólo esperando que saliera la luna para marchar a otro puesto. Yo creo que él sintió mucho el no poder darme alojamiento, ni tampoco dirigirme a ninguna otra casa; pero mandó a su criado para buscar una, y aguardé casi una hora esperando postor.

Mientras tanto le interrogué con respecto a mi camino. Yo no deseaba seguir la ruta directa hasta Nicaragua, sino ir primero al puerto de San Juan en el Pacífico, la proyectada terminación del canal para conectar los dos océanos. El comandante me dijo que sentía mucho que yo no hubiera llegado un día antes. Mencionó un suceso el cual yo ya sabía: que Mr. Bailey, un caballero inglés había sido empleado por el gobierno para trazar la ruta del canal, y que había residido algún tiempo en el lugar, añadiendo que desde su partida éste había quedado enteramente abandonado; nadie lo visitaba nunca, ninguna persona del lugar conocía el camino para allá, y, por mala suerte, un hombre que había sido empleado de Mr. Bailey había salido esa mañana para Nicaragua.

Por gran fortuna, al preguntar, resultó que el hombre se hallaba todavía en el lugar, y que él también pensaba partir tan pronto como saliera la luna. Yo no tenía aliciente para quedarme; nadie parecía muy ansioso del honor de mi compañía, y habría proseguido inmediatamente si las mulas hubieran estado en condiciones de seguir; pero hice un arreglo con él y con su hijo para que aguardaran hasta las tres de la mañana para conducirme al puerto y de allí hasta Nicaragua. Por fin regresó el criado del comandante y me llevó a una casa con una tiendecita al frente, en donde fui recibido por una señora anciana con un buenos noces (buenas noches) que casi me sorprendió con la idea de ser un huésped bienvenido. Entré por la tienda, y pasé a una sala donde había una hamaca, una armazón de cama entrelazada y un catrecito muy aseado con un mosquitero de gasa con lazos color de rosa en las esquinas.

Quedé agradablemente sorprendido con mi posada, y mientras conversaba con la anciana que estaba cabeceando sobre una taza de chocolate, oí una animada voz en la puerta y al punto entró una señorita con dos o tres jóvenes en su compañía, quien se acercó a la mesa frente a mí, y echando para atrás su negra mantilla, me dio las buenas noches y me tendió la mano, diciéndome que había oído en la iglesia que yo estaba en su casa, y que se alegraba mucho de ello; que ningún extranjero había llegado allí jamás; que el lugar estaba enteramente apartado del mundo y que era muy triste, etc., etc. Yo estaba tan admirado que debo haberle parecido muy estúpido.

Ella no era tan hermosa que digamos, pero su boca y sus ojos eran bellos; y sus modales tan diferentes del frío zafio y esquivo aire de sus paisanas; y tan parecidos a la franca y fascinante bienvenida que una señorita de mi tierra le daría a un amigo después de larga ausencia, que, si la mesa no hubiera estado entre nosotros, yo la habría tomado entre mis brazos y besado. Me arreglé el nudo de la corbata y olvidé todas mis tribulaciones y perplejidades. Aunque viviendo en aquella pequeña y remota población, lo mismo que las señoritas de las grandes ciudades ella sentía inclinación hacia los extranjeros, lo que en aquel tiempo estimé como un delicioso rasgo del carácter en la mujer. Sus pretendientes locales estaban derrotados. Ellos al principio se mostraron conmigo muy atentos; pero pronto se tornaron malhumorados y ásperos, y, para mi mayor satisfacción, se despidieron.

Hacía ya tanto tiempo que yo no había sentido el más mínimo interés por una mujer, que me hice a mí mismo un beneficio. Las más sencillas historias de otros países y de otras gentes despertaban vivamente su atención, y su mirada se encendía al escucharlas; pronto llegó la transición de las realidades a las emociones, y en seguida al más alto placer terrenal: el de sentirse uno muy por encima de las preocupaciones de cada día por el entusiasmo de una muchacha de elevados pensamientos.

Velamos hasta media noche. La madre, que al principio me había aburrido, me pareció excesivamente amable; en verdad yo rara vez había conocido una anciana más interesante; pues ella me instaba a que me quedara dos o tres días para descansar; decía que el lugar era triste, pero que su hija trataría de hacer que me agradara; y su hija no decía nada, pero daba a entender cosas inefables.

Todo placer es momentáneo. Llegaron las doce de la noche, una hora inaudita para aquella tierra. Mi acostumbrada prudencia de buscar un lugar para dormir no me había abandonado. Dos pequeños muchachos habían tomado posesión de la cama de cuero; la anciana se había retirado; el diminuto catrecito permanecía desocupado, y la señorita se fue diciéndome que esta sería mi cama. Yo no sé por qué, pero me sentí desasosegado. Abrí el mosquitero. En aquel país no se usan las camas, y un cuero de buey o un petate, a menudo no tan limpio como debe ser, es el sustituto. Este era un petate muy fino y limpio como si fuera perfectamente nuevo. En la cabecera había una atractiva almohada con una funda de muselina color de rosa, y sobre ella una sutil sobrefunda blanca con hechiceros vuelos. ¿Las mejillas de quién habían descansado en esa almohada? Me quité la chaqueta, anduve de un extremo a otro del cuarto, y desperté a uno de los muchachos. Era como yo lo suponía. Me acosté, pero no pude dormir y determiné no continuar mi viaje al día siguiente.

A las tres de la mañana tocó la puerta el guía. Las mulas ya estaban ensilladas, y Nicolás cargando el equipaje. Yo a menudo me había pegado a mis almohadas, pero nunca como lo hice en la de color de rosa con su orilla rizada. Le dije a Nicolás que el guía debía irse a su casa y esperar un día más. Pero éste no consintió. Era el muchacho; su padre ya se había ido ordenándole que lo siguiera. Muy pronto percibí un leve paso, y una suave voz que trataba de disuadirlo. Indignado por su obstinación le ordené que se fuera; más pronto reflexioné que no podría conseguir otro, y que sin duda perdería el principal objeto que tenía en mira al emprender este largo viaje. Lo llamé para que regresara y traté de sobornarlo; pero su única respuesta fue, que su padre se había ido al salir la luna y que le había ordenado que lo siguiera. Por fin quedamos en que iría a alcanzar a su padre para hacerlo regresar; pero quizá su padre no vendría. Insistí hasta llegar a este punto y en seguida fui más indiferente.

¿Después de todo qué era lo que yo esperaba? Nicolás me dijo que podríamos hacer lavar nuestras ropas en Nicaragua. Dándome un paseo al aire libre resolví que era una tontería perder la ocasión de examinar el trazo de un canal por la bella de Guanacaste. Apresuré mis preparativos y me despedí de ella, debo decirlo, con un adiós muy cariñoso. No abrigo ni la más mínima esperanza de volverla a ver jamás. Viviendo en una apartada población, ignorada más allá de los límites de su propio desconocido Estado, entre los Andes y el océano Pacífico, probablemente a esta hora ya será la esposa feliz de algún digno vecino, y habrá olvidado al extranjero que debe a ella algunos de los más dichosos momentos que pasó en Centro América.

Y ahora ya estábamos en pleno día. Era muy raro que yo abandonara un lugar con tanta pesadumbre; pero convertí mi tristeza en cólera, y la descargué sobre Nicolás y sobre el guía. El viento estaba muy violento y, soplando sobre la gran planicie, levantaba tales nubes de polvo que hacían la caminata desagradable y difícil. Esto debía haber tenido algún efecto en restablecer mi ecuanimidad, pero no fue así. Todo el día tuvimos a nuestra derecha la gran fila de Cordilleras, y coronándolas en este punto, los imponentes volcanes de Rincón y Orosí. Desde allí una vasta llanura se extendía hasta la mar azotada furiosamente por el viento. A la una de la tarde llegamos a la vista de la hacienda de Santa Teresa, situada sobre una gran elevación, y todavía con un largo camino a nuestro frente. La hacienda era propiedad de don Agustín Gutiérrez, de San José, y. con otras dos, estaba al cuidado de su hijo don Manuel. Una carta de su padre le había avisado de mi llegada, y él me recibió como a un viejo conocido.

La situación de la casa era más hermosa que ninguna de las que yo había visto. Era elevada, y dominaba la vista de una inmensa llanura, tachonada con árboles en grupos y en floresta. El océano no era visible, pero pudimos ver la costa frente al Golfo de Nicoya, y la punta del puerto de Colubre (Culebra), el más bello del Pacífico, solamente a tres y media leguas de distancia. La hacienda contenía unas mil yeguas y cuatrocientos caballos, más de cien de los cuales se veían desde la puerta. Era lo bastante grande para dar a su dueño las ideas de un imperio. Al atardecer conté desde la puerta de la casa diez y siete venados, y don Manuel me contó que él tenía un contrato para conseguir dos mil pieles. En la temporada un buen cazador logra veinticinco en un día. Ni aun los labradores quieren comerlos, y únicamente los matan por el cuero y los cuernos. Él tenía cuarenta mozos, y cada día mataban un buey. Inmediato a la casa había un lago artificial, de más de una milla de circunferencia, construido para abrevadero del ganado. Y con todo eso los propietarios de estas haciendas no son ricos; el terreno no vale absolutamente nada. Todo el valor lo constituye el ganado; y abonando a diez dólares por cabeza por los caballos y las yeguas, probablemente daría el precio total de esta, en apariencia, magnífica propiedad.

Aquí, también, yo podría haber pasado una semana con gran satisfacción; pero a la mañana siguiente reanudé mi viaje. Aunque era el comienzo de la estación seca, el terreno estaba abrasado y los arroyos se habían desecado. Nosotros llevábamos una gran calabaza con agua y parándonos a la sombra de un árbol, echamos nuestras mulas al lado y nos desayunamos. Yo caminaba por delante, con mi poncho agitado por el viento, cuando vi que ferozmente me miraba una partida de novillos que se habían detenido y que enseguida se precipitaron con furia sobre mí. Pensé en huir, más recordando las corridas de toros en Guatemala, me quité el poncho y, cuando apenas me había amparado tras una roca, la manada entera pasó atropelladamente frente a mí. Proseguimos nuestra ruta, mirando el Pacífico de vez en cuando, hasta que llegamos a un claro y abierto paraje, completamente protegido contra el viento y llamado la Boca de la Montaña de Nicaragua. Ya había acampado allí una gran caravana, y entre los arrieros halló Nicolás conocidos de San José. Sus cargas se componían de papas, pan dulce y dulces para Nicaragua.

Por la tarde subí a la cumbre de una de las colinas y gocé de una espléndida vista de la puesta del sol. Sobre la cumbre el viento soplaba con tanta furia que me vi obligado a guarecerme a sotavento. Atrás de mí quedaba la gran fila de cordilleras, a cuyo largo habíamos cabalgado todo el día, con sus volcanes; sobre la izquierda los promontorios de las bahías de Tortugas y Salinas, y al frente la gran masa del Océano Pacífico; y lo que era un espectáculo sumamente agradable para un viajero, mis mulas estaban hasta la rodilla entre la hierba. Regresé al campamento y me encontré con que mi guía me había hecho una casita para dormir. Estaba formada con dos palos cortados como de cuatro pies de altura, y tan gruesos como el brazo de un hombre, y clavados en tierra con una horquilla en la punta. Puso sobre las horquillas otro palo, y en seguida arrimó a éste otros sesgados, entreteniéndolos con hojas y con ramas para protegerme del sereno, y como mediana defensa contra el viento.

Jamás tuve un criado en Centro América que no fuera inhumano con las mulas. Me veía en la necesidad de atender yo mismo a su pastura, y también a cuidar que sus lomos no fueran lastimados por la silla. A mi macho siempre yo mismo lo ensillaba. Nicolás había ensillado tan mal el día anterior a la mula de carga, que cuando le quitó el aparejo (una enorme silla que cubre la mitad de la bestia); tenía el brazuelo desollado, y por la mañana al solo señalarla se encogía como si la tocaran con un hierro candente. Yo no estaba dispuesto a poner sobre sus lomos el aparejo, y traté de alquilar una mula a uno de los arrieros, pero no lo conseguí, y, colocando la carga sobre la otra mula, hice que Nicolás se fuera a pie, dejando caminar en libertad a la de carga. Abandoné el aparejo en la boca de la montaña: un gran acto de disipación, como Nicolás y el guía lo consideraron.

Serpenteamos por una corta distancia entre las lomas que nos circundaban, subimos una pequeña extensión y descendimos directamente a la playa del mar. Siempre me sentía muy conmovido al tocar en las playas del Pacífico, y nunca lo estuve tanto como en este desolado lugar. Las olas se movían majestuosamente, y se rompían con solemne estruendo. Las mulas estaban espantadas, y mi macho se apartaba de las olas. Yo lo espoleaba para adentro, y en los momentos en que me echaba en los bolsillos algunas conchas que Nicolás había recogido, se escapó. Ya lo había intentado antes en el bosque varias veces; y ahora, aprovechando la ocasión, le di todo el alcance de la costa. Seguimos casi durante una hora por la playa, mientras que cruzamos un elevado y escabroso promontorio, y bajamos otra vez al mar. Cuatro veces subimos promontorios y otras tantas descendimos a la playa, y el calor se nos hizo casi intolerable. El quinto ascenso era empinado, pero llegamos a una meseta cubierta por una tupida floresta, a través de la cual proseguimos hasta salir a un pequeño claro con dos chozas. Paramos en la primera, que se hallaba ocupada por un negro y su mujer. Él tenía abundancia de maíz; había allí cerca un buen potrero, tan bien cercado por el bosque, que no había peligro que las mulas se escaparan, y pagué al hombre y a la mujer para que durmieran al aire libre, y dejaran la cabaña para mí.

CAPÍTULO 19: DERROTA DE LAS TROPAS MORAZANISTAS

EL RÍO FLORES. — EL RÍO SAN JUAN. — SOLEDAD DE LA NATURALEZA. — COCINA PRIMITIVA. — EL PUERTO DE SAN JUAN. —TRAZO DEL GRAN CANAL PARA UNIR EL OCÉANO ATLÁNTICO CON EL PACPIFICO. — NICARAGUA. — EL TRAZO DEL CANAL. —EL LAGO DE NICARAGUA. — PLANO DEL CANAL. — LAS ESCLUSAS.— ESTIMACIÓN DEL COSTO. — ESFUERZOS ANTERIORES PARA CONSTRUIRLO. — SUS VENTAJAS. — LA HOSPITALIDAD CENTRO AMERICANA. — TIERRA CALIENTE. — LOS HORRORES DE LA GUERRA CIVIL.

Me levanté como una hora antes de amanecer, y al clarear el día ya estaba montado. Les dimos agua a nuestras mulas en el Río Flores, línea divisoria entre los Estados de Costa Rica y Nicaragua. En una hora llegamos a Skamaika, nombre dado a una sola choza ocupada por un negro enfermo y solitario. Estaba tendido sobre un catre hecho de palos, verdadera imagen de la miseria y la desolación convertido en esqueleto por los fríos y calenturas. Inmediatamente después llegamos a otra choza, donde dos mujeres se hallaban enfermas con fiebre. Nada podía ser más miserable que estas chozas a lo largo del Pacífico. Ellas me pidieron remedios, y les di un poco de quinina, mas con poca esperanza de que se beneficiaran nunca con ella. Probablemente todos, el negro y ellas estarán ahora en la tumba.

A las doce del día llegamos al Río San Juan, cuya desembocadura era el punto en que debería terminar el gran canal. El camino para Nicaragua atravesaba la corriente, y el nuestro la seguía hasta el mar estando el puerto situado en la embocadura. Todo nuestro camino había sido bastante desolado, pero éste sobrepasaba en mucho a cualquiera de los que yo había visto; y cuando miré la insignificante vereda que conducía a Nicaragua, sentí como si estuviéramos saliendo de un gran camino real. El valle del río es como de cien yardas de ancho y en la estación lluviosa todo se llena de agua; pero ahora la corriente era escasa, y una gran parte de su lecho estaba seca.

Las piedras estaban blanqueadas por el sol, y no había rastro ni señal que diera el más ligero indicio de algún paso. Muy pronto este lecho de rocas se estrechó y desapareció; el río corría a través de un terreno diferente, y altas hierbas, arbustos y matorrales crecían frondosamente sobre sus riberas. Buscamos alguna huella en ambos lados del río, y era evidente que desde la última temporada de lluvias ninguna persona había pasado por allí. Al salir del río, los matorrales eran más altos que nuestras cabezas, y tan tupidos que a cada dos o tres pasos me quedaba yo enredado y detenido; por último, desmonté, y mi guía abrió un sendero de a pie para mí con su machete. Pronto dimos otra vez con la corriente, la cruzamos, y penetramos en la misma densa masa del lado opuesto.

De este modo continuamos por casi dos horas, con el río como nuestra línea. Lo cruzamos por más de veinte veces, y cuando era poco profundo caminábamos sobre su cauce. Más abajo el valle era abierto, pedregoso y estéril, y el sol batía sobre él con prodigiosa fuerza; bandadas de zopilotes o auras, apenas perturbados por nuestra aproximación, se alejaban con tardo paso, o con perezoso aleteo, ¡y se subían a una baja rama del árbol más cercano. En cierto lugar un hervidero de feos pajarracos tenían un festín sobre el cuerpo muerto de un caimán. Los pavos silvestres eran más numerosos de lo que habíamos visto antes y tan mansos que yo maté uno con pistola. Los venados nos miraban sin temor y a cada lado del valle, grandes monos negros andaban sobre las copas de los árboles, o sentándose tranquilamente sobre las ramas para mirarnos.

Al cruzar el río por última vez, el cual se hacía más ancho y profundo hasta desembocar en el Pacífico, penetramos al bosque a la derecha, y llegamos a la primera estación de Mr. Bailey; pero se hallaba cubierta de tiernos árboles y malezas, el bosque era más tupido que antes, y el paso enteramente indistinguible. Yo había leído relatos papeles y folletos sobre el asunto del gran canal, y esperaba, por lo menos, encontrar algún camino para el puerto; pero el desierto de Arabia no es más desolado, y la huella de los Hijos de Israel para el Mar Rojo, un camino público comparado con él.

Mi hermosa parda, degradada a la categoría de mula de carga, rabiaba bajo el peso; y aquí estorbada, y tirada hacia un lado y hacia el otro, se le aflojaron las cinchas de la silla, la carga se le ladeó y entonces se lanzó ciegamente hacia adelante dando coces y se metió entre los matorrales. Se lastimó el lomo gravemente, y se puso del todo amedrentada; pero nos vimos obligados a cargarla de nuevo, y, por fortuna, estábamos casi al final de nuestro día de viaje.

A la orilla del bosque llegamos a un arroyo, el último donde se podía obtener agua potable, y llenando nuestra calabaza, entramos en una llanura cubierta de altas hierbas. Al frente había otro poco de arbolado y a la izquierda el Río San Juan, ahora una gran corriente, desembocando en el Pacífico. En pocos minutos llegamos a un pequeño claro, tan cerca de la playa que las olas parecían romperse a nuestros pies. Atamos nuestras mulas a la sombra de un árbol corpulento a la orilla del claro. El sitio del rancho de Mr. Bailey estaba sobre una eminencia inmediata, pero apenas quedaban vestigios; y aunque dominaba una espléndida vista del puerto y del mar, era tan caluroso bajo el sol de la tarde, que establecí nuestro campamento debajo del árbol corpulento. Colgamos de sus ramas nuestras sillas, mantillones y nuestras armas; y mientras Nicolás y José recogían leña y hacían fuego, yo encontré, lo que siempre era la parte más importante y satisfactoria del día de camino, excelente pastura para las mulas.

La siguiente cosa era cuidar de nosotros mismos. No tuvimos ninguna molestia en decidir lo que habríamos de comer. Habíamos hecho provisiones, según suponíamos, para tres días; pero, como de costumbre, siempre acontecía que, a pesar de la abundancia, no duraban más que uno. Por el momento ya todas habían sido comidas por nosotros o por las sabandijas; y, si no hubiera sido por el pavo silvestre, nos habríamos visto en la necesidad de tomar solo chocolate. Fue un asunto de profunda e interesante meditación cómo cocinaríamos el pavo. Hirviéndolo sería el mejor modo; pero nosotros no teníamos nada para hervirlo, excepto una pequeña cafetera. Intentamos hacer una parrilla con nuestros estribos para asarlo; pero los de Nicolás eran de madera, y sólo los míos no eran suficientes.

Asarlo era un largo y tedioso procedimiento; pero nuestro guía se había visto a menudo en tales aprietos; y clavando en el suelo dos palos con horquillas, les puso otro atravesado, abrió el pavo y, asegurándolo con palos en forma de cruz, lo colgó frente a un flameante fuego como un águila extendida. Cuando estuvo chamuscado de un lado lo volteó del otro. Al cabo de una hora ya estaba cocinado, y en menos de diez minutos devorado. Una taza de chocolate, lo suficiente grande para evitar que se elevara si lo hubiéramos comido con todo y alas vino en seguida y terminamos el almuerzo.

Ya descansado y refrescado, bajé a la playa. Nuestro campamento quedaba casi en el centro del puerto, que era el más espléndido que vi sobre el Pacífico. Este no es espacioso, pero está hermosamente protegido, teniendo casi la forma de la letra U. Los brazos son elevados y paralelos, extendiéndose casi de norte a sur, y terminando en riscos altos y perpendiculares. Según supe más tarde por Mr. Bailey, el agua es profunda, y bajo cada risco, de acuerdo con el viento, los navíos de mayor categoría pueden flotar con perfecta seguridad. Suponiendo que esto sea correcto, no hay más que una objeción a este puerto, la cual procede del capitán De Iriarte, con quien hice la travesía de Zonzonate a Caldera.

Él había estado nueve años navegando por la costa del Pacífico, desde el Perú hasta el Golfo de California, y había tomado valiosas notas que intentaba publicar en Francia; y me contó que, durante los meses de verano, desde noviembre hasta mayo, los fuertes vientos del norte que soplan sobre el Lago de Nicaragua, pasan con tal violencia por el Golfo de Papagayo que, durante la prevalencia de esos vientos, es casi imposible para un buque el entrar al puerto de San Juan. Si esto es verídico en la extensión que supone el Capitán De Iriarte, hasta dónde los remolcadores de vapor podrían dar buen resultado para remolcar a los navíos contra tales vientos, queda para otros el determinarlo. Mas, por el momento, había dificultades que parecían más palpables.

Di un paseo a lo largo de la playa, bajando hasta el estuario del río, el cual era aquí ancho y profundo. Este era el proyectado término del gran canal para unir el océano Atlántico con el Pacífico. Yo había leído y examinado todo lo que se había publicado sobre este asunto en Inglaterra y en este país; había conferenciado con personas particulares, y había estado lleno de esperanza y casi entusiasmado con respecto a esta gigantesca empresa; pero al llegar al punto cayeron las escamas de mis ojos. El puerto se hallaba enteramente desolado; durante años ni una embarcación había entrado en él; a su alrededor crecían antiquísimos árboles; a muchas millas de distancia no se encontraba una sola habitación. Yo anduve por la playa solo. Desde que Mr. Bailey se fue, ninguna persona lo había visitado; y probablemente la única cosa que lo ha mantenido vivo todavía en la memoria, son las teorías de los hombres de ciencia, o las visitas ocasionales de algunos pescadores nicaragüenses, quienes demasiado indolentes para el trabajo, buscan su sustento en el mar. Parecía absurdo considerarlo como el foco de una gran empresa comercial; imaginarse que una ciudad iba a surgir de la selva, que el desolado puerto se vería lleno de embarcaciones y llegaría a ser un gran portal para el paso de las naciones. Pero el paisaje era espléndido. El sol estaba en su ocaso, y el elevado promontorio occidental proyectaba una obscura sombra sobre el agua. Quizá sería esta la postrera vez en mi vida que yo vería el Pacífico; y a pesar de mi propensión a los fríos y calenturas, me bañé una vez más en el grande océano.

Fue después del anochecer cuando volví a mi campamento. Mis asistentes no habían estado sin oficio: flameantes trozos de leña, apilados a tres o cuatro pies de altura, alumbraban la obscuridad de la selva. Oímos el aullido de los lobos, el grito del gato montés y de otras bestias salvajes del bosque. Me envolví en mi poncho y me acosté a dormir. Nicolás echó más leños sobre la encendida hoguera; y, al tenderse en el suelo, confiaba en que no tendríamos necesidad de pasar otra noche en este solitario lugar.

Por la mañana tuve más molestias. Mi mula parda se desató, y bebiendo en cada arroyo con las cinchas apretadas, se le había levantado una hinchazón de ocho o diez pulgadas. Yo procuré poner la carga sobre mi macho con la intención de andar a pie; pero me fue enteramente imposible manejarlo, y me vi obligado a trasladarla al desollado lomo de la mula de carga.

Nos pusimos en marcha a las siete de la mañana, recruzamos el arroyo donde habíamos conseguido el agua y volvimos a la primera estación de Mr. Bailey. Estaba situada en el Río San Juan, a una y media millas del mar. Aquí el río tenía suficiente profundidad de agua para grandes navíos, y desde este punto comenzó Mr. Bailey su trazo hasta el Lago de Nicaragua. Envié a Nicolás con las mulas por el camino recto, y salí con mi guía para seguir, hasta donde fuera posible, la línea de su trazo. Yo no sabía, hasta que me hallé en este desierto, cuán afortunado había sido en conseguir este guía. Él había sido: el guía de Mr. Bailey en toda su exploración. Era un mestizo moreno que ganaba la vida buscando abejas en los árboles, y derribándolos por la miel silvestre, lo que le había familiarizado con todas las corrientes de agua y secretas honduras de las casi impenetrables selvas.

Había sido escogido por Mr. Bailey en toda Nicaragua; y en beneficio de cualquier viajero que pueda tener interés en este sujeto, menciono su nombre, que es: José Dionisio de Lerda, y vive en Nicaragua.

Hacía dos años que Mr. Bailey había hecho sus observaciones, y ya en la fecunda tierra, los claros se hallaban cubiertos con árboles de doce a quince pies de altura. Mi guía limpió para mí una senda con su machete; y abriéndonos camino a través del llano, entramos a un valle que se extendía en una inmensa barranca denominada Quebrada Grande, entre las cordilleras de montañas de Zebadea y El Platina. Por medio del machete manejado vigorosamente, estuve en aptitud de seguir la línea de Mr. Bailey arriba de la hondonada hasta la estación de Panamá, así llamada por un corpulento árbol de Panamá cerca del cual Mr. Bailey construyó su rancho. Hasta este lugar claramente no podría haber dificultad en abrir un canal; más adelante la línea del trazo sigue la pequeña corriente de El Cacao por otra legua, en donde cruza la montaña; pero había allí tan exuberante desarrollo de tiernos árboles, que era imposible continuar sin despachar hombres por delante para limpiar el camino.

En consecuencia, nosotros dejamos la línea del canal, y cruzando el valle a la derecha, llegamos al pie de la montaña sobre la que pasa el camino para Nicaragua. Se había abierto una senda para transportar las provisiones de Mr. Bailey a esa estación, pero era difícil encontrarla. Tomamos un buen trago en un hermoso arroyo llamado Loco de Agua (El Ojo de Agua), y mi guía se quitó la camisa y comenzó a trabajar con su machete. Yo estaba asombrado al ver cómo encontraba algo para guiarlo, pero él distinguía un árbol como la cara de un hombre. La falda de la montaña era muy escarpada, y además de los grandes árboles, estaba llena de zarzas, arbustos espinosos y garrapatas. Yo me vi obligado a apearme y a conducir mi macho; la obscura piel de mi guía relumbraba del sudor, y casi tuvimos que gatear hasta que alcanzamos la cumbre.

El cambio al salir al camino fue hermoso. Este era como de diez pies de ancho, recto y sombreado por los más majestuosos árboles de la selva de Nicaragua. En una hora llegamos a la boca de la montaña, donde Nicolás nos estaba esperando con las mulas bajo la sombra de un árbol grande, que extendía sus ramas a cincuenta pies del tronco, y parecía cuidado por alguna bendita mano para abrigo del cansado caminante. Pronto llegamos a otra estación de Mr. Bailey. Mirando hacia atrás, divisé las dos grandes cordilleras de montañas, erguidas cual gigantescos portales, y no pude sino pensar cuán espléndido sería el espectáculo al ver un barco, con todos sus mástiles y aparejos, cruzar el llano, pasar por la enorme puerta y avanzar hasta el Pacífico.

Más allá toda la llanura estaba encendida; la alta hierba, agostada por el sol de estío, crujía, relumbraba y se incendiaba como pólvora. El camino era una sábana de llamas, y cuando el fuego se extinguió, la tierra quedó negra y caliente. Caminamos alguna distancia sobre el humeante campo a lo largo de la línea de llamas, y encontrando un lugar favorable, hice pasar las mulas; pero parte del equipaje se quemó, la cara y las manos se me chamuscaron, y todo el cuerpo se me inflamó.

Lejos del camino, a la orilla del bosque, y cerca del Río Las Lahas (Las Lajas), estaba otra estación de Mr. Bailey. Desde ese lugar, la línea corre directamente sobre un llano, hasta que toca el mismo río cerca del Lago de Nicaragua. Intenté seguir las líneas nuevamente, pero me lo impidió el crecimiento del monte bajo.

Ya había avanzado la tarde y me apresuré a llegar al camino real. Hermoso como había sido todo el país, no hallé nada igual a estas dos horas antes de entrar a Nicaragua. Los campos estaban cubiertos de altas hierbas, tachonados con majestuosos árboles, y bordeados a distancia por una obscura selva, mientras al frente, alto y desmesurado en forma de cono, se elevaba el hermoso volcán de la isla. Hatos de ganado le daban una apariencia de bienestar.

Ya para anochecer entramos nuevamente al bosque, y durante una hora no vimos nada, pero al fin oímos el sonido de una campana llamando a vísperas, y muy pronto nos saludaron los ladridos de los perros en los suburbios de Nicaragua. En las calles había fuegos encendidos, que servían de cocina a los infelices habitantes, y donde ellos estaban cocinando sus cenas. Pasamos alrededor de una pobre plaza, y paramos frente a la casa del Licenciado Pineda. Una gran puerta estaba abierta de par en par; el licenciado se balanceaba en una hamaca, y su esposa y una mulata en otra. Yo me apeé y entré a su casa, y le dije que traía para él una carta de don Manuel de Aguilar.

Me preguntó qué era lo que yo deseaba, y cuando le dije que alojamiento para una noche, me contestó que él podría hospedarme a mí, pero que no tenía local para las mulas. Le dije que yo iría adonde el cura, y me respondió que el cura no podría hacer nada más. que él. En una palabra, el recibimiento que me hizo fue demasiado frío. Yo estaba indignado y me fui a la puerta, pero afuera estaba tan obscuro como el Erebo. Había yo hecho un largo y fastidioso viaje a través de una desolada región, y ese día había sido uno de extremada labor. Las primeras palabras de atención vinieron de la señora del licenciado. Yo estaba tan cansado que me hallaba a punto de caer: había salido de San José con fríos y calenturas, había permanecido doce días a caballo, y las dos últimas noches había dormido a campo raso. Debo manifestar, no obstante, que, una vez roto el hielo, ambos hicieron todo lo que pudieron por mi comodidad; y, en verdad, me trataron con especial atención.

Un viajero jamás olvida los beneficios que se le hacen en tierra extraña, y yo nunca me sentí tan persuadido de esto como en Centro América; en otros países, con dinero, un hombre puede pedir gustos; pero allí, cualesquiera que sean sus medios, se halla completamente a merced de la hospitalidad individual.

Toda la mañana siguiente la dediqué a hacer averiguaciones concernientes a la ruta del canal. Se sabe más de ella en los Estados Unidos que en Nicaragua. No hallé un hombre que hubiera estado en el puerto de San Juan, o que siquiera conociese el punto terminal fijado por Mr. Bailey sobre el Lago de Nicaragua. Tuve necesidad de mandar llamar a mi antiguo guía, y después de almuerzo partimos para el lago. El pueblo se compone de una gran colección de casas dispersas, sin un solo objeto de interés. Aunque es el más rico de los Estados de la confederación en dones naturales, su población es la más pobre.

Atravesando los arrabales, muy pronto penetramos al bosque y caminamos bajo una hermosa sombra. No encontramos a nadie. Antes de llegar al lago oímos que sus ondas se rompían sobre la playa como las olas del mar. y cuando nos asomamos por el bosque la vista a nuestro frente era sublime. Hacia un lado no se veía tierra alguna; un fuerte viento del Norte barría sobre el lago, y su superficie estaba violentamente agitada; las ondas retumbaban y se rompían en la playa con solemne majestad, y al frente, en el centro del lago, estaban las islas de Isola y Madeira, con gigantescos volcanes erguidos, como escalando los cielos. El gran volcán de Omotepeque (Ometepe)me hizo recordar el Monte Etna, elevando, como el orgullo de Sicilia, desde el borde del agua, un liso y perfecto cono a la altura de más o menos seis mil pies.

Caminamos durante una hora a lo largo de la playa, y tan cerca del agua que nos mojamos con la espuma. La ribera era toda arbolada; y en cierto lugar, en un pequeño claro a la orilla de una corriente, estaba una choza ocupada por un mulato, cuya vista desde allí podrían envidiar los príncipes. Más adelante pasamos frente a unas mujeres lavando, y a la distancia de una legua y media llegamos al Río Las Lahas (Las Lajas), según el trazo de Mr. Bailey el punto terminal sobre el lago. Una bandada de aves silvestres estaba posada sobre el agua, y aves zancudas, con las alas extendidas, andaban por la playa.

Ahora yo he examinado, tan bien como las circunstancias lo permitieron, el trazo del canal desde el Pacífico hasta el Lago de Nicaragua. Fue dada una dirección a mis investigaciones al proseguir sobre el rastro del trazo de Mr. Bailey; pero no habría estado en aptitud de comunicar cosa alguna si no hubiera sido por el mismo Mr. Bailey a quien más tarde encontré en Grenada (Granada). Este caballero es un oficial jubilado de la Marina británica. Dos años antes había sido empleado por el gobierno de Centro América para hacer un trazo de esta ruta del canal, y lo había completado todo excepto el de una parte insignificante del Río San Juan, cuando estalló la revolución. Los Estados declararon su independencia del gobierno general y declinaron toda responsabilidad por sus deudas. Mr. Bailey había dado su tiempo y su trabajo, y cuando yo le vi había despachado a su hijo para hacer la última apelación ante la sombra del Gobierno Federal; pero antes que él llegara a la capital este gobierno había sido completamente aniquilado, y Mr. Bailey se quedó sin otra recompensa por sus arduos servicios, que la satisfacción de haber sido un explorador de una gran obra. Cuando llegué a Granada él puso frente a mí todos sus mapas y planos, con libertad para hacer de ellos el uso que quisiera. Pasé un día entero tomando notas y memorias y recibiendo explicaciones, y el resultado de todo ello es como sigue:

Las medidas comenzaron del lado del Océano Pacífico y fueron continuadas hasta e1 Lago de Nicaragua. La cadena era de veinticinco varas de largo, siendo cada vara de treinta y dos pulgadas inglesas, y doy los niveles como fueron tomados en el trazo de Mr. Bailey.

A una distancia de

Cadenas	Elevación en pies ingleses
17.50	8.93
34.37	12.04
52.38	7.99
67.50	16.82
80.95	26.90
103.06	38.12
120.07	52.62

134.94 La Desperansedera de la Quebrada la Palma. Excavando 31/2 pies, arena suelta; 66 pies, arcilla, no muy

firme	66.12
149.61	76.12
164.71	94.66
185.34	132.95

201.50 Panamá, agua en la superficie, Excavando 11 pies, cascajo; 24 pies 5 pulgadas piedra de pizarra..........201.50

221.87	223.00
226.14	214.235
235.48	241.35
253.63 Primera roca caliza	284.20

Cadenas	Elevación en pies ingleses

264.28..356.770
273.18..389.700
280.26..425.95
287.01..461.525
288.97..519.391

292.99. Cumbre de la Palma, y ápice del nivel. Excavando 5 pies, arcilla amarilla; 59 pies, piedra suave y suelta. No hay agua..615.673
299.05..570.157
300.53.................Segunda roca caliza................506.300
314.11..460.891
317.05..442.858
319.27..443.899
332.25..410.524
336.92............Hasta aquí terrenos nacionales............393.216

340.28 Tercera roca caliza. Excavando 311/2 pies, agua;49 pies, piedra de cal, suave y suelta...................350.776
358.50..311.152
361.40..318.235
370.55..291.419
373.85..295.160
382.86..283.352
401.04..269.236
409.30..258.378
413.51..261.486
423.75Agua en la superficie. Excavando 3 pies, arena; 12 pies, tierra..247.780
437.55..237.570
448.90..250.370
464.78..228.237
477.76..214.695
489.29   200.530

Cadenas

Elevación en pies ingleses

357

Entre esta y la siguiente, excavando 5 pies, tierra; 10 pies, arcilla blanca; 11 pies, agua; 38 pies, piedra suave.

506.22	184.511
510.53	186.869
519.47	180.244
533.04	170.161
543.25	159.311
545.98	160.411
553.85	158.736

En las seis estaciones próximas las elevaciones no se diferencian en un pie.

604.82	153.461
612.62	160.077

622.54 Agua en la superficie. Excavando 12 pies, arena y piedra dura. Esta estación se encuentra en un hoyo de la Quebrada, muy hondo…………..149.553

627.27	150.052
630.32	149.336
634.20	157.102
638.86	147.044
643.31	154.785
685.55	143.343
661.35	155.076
664.47	140.243
671.22	151.185
675.86	139.352
685.93	150.927
692.55	146.977
696.91	148.569

Elevación en

Cadenas	pies ingleses
712.85	144.436
716.17	149.152
723.29	142.994
728.29	148.552
739.95	139.702
749.10	164.360
1062.87	118.042
1068.43	131.942
1077.69	120.584
1083.95	125.784
1100.19	135.709
1113.35	152.176
1128.97	127.201
1133.79	163.276
1140.94	129.776
1145.18	151.401
1156.44	129.335
1176.61	140.835
1190.87	129.396
1193.77	132.801
1203.21	128.093
1210.14	140.985
1223.50	128.243

En resumen: la longitud total desde el Pacífico hasta el Lago de Nicaragua es de 28,365 $^{1/2}$ yardas, o sean 15 $^{2/3}$ millas.

	Pies,	pulgadas	décimas
La suma de los ascensos es de	1047.	5.	45
La suma de los descensos es de	919.	2.	4
La diferencia es la altura del lago sobre el océano Pacífico en baja marea	128.	3.	05

Ahora vengamos a la comunicación con el Atlántico por medio del Lago de Nicaragua y el Río San Juan. El lago tiene noventa y cinco millas de largo, en su parte más ancha alrededor de treinta, y un promedio, según los sondeos de Mr. Bailey, de quince brazas de agua. El largo del río, según medidas, con todas sus vueltas, desde la embocadura del lago hasta el mar, es de sesenta y nueve millas. No tiene cataratas o cascadas; todas sus obstrucciones son raudales, y es navegable en cualquier tiempo, para arriba y para abajo, por piraguas que calan de tres a cuatro pies de agua.

Desde el lago hasta el río Los Sábalos, cerca de diez y ocho millas, la profundidad es de dos a cuatro brazas. Aquí comienzan los raudales de Toros, que se extienden una milla, con una y media a dos brazas de agua. De allí el río es claro en una extensión de cuatro millas, con un promedio de profundidad de dos a cuatro brazas. En seguida vienen los raudales del Castillo Viejo, sólo de un poco más de media milla de extensión, con agua de dos a cuatro brazas. El río es claro otra vez por casi dos millas, con agua de dos y media a cinco brazas, donde comienzan los raudales de Mico y Las Balas, unidos y descargando uno entre otro, y ambos juntos de no más de una milla, con agua de una a tres brazas.

Después es claro una milla y media hasta los raudales de Machuca, que se extienden una milla, y son los peores de todos, siendo el agua más violenta por correr sobre un quebrado lecho de rocas. En seguida el río fluye claro y sin obstrucción alguna por diez millas, con agua de dos a siete brazas, hasta el río San Carlos, y de allí once millas, con algunos islotes diseminados, con agua de una a seis brazas, hasta el Río Sarapiquí, siendo las medidas de una braza cerca del punto de las combas, donde existe una acumulación de arena y fango. Continúa después claro por siete millas, con agua de dos a cinco brazas hasta el Río Colorado. El río Colorado se bifurca del San Juan en otra dirección hacia el Atlántico. La pérdida de éste, según las medidas tomadas en el mes de Mayo de 1839, fue de veintiocho mil ciento setenta y ocho yardas cúbicas de agua por minuto y en el mes de julio del mismo año, durante la crecida de las aguas, fue de ochenta y cinco mil ochocientos cuarenta yardas por minuto, cuyo inmenso caudal podría ser ahorrado al San Juan poniendo un dique en la embocadura del Río Colorado. Desde este punto hay tres millas, con sondeos desde tres hasta ocho brazas. El fondo es de arena y cieno y hay muchos islotes y agregaciones de arena sin árboles, muy fáciles de limpiar. Las últimas trece millas podrían reducirse a diez restableciendo el río a su antiguo cauce, que ha sido llenado, en ciertos puntos, de materias flotantes. Un viejo patrón de una piragua le contó a Mr. B., que, según sus recuerdos, los árboles se habían extendido media milla más atrás. Todos los sondeos fueron verificados con la potting—scale cuando el río estaba bajo, y el puerto de San Juan, aunque pequeño, Mr. Bailey lo consideraba libre de todo reparo.

Los anteriores memorándums fueron puestos en manos de un amigo, Mr. Horacio Allen (actualmente empleado como ingeniero en nuestro Croton Aqueduct), quien bondadosamente ha sacado de ellos el plano del grabado No. 32.

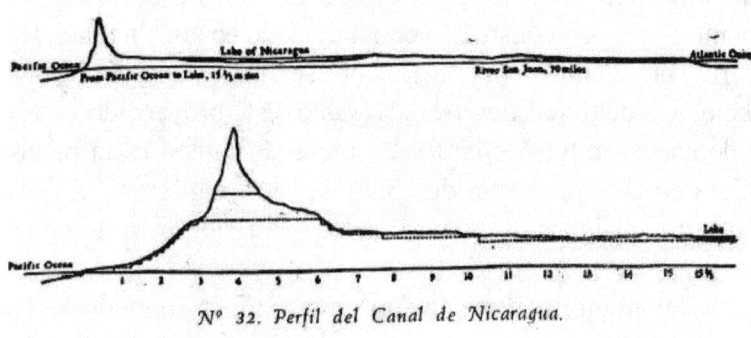

Nº 32. Perfil del Canal de Nicaragua.

Quizá deba yo hacer notar, en beneficio de aquellos que no están familiarizados con tales planos, que, para reducir el perfil de la región a un pequeño espacio, las líneas verticales, que representan elevaciones y depresiones, están en una escala muchas veces más grande que las líneas de la base o distancias horizontales. Para las primeras, la escala es de mil pies, y para las últimas es de veinte millas por pulgada. Esto, por supuesto, da una falsa idea de la región; pero, para preservar las relativas proporciones, habría sido necesario que la línea de la base en el plano fuera mil veces más larga.

Toda la longitud del canal desde el Lago de Nicaragua hasta el Pacífico es de quince millas y dos tercios de milla. De acuerdo con el plano, en las primeras ocho millas a partir del lago sólo una esclusa es necesaria. En la milla que sigue se requieren sesenta y cuatro pies de desnivel. En las tres millas próximas hay casi dos de corte hondo

361

y una de túnel, y después un descenso de doscientos pies en tres millas por diferencia de nivel, hasta el Pacífico.

Hasta aquí el canal a través del istmo. El Lago de Nicaragua es navegable para buques de la mayor capacidad bajando hasta la embocadura del río San Juan. Este río tiene un promedio de caída de un pie y seis séptimos de pie por milla hasta el Atlántico. Si el lecho del río no puede ser limpiado, podría hacerse una comunicación por medio de esclusa y dique, o por un canal a lo largo de la orilla del río. Esto último sería más costoso, pero teniendo en cuenta las grandes inundaciones de la estación lluviosa, sería preferible.

Estoy autorizado para declarar que las obstrucciones físicas de la región no presentan impedimento para llevar a cabo esta obra. Un canal lo suficientemente grande para el paso de botes del tamaño corriente podría ser construido con muy poco costo. Un túnel del largo requerido no se considera una gran obra en los Estados Unidos. Según el plano del canal de Chesapeake y Ohio, está proyectado un túnel de más de cuatro millas de largo. La única dificultad es la misma que existiera en cualquier ruta de cualquier otra región, es, a saber: las grandes dimensiones de la excavación requerida para un canal para buques.

Los datos aquí dados son, por supuesto, insuficientes para una gran exactitud; pero yo presento un cálculo aproximado del costo de esta obra, que me fue proporcionado con el plano. Está basado en los precios corrientes de contratos en los Estados Unidos y creo que estoy seguro al decir que la baratura de la mano de obra en Nicaragua, igualará cualquier ventaja y facilidad que exista aquí.

El Presupuesto es:

Desde el lago hasta el extremo oriental del túnel, ...	$ 8,000.000 a 10,000.000.
Descenso hasta el Pacífico...........	2,000.000 a 3,000.000.
Desde el lago hasta el Atlántico por canal a lo largo de la orilla del río	10,000.000 a 12,000.000
	$ 20,000.000 a 25,000.000

La idea de una comunicación entre el Atlántico y el Pacífico no es nueva. Colón gastó los últimos días de su variada vida en busca de un pasaje natural, y lo vasto y sublime de la empresa se avenía con la temeraria imaginación de los primeros españoles.

Desde la formación del continente y la mengua en la altura de la cordillera de los Andes, desde entonces ha llamado la atención de los hombres reflexivos. Aun durante el trágico sueño del dominio español, se hizo un trazo bajo la dirección del Capitán General; pero los documentos quedaron sepultados en los archivos de Guatemala hasta la emancipación de las colonias, siendo entonces obtenidos y publicados por Mr. Thompson, quien visitó aquel país comisionado por el gobierno británico.

En 1825 un enviado extraordinario de la nueva república de Centro América llamó hacia él la especial atención de nuestro gobierno, solicitando nuestra cooperación de preferencia a la de cualquier otra nación, y propuso, por medio de un tratado, "asegurar eficazmente sus beneficios a las dos naciones".

Se nombró por nuestro gobierno un Encargado de Negocios, quien fue instruido especialmente para asegurar al gobierno de Centro América el profundo interés tomado por el de los Estados Unidos en la ejecución de una empresa "tan sumamente a propósito para difundir una extensiva influencia en los negocios de la humanidad", y a investigar con el mayor cuidado las facilidades ofrecidas por la ruta, enviando los informes a los Estados Unidos.

Por desgracia, hallándose muy lejos de la capital, ninguno de nuestros agentes diplomáticos visitó jamás el lugar; pero en 1826,según aparece en los documentos que acompañan el informe de un comité de la Cámara de los Representantes en un memorial "suplicando la ayuda del gobierno de los Estados Unidos para lograr la construcción de un canal para buques o canal de navegación a través del istmo entre Norte y Sur América", se hizo un contrato por el gobierno de Centro América con el agente de una compañía de Nueva York, bajo el nombre, título y designación de la "Central American and United States Atlantic and Pacific Canal Company". Los nombres de Dewitt Clinton y de otros de los hombres más distinguidos de aquel tiempo aparecen como asociados, pero el proyecto fracasó.

En 1830 el gobierno de Centro América celebró otro contrato con una sociedad de los Países Bajos, bajo el patronato especial del Rey de Holanda, quien invirtió en ella una gran cantidad de su propia fortuna; pero, debido a las dificultades entre Holanda y Bélgica, y a la separación de los dos países ésta también fracasó.

El 3 de Marzo de 1835, el Senado de los Estados Unidos resolvió "comisionar al Presidente para que se encargue de estudiar la conveniencia de abrir negociaciones con los gobiernos de otras naciones, y, particularmente con los gobiernos de Centro América y Granada, con el objeto de proteger de manera eficiente por medio de un tratado con estipulación adecuada, a los particulares o compañías que puedan emprender la apertura de una comunicación entre el océano Atlántico y el Pacífico, por la construcción de un canal navegable a través del istmo que una a la América del Norte con la del Sur, y asegurar para siempre, para tales pactos, el libre e igual derecho para navegar en dicho canal a todas las naciones, pagando las tasas razonables que se establezcan, para compensar a los capitalistas que puedan comprometerse en tal compra y completar la obra".

En cumplimiento de esta resolución el General Jackson nombró un agente especial, a quien se le dieron instrucciones de proseguir sin dilación por la vía más directa hasta el puerto de San Juan, subir por el Río San Juan hasta el Lago de Nicaragua, y de allí por la proyectada ruta de comunicación, por canal o ferrocarril, hasta el Océano Pacífico. Después de haber terminado el examen del trazo del canal se le ordenaba que volviese a Guatemala, capital de la república, y, con la ayuda de Mr. De Witt, Encargado de Negocios de los Estados Unidos, conseguir todos los documentos públicos relacionados con el asunto, que pudiesen ser habidos, y especialmente copias de todas las leyes que se hubiesen emitido con el objeto de incorporar compañías para llevar a efecto la empresa; y de cualquier convención o convenciones que pudiesen haber tenido con alguna potencia extranjera con respecto al asunto, y de cualesquiera planos, trazos o presupuestos en relación con él.

Desde Guatemala se le mandó proseguir hasta Panamá, y hacer observaciones y pesquisas relativas a la proyectada unión de los dos océanos en ese punto. Desgraciadamente, por la dificultad de conseguir medios de transporte para el Río San Juan, el agente se fue primero a Panamá, por circunstancias adversas nunca llegó a Nicaragua, y murió a su regreso a este país, antes de llegar a

Washington; pero, de su imperfecto informe, se deduce que el resultado de sus observaciones fue: que no era practicable un canal de navegación a través del Istmo de Panamá. Es de consiguiente valioso para volver la atención que antes se hallaba dividida entre las dos rutas. exclusivamente hacia la del Lago de Nicaragua. Con respecto a esta ruta mucho se ha escrito, muchas especulaciones y aun cálculos del costo de construcción han sido hechos, pero el conocimiento actual del asunto es muy limitado.

En efecto, las precedentes notas del trazo de Mr. Bailey son los más seguros datos que han sido hasta el día publicados. Yo no puedo menos que esperar que el mismo espíritu liberal que impulsó el envío de un Agente, pueda inducir a nuestro gobierno a obtener de Mr. Bailey, para mostrarlos al mundo, todos sus mapas y dibujos.

Todavía el asunto de esta comunicación no ha ejercido ninguna poderosa influencia en la opinión pública. Este será discutido, mirado con malos ojos, se burlarán de él, y lo condenarán como visionario e impracticable. Muchos con negocios ya establecidos se le opondrán como trastornador del curso de su comercio. Los capitalistas no arriesgarán su dinero en un país inquieto y revolucionario. Los exploradores serán denunciados y ridiculizados como lo fue Clinton cuando apostó sus destinos políticos en la "gran zanja" que iba a conectar el Hudson con el Lago Erie; pero, si la paz de Europa no es perturbada, yo estoy persuadido que no está lejano el día cuando la atención de todo el mundo civilizado y mercantil se dirigirá hacia él; y los barcos de vapor darán el primer impulso. En menos de un año los botes de correo ingleses harán la travesía hasta Cuba, Jamaica y a los principales puertos de Hispanoamérica, tocando una vez al mes en San Juan y Panamá.

Para los hombres ociosos y de fortuna, cansados de vagar sobre las ruinas del antiguo mundo, se abrirá un nuevo campo. Después de un viaje por el Nilo, un día en Petra, y un baño en el Eufrates, los turistas ingleses y americanos serán picados por los zancudos en el Lago de Nicaragua, y beberán champaña y cerveza Burton en las desoladas playas de San Juan sobre el Pacífico. Los reparos fortuitos de los viajeros por diversión y las observaciones de hombres prudentes y científicos se traerán a la vista, un conjunto de conocimientos será acumulado y hecho público, y en mi opinión los dos océanos se unirán.

Con respecto a las ventajas de esta obra no entraré en ningún detalle; haré notar, sin embargo, que sobre un punto existe un grande y muy general error. En los documentos sometidos al Congreso antes referidos, está declarado que "el comercio de los Estados Unidos y de Europa con la China, el Japón y el Archipiélago Indio, sería facilitado y aumentado en razón del acortamiento de la distancia arriba de cuatro mil millas"; y en la usualmente correcta obra, "The Modern Traveller", se expone: que desde Europa "¡la distancia a la China se acortaría en más de 10.000 millas!"; pero por las medidas del globo, la distancia de Europa a la India y la China no será disminuida en modo alguno. Esto es tan contrario a la impresión general que yo titubeo al hacer la aserción; pero este es un punto sobre el cual el lector puede satisfacerse a sí mismo refiriéndose al globo. El comercio de Europa con la India y Cantón, por consiguiente, no pasará necesariamente a través de este Canal para ningún ahorro de distancia; pero, por conversaciones con patrones de buques y con otros hombres prácticos, me veo inducido a creer que, en razón de más favorables latitudes para los inventos y corrientes, será considerado preferible al paso por el Cabo de Buena Esperanza. De todas maneras, todo el comercio de Europa con la costa occidental del Pacífico y con las Islas de Polinesia, y todas sus pesquerías de ballenas; y todo el comercio de los Estados Unidos con el Pacífico, sin excepción de un solo buque, pasará por él; el monto de lo que se economice en tiempo, intereses de dinero, gastos de navegación y seguros, al evitar el borrascoso paso alrededor del Cabo de Hornos, no tengo datos para calcularlo.

Sobre sólidas bases, esta obra ha sido bien caracterizada como "el más grande acontecimiento en favor del comercio pacífico de las naciones, que las circunstancias físicas del globo presentan a la energía del hombre". Este apaciguará al perturbado país de Centro América; tornará la espada, que hoy está empapada en sangre, en podadera; removerá los prejuicios de los habitantes poniéndolos en estrecha comunicación con gente de todas las naciones; los proverá de una causa y de una recompensa para la industria, y les inspirará el gusto de hacer dinero, el cual, después de todo, oprobioso como se le considera algunas veces, hace más por civilizar y mantener al mundo en paz que ninguna otra influencia de cualquier clase que sea. Una gran ciudad se desarrollará en el corazón del país; fluirán ríos de allí fertilizando a medida que avancen hacia el interior; sus espléndidas montañas y sus valles que hoy día lloran en desolación y ruina sonreirán y serán felices.

El comercio del mundo cambiará, la estéril región de la Tierra de Fuego se olvidará, Patagonia llegará a ser una tierra de fábula, y el Cabo de Hornos vivirá únicamente en la memoria de los marinos y aseguradores. Los vapores irán arrojando humo a lo largo de las ricas costas de Chile, Perú, Ecuador, Granada. Guatemala, California nuestro propio Territorio de Oregón, y las posesiones rusas sobre las riberas del Estrecho de Behring. Se abrirán nuevos mercados para los productos de la agricultura y de la industria, y el tráfico y comunión de numerosos e inmensos grupos de la raza humana asimilarán y mejorarán el carácter de las naciones. Todo el mundo está interesado en esta obra. Yo no quería hablar de ella con sentimiento seccional ni aun nacional; pero si Europa es indiferente, sería una gloria superior a la conquista de reinos llevar a cabo esta grandiosa empresa jamás intentada por el esfuerzo humano y hacerla enteramente nuestra propia obra; y no sólo, sino hacerla, como se intentó una vez, exclusivamente la obra de nuestra ciudad; porque ella es proveer un nuevo campo para la acción de aquel tremendo poder que, habiendo nacido a la vista de nuestros propios ojos, está ahora cambiando la faz del mundo entero en lo moral, en lo social y en lo político. ¿Es acaso mucho esperar que en honor a los servicios pobremente pagados pero jamás olvidados, un barco de vapor, llevando el glorioso nombre de Fulton pueda partir del lugar donde hizo su primer experimento, y abrir el gran "camino real de las naciones" hacia el Océano Pacífico?

Jueves, 27 de febrero. A las tres de la mañana salimos del patio del licenciado. Los habitantes de la población todavía estaban durmiendo. Al rayar el día pasamos por un pueblo, donde, frente a la puerta de una de las casas, un viajero estaba haciendo sus preparativos para emprender un viaje. Nos acercamos a saludarlo, y nos dijo que nos alcanzaría en el camino. A las ocho llegamos a una casa, donde nos detuvimos para desayunarnos. La hospitalidad de Centro América está en el campo y en los pueblos; allí jamás supe que faltara. El viajero puede parar donde le plazca, y tiene casa. fuego y agua libre, pagando solamente los artículos que consuma. Nosotros tuvimos leche en abundancia, y el costo fue de seis centavos. Antes de reanudar nuestra jornada llegó el viajero a quien habíamos dejado en el último pueblo, y después que hubo tomado chocolate, partimos todos juntos.

Él era comerciante, en camino para León, equipado al estilo del país, con pistolas, sable, polainas y espuelas; y como por entonces sufría de fríos y calenturas usaba un pesado poncho de lana, un pañuelo de bolsillo, de algodón rayado, alrededor de la cabeza, y sobre ella dos sombreros de paja, uno metido entre el otro. Un joven, montado, y armado con una escopeta, conducía una mula de carga, y tres mozos con machetes los seguían a pie.

Toda esta región a lo largo de la costa del Pacífico es llamada la Tierra Caliente. A las dos y media de la tarde, después de una ardiente y polvorosa caminata, sin nada de agua, llegamos a una hacienda cuyo nombre he olvidado. Estaba construida con palos y repellada con lodo. El mayordomo era un blanco, en mala salud, pero muy servicial, que vivía de la venta ocasional de una gallina o unos cuantos huevos a algún viajero y maíz y agua para las mulas. Allí no había más de aquellas hermosas corrientes que habían dado tal encanto a mi viaje por Costa Rica. La tierra estaba desecada; el agua era un lujo que costaba dinero. Había un pozo en la hacienda, y yo pagué dos centavos por cabeza para que bebieran nuestras mulas. En el rancho había un catre; a las cuatro de la tarde me acosté para reposar un momento y no desperté sino hasta las cinco de la mañana del siguiente día.

En línea con la cabecera de mi cama había una gran troza de madera cuadrada y ahuecada con una ancha tapadera encima, y asegurada con una cerradura con llave, conteniendo el maíz y los objetos valiosos de la familia, y sobre ella estaba durmiendo una mujer, algo pálida, y una muchachita. Tomé chocolate, y a los pocos minutos estaba en la silla. Muy pronto llegamos a la vista de las tierras montañosas del Boumbacho (Mombacho), una elevada y oscura cordillera de montañas, detrás de las cuales se hallaba Granada, en donde entramos al cabo de media hora. Edificada por aquellos osados aventureros que conquistaron la América, todavía hasta hoy es un monumento digno de su fama. Las casas son de piedra, grandes y espaciosas, con balcones de madera torneada en las ventanas, y aleros volados, con ornamentos sobresalientes de madera curiosamente entallada.

Me encaminé a la casa de don Federico Derbyshire, para quien yo tenía una carta de amigos en Nueva York. Él se había ido a los Estados Unidos; pero su dependiente, un joven inglés, me ofreció la casa, me dio una habitación, y a los pocos minutos me había quitado el vestido de viaje y estaba en la calle. Mi primera visita fue para Mr. Bailey, que vivía cerca al lado opuesto con una señora inglesa, cuyo esposo había fallecido dos años antes, y quien, además de llevar adelante sus negocios, recibía en su casa a los pocos ingleses o extranjeros que la suerte conducía a aquel lugar. Mi aparición en Granada produjo sorpresa. y fui felicitado por mi libertad o escape de la prisión. Hasta allí habían llegado las noticias de mi arresto (ignoro de qué modo), y de que me encontraba preso en San Salvador, y como todas las noticias tenían sus sesgos partidaristas, se refería como otra de las tropelías del General Morazán. La casa de esta señora era una comodidad para el molido viajero. Yo podría haber permanecido allí un mes; pero, desgraciadamente, oí novedades que no me permitieron mucho tiempo para descansar.

Los negros nubarrones que flotaban sobre el horizonte político habían estallado y la guerra civil se había vuelto a declarar. Las tropas de Nicaragua de mil cuatrocientos hombres, habían marchado para Honduras, y unidas a las de este Estado, habían derrotado, con gran carnicería, a las tropas de Morazán estacionadas en Taguzegalpa (Tegucigalpa). Estas últimas se componían solamente de cuatrocientos cincuenta hombres, a las órdenes del General Cabanes (Cabañas) y las memorias de las guerras civiles entre los cristianos en ninguna parte presentan una página más sangrienta. Ni se daba cuartel ni se pedía.

Después de la batalla, catorce oficiales fueron fusilados a sangre fría, y ni un solo prisionero quedaba vivo como un monumento de misericordia. Cabañas, luchando desesperadamente, escapó. El Coronel Galindo a quien antes me he referido que visitó las ruinas de Copán, conocido tanto en esta nación como en Europa por sus investigaciones de las antigüedades de aquel país, y para quien yo

369

tenía una carta de recomendación de Mr. Forsyth, fue asesinado. Después del combate, al intentar la huida, con dos dragones y un muchacho asistente, pasó por un pueblo de indios que lo reconocieron, y todos ellos fueron asesinados a machetazos. Una vergonzosa riña surgió entre Quejano (Quijano) y Ferrera, los cabecillas de las tropas de Nicaragua y Honduras, por los miserables despojos, y el primero logró tener a Ferrera en su poder, y durante veinticuatro horas lo tuvo bajo sentencia de muerte. Después el asunto quedó arreglado, y los nicaragüenses regresaron triunfantes a León, con trescientos cincuenta mosquetes, varios equipos de banderas, y como una prueba del modo en que habían efectuado su obra, sin un solo prisionero.

En San Salvador había estallado un siniestro movimiento. El General Morazán había renunciado su cargo como Jefe del Estado reteniendo el mando del ejército, y había enviado a su esposa y familia para Chile. La crisis estaba en su punto; las trompetas de la guerra sonaban horriblemente, y era del todo importante para la prosecución de mis últimos designios y para mi seguridad personal, el llegar a Guatemala mientras que todavía el camino estuviera abierto.

Yo hubiera proseguido inmediatamente, pero sentí que podría hacer demasiado esfuerzo y caer enfermo en algún lugar peligroso. Por la tarde, en compañía de Mr. Bailey y Mr. WWood bajé a pasear hasta el lago. Al principio de la calle por donde entramos, construido sobre el lago, estaba un antiguo fuerte, desmantelado y cubierto de breñas y de árboles, una reliquia de los intrépidos españoles que primero ahuyentaron a los indios del lago; probablemente la verdadera fortaleza que Córdoba edificó y ya en ruinas, hermosamente pintoresca. Bajo los muros, y entre la sombra del fuerte y los árboles que crecían en las cercanías, las indias de Granada estaban lavando; prendas de vestir de todos colores ondeaban al viento colgando de los arbustos para secarse; las mujeres vadeaban con sus cántaros, pasando más allá de las rompientes para obtener el agua limpia de arena; los hombres estaban nadando, y los criados conducían a los caballos y mulos a beber, y todo el conjunto formaba un hermoso y animado cuadro. No había allí botes sobre el agua; pero como media docena de piraguas, la mayor de ellas como de cuarenta pies de largo, y de tres pies de calado, estaban echadas en la playa.

EL PADRE DE LA ARQUEOLOGÍA MAYA

Abogado, político, hombre de negocios, eminente escritor, viajero incansable, arqueólogo aficionado de gran sagacidad y profunda intuición, John L. Stephens —considerado el padre de la arqueología maya— nos dejó este libro fundamental, verdadera obra clásica que no debe faltar en la biblioteca de ninguna persona interesada en conocer a fondo el pasado de Centroamérica. Esta edición incluye los famosos dibujos del arquitecto Frederick Catherwood, amigo y compañero de viaje de Stephens.

www.ingramcontent.com/pod-product-compliance
Lightning Source LLC
Chambersburg PA
CBHW061551120626
46550CB00004B/1445